휴노형·PSAT형

NCS 봉투모의고사

| 1회 |

영역		문항 수	시간	비고
NCS 직업기초능력평가	의사소통능력	25문항	30분	객관식 오지선다형
	수리능력			
	문제해결능력			

모바일 OMR
자동채점&성적분석 무료

정답만 입력하면 채점에서 성적분석까지 한번에!

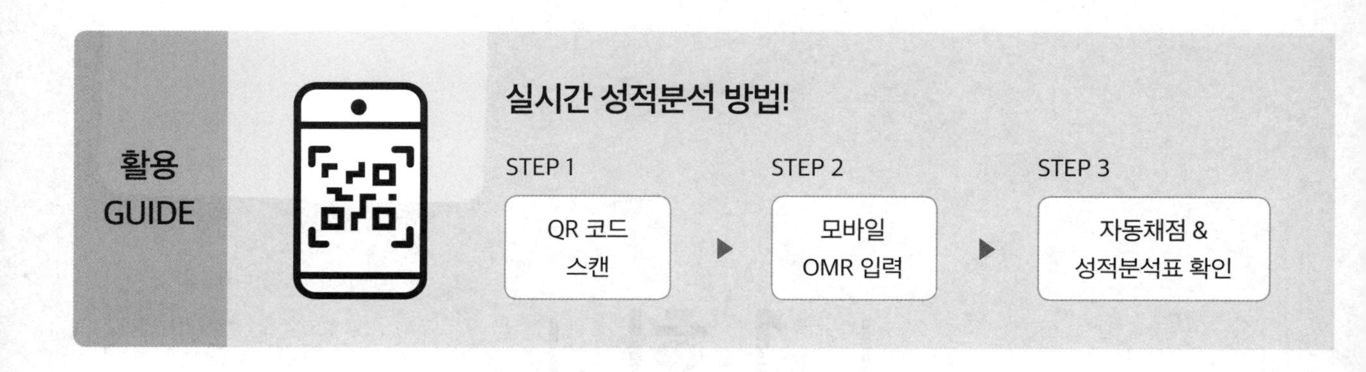

STEP 1

교재 내 QR 코드 스캔

- 위 QR 코드를 모바일로 스캔 후 에듀윌 회원 로그인
- QR 코드 하단의 바로가기 주소로도 접속 가능

STEP 2

모바일 OMR 입력

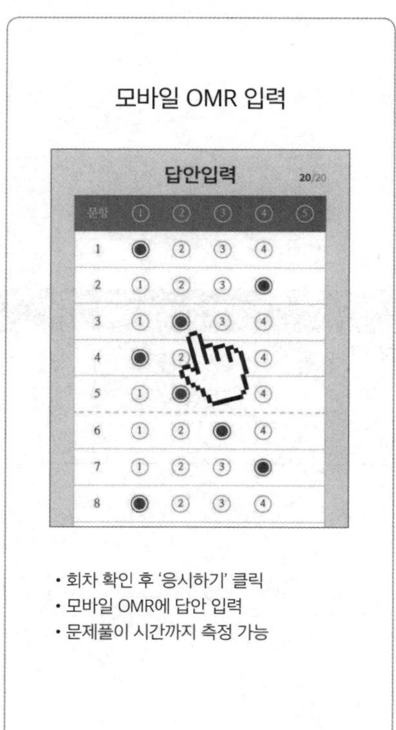

- 회차 확인 후 '응시하기' 클릭
- 모바일 OMR에 답안 입력
- 문제풀이 시간까지 측정 가능

STEP 3

자동채점 & 성적분석표 확인

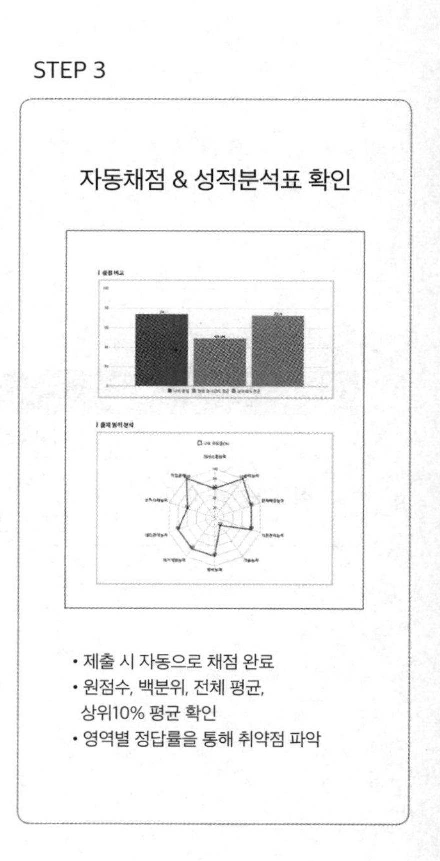

- 제출 시 자동으로 채점 완료
- 원점수, 백분위, 전체 평균, 상위10% 평균 확인
- 영역별 정답률을 통해 취약점 파악

※ 본 회차의 모바일 OMR 채점 서비스는 2023년 12월 31일까지 유효합니다.

실전모의고사 1회

정답과 해설 P.2

01

다음 글의 밑줄 친 ㉠~㉤ 중 어법에 맞지 않는 부분을 모두 고르면?

음식 문화의 다양화란 한국을 찾아오는 외국인들이 식생활로 인한 불편이 없도록 음식 문화를 개선하고, 음식의 질을 ㉠ 높히는 것을 말한다. 그러나 막연한 가늠으로 음식 문화의 다양화를 추진해서는 안 된다. 주한 외국 공관원이나 우리나라를 방문하는 관광객들이 편안한 마음으로 자국의 음식을 즐길 수 있는 수준으로 음식의 종류와 질을 ㉡ 꼼꼼히 준비해야 한다. 특히, 음식 문화가 독특한 이란, 파키스탄 등과 같은 화교권 국가나, 최근에 와서 교류가 잦아진 동구권 여러 나라의 방문객들이 음식에 대해 불편을 겪지 않을 정도로 다양한 메뉴를 개발하는 일이 시급하다. 우리의 음식 문화 수준이 높아진다면 ㉢ 멀지않아 우리나라도 ㉣ 내로라하는 관광국이 될 수 있을 것이다.

우리가 지금 한국음식의 세계화 준비를 철저히 하여 이 추세를 잘 활용한다면 한국음식의 세계적인 진출은 음식문화의 강대국인 프랑스, 이탈리아, 중국, 일본보다도 훨씬 능가할 수 있는 가능성을 갖고 있다. 한국음식의 세계 진출은 '외화 획득' 이상의 의미를 갖고 있다. 음식을 통하여 국제적인 친교를 이룰 수 있고 문화적인 교류를 통하여 한국을 방문하고 싶은 호기심의 고취로 '관광객 증가' 등의 고부가치를 ㉤ 산출함으로써 나아가 한국의 위상을 높일 수 있는 중요한 기회라 할 수 있다. 특히 미래 산업은 세계 유일의 독창적인 산업이라 할 때 한국의 식문화는 무한한 가능성을 지닌 주요한 산업과제인 것이다.

"세계는 지금 음식전쟁 중"이다. 이 말은 음식문화를 지배하는 국가가 선진국이요, 강대국이라고 표현할 정도로 그 비중이 크게 변화되어 가고 있다는 것을 의미한다. 그러나 세계적인 음식 시장의 추세에 아직까지 한국음식의 세계적인 진출은 그다지 활발하거나 적극적이지 못하다. 이제 우리는 한국음식의 세계 시장으로 진출하기 위하여 한국음식의 우수성을 찾아내고 세계인이 좋아하는 한국의 맛을 발굴하여 세계적인 한국음식시장을 형성해 나가야 한다.

① ㉠, ㉡
② ㉠, ㉢
③ ㉠, ㉡, ㉤
④ ㉡, ㉢, ㉣
⑤ ㉡, ㉢, ㉤

02

다음 글의 밑줄 친 ㉠~㉤ 중 문맥상 바꾸어 쓰기에 적절하지 않은 것을 고르면?

정서 예측이란 사람들이 자신의 적응 능력을 과소평가하여 긍정적, 부정적 사건의 여파가 실제보다 오래갈 것이라고 착각하는 것을 말한다. 공포 영화의 대가인 앨프리드 히치콕 감독은 "폭탄이 터지는 것에는 공포가 없다. 공포는 오직 폭발이 일어나리라는 예감에 존재한다."라고 했다. 우리가 두렵게 생각하는 모든 일에 대한 공포는 실제로 일어나는 일보다는 그런 일이 일어날 것이라는 예감에서 ㉠ 기인한다. 이러한 예감 때문에 실제로 겪게 될 공포보다 더 큰 공포를 느끼는 정서 예측이 일어난다. 하지만 미국의 심리학자 팀 윌슨과 대니얼 길버트는 좋은 일이든 나쁜 일이든 실제 일어나는 사건들의 여파는 그리 오래가지 않는다고 하였다. 사람들은 나쁜 일이 생긴 직후에 불행을 느끼지만 많은 심리적 기제들을 ㉡ 동원하여 길지 않은 시간 안에 평소의 감정 상태로 되돌아오며, 좋은 일을 겪어 새로움이 사라지면 그것이 더 이상 행복감을 ㉢ 유발하지 않는다는 것이다.

정서 예측과 관련된 인지 편향으로는 '영향력 편향', '초점주의', '감정 이입 격차' 등이 있다. 영향력 편향은 정서적 사건이 미치는 영향력이 실제보다 강하고 오래갈 것이라고 과대평가하는 것이다. 대니얼 길버트의 연구에 따르면, 사람들은 성공, 사랑, 여행 등에서 느끼는 행복이 대단할 것이라 예상했지만 그런 긍정적 사건에 대한 검정은 예상보다 변화 폭이 좁고 지속 시간이 짧은 것으로 나타났다. 실패, 낙선, 가족의 죽음 등 부정적 사건에 의한 감정의 변화 폭과 지속 시간 역시 마찬가지였다. 이런 영향력 편향이 생기는 이유는 정보 집중의 문제 때문이다. 특정 미래 시간에만 생각을 ㉣ 집중하고 다른 사건이 어떻게 될지 고려하지 않기 때문에 특정 사건의 영향력만을 과대평가하게 되는 것이다.

초점주의는 어떤 사건에 대해 다른 요소들은 무시한 채 세부적인 특정 사항에 초점을 맞출 때 일어나는 편향을 말한다. 초점주의는 결정을 내릴 때에도 발생하는데, 어떤 결정을 내리기 위해서는 무수히 많은 요소들을 고려해야 하지만 사람들은 작은 몇 부분에만 ㉤ 집착하는 경향이 있다.

① ㉠: 비롯한다
② ㉡: 뽑아내어
③ ㉢: 일으키지
④ ㉣: 기울이고
⑤ ㉤: 매달리는

03

다음 글의 내용과 일치하지 않는 것을 고르면?

국내에서도 다수의 기업들이 친환경 중심의 경영을 통해 그린슈머의 '선택'을 받으려 고심 중이다. 실제 국내 음료 업계가 출시한 무라벨 생수는 비닐 폐기물을 줄일 수 있다는 점에서 소비자들의 호응을 얻었다. 하지만 기업의 친환경 전략이 매출로 이어지면서 부작용도 발생했다. 최근 소비자 사이에서 환경의 핵심 이슈로 떠오른 '그린워싱'이다. 그린워싱은 'Green'과 'White Washing'의 합성어로 소비자들을 속임으로써 경제적 이득을 쉽게 취하려는 기업의 행태를 말한다.

그린워싱 사례는 국내외 안팎에서 다양하게 나타난다. 해외 유명 B기업은 세정제를 담은 병을 '100% 해양 수거 플라스틱을 재활용'해 만들었다고 광고하며 세정제가 담긴 병에 친환경 인증 로고까지 붙이며 제품을 홍보했다. 하지만 해당 로고는 기업이 자체적으로 만든 자사의 로고였으며 허위 광고 혐의로 집단 소송을 당했다. 국내 화장품 C기업은 종이를 활용한 포장용기라는 문구를 제품 겉면에 붙여 판매했다. 한 구매자가 이 제품의 겉면을 뜯어보니 플라스틱 용기가 나왔다고 문제를 제기하면서 그린워싱 논란에 불을 지폈다. 실상은 플라스틱 사용을 절감해 만든 용기였고, 제품 뒷면에도 이를 명시했으나 C기업의 제품 홍보 문구는 소비자들에게 '100% 친환경 종이 용기'라는 오해를 야기했다.

이 같은 기업의 그린워싱은 친환경 제품에 대한 소비자의 불신을 키우는 데다 시장의 공정한 경쟁 구도 형성에도 악영향을 미치게 된다. 이 때문에 해외에서는 그린워싱과 관련한 규제 방안을 시행 중이다. 자본시장연구원에 따르면 영국 공정거래위원회는 올해 소비자법에 근거한 6가지 원칙을 담은 '그린 클레임코드(Green Claims Code)'를 발표하고 상품의 구성 성분에 대한 명확한 공개를 촉구하고 있다. 유럽은 ESG 관련 공시를 의무화하는 SFDR(Sustainable Finance Disclosure Regulation)을 시행해 그린워싱 여부를 검증하고 있고, 특히 프랑스에서는 2021년 4월 그린워싱에 대한 벌금을 부과할 수 있는 법안이 통과되면서 위반 시엔 홍보 캠페인 비용의 80%까지 벌금을 납부해야 한다.

우리나라의 경우에는 아직까지 정부 차원의 구체적인 그린워싱 가이드라인은 없는 상황이다. 환경기술 및 환경산업 지원법에는 환경부 장관령으로 친환경 제품으로 오인할 부당한 표시를 금지할 수 있게 되어 있지만, 해외의 사례처럼 벌금 부과 등의 조치는 없기 때문에 강제성이 떨어진다는 지적이 제기된다. 대신 환경부는 환경 표지 제도를 통해 정부 차원에서 소비자들에게 친환경 제품에 대한 정보를 제공하고 있다. 환경부는 환경 제품의 생산부터 폐기까지 전 과정에서 자원을 절약할 수 있거나 환경오염 영향이 적은 제품을 대상으로 친환경 인증 마크를 부여한다. 하지만 이런 인증 형식의 경우에는 소비자가 직접 제품 구매 시 인증 마크와 기업의 자체 인증 마크를 일일이 구분해야 하기 때문에, 구매자의 편리성을 담보하고 기업의 허위·과장 광고를 금지할 수 있는 구체적인 가이드라인과 현실성 있는 처분이 필요하다는 주장이 나온다.

① 프랑스에서는 그린워싱 관련 법안을 위반한 기업에 벌금을 부과하고 있다.
② 친환경적이라는 의미의 인증 마크는 기업에서 자체적으로 제품에 부여하기도 한다.
③ 그린워싱은 실제로는 친환경적이지 않지만 마치 친환경적인 것처럼 홍보하는 기업의 행태를 말한다.
④ 우리나라는 환경기술 및 환경사업 지원법에 따라 그린워싱 여부를 검증하고 있다.
⑤ 그린 클레임코드는 영국의 공정거래위원회가 소비자법에 근거하여 발표한 원칙이다.

04

다음 글의 빈칸에 들어갈 내용으로 가장 적절한 것을 고르면?

코로나19 이후 비대면 비즈니스와 온라인 서비스가 확산 및 가속화되면서 디지털 경제가 촉진되었다. 특히 디지털 기반의 온라인 유통, 디지털 콘텐츠 산업, AR 및 VR을 활용한 스마트 헬스케어 산업, 에듀테크 및 화상회의 관련 산업이 신사업으로 부상하고 있다. 이러한 변화로 세계 경제 · 경영 환경이 급변하면서, 기업들도 기존에 추진하던 전략의 축을 바꾸기 위해 노력하고 있는데, '피벗'은 그 대표적인 전략 중 하나다. 피벗은 농구, 테니스 등의 구기(球技)에서 한 발을 축으로 하여 방향을 바꾸는 행동을 의미한다. 즉, '축을 옮긴다'라는 뜻으로 피벗전략이란 급변하는 경영환경에서 기업이 제품, 프로세스, 목표고객과 경쟁방법 등의 사업전략에 대한 새로운 가설을 세우고, 실험 및 검증함으로써 시장변화에 민첩하게 대응할 방법을 찾는 것을 말한다.

피벗전략은 크게 시장 피벗과 제품 피벗, 그리고 전략 피벗으로 범주화하기도 한다. 시장 피벗은 주요 목표 시장에 변화가 생기는 경우를 의미하며, 다른 피벗에 비해 보다 본질적인 변화가 이루어지거나, 많고, 넓은 범위의 외부 요인에 얽혀 있는 경우도 있다. 시장 피벗은 고객 요구, 고객 세분화, 채널 조정을 통해 이루어지는데, 한 예로 캐나다의 에어노스 항공은 코로나19로 항공 여행이 축소되자 기내식을 일반 소비자들에게 배달하는 서비스를 시작하여 여행 욕구와 냉동 음식을 집에 간편하게 비축하려는 소비자들의 니즈를 충족시켰다. 제품 피벗은 기업의 핵심 제품이나 서비스를 바꾸는 경우로, 제품의 특정 기능에 집중해 제품 개편을 진행하는 방식 등이 이에 해당한다. 우리에게 잘 알려진 '유튜브'는 본래 온라인 비디오 데이트 사이트로 시작하였으나, 사업 실패로 유저들이 원하는 동영상 업로드 플랫폼으로 피벗하여 인기를 끌게 되었다. 마지막으로 전략 피벗은 기업의 수익모델이나 성장 전략을 수정 및 보완하는 경우로 가치 창출, 사업 설계, 성장 엔진 피벗 등이 이에 해당한다. 대표적으로 글로벌 복사기 제조업체인 '제록스'가 초반에 복사기를 제조하여 판매하는 방식으로 수익모델을 설정하였으나, 높은 복사기 가격으로 판매가 저조하여 파산 위기를 맞았을 때 수익모델을 렌탈서비스로 변환한 것을 예로 들 수 있다.

그렇다면 피벗전략을 효과적으로 이끌기 위해 기업들이 갖춰야 할 조건은 무엇일까? 먼저 소비자의 관점에서 추진되어야 한다. 많은 기업들이 피벗전략을 추구하고자 하는 영역은 소비자와 아주 밀접한 관련이 있기 때문이다. 소비자는 누구보다 변화의 필요성을 제일 먼저 체감하고 그에 따르는 새로운 소비자 행동을 만들어내며, 진화하는 욕구와 니즈를 충족시킬 수 있는 기업을 선호한다. 가령 PC산업에서 기존 시장이 파괴된 것을 스마트폰, 태블릿PC와 같은 모바일 기기의 등장 때문이라고 분석하는 기업들이 있다. 하지만 면밀히 그 이면을 살펴보면 한 산업을 파괴하는 주범은 바로 고객이다. 즉 (   )는 것이 피벗전략의 본질이다. 또한 피벗전략을 선택하기에 앞서 기업이 정말 긴급한 상황에 놓여 있는지 냉철하게 판단해야 한다. 피벗전략은 기업의 핵심 가치와 목표를 크게 수정하고, 기업의 근간을 뒤흔드는 행동으로 반전을 기대하는 전략적 선택이기 때문이다.

① 새롭게 등장하는 제품이나 서비스, 기술 등에 빠르게 반응해야 한다
② 경영 전략을 바꾸기보다는 기존 사업에 더해 디지털 기반의 신사업을 개척해야 한다
③ 고객의 요구는 시간의 흐름에 따라 변화하고 이러한 요구에 발맞추어 전략을 설정해야 한다
④ 제품의 특정 기능에 무엇보다 집중하여 시장을 공략하는 것으로 위기를 벗어날 수 있다
⑤ 초반에 다양한 각도에서 수익모델을 설정하여 수익을 창출할 수 있는 경로를 찾아야 한다

05

다음 중 [가]~[라] 문단을 문맥의 흐름에 맞게 적절한 순서로 배열한 것을 고르면?

[가] 구독경제는 소비자 입장에서는 전문 지식을 갖춘 구매 담당자가 소비자 대신 우수한 제품을 선정하여 주기 때문에 상품을 고르기 위해 쓰는 시간을 절약할 수 있다. 공급자의 입장에서도 자사의 상품홍보 효과를 톡톡히 누릴 수 있으며 사용자의 요구를 보다 쉽게 파악할 수 있다는 장점이 있다. 또한 서비스나 제품을 장기간 거래하면서 안정적 사업이 가능하다. 다만 소비자에게 상품의 가격을 나누어 받기에 초기 투자와 고정 거래처 유지에는 큰 비용이 발생한다. 이런 특성으로 소상공인보다는 재정적으로 안정적인 대기업이나 대형 유통업체에 유리한 측면이 있다.

[나] 구독경제란 신문이나 잡지를 구독하는 것처럼 일정 기간 구독료를 지불하고 상품, 서비스 등을 받을 수 있는 경제활동을 일컫는다. 지정된 날짜에 주기적으로 해당 상품을 배달해 주기 때문에 필요한 제품을 매번 사는 번거로움을 덜 수 있다. 국내에는 2010년대를 전후하여 도입되기 시작했으며 초반에는 화장품이 주를 이루었으나 점점 생활용품, 홈쇼핑, 식음료, 명품의류 등으로 서비스 품목이 다양해지고 있다. 최근에는 매달 일정 금액을 지불하면 정해진 몇몇 차량 중 원하는 차량을 골라 바꿔가면서 이용할 수 있는 서비스까지 생겨났다.

[다] 다만 일시적 자금지원이나 단순히 플랫폼만 제공하는 방식으로는 큰 성과를 내기 어렵다. 구독경제 서비스에 필수적인 판매 플랫폼(자사몰)과 물류(풀필먼트), 상품 구성을 돕기 위한 바우처까지 소상공인에 맞는 친절한 지원책이 꾸준히 유지될 필요가 있다. 사업이 진행되는 과정에서 소상공인 스스로 마케팅 방식을 습득하고, 자체 제품 경쟁력을 높일 수 있도록 하는 것도 반드시 필요하다. 소상공인에 대한 정부 지원은 직접 물고기를 잡아 주는 것보다 낚시 방법을 알려주는 방식이 옳다는 것을 잊어서는 안 된다.

[라] 이에 중소벤처기업부(이하 중기부)는 3,000명의 소상공인이 구독경제를 활용할 수 있도록 지원한다고 밝혔다. 정부가 새로운 소비 흐름에 소상공인이 적응하도록 지원하는 것은 적절한 조치이다. 좋은 비즈니스 모델인 줄 알면서도 즉각 대응이 쉽지 않은 소상공인을 정부가 지원하는 것에는 의미가 있다. 자칫 소상공인 대응이 늦어질 경우 소상공인의 사업 영역이 다른 사업자에게 잠식될 우려를 막는 효과까지 함께 기대할 수 있다. 중기부는 민간기업과 함께 소상공인이 구독경제를 더욱 쉽게 운영할 수 있는 4개 분야를 선정했다. 밀키트 구독, 가치소비, 골목상권 선결제, 직접 운영 등 4가지 모델을 발굴했다. 이들 모델에 참여하는 소상공인에게는 민간몰 입점부터 판매 · 배송 등 전 과정을 지원하게 된다.

① [가] − [라] − [나] − [다]
② [가] − [다] − [나] − [라]
③ [나] − [가] − [라] − [다]
④ [나] − [라] − [가] − [다]
⑤ [다] − [나] − [라] − [가]

06

다음 글을 읽고 추론할 수 있는 내용으로 옳은 것을 고르면?

풍요로워진 생활로 전 세계적으로 발병률이 크게 증가하고 있는 대사증후군(Metabolic Syndrome)이 인류의 건강을 크게 위협하는 질병 중 하나로 대두되고 있다. 대사증후군에서 '증후군'은 증상이 한 가지로 뚜렷하게 나타나는 것이 아니기 때문에 붙여진 말로, 일반 사람들이 대사증후군을 제대로 인식하지 못하고 있거나 막연하게 생각할 수 있다. 그렇지만 대사증후군을 방치할 경우 다른 질환을 유발해 갑작스런 죽음을 맞이할 수 있고, 암으로 발전할 위험성도 높아 각별한 주의가 필요하다.

대사증후군은 단순하게 나타나는 질병이 아니라 유전적 요인 즉, 가족력과 환경적 요인이 함께 작용하여 발생하는 복합적 질병이다. 유전적인 요인으로는 지질대사나 인슐린 저항성과 연계되어 있는 'SNP'로 불리는 유전자인 단일염기 다형성이 대사증후군에 관련되어 있는 것으로 밝혀지고 있다. 환경적인 요인으로는 복부비만을 유발하는 식생활이나 적은 활동량에 따른 운동 부족, 과음이나 흡연, 나이 등과 함께 출산 시 2.5kg 이하의 저체중도 원인으로 지적되고 있다. 많은 질병의 원인이 되는 스트레스도 대사증후군 주요 유발 요인 중 하나이다.

대사증후군 환자에게서 나타나는 주요 특징 중 하나인 인슐린 저항성은 당뇨병 발생 확률을 10배 이상, 심혈관계 질환 발생을 2배 이상 유발하는 위험성을 지니고 있는 것으로 알려져 있다. 우리 몸에서 혈중 포도당 농도가 높아지면 췌장의 베타세포가 자극을 받아 인슐린을 더 많이 분비해 이를 조절해 주는데, 이때 인슐린이 과도하게 분비되어 혈중 인슐린 농도가 많이 높아지면 인슐린 저항성이 나타날 수 있다. 이런 결과로 베타세포가 인슐린을 분비하지 못해 발생하는 질환이 당뇨병이다.

심장대사증후군학회가 국내 19세 이상 성인을 대상으로 한 대사증후군 진단 기준 항목별 유병 현황 조사에 따르면 좋은 콜레스테롤로 불리는 HDL 수치가 40mg/dL보다 낮은 '저HDL콜레스테롤 혈증'이 30.3%로 가장 높게 나타났다. 이는 고혈압(29%)보다도 높았다. 낮은 HDL 콜레스테롤이 위험한 이유는 혈관에 불필요하게 쌓인 콜레스테롤을 청소하는 역할을 하는 HDL 콜레스테롤이 부족해지는 경우, 필요한 곳에 쓰이고 남은 콜레스테롤이 혈관에 쌓이면서 혈관 벽이 좁아지고 딱딱해져 심혈관계에 문제를 일으킬 수 있기 때문이다. HDL 수치를 높이기 위해서는 강도 높은 운동을 한 번 오래 하기보다는 가벼운 운동을 자주 하는 것이 효과적인 것으로 제안되고 있다. 그리고 식사는 탄수화물 과다섭취에 유의하면서 생선, 콩, 두부, 잡곡, 신선한 채소와 과일 등을 고루 섭취할 것이 권고되고 있다.

5단계로 구분되는 대사증후군의 진행 과정에서 1단계의 원인으로 운동 부족, 균형 잡히지 않은 식생활, 흡연이나 과도한 음주, 그리고 스트레스 등이 지적되고 있다. 2단계는 고혈압, 고혈당, 고중성지방성, 저HDL 콜레스테롤, 복부비만 등 대사증후군을 유발하는 5가지 위험요소 중 3가지 이상이 기준치를 넘겨 대사증후군 증상이 나타나는 단계이다. 3단계에서는 비만, 당뇨, 고혈압, 이상지질혈증 등이 나타나며, 4단계에서는 심근경색, 협심증, 뇌졸중, 당뇨병 등의 합병증이 동반된다. 그리고 마지막 5단계에 접어들면 반신마비, 일상생활 장애, 인지장애(치매) 등의 증상이 나타난다.

대사증후군은 특정 부위의 통증으로 나타나지 않으며, 약물 치료도 쉽지 않은 질환으로 관리가 어려운 질환이기 때문에 대사증후군으로 진단을 받으면 서둘러 관리에 나서야 한다. 대사증후군의 관리 방법으로는 규칙적인 운동을 통한 신체 활동 늘리기, 식이요법으로 골고루(종류), 제때에(시기), 알맞게(양), 천천히(속도) 그리고 싱겁게 먹는 식습관 길들이기, 적정 체중 유지하기, 혈압, 혈당, 콜레스테롤의 정기 검진과 상담하기, 술과 담배 끊기, 스트레스 관리 등이 제안되고 있다. 우리가 섭취한 음식물에 함유된 영양소가 세포로 흡수되어 이용되는 과정에는 비타민과 미네랄의 도움이 필요하다. 인슐린 저항성과 연관해서는 비타민D가 꼽히고 있는

데, 비타민D는 골다공증 예방뿐만 아니라 고혈압, 당뇨병, 심혈관질환 및 대사증후군 예방에도 도움을 주는 것으로 보고되고 있다.

지속적인 운동은 인슐린의 이용률을 높여준다. 제2형 당뇨병(인슐린 비의존형)과 심장병의 발생률은 주로 앉아서만 일하는 사람보다 규칙적으로 운동하는 사람에서 30~55% 낮게 나타나는 것으로 보고되고 있다. 하지만 건강에 도움이 되는 운동도 지나칠 경우 위험하다는 사실도 제대로 인식하고 임해야 한다. 운동은 자신의 체질에 맞게 이루어져야 하며, 운동의 종류와 빈도, 강도와 순응도, 그리고 안전성 등을 감안하여 실천해야 한다.

① 대사증후군 진단 기준 항목별 유병 현황 조사에서 고혈당이 고혈압보다 높게 나타났을 것이다.
② 위험요소 중 복부비만과 고혈압에서만 기준치보다 높게 나타난 경우 대사증후군 2단계로 볼 수 있다.
③ 베타세포에서 분비하는 인슐린이 많아질수록 혈중 포도당 농도가 높아질 것이다.
④ 대사증후군의 관리 시 섭취 음식의 종류보다 섭취 시기가 중요할 것이다.
⑤ 비타민D의 꾸준한 섭취는 당뇨병 발생 확률을 낮출 것이다.

[07~08] 다음 글을 읽고 질문에 답하시오.

[가] C-ITS(Cooperative Intelligent Transport Systems, 협력 지능형 교통체계)란 실시간 교통 정보나 하이패스, 교차로 제어를 하는 지금의 교통 체계보다 한 단계 발전한 차세대 교통체계를 의미한다. 여러 기술이 합쳐져 하나의 시스템을 이루는 개념으로, 자동차에 설치된 장치와 도로에 설치된 기지국, 서비스센터의 트래픽 제어·관리 시스템, 휴대용 단말기가 모두 소통한다. 즉, C-ITS가 구축되면 차량과 차량, 차량과 인프라가 서로 연결되어 데이터를 주고받을 수 있다. 때문에 C-ITS는 특히 미래의 자율주행차량과 소통하며 도심을 안전하게 주행할 수 있도록 돕는 핵심 기술이 될 전망이다.

[나] 현재 레벨2 수준이 적용된 자율주행차는 주변을 감지하며 운행하기 위해 카메라와 레이더, 라이다 등의 센서를 사용한다. 하지만 이 방식은 기상 악화에 따라 센서의 성능이 떨어져 선명한 영상을 확보하기 어려워지거나 감지할 수 있는 거리의 한계가 있다는 단점이 있다. 하지만 C-ITS를 도입하면 도로와 자동차, 사람이 서로 정보를 주고받게 되는데, 센터에서만 정보를 취득하고 통합하는 것이 아니라 객체 간 정보 교환이 이루어지기 때문에 기존의 교통체계보다 빠르게 정보 전달이 가능하다. 자동차 한 대의 기술로만 자율주행을 하는 것이 아니라 도로, 심지어 다른 자동차들이 모두 함께 돕는 것이다. 전문가들은 특히 레벨4 이상의 자율주행을 구현하기 위해서는 C-ITS가 반드시 구축되어야 한다고 이야기한다.

[다] C-ITS는 크게 차량 단말기와 도로 인프라, 관제센터(C-ITS센터)로 구성된다. 여기에 모든 객체가 정보를 주고받기 위해서는 시스템에 V2X(Vehicle to Everything, 차량사물통신) 기술이 포함되어야 한다. V2X 통신 기술은 C-ITS 시스템 구현에 있어 단연 필수 기술로 꼽힌다. V2X는 V2V(Vehicle to Vehicle), V2N(Vehicle to Network), V2I(Vehicle to Infrastructure), V2P(Vehicle to Pedestrian), P2N(Pedestrian to Network)과 같이 모든 객체 간의 통신을 포괄한다. 차량의 각종 정보를 센터로 보내거나 센터와 도로 인프라가 보내는 정보를 수신하는 역할을 한다. 현재 국내에서는 웨이브와 C-V2X의 두 가지 방식을 검증하고 있다.

[라] 우리나라는 2009년부터 C-ITS 개발 및 구축 연구를 시작했다. 그동안 C-ITS의 핵심 기술인 통신 방식에 대한 의견 차이로 다소 정체되어 있었지만, 최근 관련 기관의 의견수렴을 거쳐 C-ITS 시범사업 주파수 배치안이 확정된 만큼 관련 연구개발이 속도를 낼 수 있을 전망이다. 현재까지 2014년 대전-세종 지역을 시작으로 서울, 제주, 울산, 광주 등에서 C-ITS 실증사업이 진행되었다. 지금까지 실시간 차량 정보 공유를 통한 급정지 및 돌발 상황 경고, 신호등 정보를 차량과 연계하는 최적 신호등 서비스, AI 기반 신호 최적화 제어 등의 기능이 공개되었고, 최근 자율주행차량 운행에 C-ITS를 접목해 주행하는 모습을 선보이기도 했다.

[마] 한편 국토교통부와 한국도로공사는 C-ITS를 활용한 대표적인 서비스로 총 15가지를 제안하고 있다. 그중 대표적인 서비스로 꼽히는 '도로 위험 구간 정보 제공'은 급커브 구역 등 다양한 도로 위험 구간에서 역주행 차량이나 낙하물과 같은 요소를 센서로 감지하고 경고하는 기능이다. 도로 시설물은 CCTV나 센서를 활용해 감지 구역 안의 위험 구간을 인식하는데, 인식한 구간이 위험 구간으로 분류되면 자동차와 도로 시설물에 정보를 전달하고 사고를 예방하는 것이다. 이처럼 다양한 측면에서 정보를 수집하고 전달해 안전한 교통 환경을 만들기 위해 여러 기관에서 연구개발을 거듭하고 있다.

07

제시된 글의 각 문단의 내용을 요약한 것으로 적절하지 않은 것을 고르면?

① [가]: 자동차와 자동차, 자동차와 도로를 소통하게 하는 C−ITS
② [나]: 자율주행차의 한계 극복을 위해 함께하는 C−ITS
③ [다]: C−ITS 구현을 위한 핵심 요소
④ [라]: 국내 지역별 C−ITS의 구축 현황 및 상용화 시점
⑤ [마]: 안전한 도로교통 환경을 책임질 C−ITS 활용 서비스

08

제시된 글을 이해한 내용으로 적절하지 않은 것을 고르면?

① C−ITS가 구축되기 위해서는 일정 주파수가 확보되어야 할 것이다.
② V2X기술이 적용된 차량은 관제센터로 직접 정보를 전송할 수도 있다.
③ 도로 위험 구간에 낙하물이 발생할 경우 C−ITS를 활용해 정보를 제공할 수 있다.
④ 하이패스 기술은 C−ITS를 구축 및 실현하기 위한 핵심적인 기술로 꼽힌다.
⑤ 레벨4의 자율주행차는 레벨2의 자율주행차보다 기상상황의 영향을 덜 받을 것이다.

09

다음 글의 서술 방식에 대한 설명으로 적절하지 <u>않은</u> 것을 고르면?

기업들은 이익의 극대화를 위해 끝없이 경쟁한다. 이러한 경쟁의 전략 중 하나로 한 기업이 다른 기업을 인수하거나 다른 기업과 합치는 방법이 있는데 이를 '기업인수합병'이라고 한다. 기업인수합병은 기업 간의 결합 형태에 따라 수평적, 수직적, 다각적 인수합병으로 나눌 수 있다.

먼저 수평적 인수합병은 같은 업종 간에 이루어지는 인수합병이다. 예를 들면 두 전자 회사가 결합하여 하나의 전자 회사가 되는 경우이다. 일반적으로 수평적 인수합병이 이루어지면 경쟁 관계에 있던 회사가 결합하여 불필요한 경쟁이 줄고 이전보다 큰 규모에서 생산이 이루어지게 되므로 인수합병한 기업은 생산량을 늘릴 수 있게 된다. 이러한 과정에서 규모의 경제가 실현되면 생산 단가가 낮아져 가격 경쟁력이 증가하고 이를 통해 제품의 시장점유율이 높아질 수 있다. 그러나 수평적 인수합병 이후에 독과점으로 인한 폐해가 일어날 경우, 이는 규제의 대상이 되기도 한다.

다음으로 수직적 인수합병은 동일한 분야에 있으나 생산 활동 단계가 다른 업종 간에 이루어지는 인수합병이다. 이러한 수직적 인수합병은 통합의 방향에 따라 전방 통합과 후방 통합으로 나눌 수 있다. 예를 들어 자동차의 원자재를 공급하는 기업과 자동차를 생산하는 기업이 인수합병하는 경우, 자동차를 생산하는 기업이 자동차의 원자재를 공급하는 기업을 통합하면 후방 통합이고, 자동차의 원자재를 공급하는 기업이 자동차를 생산하는 기업을 통합하면 전방 통합이 된다. 이렇게 수직적 인수합병이 이루어지면 생산 단계의 효율성이 증가하여 거래비용이 감소하고, 원자재를 안정적으로 공급할 수 있다는 장점이 있지만, 인수합병한 기업 중 특정 기업에 문제가 발생할 경우, 기업 전체가 위험해질 수 있다는 단점도 있다.

마지막으로 다각적 인수합병은 서로 관련성이 적은 기업 간의 결합이다. 예를 들면 한 회사가 전자 회사, 건설 회사, 자동차 회사를 결합하여 하나의 회사를 만드는 경우이다. 이러한 경우 만약 건설 회사의 수익성이 낮더라도 상대적으로 높은 수익성이 기대되는 다른 회사를 통해 위험을 분산시킨다면 기업의 안정된 수익성을 유지할 수 있다는 장점이 있다. 그러나 기업이 외형적으로만 비대해질 경우, 시장에서 높은 수익을 내기에는 한계가 있을 수도 있다.

기업은 인수합병을 통해 사업의 규모를 확대할 수 있다. 그러나 경우에 따라서는 인수합병을 통한 외적인 성장에만 치우쳐 신기술 연구 등과 같은 내적 성장을 위한 투자에 소홀할 수 있다. 또한 인수합병 과정에서 많은 직원이 해직되거나 전직될 수도 있고 이로 인해 조직의 인간관계가 깨지는 등 여러 문제가 발생할 수 있기에 인수합병은 신중하게 이루어져야 한다.

① 예를 들어 대상을 설명하고 있다.
② 정의를 통해 대상을 설명하고 있다.
③ 유추를 통해 대상을 설명하고 있다.
④ 대상이 가지고 있는 장단점을 설명하고 있다.
⑤ 설명의 대상을 그 형태에 따라 분류하고 있다.

10

투자전문 회사 A, B, C는 다음 [상황]에 맞추어 돈을 투자하기로 결정했다. 서로에게 각각 투자한 후 A, B, C가 가진 돈의 비율이 4 : 3 : 2라면, 최초로 투자하기 전 A, B, C가 가지고 있던 돈의 비율을 고르면?

상황

- 먼저 A는 B와 C에게 각각 B와 C가 가진 만큼의 돈을 각각 B와 C에게 투자한다.
- 다음으로 B는 A와 C에게 각각 A와 C가 가진 만큼의 돈을 각각 A와 C에게 투자한다.
- 마지막으로 C는 A와 B에게 각각 A와 B가 가진 만큼의 돈을 각각 A와 B에게 투자한다.

① 18 : 6 : 5
② 25 : 9 : 7
③ 36 : 16 : 7
④ 38 : 18 : 9
⑤ 40 : 21 : 11

11

기획팀은 회의실에서 회의를 하려고 한다. 회의에는 팀장, 과장, 차장, 대리 각각 1명과 사원 2명이 참여한다. 원형 테이블에 앉으려고 할 때, 팀장과 대리가 서로 마주보고 앉는 경우의 수를 고르면?

① 24가지 ② 48가지 ③ 60가지 ④ 120가지 ⑤ 720가지

12

BEUTIFUL에 있는 8개의 문자를 일렬로 나열하려고 한다. 이 때 U가 I보다 앞에 올 확률을 구하면?

① $\frac{1}{3}$ ② $\frac{2}{3}$ ③ $\frac{1}{6}$ ④ $\frac{1}{14}$ ⑤ $\frac{1}{56}$

13

KTX 1호기와 이보다 시속 2km가 더 빠른 KTX 2호기가 동시에 터널에 진입하여 KTX 2호기가 터널의 3/4 지점에 도착하였을 때, 기존보다 속도를 시속 6km 늦추어 운행하였다. KTX 1호기는 계속 일정한 속도를 유지하였고, KTX 2호기가 KTX 1호기보다 먼저 터널을 통과하였다고 할 때, KTX 2호기가 터널의 3/4 지점을 도착하기 전의 속력은 적어도 시속 몇 km보다 빠른지 고르면?(단, 두 기차의 길이는 무시한다.)

① 시속 12km ② 시속 14km ③ 시속 16km
④ 시속 18km ⑤ 시속 20km

14

다음 [표]는 2020년 도시철도 총괄지표에 관한 자료이다. 이에 대한 설명으로 옳은 것을 고르면?

[표] 2020년 도시철도 총괄지표

구분	A철도공사	B교통공사	C교통공사	D철도공사	E교통공사	F철도공사	G철도공사
노선 수(개)	9	1	4	3	2	1	1
역 수(개)	293	25	114	91	57	20	22
영업거리(km)	320	27	115	83	59.5	21	21
철도거리(km)	333	28	118	88	63.1	21	23
차량 수(칸)	3,637	216	926	468	346	92	84
수송인원 (천 명)	1,979,126	126,255	246,945	110,237	122,041	13,583	26,229
수송실적 (백만 인-km)	16,469	1,629	2,140	882	1,748	99	174

※ 수송실적: 여객 수송인원이 승차한 거리로, 여객 수송인원에 수송거리를 곱한 것임.

① 철도거리가 긴 도시철도일수록 영업거리도 길다.
② 노선당 평균 역 수가 가장 많은 도시철도는 D철도공사이다.
③ 노선당 평균 차량 수가 세 번째로 적은 도시철도는 E교통공사이다.
④ 수송인원이 많은 도시철도일수록 차량 1칸당 수송인원도 많다.
⑤ 수송거리가 가장 긴 도시철도는 E교통공사이다.

[15~16] 다음 [표]는 우리나라에서 지속적으로 여가 활동을 하는 기간에 대하여 성별 · 연령별 · 가구소득별로 구분하여 나타낸 자료이다. 이를 바탕으로 질문에 답하시오.

[표] 지속적 여가 활동 기간 (단위: 명, %)

구분		표본 수	1년 미만	1~2년 미만	2~3년 미만	3~5년 미만	5년 이상
소계		4,811	3.6	14.5	12.4	19.7	49.8
성별	남성	2,473	2.8	11.8	11.9	20.4	53.1
	여성	2,338	4.4	17.3	13	19	46.3
연령별	15~19세	266	5.7	17.2	21.9	25.5	29.7
	20대	710	6.2	19.9	16.4	25.6	31.9
	30대	785	3.6	16.1	15.8	18.2	46.3
	40대	955	3.6	12.3	17	23.1	44
	50대	936	2	8.2	6.8	21.5	61.5
	60대	643	2.9	14.4	7	15.8	59.9
	70대 이상	516	2.5	18.2	6.8	7.5	65
가구 소득별	100만 원 미만	382	4.1	16.7	6.1	13.7	59.4
	100만 원 이상 200만 원 미만	424	2.3	16.7	6.5	15.2	59.3
	200만 원 이상 300만 원 미만	729	3.7	14.3	11.6	18.1	52.3
	300만 원 이상 400만 원 미만	973	4.5	13.6	13.5	19.8	48.6
	400만 원 이상 500만 원 미만	845	3.4	15.1	14.6	19.5	47.4
	500만 원 이상 600만 원 미만	738	2.8	13.3	12.7	26	45.2
	600만 원 이상	720	4	15.3	12.8	18.5	49.4

15

다음 중 주어진 자료에 대한 설명으로 옳지 않은 것을 고르면?

① 2년 미만 여가 활동을 하는 인구수는 30대가 20대보다 많다.
② 지속적 여가 활동 기간이 5년 이상인 인구는 30대가 70대 이상보다 많다.
③ 지속적 여가 활동 기간이 길수록 여가 활동을 하는 인원 수도 증가하는 연령대는 총 두 개이다.
④ 지속적 여가 활동 기간이 1~2년 미만인 전체 인구수는 1년 미만인 전체 인구수의 4배 이상이다.
⑤ 가구소득별 구분에서 표본 수가 네 번째로 높은 가구소득에 해당하는 인구 중에서 지속적 여가 활동 기간이 2~3년 미만인 인구는 90명 미만이다.

16

다음 중 주어진 자료에 관한 내용을 나타낸 그래프로 옳지 않은 것을 [보기]에서 모두 고르면?

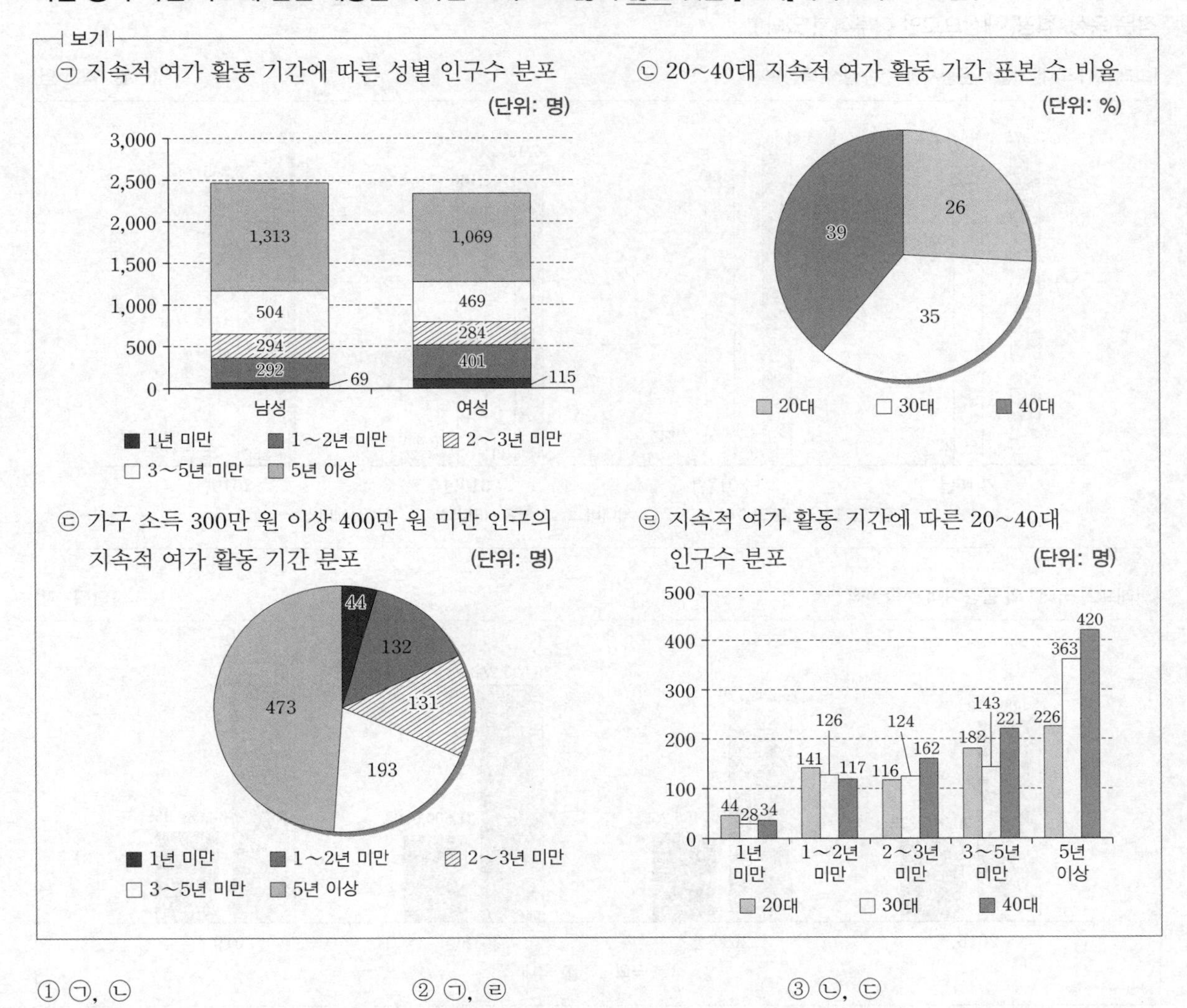

① ㉠, ㉡　　② ㉠, ㉣　　③ ㉡, ㉢

④ ㉡, ㉣　　⑤ ㉢, ㉣

17

다음 [표]와 [그래프]는 수송실적에 관한 자료이다. 이에 대한 설명으로 옳지 않은 것을 고르면?(단, 국내 수송실적은 육상, 항공, 해상으로만 이루어져 있다.)

[그래프1] 국내 자동차운송사업 수송실적(육상) (단위: 백만 명)

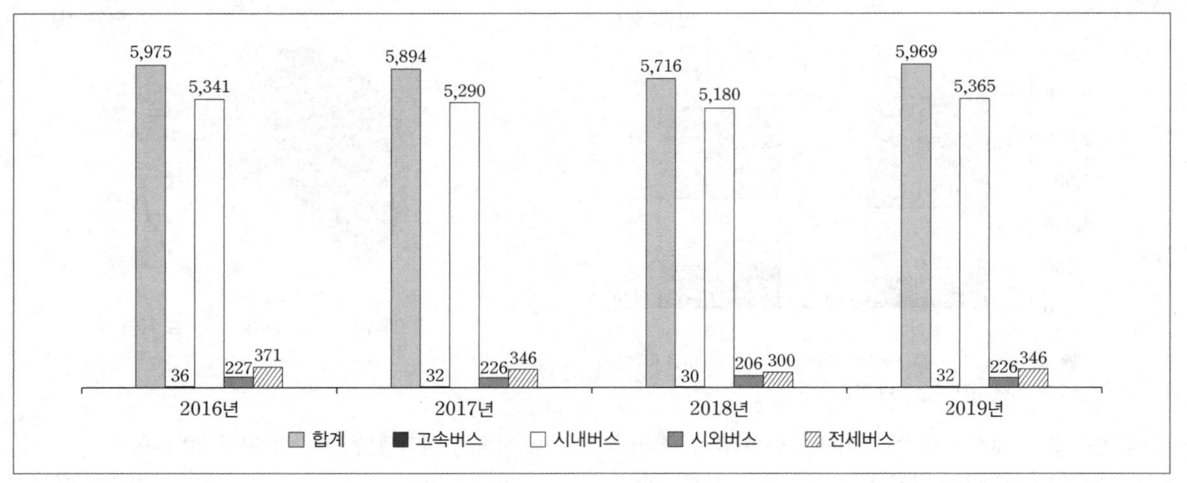

[그래프2] 국내·외 항공여객 수송실적 (단위: 명)

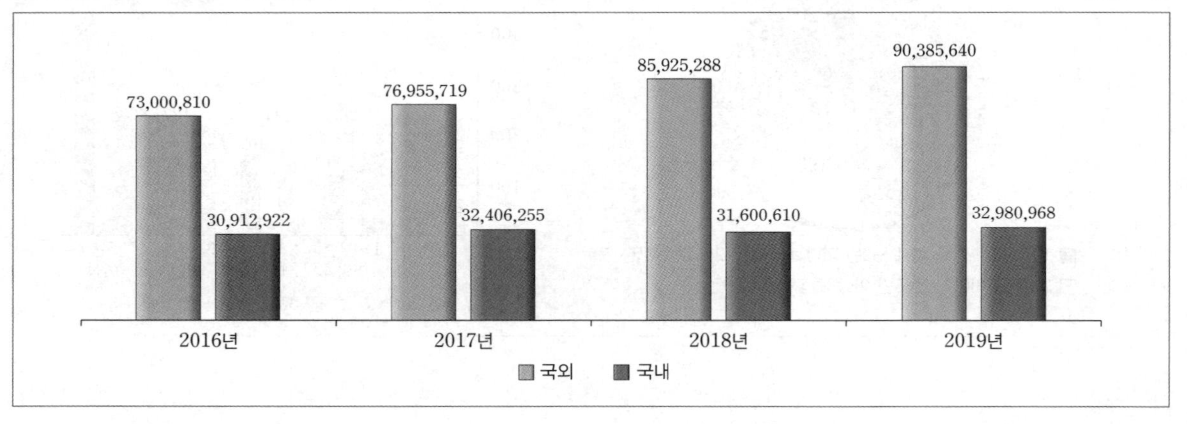

[표] 국내 해상여객 수송실적 (단위: 천 명)

구분		2016년	2017년	2018년	2019년
수송실적		15,423	16,910	14,625	14,585
	일반항로	15,007	16,459	14,217	14,120
	보조항로	416	451	408	465

① 2017~2019년 동안 국외 항공여객 수송실적은 매년 증가하였다.
② 2017~2019년 고속·시내·시외·전세버스의 증감 추이는 모두 동일하다.
③ 2016~2019년 동안 총국내 수송실적은 2019년이 가장 높다.
④ 2016~2019년 동안 육상·항공·해상의 국내 실적이 가장 높은 연도는 각각 다르다.
⑤ 2017~2019년 국내 해상여객 수송실적의 전년 대비 증가율은 2018년이 가장 낮다.

18

다음은 철도 정기승차권에 관한 자료이다. 이에 대한 설명으로 옳은 것을 고르면?

○ 정기승차권이란?

지정한 승차구간을 유효기간 동안 45~60% 할인하여 1일 2회(왕복) 이용 가능한 승차권

○ 상품종류 및 할인율

정기승차권 종류			할인율	이용기준
일반형	어른	10일	45%	• 유효기간 중 월요일부터 금요일까지 이용 가능 (단, 주말(토, 일) 및 월~금요일 중의 공휴일은 이용 불가)
		1개월	50%	
	청소년	10일	60%	
		1개월		
기간자유형	어른	10~20일	45%	• 10일 이상의 이용기간과 주중 및 휴일 이용 여부를 고객이 직접 선택 가능 • 주중 및 주말과 공휴일 모두 이용 가능
		21일~1개월	50%	
	청소년	10일~1개월	60%	

○ 이용방법

- 정기승차권은 기명식 승차권으로 승차권에 표기된 고객에 한해 이용 가능
- 선택한 승차구간과 열차(하위열차 포함)를 입석 또는 자유석으로 이용(관광전용열차는 이용 불가능)
  ※ 열차등급: KTX(KTX산천) > ITX-새마을, 새마을호 > 누리로, 무궁화호 순
  ※ 정기승차권의 승차구간이라 함은 실제 승차하는 경로에 의하므로 수원, 구포역 등을 경유하는 KTX 정기승차권으로 운임이 다른 구간을 운행하는 KTX의 승차는 불가
- 이용시작 5일 전부터 구매 가능
- 정기승차권을 소지하지 않은 경우에는 출발역에서 승차할 열차의 5분 전까지 공공기관에서 발행한 신분증을 제시하고 정기승차권 발급확인서를 청구할 수 있으며 발급확인서는 정기승차권 이용기간에 따라 2회(10일), 4회(11~20일), 6회(21일~1개월)로 발급을 제한

○ 환불기준

- 유효기간 시작일 이전: 최저위약금(400원)
- 유효기간 시작일 이후: 승차구간의 기준운임과 청구 당일까지의 사용일수를 곱한 금액 및 최저위약금(400원)을 공제한 잔액 환불

① 서울역-대전역 구간의 새마을호 정기승차권으로 서울역-대전역 구간의 무궁화호를 이용할 수 없다.
② 청소년이 휴일을 제외하고 20일간 특정 구간을 이용한다고 할 때, 할인율은 45%이다.
③ 발급확인서를 소지하지 않고 열차에 탑승하는 경우 탑승이 불가능하다.
④ 왕복운임이 3만 원인 승차구간을 어른이 휴일 이틀을 포함하여 12일간 최대한 저렴하게 이용하려는 경우, 총 운임요금은 기간자유형을 이용하는 것이 일반형을 이용하는 것보다 27,000원 더 저렴하다.
⑤ 기준운임이 왕복 16,000원인 승차구간을 어른이 25일 기간자유형 정기승차권을 발급받은 뒤 5일째 이용한 날 환불을 받는 경우, 120,600원을 환불받는다.

19

다음 자료를 읽고 추론할 수 있는 내용으로 옳지 않은 것을 고르면?

탄소중립 전환 선도프로젝트 융자지원 안내

1. 탄소중립 전환 선도프로젝트

   탄소중립을 선도할 기술적 · 경제적 파급력이 있으나, 장기 대규모 투자가 필요한 혁신기술 · 공정 · 제품 개발 프로젝트. 이러한 위험성을 감수하고 탄소중립 선도에 도전하는 혁신적인 기업에 대해 저금리 · 장기 융자를 지원할 예정임

2. 지원대상

   탄소중립 전환 선도프로젝트에 투자 또는 투자예정인 중소 · 중견 · 대기업

3. 지원내용

구분	내용
융자비율	실 소요자금 기준 기업규모에 따라 차등지원 – (중소) 100%, (중견) 90%, (대기업) 50% 이내
지원한도	사업장당 최대 500억 원 – 시설자금(500억 원 이내) 및 기술개발자금(100억 원 이내)을 합산
대출금리	기업규모에 따라 차등 적용 – 기준금리: 공공자금관리기금의 신규대출금리에서 2.0%p를 차감하여 산정(1년변동 금리) – (중소) 기준금리, (중견) 기준금리+0.10%p, (대기업) 기준금리+0.20%p – 대출금리가 1.3% 미만일 경우, 최저대출금리인 1.3%를 적용
대출기간	3년 거치, 7년 분할상환

4. 지원절차

탄소중립 이행 계획 제출	→	선도프로젝트 평가	→	대출심사	→	자금대출
대기업, 중견기업, 중소기업		한국산업단지공단		금융기관		기업규모에 따라 차등지원

① 한 사업장에서 시설자금 300억 원 및 R&D 자금 100억 원을 한 번에 지원받을 수 있다.
② 공공자금관리기금의 신규대출금리가 5.2%인 경우 중견기업의 대출금리는 5.3%이다.
③ 실 소요자금이 대기업 500억 원, 중견기업 300억 원인 경우, 대기업보다 중견기업에 지원되는 금액이 많다.
④ 지원 기업의 선도프로젝트 평가 기관과 대출심사 기관은 상이하다.
⑤ 융자지원을 받은 기업의 대출기간은 최대 10년이다.

20

어느 편의점에서 마감을 하던 중 오늘 손님에게 받은 5만 원권 지폐가 위조되었음을 발견하였다. 오늘 현금으로 결제한 사람은 갑, 을, 병, 정, 무로 이 중 3명은 1만 원권으로만 지불하였고, 1명은 5만 원권, 1명은 5천 원권으로만 지불하였다. 한 사람은 반드시 거짓을, 나머지 네 사람은 반드시 진실을 말한다고 할 때, 다음 [조건]을 바탕으로 1만 원권으로만 지불한 사람을 모두 고르면?

조건

- 갑: 나는 1만 원권으로만 결제했어.
- 을: 정이 5만 원권으로 결제하는 것을 봤어.
- 병: 나는 5천 원권으로만 지불했어.
- 정: 나는 1만 원권으로 결제하지 않았어.
- 무: 을이 5만 원권으로 결제했어.

① 갑, 을, 병　② 갑, 을, 정　③ 갑, 을, 무
④ 을, 병, 정　⑤ 을, 정, 무

21

다음은 11월 둘째 주 구내식당 석식 계획에 대한 내용이다. 이때 치킨너겟과 열무김치가 나오는 날이 알맞게 짝지어진 것을 고르면?

[11월 둘째 주 석식 세부 종류]

- 밥: 쌀밥, 보리밥, 콩밥, 수수밥, 현미밥
- 국: 감잣국, 계란국, 콩나물국, 미역국, 된장국
- 메인메뉴: 돈가스, 제육볶음, 불고기, 치킨너겟, 소시지야채볶음
- 김치: 배추김치, 깍두기, 열무김치, 갓김치, 백김치

[배식 조건]

- 월, 화, 수, 목, 금 각각 서로 다른 밥, 국, 메인메뉴, 김치를 선택하여 배식한다.
- 돈가스가 나오는 날에는 열무김치가 나온다.
- 보리밥이 나오는 날에는 감잣국이 나온다.
- 미역국이 나오는 날에는 소시지야채볶음이 나온다.
- 월요일에는 보리밥, 화요일에는 제육볶음, 수요일에는 미역국, 목요일에는 현미밥, 금요일에는 배추김치가 나온다.
- 콩밥이 나온 다음 날에는 수수밥이 나온다.
- 계란국이 나온 다음 날에는 콩나물국이 나온다.
- 열무김치가 나온 다음 날에는 갓김치가 나온다.
- 불고기는 제육볶음, 소시지야채볶음과 연달아서 나오지 않는다.

	치킨너겟	열무김치
①	월	월
②	월	화
③	목	월
④	목	화
⑤	금	수

22

다음 글을 근거로 판단할 때, 7월 1일부터 7월 6일까지 김 씨가 당일 생산하여 당일 판매한 마카롱 수의 합으로 옳은 것을 고르면?

- 디저트 전문점을 운영하는 김 씨는 딸기 마카롱과 초코 마카롱을 직접 만들어 판매한다. 김 씨는 마카롱을 만든 날 모두 판매하는 것을 목표로 운영하며, 당일 판매하지 못한 마카롱은 판매가에서 40%를 할인하여 다음 날 판매한다. 판매 시에는 전날 판매하지 못한 마카롱을 먼저 판매하고, 재고 마카롱이 모두 소진된 다음 당일 만든 마카롱을 판매한다. 만약 이틀 연속 판매되지 않은 마카롱이 있으면 이 마카롱은 폐기처분한다.
- 김 씨는 매일 아침 판매할 수 있는 마카롱의 개수가 딸기 마카롱이 60개, 초코 마카롱이 100개가 되도록 준비한다. 6월 30일에 판매하고 남은 마카롱은 딸기 마카롱 12개, 초코 마카롱 30개이다.
- 매일 판매된 딸기 마카롱과 초코 마카롱의 개수는 아래와 같았다.

구분	7월 1일	7월 2일	7월 3일	7월 4일	7월 5일	7월 6일
딸기 마카롱	45개	52개	58개	55개	60개	50개
초코 마카롱	80개	92개	60개	50개	45개	60개

① 472개 ② 475개 ③ 477개
④ 480개 ⑤ 483개

[23~24] 다음은 K호텔 시설물 및 장비 이용요금과 사내 세미나를 위해 1박 2일 시설을 이용하고자 하는 C사 직원들의 [대화]이다. 이를 바탕으로 질문에 답하시오.

K호텔 요금 안내

[표1] 시설물 이용요금

구분		단가	수용인원	비고
강당	기본금액	50,000원/시간	~100명	• 강당 수용인원 초과 시 기본금액에 초과 인원 1인당 1시간에 1,000원 추가 • 강당 이용 가산금 – 4시간 초과 이용 시 해당 시설물(냉난방, 조명·음향, 빔 프로젝터 포함) 전체 이용 금액의 10% 가산 – 5시간 초과 이용 시 해당 시설물(냉난방, 조명·음향, 빔 프로젝터 포함) 전체 이용 금액의 20% 가산 • 식당의 최소 보증인원은 50명이며, 해당 인원만큼 식사를 하지 않아도 해당하는 금액은 무조건 지불 • 시설물 이용요금 총액의 10%를 계약금으로 지급
	냉난방	10,000원/시간		
	조명·음향	5,000원/일		
	빔 프로젝터	15,000원/일		
식당	기본금액	20,000원/시간	~60명	
	식대	6,000원/인		
숙박	1인실	70,000원/1박		
	2인실	60,000원/1박		
	5인실	50,000원/1박		

[표2] 장비 사용료

구분	보유수량	사용료	비고
책상	20개/6인용	10,000원/개	• 책상은 보유수량 외 재고가 없으며 의자는 보유수량 초과 사용 시 초과 사용 의자 1개당 사용료의 10% 가산 • 100인 이상 숙박 시 현수막, 팜플렛 제작 비용 10% 할인
	20개/4인용	5,000원/개	
의자	100개	3,000원/개	
스크린	1개	10,000원/개	
현수막	제작 비용	50,000원/개	
팜플렛	제작 비용	2,000원/부	

대화

- 한 과장: 세미나 준비는 잘 되어 가고 있나?
- 김 대리: 네, 저희가 110명이나 되다 보니 신경 써야 할 부분이 많네요.
- 한 과장: 사장님은 1인실로, 본부장급 이상 8분은 2분씩 방 쓰실 수 있게 잡아 두었지?
- 김 대리: 네, 그렇게 하였고, 나머지 직원들은 5인실을 쓰도록 잡아 두었습니다. 그런데, 식당이 작아 동시에 식사가 어려울 것 같습니다.
- 한 과장: 그럼 7~8시, 8~9시 이렇게 두 팀으로 나누어 식사를 하도록 하지. 최소 보증인원이 있으니 꼭 다들 식사하실 수 있도록 안내해 주게. 강당에 걸어 놓을 현수막 1개와 인원수에 맞게 팜플렛 제작하는 것도 잊지 말고. 냉난방 시설과 조명·음향 시설, 빔 프로젝터도 모두 준비해 두고.
- 김 대리: 네, 알겠습니다. 강당은 몇 시간 정도 사용하는 것으로 이야기해 놓을까요?
- 한 과장: 중간에 30분 정도 쉬고 1부, 2부 2시간씩 진행될 예정이니 5시간은 빌려야 할 것 같아.

23

주어진 자료를 참고하였을 때, 옳지 않은 것을 고르면?

① 강당 이용 가산금은 37,000원이다.
② 시설물 이용 전 계약금으로 지불해야 할 금액은 244,000원이다.
③ C사는 현수막과 팜플렛 제작 비용으로 27,000원을 할인받을 수 있다.
④ 식당 이용요금은 70만 원 이상이다.
⑤ 인원수에 맞게 6인용 책상을 빌리는 것보다는 4인용과 6인용을 섞어서 빌리는 것이 더 저렴하다.

24

주어진 장비를 모두 사용하면서 비용은 최소화한다고 가정하였을 때, C사의 1박 2일 세미나 총 비용으로 옳은 것을 고르면?(단, 스크린은 1개 사용한다.)

① 3,063,000원
② 3,104,000원
③ 3,150,000원
④ 3,203,000원
⑤ 3,260,000원

25

다음 글을 바탕으로 적법한 조치를 고르면?(단, A~E는 모두 한국인이며, 언급한 내용 외에는 모두 적법한 조치를 취했다고 가정한다.)

- 검역법은 우리나라로 들어오거나 외국으로 나가는 운송수단, 사람 및 화물을 검역하고 감염병을 예방하기 위해 시행되고 있는 법이다.
- 검역법 및 관련 고시에서는 검역 대상이 되는 이른바 '검역감염병'을 열거하고 있다. 현재 규정된 검역감염병은 '콜레라, 페스트, 황열, 중증급성호흡기증후군, 동물인플루엔자 인체감염증, 신종인플루엔자, 중동호흡기증후군, 에볼라바이러스병, 폴리오'이다.
- 검역법에 의하면 우리나라로 들어오거나 외국으로 나가는 운송수단과 사람 및 화물은 검역조사를 받아야 한다. 검역조사는 검역소장이 시행하는데, 검역소장은 이와 같은 검역대상이 되는 사람들 중 ⓐ 검역법에서 규정하는 검역감염병에 감염된 사람을 격리하는 조치, ⓑ 검역감염병의 증상은 없으나 검역감염병의 발생이 의심되는 사람을 감시 또는 격리하는 조치를 취할 수 있다.
- 검역소장은 격리 조치를 취할 경우에는 조치대상인 사람들을 보건복지부장관이 지정한 검역소 내 격리병동, 감염병의 예방 및 관리에 관한 법률(이하 감염병예방법)에서 규정하는 감염병관리기관이나 격리소·요양소·진료소, 자가(自家) 중 하나에 해당하는 시설에 격리해야 한다.
- ⓐ의 경우 격리 기간은 격리된 자의 감염력이 없어질 때까지이며, ⓑ의 경우 감시 또는 격리 기간은 콜레라는 5일, 페스트는 6일, 황열은 6일, 중증급성호흡기증후군은 10일, 동물인플루엔자 인체감염증은 10일, 그 밖의 감염병은 그 최대 잠복기이다.
- 감시와 달리 격리된 사람은 격리 기간 동안에는 검역소장의 허가를 받지 않고는 다른 사람과 접촉할 수 없으며, 검역소장은 이들을 격리한 경우 격리 사실을 격리대상자의 가족, 보호자 또는 격리 대상자가 지정한 사람에게 알려야 한다.

① 영국에서 출발하여 한국에 도착한 비행기에 에이즈에 감염된 승객 A가 있어 A를 A의 자택에 격리하면서, A의 보호자에게 격리 사실을 알렸다.

② 케냐에서 출발하여 한국에 도착한 비행기에 황열에 감염된 것으로 의심되는 승객 B가 있어 B를 6일간 감시하면서 가족에게는 따로 연락을 취하지 않았다.

③ 베트남에서 출발하여 한국에 도착한 비행기에 페스트에 감염된 것으로 의심되는 승객 C가 있어 C를 보건복지부장관이 지정한 검역소 내 격리병동에 일주일 간 격리하는 조치를 취하였다.

④ 필리핀에서 출발하여 한국에 도착한 선박으로 입국한 승객 중 콜레라에 감염된 것으로 의심되는 승객인 D를 D의 자택에 5일간 격리하고 더 이상 병원체가 배출되지 않자 2일 동안 더 격리한 후 격리를 중단하였다.

⑤ 중국에서 출발하여 한국에 도착한 선박에 탑승했던 승객 중 동물인플루엔자 인체감염증에 감염된 승객 E가 있어 E를 가장 가까운 보건소에 격리하면서, E의 부모님에게 연락했으나 연락이 닿지 않아 E의 여동생에게 격리 사실을 알렸다.

eduwill

휴노형·PSAT형

NCS 봉투모의고사

휴노형·PSAT형

NCS 봉투모의고사

| 2회 |

영역		문항 수	시간	비고
NCS 직업기초능력평가	의사소통능력	40문항	40분	객관식 오지선다형
	수리능력			
	문제해결능력			
	자원관리능력			

모바일 OMR 자동채점&성적분석 무료

정답만 입력하면 채점에서 성적분석까지 한번에!

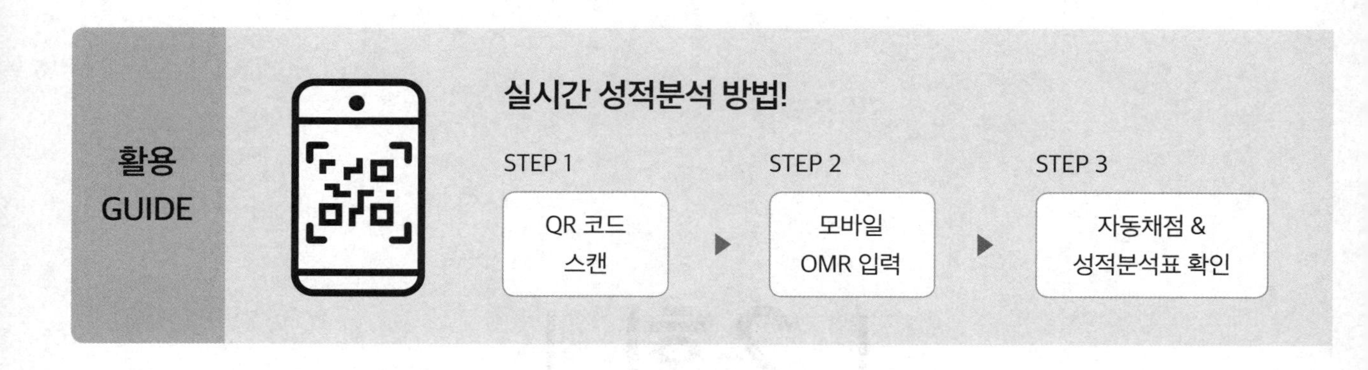

STEP 1

교재 내 QR 코드 스캔

- 위 QR 코드를 모바일로 스캔 후 에듀윌 회원 로그인
- QR 코드 하단의 바로가기 주소로도 접속 가능

STEP 2

모바일 OMR 입력

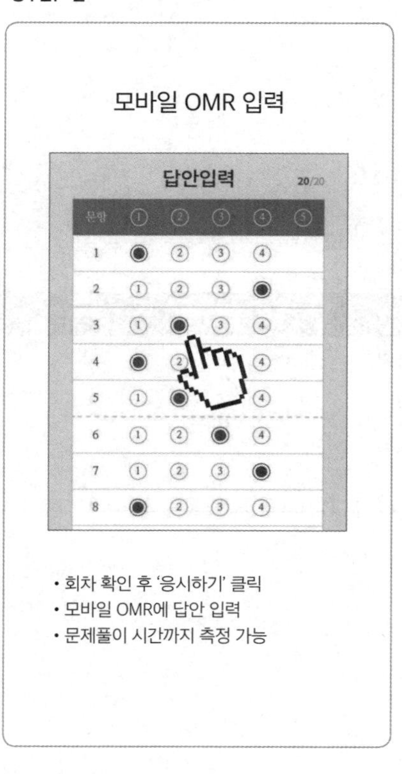

- 회차 확인 후 '응시하기' 클릭
- 모바일 OMR에 답안 입력
- 문제풀이 시간까지 측정 가능

STEP 3

자동채점 & 성적분석표 확인

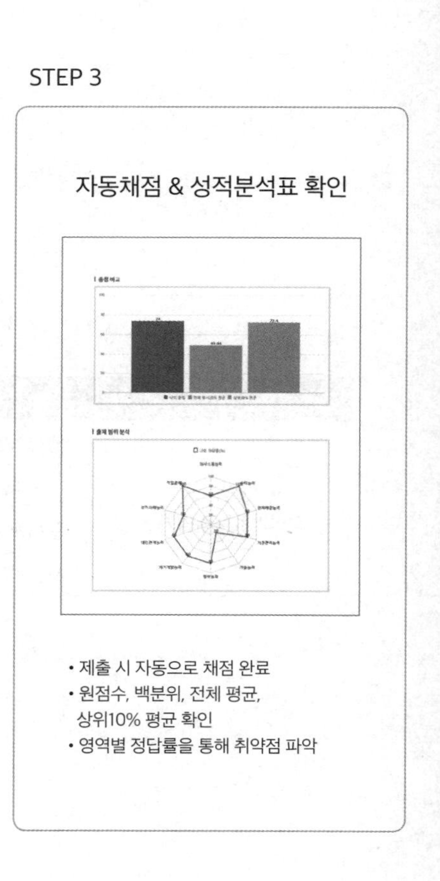

- 제출 시 자동으로 채점 완료
- 원점수, 백분위, 전체 평균, 상위10% 평균 확인
- 영역별 정답률을 통해 취약점 파악

※ 본 회차의 모바일 OMR 채점 서비스는 2023년 12월 31일까지 유효합니다.

실전모의고사 2회

정답과 해설 P.10

01

다음 글의 밑줄 친 ㉠~㉤ 중 사전적 뜻풀이가 잘못된 것을 고르면?

직장 상사는 마음만 먹으면 직원을 바로 해고할 수 있을까? 해고는 근로 계약이 종료되는 여러 가지 원인 가운데 하나이다. 노동관계는 근로 계약에 의해 성립되는데, 이는 기본적으로 계약 자유의 원칙에 따라 이루어진다. 계약 자유의 원칙이란 개인 간의 계약은 원칙적으로 당사자의 자유에 맡기며, 국가와 법도 그것을 될 수 있는 한 ㉠ 승인한다는 것을 의미한다.

하지만 근로 계약에서 계약 자유의 원칙이 그대로 적용되지 않는 경우도 있다. 최저 임금법에 의하면 사용자는 근로자에게 최저 임금 이상을 지급해야 한다. 아무리 근로자가 원하다 해도 최저 임금보다 적은 시급을 지급하는 내용의 근로 계약은 무효이다. 근로 기준법에서 회사의 경영 담당자는 근로자가 아니라 사용자로 ㉡ 규정하고 있으며, 회사와 임원은 근로 계약 관계가 아니라 위임 계약 관계이기 때문에 최저 임금법의 적용을 받지 않는다.

노동관계를 종료할 때에도 계약 자유의 원칙은 일부 수정이 된다. 먼저 근로자는 언제든지 근로 계약을 해지할 수 있다. 민법은 고용 기간을 ㉢ 약정하지 않았을 때, 근로자가 언제든지 사용자 측에 계약 해지를 요구할 수 있다고 규정한다. 만약 사용자가 근로자의 해지 요구를 받아들이지 않는다면, 사용자가 해지 통고를 받은 날부터 한 달이 지난 시점에 무조건 해지의 효력이 생긴다. 반면에 사용자는 일방적인 해지권을 행사할 수 없다. 근로 기준법 제23조 1항에 명시되어 있으며 판례는 해고를 위한 정당한 사유를 '사회 통념상 고용 계약을 계속할 수 없을 정도로 근로자에게 책임이 있는 사유'라고 ㉣ 판시하고 있으며, 근로 기준법은 해고 사유와 시기를 서면으로 통지해야 효력이 있다고 규정하고 있다.

해고 외에도 노동관계가 종료되는 경우에는 여러 가지가 있다. 해고를 위해서는 노동관계를 더 이상 지속할 수 없을 정도로 근로자에게 책임이 있는 사유가 필요하다. 하지만 합의에 의한 사직은 원칙적으로 근로자가 노동관계의 종료를 원한 것이기 때문에 어떠한 이유도 필요하지 않다. 그러나 이 원칙을 그대로 ㉤ 관철하면 부당한 경우가 발생해 사회적으로 문제가 되기도 한다.

① ㉠: 어떤 사실을 마땅하다고 받아들임
② ㉡: 조건을 붙여 내용을 제한함
③ ㉢: 어떤 일을 약속하여 정함
④ ㉣: 어떤 사항에 관하여 판결하여 보임
⑤ ㉤: 어려움을 뚫고 나아가 목적을 기어이 이룸

02

다음 중 밑줄 친 단어의 쓰임이 옳지 않은 것을 고르면?

① 굴다리 내부 공간을 개선하고 보존함으로써 마을 하천 생태계 보전에 힘썼다.
② 자연상태에서 외부에 방출되는 방사능보다 자동차에서 배출되는 배기가스가 더 심각한 문제가 된다.
③ 자금을 효율적으로 운용하기 위해 키오스크에 투자하여 시범 운영을 하고 있다.
④ 수사의 범주가 좁혀져 범죄의 수법을 대략 몇 가지 범위로 묶을 수 있다.
⑤ 그는 재산에 대해 일절 간섭하지 말라며 재산 일체를 사회에 기부하였다.

03

다음 [보기]의 ㉠~㉤ 중 어법에 맞지 않게 쓰인 것을 모두 고르면?

보기

㉠ 이 책의 머리말에는 글쓴이의 약력이 담겼다.
㉡ 지금부터 이 도면을 거꾸로 뒤집어서 봐.
㉢ 그들은 진실을 은패하는 만행을 서슴지 않았다.
㉣ 이제 와서 넋두리를 해 봐야 소용없는 일이었다.
㉤ 늦깍이로 시작한 연기 생활이었던 만큼 그 길은 순탄치 않았다.

① ㉠, ㉢
② ㉡, ㉢
③ ㉢, ㉤
④ ㉡, ㉣
⑤ ㉣, ㉤

04

다음 글을 읽고 난 후 보일 수 있는 반응으로 적절하지 않은 것을 고르면?

최근 예일대학교 연구팀이 26세에서 47세 중 비만이 아닌 성인 238명을 모집하여 한 연구를 진행하였다. 연구는 그들에게 칼로리 섭취량을 권장량보다 줄이도록 요청한 후 2년 동안 관찰하는 것이었다. 이들은 칼로리 섭취량을 12~22% 줄였으며 평균 약 14% 감소했다. 이는 남성을 기준으로 300kcal 정도의 열량에 해당한다. 이번 연구는 소식하면 오래 산다는 오랜 믿음을 처음으로 인간을 실험 대상으로 삼아 검증해 본 연구다.

연구진은 칼로리를 줄이는 것이 흉선을 강화함으로써 파리, 벌레, 쥐의 수명을 늘릴 수 있다는 수십 년간의 연구 성과에 주목했다. 심장 주변에 위치한 흉선은 질병과 싸우는 백혈구의 일종인 T세포를 생산하는 기관으로 신체의 다른 부위보다 더 빨리 노화한다. 40대에 접어들면 흉선의 절반 이상이 지방에 쌓여 T세포 생산이라는 본연의 기능을 제대로 수행하지 못한다. 이 때문에 몸속 T세포 농도가 낮아지면 암세포를 상대하는 T세포의 부재로 인해 암에 걸릴 위험이 커지고 병균에 의한 질병의 공격에 취약해진다. 소식을 하면 흉선의 노화 속도를 늦추고 질병에 대한 대항력을 키울 수 있으리라 기대한 연구팀은 2년 후 소식한 사람들의 흉선에는 상대적으로 지방이 덜 쌓였음을 실제로 확인할 수 있었다. 연구진은 흉선의 무게 및 주변을 둘러싼 지방의 무게와 T세포 수치를 측정했고, 흉선이 실험 시작 시보다 적게 먹은 2년 후에 더 많은 T세포를 생산한다는 것을 확인했다.

의외의 발견도 이어졌다. 소식은 실험 참가자의 지방 조직을 변화시켰다. 지방 조직은 지방과 함께 대식세포를 포함한 여러 종류의 면역 세포를 포함하는데 소식 후 1년이 지나자 지방 조직의 유전자 중 혈소판 활성을 관장하는 PLA2G7 단백질의 유전자에 유의미한 변화가 일어났다. 당뇨병, 심혈관 질환 및 일부 암을 포함한 대사 및 면역 질환에 관여하는 것으로 알려진 이 단백질은 대식세포에 의해 생성되며 노화와 관련한 염증을 일으킨다. 연구팀은 칼로리 섭취를 줄이자 PLA2G7 단백질의 수치가 낮아져 노화를 억제하는 효과가 나타나는 것을 발견했다. 흥미로운 점은 소식이 아닌 다른 방법을 써서 PLA2G7 단백질 양을 줄여도 같은 효과가 나타난다는 점이다. 연구진은 생쥐를 대상으로 PLA2G7 단백질의 유전자를 조작하면 흉선은 젊어지고 노화 염증은 감소한다는 사실을 밝혀냈다. 이는 약물 등의 방법을 통해 PLA2G7 단백질의 수치를 조절하면 소식을 하지 않고도 장수 효과를 누릴 수 있는 가능성을 보여 준다.

① "20대보다 40대에서 T세포의 기능이 저하된 경향을 보이겠군."
② " 먹는 양이 늘어날수록 PLA2G7 단백질 수치가 증가하는 경향을 보이겠군."
③ " 소식과 수명의 상관관계에 대한 연구는 이전부터 진행되어 왔군."
④ " 체내 T세포의 농도가 낮아질수록 암 발병 위험은 커지겠군."
⑤ "PLA2G7 단백질의 수치가 증가할수록 T세포의 기능은 강화되겠군."

05

다음 글의 빈칸에 들어갈 말로 가장 적절한 것을 고르면?

디지털 플랫폼을 보유하고 운영하는 대형 기술 기업을 의미하는 빅테크(Bigtech)의 금융산업 진출이 활발해짐에 따라 금융산업에서도 빅테크와 관련된 공정경쟁 이슈의 중요성이 점차 부각되고 있다. 플랫폼 참여자 간 상호작용의 결과로 생산되는 데이터, 그리고 플랫폼의 네트워크 효과에 경쟁력의 원천을 두고 있는 빅테크의 특성상 기존의 공정경쟁 규제는 효과적이지 않다는 비판이 제기되면서, 다양한 규제를 도입하고 있다. 또한 빅테크와 같은 대형 플랫폼 사업자에 의한 데이터의 독점적 사용 방지가 규제의 또 다른 핵심축을 이루고 있다.

디지털 플랫폼을 운영하는 빅테크와 관련된 반경쟁 또는 불공정행위는 크게 다음과 같은 세 가지 측면에서 나타날 수 있다. 첫째는 양면시장인 플랫폼에서 한쪽 면의 참여자인 소비자와 빅테크 간에 나타나는 불공정행위와 소비자 피해 문제이다. 둘째로 플랫폼의 다른 한쪽 면의 참여자인 이용업체와 빅테크 간에 발생하는 불공정행위의 문제이다. 빅테크는 이용업체들이 의존할 수밖에 없는 플랫폼의 운영자로서 지배력을 행사하는 동시에, 이용업체와 동일한 비즈니스에서 경쟁하는 기업인 경우도 있다. 이것은 온라인 쇼핑 오픈마켓과 같은 플랫폼에서 이른바 '갑—을 관계'의 양상으로 나타나는 매우 중요한 공정경쟁 이슈이다. 셋째는 플랫폼 사업자 간 또는 플랫폼 사업자와 타 기업 간 경쟁에서 경쟁우위 요소를 활용하여 경쟁사업자를 시장에서 배제한 뒤, 타 플랫폼 사업자 또는 기업의 영역으로 지배력을 확대할 가능성에 관한 문제이다.

미국 연방거래위원회(FTC)의 위원장은 약탈적 가격설정과 수직적 통합이 빅테크의 성장 전략의 핵심이며, 기존의 소비자 후생과 가격 중심의 사후적 규제체계에서는 디지털 플랫폼 기업의 경우 시장의 획정이 어렵고, 기업의 행위가 반경쟁적인지의 여부를 판단하는 것도 매우 어렵다고 주장한다. 따라서 사후적 규제는 불공정행위가 발생한 후 처벌에 이르기까지 상당한 시간이 소요되며, (   )

① 플랫폼 참여자 간의 상호 작용에 의한 공정한 거래의 운용이 원활해진다.
② 불공정행위에 대한 적법한 제재가 불가능하여 소비자의 피해가 커질 우려가 있다.
③ 기존의 공정경쟁 규제가 효과적으로 운용되고 있는지 비판적으로 검토해야 할 필요성이 약화된다.
④ 플랫폼 사업자 사이 또는 타 사업자와의 불공정한 거래에 대한 직접적인 제재를 확대할 가능성이 높다.
⑤ 시장에 대한 지배력이 형성된 후에는 공정한 거래가 이루어지도록 회복하는 것이 어려울 가능성이 높다.

06

다음 글의 내용과 일치하는 것을 고르면?

세계가 기후 위기 대응과 저탄소 시대의 필요성을 절감하고 있다. 유럽을 중심으로 2050년까지 화석연료의 의존도를 줄이는 정책이 단계적으로 마련되는 가운데 독일의 모범적 사례가 눈에 띈다. 독일은 2020년 탄소 총배출량을 1990년 대비 42% 감축하며 목표치를 2% 초과 달성했다. 팬데믹의 여파에도 기후 정책을 마련하고 입법화한 독일 연방정부와 시민사회의 노력이 빛을 발했다는 평가다. 베를린 중앙역과 정부청사 같은 관공서 건물에도 태양 전지판이 지붕을 덮고 있다. 유럽 최초의 '탄소중립 기차역'인 케르펜－호렘역은 태양광과 지열만으로 운영한다. 형광등부터 에스컬레이터까지 실내 깊숙이 자연광이 비추는 설계부터 빗물 재사용장치 등 재생에너지만을 이용해 매년 24톤의 이산화탄소를 감축하고 있다.

우리 정부가 제시한 '한국판 뉴딜 계획'의 한 축인 '그린뉴딜'은 독일의 탄소중립 정책과 맥을 같이한다. 그린뉴딜은 에너지 산업 구조를 전면 조정해 신재생에너지로 바꾸는 것이다. 한국철도는 태양광사업 등 철도의 자원을 활용한 그린뉴딜에 적극 동참하려 한다. 탄소중립을 위해 신재생에너지 사업을 확대하고 저탄소 친환경 철도를 구현하는 그린뉴딜 사업으로 미래 철도의 성장 동력을 확보할 계획이다. 또한 철도 건물 옥상 등 주요 역사와 유휴부지 8곳, 14만여 m^2에 태양광발전 시범사업을 추진하고 관련 법률과 제도를 마련해 친환경에너지 사업의 포석을 다지고 있다. 중장기적으로는 선로와 방음벽 등에 태양광 전지판을 설치해 철도시설을 '친환경 발전소화'하는 방안을 구상하고 있다. 2030년까지 최소 25만 톤의 이산화탄소 감축을 목표로 하고 있다.

독일 국토는 일사량이 풍부하지 않다. 한반도보다 위도가 높아 태양광 자연 자원이 우리나라보다 부족하다. 그럼에도 탄소중립의 선두에 서게 된 것은 어려운 여건에도 정부와 독일 철도, 마을 공동체까지 정책에 뜻을 모으고 비용까지 분담하는 등 프로젝트에 적극 동참했기 때문이다. 철도가 그린뉴딜의 견인차로 주목받고 있다. 탄소 중립을 통한 기후 위기 대응은 더 이상 목표가 아니다. 미래를 위한 의무이자 약속이다. 한국철도는 모든 이해관계자와 힘을 모아 탄소중립을 향한 철도의 길을 만들어 갈 것이다.

① 한국철도는 선로에 태양광 전지판을 설치하여 전기를 생산하고 있다.
② 독일의 성공은 정부뿐 아니라 이해관계자의 적극적인 참여에서 기인한다.
③ 케르펜－호렘역의 일부 시설은 천연가스를 사용하여 운영되고 있다.
④ 독일은 한반도보다 위도가 높아서 일사량이 풍족하여 태양광 정책을 펴기 쉬웠다.
⑤ 한국철도는 2030년까지 현재의 42% 수준으로 이산화탄소를 감축하고자 한다.

07

다음 글의 ㉠, ㉡을 비교한 것으로 적절한 것을 고르면?

한비자는 전국 시대 한나라 사람으로 중국 철학사에서 법가의 집대성자로 알려져 있다. 전국 시대 말 진나라는 한나라를 공격했는데 이로 인해 한나라가 겪어야 했던 전쟁은 매우 비참했다. 이런 상황에서 한비자는 전국 시대 국가들 사이의 세력 균형을 통한 평화가 아니라 통일에 의한 평화를 기대했다. 그는 하나의 강력한 국가가 탄생한다면 더 이상 전쟁이 일어나지 않을 것이고 강력한 국가가 되려면 강력한 전제 군주가 필요하다고 생각했다. 나아가 전제 군주가 국가를 운영하기 위해서는 '법(法)', '세(勢)', '술(術)'이 필요하다고 주장했다.

'법'이란 군주가 신하를 포함한 백성을 통제하는 공개적이고 구체적인 규칙으로 형법적 측면이 강하며 군주로부터 권위를 부여받은 신하가 집행한다. '법'은 '세'를 바탕으로 군주를 제외한 어느 누구에게도 예외 없이 적용되어야 한다. 이때 '세'란 군주라는 자리가 가진 절대적 권위를 의미한다. 그리고 '술'이란 군주가 신하들을 지배하는 방법으로 평소 신하들의 언행에 대한 정보를 수집하여 가슴속에 넣어 두고 활용하는 것이다. '술'이 효과를 거두기 위해서는 신하들이 '술'을 눈치채지 못하게 하는 것이 중요하다. 한비자는 군주가 '법', '세', '술'의 세 가지로 다스려야 국가가 부강해진다고 보았다.

㉠ 한비자의 이러한 통치 철학은 스승인 순자가 주장한 성악설의 영향으로 받은 것이다. ㉡ 순자는 인간의 본성은 동물과 다를 바가 없지만, 인간은 생각할 수 있는 '려(慮)'를 가지고 있다고 보았다. 그래서 '예(禮)'를 주입하면 선한 행동을 할 수 있다며 '예치(禮治)'를 주장했다. 한비자도 인간의 본성에 대해서는 순자와 동일하게 생각했지만 인간의 본성은 변할 리가 없다며 '교화' 가능성을 부정했다. 그 때문에 인간의 본성 안에 들어 있는 사사로움을 찾아내어 '법'으로 엄하게 다스려야 한다고 주장했다.

① ㉠과 달리 ㉡은 인간의 본성 안에 사사로움이 있다고 생각했다.
② ㉠과 달리 ㉡은 예를 통한 인간의 교화 가능성을 인정하지 않았다.
③ ㉡과 달리 ㉠은 인간의 본성이 절대 변하지 않는다고 판단했다.
④ ㉡과 달리 ㉠은 성악설을 바탕으로 한 예치를 통치 철학으로 설정했다.
⑤ ㉠과 ㉡ 모두 엄격한 법 적용의 필요성을 주장했다.

08

다음 보도자료를 이해한 내용으로 적절하지 않은 것을 고르면?

정부의 탄소중립 계획 발표에 기업들의 불만이 쏟아지고 있다. 그간 경제단체를 중심으로 지속적으로 정부에 요구한 사안이 전혀 반영되지 않았기 때문이다. 탄소중립위원회(이하 탄중위)는 이날 2030년 국가 온실가스 감축목표를 기존 26.3%(2018년 대비)에서 40%로 상향 조정하는 내용을 담은 '2030년 국가 온실가스 감축목표(NDC)'와 '2050 탄소중립 시나리오'를 심의 · 의결했다. 이에 따라 제조업 부담이 눈덩이처럼 불어나게 됐다. 반도체 · 디스플레이 등의 업종도 2018년 대비 2050년까지 배출량 대부분을 줄여야 한다.

산업계는 현장의 상황이 제대로 반영되지 않았다며 반발했다. 특히 탄소 배출량이 많은 철강 · 석유화학 · 시멘트업계는 "정부의 목표가 비현실적"이라고 비판했다. 전국경제인연합회는 "경제계와 산업계는 우리 산업의 에너지 효율이 세계 최고 수준이며 획기적인 탄소 감축 기술 도입이 어려운 점 등을 제시하며 목표치 조정을 요청해 왔지만, 전혀 반영되지 않았다"며 반발했다.

[그래프] 산업별 온실가스 배출 비중(2019년 기준)

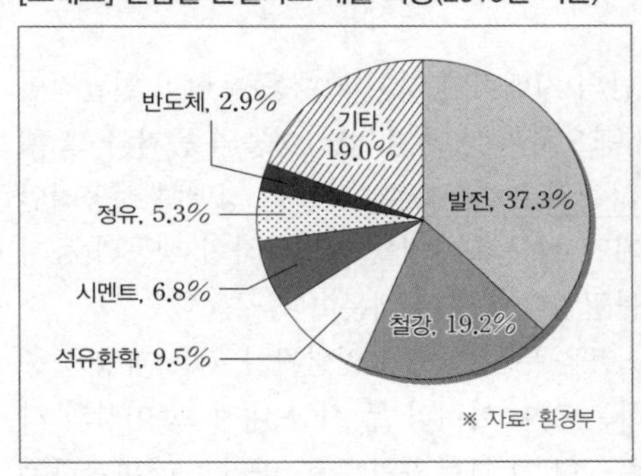

※ 자료: 환경부

기업의 우려는 온실가스 감축 기술이 상용화하지도 않은 상황에서 정부가 원대한 목표만 세우고 있다는 데 모아진다. 특히 발전부문을 제외하고 국내에서 가장 많은 온실가스를 배출하는 철강업계의 고민이 크다. 철강협회 관계자는 "이미 에너지 효율을 세계 최고 수준으로 높인 상황이라 탄소 배출량을 더 줄일 수 있는 수단이 거의 없다"며 온실가스 저감 기술이 개발되지 않으면 연간 생산량을 대폭 줄여야 한다고 밝혔다. 석유화학업계와 시멘트업계 역시 온실가스 배출량을 줄이기 위한 기술 개발 계획을 내놨지만 상용화 시점은 불투명하다. 두 업계 관계자들은 기술 발전 속도가 아직 더디기 때문에 정부가 수립한 목표치 달성이 쉽지 않다고 말했다.

비용 부담도 문제다. 수소환원제철의 경우 이론상 설비에만 30~40조 원 이상을 투자해야 한다. 전국경제인연합회는 "2030년 온실가스 감축 목표안 달성에 들 천문학적인 비용에 대한 추계가 공개되지 않았다"며 "국민과 기업은 온실가스 감축 당사자이면서도 얼마나 경제적 부담을 지게 될지 알 길이 없다"고 말했다. 특히 중소기업의 우려가 크다. 대한상공회의소 관계자는 "온실가스 감축목표를 급격히 높이면 제조업 중심인 산업 구조상 큰 비용이 수반된다"며 "신재생에너지 발전의 경우 전기요금이 높아 원자재 가격과 제조원가 상승이 불가피해 결국 기업 경쟁력 약화로 이어질 것"이라고 말했다.

① 경제단체들은 정부의 탄소중립 계획에 현장의 상황이 제대로 반영되지 않았다는 점에서 반발하고 있다.
② 반도체업계는 온실가스 배출 비중이 낮은 산업 부문이지만 2050년까지 배출량의 대부분을 줄여야 한다.
③ 석유화학업계는 온실가스를 줄이기 위한 기술 개발이 아직 상용화가 되지 않아 생산량을 줄여야 하는 상황이다.
④ 철강업계는 에너지 효율이 높지만 온실가스 배출이 가장 많은 부문이기 때문에 감축에 대한 부담을 크게 느낀다.
⑤ 수소환원제철을 통해 온실가스 배출량을 줄일 수 있는 정확한 비용을 알 수 없다는 점에서 기업의 경쟁력 약화가 우려된다.

[09~10] 다음 글을 읽고 질문에 답하시오.

일탈이란 인간의 행동이 정상적인 궤도를 벗어난 상태를 의미한다. 곧 사회의 질서 유지에 필요한 도덕적 규범 및 그 밖의 사회적 가치들에 반하는 상태를 일탈이라고 하고 그러한 행동을 일탈 행동이라고 한다. 사회적 규범은 인간의 정상적인 행위를 기준으로 하고 있기 때문에 이 사회적 규범을 어기는 일탈은 대부분 사회에 부정적 영향을 준다. 그래서 일탈에는 선구자나 혁신자의 경우처럼 긍정적인 방향으로의 일탈도 포함되지만, 일반적으로 범죄, 비행 등의 부정적인 평가가 함축되어 있다.

일탈 행동의 원인으로 학자들은 개인적인 요인보다 사회 배경적인 요인에 주목한다. 사회 구조적 측면에서 일탈 행동의 원인을 규명하는 이론들 중 차별 교제 이론과 낙인 이론은 일탈의 발생 과정에 초점을 둔다. 우선 차별 교제 이론은 한 개인이 일탈 행동과 지속적으로 접하게 되면 자신도 그 일탈 행동의 영향을 받아 자신의 행동이 사회 규범에 동조하는 행위 유형과 멀어지게 되어 결국 일탈 행동을 일으킨다고 보는 이론이다. 곧 일탈 행동은 선천적이거나 생물학적인 것이 아니라 사회적으로 학습되어 발생한다는 것이다. 특히 범죄 행동과 비행을 중심으로 한 일탈 행동은 그러한 행동 유형이 두드러진 부분 문화나 하위문화와 강하게 접촉할 때의 사회화 과정에서 습득된다는 것이다.

차별 교제 이론에 따르면 자신의 일상적인 삶의 중심이 되는 집단의 지배적인 가치와 행동 유형이 일탈적인 경우 일탈자가 되기 쉽다. 일탈적인 행동과 문화에 자주 접촉하게 됨으로써 개인은 일탈 행동의 동기와 그 행동을 정당화하는 태도, 일탈 행동의 기법 등을 배운다. 이러한 ㉠ 사회적 학습 이론은 일탈이 명백히 성공적인 사회화 결과라고 주장한다. 일탈이 잘못된 사회화라고 할지 모르지만 집단의 가치를 내면화하여 행동의 동기를 형성하고 지식과 기법을 습득하는 것은 사회화의 한 양식임에 틀림없다고 보기 때문이다.

다음으로 낙인 이론은 일탈자의 행동에 대한 타인들의 반응에 초점을 두는 것으로 일탈자가 되는 과정을 중요시한다. 상호 작용론에 의하면 인간의 행동은 독자적으로 출현하는 것이 아니라 두 사람 내지 그 이상의 사람들이 의사소통하고 교섭하는 데에서 나타나기 때문에 일탈 행동 또한 그 행동자와 그를 바라보고 판단하는 자들 간의 상호 작용 과정에서 파생한다고 본다. 개인이 일탈자가 되는 과정에서 남이 자신을 어떤 태도로 대하고 어떻게 생각하는지를 의식하고 자아 정체를 이루어 일탈 행동을 하게 되므로 낙인찍힌 사람은 자신을 대하는 일반적인 태도와 기대에 맞추어 나름대로 자신의 역할을 학습한다는 것이다.

09

제시된 글을 이해한 내용으로 가장 적절한 것을 고르면?

① 일탈자는 자신에 대한 타인의 기대를 의식하여 일탈 행위를 자제한다.
② 일탈자는 일탈 행동의 기법을 배우기 위해 일탈 문화에서 자주 접촉한다.
③ 사회적 규범을 어기는 행위라도 사회에 긍정적인 방향으로 작용할 수 있다.
④ 선구자나 혁신자는 기성 규범과 그에 기초한 사회 통제를 부정적으로 평가한다.
⑤ 학자들은 인간의 비정상적인 행위를 포용하면 일탈 행위가 감소할 것이라고 본다.

10

제시된 글의 ㉠에 대해 추론한 내용으로 가장 적절한 것을 고르면?

① 인간은 타인과 의사소통하고 교섭하는 데에서 자신의 본질적인 행동을 드러낸다.
② 일탈자는 성공적인 사회화를 이루기 위해 의도적으로 일탈 행동의 지식과 기법을 배운다.
③ 일탈자는 성공적인 사회화를 이루기 위해 의도적으로 도덕적 규범 및 사회적 가치를 배운다.
④ 개인이 범죄 행동 유형이 두드러진 하위문화와 강하게 접촉하면 사회적으로 소외되게 마련이다.
⑤ 인간은 자신이 속한 집단의 가치를 내면화하여 행동의 동기를 형성하고 그 행동을 정당화한다.

11

다음 도형의 숫자들은 어떠한 규칙을 가지고 연산을 통해 나열되어 있다. 이때 A에 들어갈 자연수로 적절한 것을 고르면?

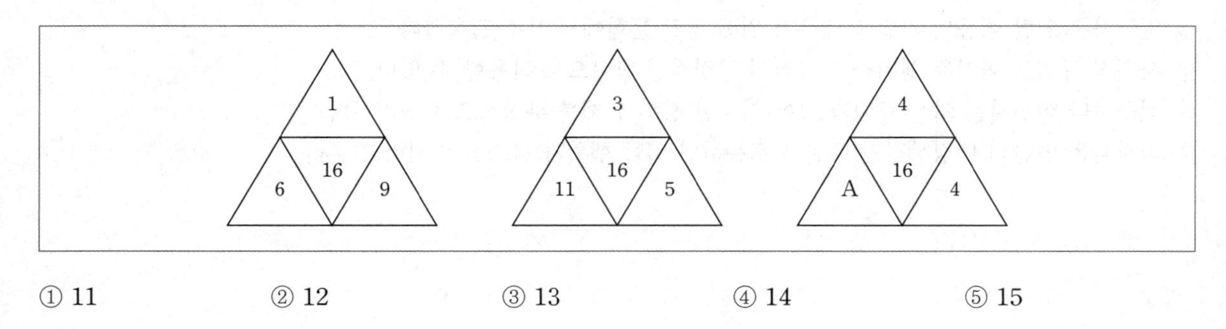

① 11　② 12　③ 13　④ 14　⑤ 15

12

A가 집에서 18km 떨어져 있는 B의 집으로 놀러 가기로 했다. A는 오전 9시에 출발하여 시속 12km의 속도로 자전거를 타고 B의 집으로 가다가, B의 집으로 가는 도중에 있는 우체국에 들러 우편을 보내는 데 5분을 소요하였다. B는 A가 출발하고 얼마 후 집에서 나와 시속 4km로 걸어서 A를 마중 나갔다. A와 B가 10시 25분에 만났다고 할 때, B가 집에서 출발한 시각을 고르면?

① 9시 40분　② 9시 45분　③ 9시 50분
④ 9시 55분　⑤ 10시

13

농도가 다른 두 소금물 A, B를 각각 100g씩 섞으면 7%의 소금물이 되고, A를 100g, B를 300g 섞으면 5.5%의 소금물이 된다. 이때 소금물 B의 농도를 고르면?

① 4%　② 5%　③ 7%　④ 10%　⑤ 11%

14

월요일 날짜를 모두 더하면 85일인 달에 근무를 시작하는 두 신입사원이 있다. 이 사원은 3일 일하고 1일을 쉬며 최 사원은 4일 일하고 2일 쉰다. 두 사원 모두 1일부터 일하기 시작했을 때, 두 사원이 해당 월에 함께 일한 날은 며칠인지 고르면?

① 15일　② 16일　③ 17일
④ 18일　⑤ 19일

15

상자에 똑같은 개수의 간식을 넣어 판매하려고 한다. 한 상자에 간식을 6개씩 넣으면 42개의 간식이 남고, 한 상자에 간식을 7개씩 넣어도 간식이 남는다. 상자 4개를 뺀 후 한 상자에 간식을 9개씩 넣었더니 간식이 모자랐다고 할 때, 상자의 개수가 될 수 있는 수 중 가장 적은 수를 고르면?

① 25　② 27　③ 29　④ 31　⑤ 33

16

다음은 2020년 태풍 분석 보고서의 일부이다. 보고서의 밑줄 친 ㉠~㉤ 중 옳지 않은 것을 모두 고르면?

2020년 태풍 분석 보고서

㉠ 2020년 총 23개의 태풍이 발생하였고, 이는 평년의 태풍 발생 수보다 2.4개 적었다. 이 중에서 2020년 한반도에 영향을 준 태풍의 수는 4개로 평년보다 1개 더 많았다. 또한 ㉡ 평년 태풍 발생 수는 월평균 약 2.3개로 2020년 월평균 태풍 발생 수 약 1.9개보다 많았다.

㉢ 2020년 발생한 태풍을 계절별로 나누어보면 봄철(3~5월)에 1개, 여름철(6~8월)에 8개, 가을철(9~11월)에 13개가 발생하였다. 또한 ㉣ 평년 태풍 발생 수는 2월을 기점으로 계속 증가하는 추세이다가 8월을 기점으로 매월 하락하였으며, 8월 대비 12월 평년 태풍 발생 수의 감소율은 약 79%였다. 이 중에서 우리나라에 영향을 준 태풍은 여름철에 제5호 장미, 제8호 바비, 제9호 마이삭이었고, 가을철에는 제10호 하이선이었다. 이 중 제5호 장미, 제9호 마이삭, 제10호 하이선은 우리나라에 상륙하였고, ㉤ 평년 여름철 한반도에 영향을 준 태풍 발생 수가 평년 여름철 태풍 발생 수에서 차지하는 비중은 20% 미만이었다.

[그래프] 2020년 및 평년 월별 태풍 발생 수 (단위: 개)

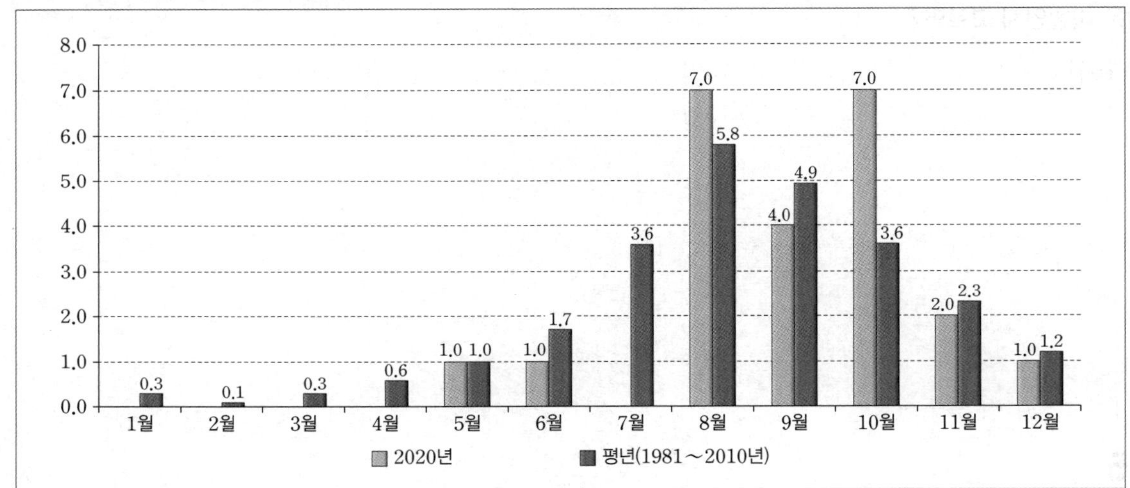

[표] 2020년 및 평년 월별 한반도에 영향을 준 태풍 발생 수 (단위: 개)

구분	1월	2월	3월	4월	5월	6월	7월	8월	9월	10월	11월	12월	합계
2020년	–	–	–	–	–	–	–	3	1	–	–	–	4
평년	–	–	–	–	–	0.3	0.9	1.1	0.6	0.1	–	–	3

① ㉠, ㉢　② ㉠, ㉤　③ ㉡, ㉣
④ ㉡, ㉤　⑤ ㉢, ㉣

17

어느 빵가게에서는 매일 일정 개수의 빵을 만들고 판매한다. 당일에 판매하고 남은 빵은 다음 날 판매하며, 판매 시에는 전날 재고를 모두 판매한 뒤 당일 생산한 빵을 판매한다. 이 빵가게의 5월 10일부터 5월 15일까지의 생산량과 판매량이 다음 [표]와 같을 때, 5월 15일에 판매한 빵 중 '당일 생산한 빵－전날 생산한 빵'의 개수로 옳은 것을 고르면?(단, 5월 9일에 판매하고 남은 빵의 개수는 12개이다.)

[표] 일별 빵 생산량 및 판매량

구분	당일 생산량	당일 판매량
5월 10일	80개	72개
5월 11일	78개	75개
5월 12일	84개	90개
5월 13일	88개	70개
5월 14일	75개	68개
5월 15일	80개	85개

① －3개　　② －1개　　③ 1개
④ 3개　　⑤ 5개

18

다음 [표]는 국방과학 핵심기술과제 제안 및 채택에 대한 자료이다. 이를 이용하여 작성한 [보기]의 그래프 중 옳은 것만을 모두 고르면?

[표1] 핵심기술과제 제안 현황 (단위: 건)

구분	2015년	2016년	2017년	2018년	2019년
정부	151	93	94	98	146
민간	153	67	107	185	164

[표2] 핵심기술과제 채택 현황 (단위: 건)

구분	2015년	2016년	2017년	2018년	2019년
정부	91	40	55	48	67
민간	23	12	17	15	9

보기

ㄱ 민간의 핵심기술과제 제안 · 채택 현황 (단위: 건)

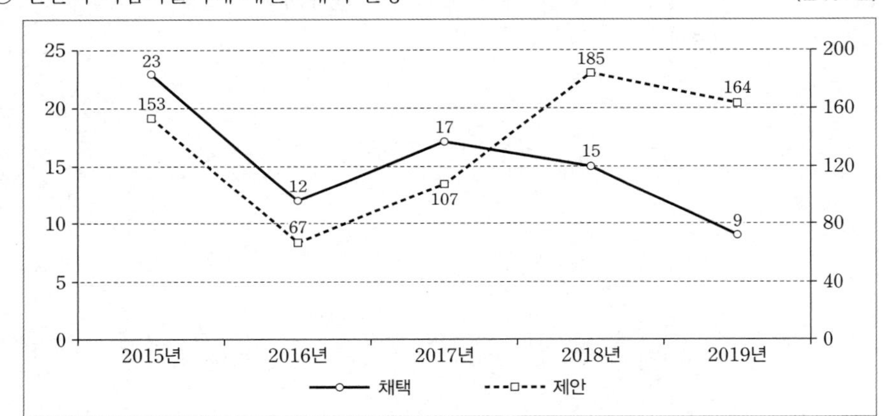

ㄴ 2015~2019년 정부 및 민간의 핵심기술과제 제안 · 채택 총합 (단위: 건)

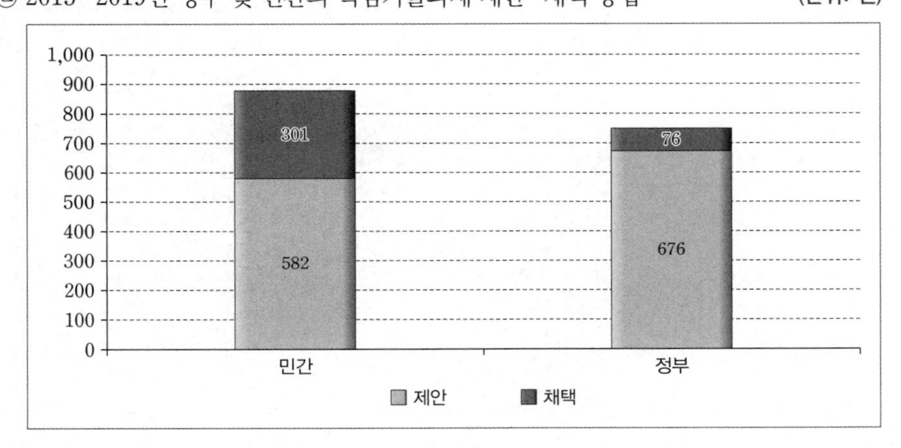

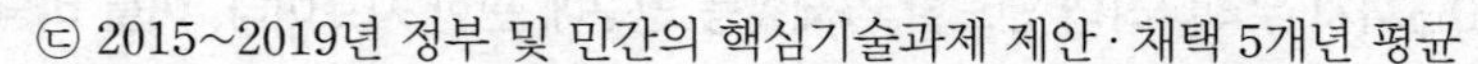
ⓒ 2015~2019년 정부 및 민간의 핵심기술과제 제안·채택 5개년 평균

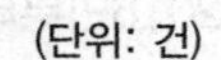
(단위: 건)

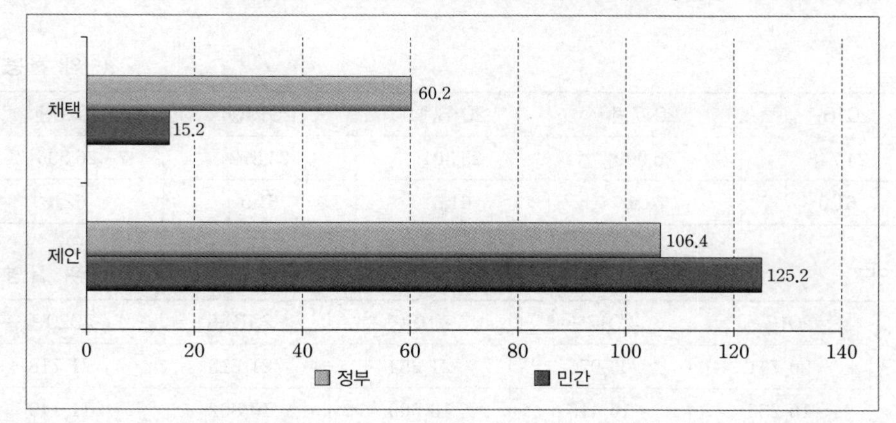

ⓓ 정부 핵심기술과제 채택률

(단위: %)

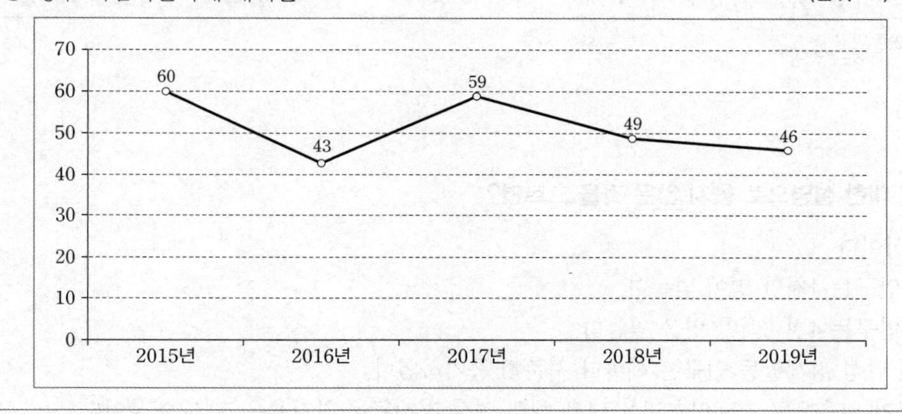

① ㉠, ㉡

② ㉠, ㉣

③ ㉢, ㉣

④ ㉠, ㉢, ㉣

⑤ ㉡, ㉢, ㉣

[19~20] 다음 [표]는 2016년부터 2020년까지 우리나라의 연도별 경제활동 인구에 관한 자료이다. 이를 바탕으로 질문에 답하시오.

[표1] 연도별 경제활동 인구

(단위: 천 명, %)

구분	2016년	2017년	2018년	2019년	2020년
경제활동 인구	24,748	25,099	25,501	25,873	26,536
경제활동 참가율	61.0	61.1	61.3	61.5	62.4

[표2] 연도별 여성 경제활동 인구

(단위: 천 명, %)

구분	2016년	2017년	2018년	2019년	2020년
15세 이상 여성 인구	20,741	20,976	21,254	21,513	21,718
여성 경제활동 인구	10,256	10,416	10,609	10,802	11,149
여성 경제활동 참가율	49.4	49.7	49.9	50.2	(A)

※ 경제활동 참가율(%)$=\frac{\text{경제활동 인구}}{\text{15세 이상 인구}}\times 100$

19

다음 중 주어진 자료에 대한 설명으로 옳지 않은 것을 고르면?

① A의 값은 50% 이상이다.

② 2016년 15세 이상 인구는 4천만 명이 넘는다.

③ 2020년 15세 이상 인구는 4천 2백만 명을 넘는다.

④ 2020년을 제외하면 남성 경제활동 인구는 해마다 꾸준히 증가하였다.

⑤ 남성 경제활동 인구가 처음으로 1,500만 명을 넘은 해의 여성 경제활동 참가율은 50% 이상이다.

20

다음 중 2018년의 남성 경제활동 참가율을 고르면?(단, 계산 시 소수점 아래 첫째 자리에서 반올림한다.)

① 68% ② 70% ③ 73% ④ 75% ⑤ 77%

21

다음 [보기]의 명제가 모두 참일 때, 도출할 수 있는 결론으로 적절한 것을 고르면?

보기

㉠ 책을 좋아하는 사람은 음악을 좋아한다.
㉡ 문학을 좋아하는 사람은 음악을 좋아한다.
㉢ 악기를 좋아하는 사람은 책을 좋아한다.

① 책을 좋아하는 사람은 문학을 좋아한다.
② 악기를 좋아하는 사람은 문학을 좋아한다.
③ 악기를 좋아하는 사람은 음악을 좋아한다.
④ 문학을 좋아하는 사람은 책을 좋아한다.
⑤ 음악을 좋아하는 사람은 악기를 좋아한다.

22

다음 전제를 바탕으로 결론이 반드시 참이 된다고 할 때, 전제2로 가장 적절한 것을 고르면?

전제1	A기업 직원 중에는 영어를 못하는 사람이 존재한다.
전제2	
결론	업무 능력이 뛰어나지 않은 사람 중에 A기업 직원이 있다.

① 영어를 잘하는 어떤 사람은 업무 능력이 뛰어나다.
② 영어를 잘하는 어떤 사람은 업무 능력이 뛰어나지 않다.
③ 업무 능력이 뛰어난 사람은 모두 영어를 잘한다.
④ 영어를 잘하는 사람은 모두 A기업 직원이다.
⑤ 영어를 잘하는 사람은 모두 업무 능력이 뛰어나다.

23

A~E 5명의 직원 중 1명이 지각을 하였다. 5명 중 1명은 거짓을 말하고 나머지 4명은 모두 참을 말할 때, 다음 [조건]을 바탕으로 지각한 사람을 고르면?

조건

- A: 난 지각하지 않았어.
- B: C가 지각을 했어.
- C: A 아니면 B가 지각을 했어.
- D: A 아니면 C가 지각을 했어.
- E: D는 지각하지 않았어.

① A ② B ③ C
④ D ⑤ E

24

A 기업은 회사 기밀을 유출한 범인 1명을 찾아내기 위해 감사팀에서 의심되는 직원 5명 갑~무와 면담하였다. 직원 5명 중 2명은 거짓을 말하고, 3명은 진실을 말할 때, 다음 [조건]을 바탕으로 기밀을 유출한 사람을 고르면?(단, 거짓을 말하는 사람의 모든 발언 내용이 거짓이다.)

조건

- 갑: 나와 무는 기밀을 유출하는 사람을 봤다. 을은 진실을 말하고 있다.
- 을: 기밀을 유출한 사람은 정이다. 정이 기밀을 유출하는 것을 본 사람은 무이다.
- 병: 정은 기밀을 유출하지 않았다. 무가 진실을 말하고 있다.
- 정: 기밀을 유출하는 것을 직원 2명이 봤다. 을은 기밀을 유출하지 않았다.
- 무: 갑과 나는 기밀을 유출하지 않았다. 나는 기밀을 유출하는 사람을 보지 못했다.

① 갑 ② 을 ③ 병
④ 정 ⑤ 무

25

P, Q, R 3명의 직원이 A~F 6대의 기계를 점검하려고 한다. 다음 [조건]을 바탕으로 마지막에 기계를 점검할 가능성이 있는 직원을 모두 고르면?

조건

- 기계를 점검하는 장치는 1개뿐이며, 2대 이상의 기계를 동시에 점검할 수는 없다.
- B는 F보다 먼저, A보다 나중에 점검받는다.
- E는 A와 C보다 먼저 점검한다.
- P는 E, F만 점검할 수 있다.
- Q는 C, D만 점검할 수 있다.
- R은 A, B만 점검할 수 있다.
- 가장 먼저 기계를 점검한 사람은 가장 마지막에 점검할 수 없다.

① P ② R ③ P, Q
④ Q, R ⑤ P, Q, R

26

직원 A~J의 비상연락망이 다음 [표]와 같다. 각 직원들은 연락 가능한 직원들에게만 연락을 할 수 있고, 반드시 연락횟수가 최소가 되는 경로로 연락을 해야 한다. B가 F에게 정보를 전달하고, 이를 들은 F가 그 정보를 I에게 전달한다고 할 때, 이들의 총 연락횟수를 고르면?

[표] 직원별 연락 가능한 직원

직원	연락 가능한 직원
A	E, G
B	A, D
C	B, F
D	B, H, I
E	A, J
F	C, E
G	H, J
H	C, F, I
I	B, E
J	D, G, H

① 4회 ② 5회 ③ 6회 ④ 7회 ⑤ 8회

27

다음 글을 근거로 옳은 것을 [보기]에서 모두 고르면?(단, 수석과 차석은 직전 학기 성적이 모두 A 이상이다.)

어느 대학교에서는 다음과 같은 기준에 따라 장학금을 지급하려고 한다.

- 장학금 지급 기준
  - 소득분위가 2분위 이하인 경우: 직전 학기 성적이 C 이상 B 미만인 경우 등록금의 60%, B 이상인 경우 전액
  - 소득분위가 3분위, 4분위인 경우: 직전 학기 성적이 C 이상 B 미만인 경우 등록금의 50%, B 이상 A 미만인 경우 등록금의 80%, A 이상인 경우 전액
  - 소득분위가 5분위, 6분위인 경우: 직전 학기 성적이 B 이상 A 미만인 경우 등록금의 50%, A 이상인 경우 등록금의 80%
  - 소득분위가 7분위, 8분위인 경우: 직전 학기 성적이 A 이상인 경우 등록금의 50%
  - 소득분위가 9분위 이상인 경우: 직전 학기 성적이 A 이상인 경우 등록금의 30%
- 소득분위에 관계없이 직전 학기 성적이 수석인 경우 200만 원, 차석인 경우 100만 원을 장학금으로 추가로 지급한다.
- 전공마다 한 학기 등록금이 다르다.
- 해당 학교의 학생 갑~정의 한 학기 등록금은 다음과 같고, 갑~정은 모두 장학금을 지급받았다.

학생	갑	을	병	정
등록금	300만 원	400만 원	600만 원	500만 원

보기

㉠ 갑과 을이 수석 또는 차석이 아닌 경우 소득분위 및 성적에 관계없이 장학금이 동일하지 않다.
㉡ 병과 정이 수석 또는 차석이 아닌 경우 병과 정의 성적이 동일할 때 장학금도 동일한 경우가 있다.
㉢ 갑이 수석일 때 을, 병, 정 모두와 장학금이 동일한 경우는 없다.

① ㉠　② ㉡　③ ㉢
④ ㉠, ㉡　⑤ ㉠, ㉢

28

다음은 B직종의 연수교육에 관한 조항이다. 이에 대한 설명으로 옳은 것을 고르면?

제5조 ① 연수교육은 매년 6시간 이상으로 한다.

② 연수교육에 관한 업무를 위탁받은 A협회는 매년 연수교육의 대상 및 교육 내용 등을 포함한 연수교육계획서를 작성하여 다음 연도 시작 20일 전까지 ㅇㅇ부장관에게 제출하여 승인을 받아야 한다.

③ A협회는 연수교육을 수료한 자에게 수료증을 발급하여야 하며, 매년 1월 31일까지 전년도의 연수교육 실적을 ㅇㅇ부장관에게 보고하여야 한다.

④ ㅇㅇ부장관은 예산의 범위에서 연수교육에 필요한 경비의 전부 또는 일부를 보조할 수 있다.

⑤ B직종은 제1항에 따른 연수교육을 받아야 한다. 다만, 다음 각 호의 자에 대해서는 해당 연도의 연수교육을 면제할 수 있다.

1. 행정기관 및 보건소 등에 근무하는 자로서 실제 업무에 직접 종사하지 아니하는 자
2. 군 복무 중인 자
3. 학교에 재직 중인 자
4. 대학원 재학생
5. 해외체류·휴업 또는 폐업, 질병이나 그 밖의 사유로 인하여 해당 연도에 6개월 이상 실제 업무에 종사하지 아니한 자
6. 신규로 면허를 받은 사람(면허를 받은 연도 및 다음 연도만 해당한다)
7. 본인의 질병이나 그 밖의 사유로 연수교육을 받기 어렵다고 ㅇㅇ부장관이 인정하는 자

[별표 3] 행정처분의 기준(제50조 관련)

Ⅱ. 개별기준

위반사항	근거 법령	행정처분			
		1차 위반	2차 위반	3차 위반	4차 위반
제5조에 따른 연수교육을 받지 않은 경우	ㅁㅁ법 제79조	경고	자격정지 3일	자격정지 7일	자격정지 15일

① A협회는 연수교육계획서를 다음 연수교육 시작 20일 전까지 ㅇㅇ부장관에게 제출하여 승인을 받아야 한다.

② A협회는 매년 해당연도의 연수교육 실적을 ㅇㅇ부장관에게 보고해야 한다.

③ 2019년에 신규로 면허를 받은 사람은 2020년도에 연수교육을 받아야 한다.

④ 면허를 받고 3년 근무한 뒤 출산으로 인해 해당 연도에 6개월 미만으로 종사하는 경우 연수교육을 받지 않아도 된다.

⑤ 2018년 면허를 취득한 뒤 업무에 종사하면서 2021년까지 연수교육을 받지 않은 경우 2021년의 행정처분은 자격정지 15일이다.

[29~30] 다음은 N기업의 해외파견 지원자 현황 및 선정 기준에 관한 자료이다. 이를 바탕으로 질문에 답하시오.

N기업에서는 다음 지원자들 중 해외파견에 보낼 3명을 선정하려고 한다. 각 지원자들을 근속연수, 어학성적, 근무실적, 면접 점수, 결혼 유무 및 기혼자인 경우 가족동반 여부에 따라 평가한 결과는 다음과 같다.

지원자	근속연수	어학성적	근무실적	면접 점수	결혼 유무
A	10년	860점	S	9.2점	기혼(가족동반)
B	6년	960점	S	9.1점	미혼
C	9년	870점	A	8.6점	미혼
D	2년	950점	B	9.1점	기혼(가족미동반)
E	3년	860점	A	9.4점	기혼(가족동반)
F	8년	880점	B	9.3점	기혼(가족미동반)
G	11년	780점	C	9.8점	기혼(가족동반)
H	7년	910점	A	9.6점	미혼
I	4년	970점	A	9.6점	기혼(가족동반)

위의 표를 바탕으로 다음과 같이 점수를 부여한다.

- 근속연수는 1년당 1점으로 환산하고, 최대 10점으로 한다.
- 어학성적은 950점 이상 10점, 900점 이상 950점 미만 9점, 800점 이상 900점 미만 8점, 800점 미만 7점으로 환산한다.
- 근무실적은 S 10점, A 9.5점, B 8.5점, C 7점으로 환산한다.
- 면접 점수는 그대로 반영한다.
- 미혼인 경우 1점의 가점을 부여하고, 기혼이면서 가족을 동반하는 경우는 3점의 가점을 부여한다.
- 다음 [조건]에 따라 순위가 높은 직원 3명을 채용한다.

조건

1. 근속연수가 4년 이상인 직원만 선정한다.
2. 어학성적이 850점 이상인 직원만 선정한다.
3. 근무실적이 B 이상인 직원만 선정한다.
4. 다섯 개 항목의 환산 점수 총점이 가장 높은 직원 3명을 선정하되, 점수가 동일한 경우 기혼이면서 가족을 동반, 미혼, 기혼이면서 가족을 미동반하는 직원의 순으로 순위가 더 높다. 결혼 유무도 동일한 경우 면접 점수가 더 높은 직원을 선정한다.

29

다음 중 해외파견에 선정된 직원들로 알맞게 짝지어진 것을 고르면?

① A, B, C
② A, B, H
③ A, B, I
④ A, H, I
⑤ B, H, I

30

주어진 자료에 대한 설명으로 옳지 않은 것을 고르면?

① A가 가족을 동반하지 않더라도 해외파견 직원으로 선정될 수 있다.
② B가 기혼이면서 가족을 동반하지 않더라도 결과가 변하지 않는다.
③ E의 근속연수가 3년 더 길다 하더라도 결과가 변하지 않는다.
④ F의 근속연수가 3년 더 길다면 F가 해외파견 직원으로 선정될 수 있다.
⑤ G가 어학성적을 180점 더 얻더라도 해외파견 직원으로 선정될 수 없다.

[31~32] 다음은 화물의 운임계산방식이다. 이를 바탕으로 질문에 답하시오.

○ 화물 운임계산단위

차급화물은 화차 1량 단위(일반화물), 컨테이너 화물은 규격별 1개 단위로 계산

○ 운임계산방법

가. 일반화물 운임(1량 단위)=운임단가×수송거리(km)×화물중량(t)

- 운임은 100원 단위이고, 100원 미만은 반올림함
- 수송거리(km): 1km 단위(1km 미만 반올림), 철도노선의 운송 가능한 최단경로 거리
- 화물중량(t): 1톤 단위(1톤 미만 반올림)

화물	운임단가(1톤 1km 단가)
시멘트	57원
국내무연탄	57.8원
광석	49.7원
황산	65.1원
프로필렌	65.5원
비료류	65.1원
변압기	52.5원
사업용	59.9원
기타	45.9원

나. 컨테이너 화물 운임(컨테이너 규격별 개당 단위): 규격별 운임단가×수송거리(km)×개수

- 운임은 100원 단위이고, 100원 미만은 반올림함
- 화물을 넣지 않은 빈 컨테이너는 아래 운임단가의 74%를 적용하여 계산함
- 수송거리(km): 1km 단위(1km 미만 반올림), 철도노선의 운송 가능한 최단경로 거리
- 컨테이너 화물의 최소 운임은 컨테이너 규격별로 100km에 해당하는 운임

컨테이너 규격	운임단가(1개 1km 단가)
20피트	57원
40피트	57.8원
45피트	49.7원

31

다음 [표]에 작성된 일반화물 A~E의 운임 중 옳지 않은 것을 고르면?

[표] 일반화물 수송 정보

구분	화물	화차 수	수송거리	1량당 화물중량	운임
A	황산	2량	128.7km	5.7톤	94,000원
B	비료류	3량	177.5km	1.2톤	34,800원
C	시멘트	1량	215.4km	2.9톤	36,800원
D	광석	1량	368.2km	3.8톤	73,200원
E	변압기	5량	133.5km	1.5톤	70,400원

① A ② B ③ C ④ D ⑤ E

32

다음 [표]를 바탕으로 컨테이너 화물 F~H의 운임의 합으로 옳은 것을 고르면?

[표] 컨테이너 화물 수송 정보

구분	컨테이너 규격	수송거리	개수	화물중량
F	20피트	95.3km	3개	3.4톤
G	40피트	136.1km	1개	빈 컨테이너
H	45피트	258.1km	2개	1.8톤

① 47,100원 ② 48,500원 ③ 48,900원 ④ 49,500원 ⑤ 49,900원

33

다음 글을 근거로 판단할 때, 예산 투입 이후 A~D의 불량품을 제외한 총생산량의 합을 고르면?

- 어느 공장에서는 네 개의 기계 A~D를 이용하여 제품 P를 생산할 수 있다. 각 기계의 불량률 및 생산량은 서로 다르다.
- 현재 각 기계의 불량률과 생산량은 다음과 같다.

구분	A	B	C	D
불량률(%)	15	18	23	22
생산량(개)	900	1,000	1,200	1,100

- 기계별로 예산을 1,000만 원씩 투입할 때마다 현재보다 불량률은 2%p씩 감소하고, 생산량은 100개씩 증가한다.
- 이 공장에서는 총예산을 1억 원 투입하였다. 각 기계에 투입한 예산은 1,000만 원씩 차이가 나고, A기계와 C기계에 투입한 예산의 합은 B기계와 D기계에 투입한 예산의 합과 동일하고, D기계에 투입한 예산은 A기계에 투입한 예산보다 1,000만 원이 많고, B기계에 투입한 예산보다 1,000만 원이 적다.

① 4,280개　② 4,320개　③ 4,360개
④ 4,400개　⑤ 4,440개

34

S통신사에서는 지역별로 가입자 수 변화에 따라 통신망을 추가로 설치하려고 한다. 다음 중 통신망 추가 설치가 진행되는 지역을 순서대로 바르게 나열한 것을 고르면?

- S통신사에서는 신규 가입자, 점유율, 탈퇴자 수를 바탕으로 통신망 설치 지역을 선정한다.
- 통신망 설치는 다음 1~3의 요건 중 2개 이상에 해당하는 지역에 진행한다.
  1. 신규 가입자가 감소하는 지역: 다음의 어느 하나에 해당하는 지역
     가. 최근 10년간 최대 신규 가입자 대비 현재 신규 가입자 비율이 20% 이상 감소
     나. 최근 5년간 신규 가입자 수가 3년 이상 연속 감소
  2. 점유율이 감소하는 지역: 다음에 모두 해당하는 지역
     가. 최근 5년간 최대 점유율 대비 현재 점유율의 비율이 10% 이상 감소
     나. 최근 5년간 3년 이상 연속으로 점유율이 감소
  3. 신규 가입자 수 대비 탈퇴자 수 비율이 80% 이상인 지역
- 통신망 설치가 필요한 지역이 2개 이상일 경우 최근 5년간 최대 점유율 대비 현재 점유율의 비율이 낮은 지역부터 진행한다. 이때 최근 5년간 최대 점유율 대비 현재 점유율의 비율이 동일한 경우 최근 10년간 최대 신규 가입자 대비 현재 신규 가입자 비율이 더 낮은 지역부터 진행한다.

구분		A지역	B지역	C지역	D지역	E지역
신규 가입자	최근 10년간 최대 신규 가입자 대비 현재 신규 가입자 비율	92%	85%	78%	79%	77%
	최근 5년간 신규 가입자 수의 연속 감소 기간	3년	2년	3년	2년	2년
점유율	최근 5년간 최대 점유율 대비 현재 점유율 비율	92%	88%	77%	92%	88%
	최근 5년간 점유율의 연속 감소 기간	3년	4년	2년	5년	3년
신규 가입자 수 대비 탈퇴자 수 비율		116%	62%	58%	90%	78%

① E지역－A지역
② C지역－E지역－A지역
③ C지역－E지역－D지역
④ D지역－A지역－E지역
⑤ E지역－D지역－A지역

[35~36] 다음 글과 [조건]을 바탕으로 질문에 답하시오.

제○○조 ① 소방안전센터에 배치하는 소방자동차의 배치 기준은 [별표1]과 같다.
제○○조 (소방안전센터 근무요원의 배치) ① 신속한 소방 활동을 위하여 각 업무분야별로 근무요원을 배치한다.
② 제1항에 따른 근무요원의 배치 기준은 [별표2]와 같다.

[별표1] 소방안전센터에 두는 소방자동차 배치 기준

가. 소방펌프자동차
 (1) 소방안전센터에 2대를 기본으로 배치하고, 소방안전센터 관할구역별로 인구 10만 명과 소방대상물 1천 개소를 기준으로 하여 인구 5만 명 증가 시마다 1대씩을 추가로 배치하고, 소방대상물 500개소 증가시마다 1대씩을 추가로 배치한다.
 (2) 가장 인접한 다른 소방안전센터와의 거리가 10km 이내인 경우에는 (1)의 기준에서 1대를 감하여 배치한다.

나. 물탱크차
 (1) 소방안전센터마다 1대를 배치한다. 다만, 지방정부 관할지역 기준 공설소화전이 인구 10만 명당 40개 이상 설치된 경우에는 소화전의 설치상황을 고려하여 지방정부 관할지역 인구 20만 이상의 지역은 4개의 소방안전센터끼리, 인구 10만 이상 20만 미만의 지역은 2개의 소방안전센터끼리 물탱크차 1대를 공유하는 형태로 축소 배치할 수 있다.
 (2) 지방정부 관할지역 인구 기준 10만 미만의 지역에 설치된 소방안전센터는 각각 1대를 기본으로 배치하되, 관할구역에 공설소화전이 30개 이상 있는 경우 3개의 소방안전센터끼리 물탱크차 1대를 공유하는 형태로 축소 배치할 수 있다.

[별표2] 소방안전센터 근무요원의 배치 기준

가. 소방안전센터 등의 차량별 인력배치 기준은 다음과 같다.

소방펌프자동차 (첫 번째 차량만)		소방펌프자동차 (두 번째 차량부터)		물탱크차	
운전요원	진압요원	운전요원	진압요원	운전요원	진압요원
3명	9명	3명	6명	3명	3명

나. 소방안전센터에는 [별표1]에 따라 배치되는 소방자동차를 기준으로 운전 및 진압요원을 배치한다.

조건

지방정부 K시의 관할지역 인구는 40만 명이다. 지역 내 교통과 이동을 방해하는 특별한 지리적 장애물은 없으며, 지역 내 화재 등 재난위험 수준은 동일하다. K시에 배치되어 있는 소방안전센터는 모두 5개이며, 현재 시점을 기준으로 소방안전센터별 관할구역의 특성은 다음과 같다.

소방안전센터	관할구역인구	소방대상물	공설소화전	인접안전센터	
				센터	거리
A	11만 명	1,851개	75개	B	13km
B	4만 명	352개	3개	D	8km
C	7만 명	553개	12개	A	14km
D	16만 명	1,731개	80개	B	8km
E	2만 명	233개	2개	D	22km

35

지방정부 K시에 배치해야 하는 물탱크차의 최소 개수를 고르면?

① 1대 ② 2대 ③ 3대
④ 4대 ⑤ 5대

36

물탱크차를 최소 개수로 배치할 때, 지방정부 K시 전체에 배치해야 하는 소방안전센터 근무요원의 수를 고르면?

① 117명 ② 126명 ③ 132명
④ 135명 ⑤ 144명

[37~38] 다음은 S공기업의 채용공고이다. 이를 바탕으로 질문에 답하시오.

□ 채용절차

□ 서류검증

직무능력기반 자기소개서 불성실 기재자, 중복지원자 등은 서류검증에서 불합격 처리되며 적격자 전원 필기응시기회 부여

□ 필기시험

- 직무수행능력평가(전공시험) 25문항과 직업기초능력평가(NCS) 25문항을 평가(개당 1점)
- 합격자는 증빙서류 검증이 완료된 자 중 필기시험 결과 과목별 40% 이상 득점자 중에서 두 과목의 합산 점수와 가점을 합한 고득점자 순으로 2배수 선발
- 동점자 처리기준: 취업지원대상자 가점 → 장애인 가점 → 자격증 가점 → 체험형 인턴수료 가점 → 시험 세부평가항목인 '직무수행능력평가 → 직업기초능력평가' 순서로 평가점수가 높은 자
- 필기시험 결과는 면접시험 등에 영향이 없음

□ 면접시험

- 면접시험은 인성, 리더십, 직무능력의 합산점수와 가점을 합하여 평가
- 면접시험 고득점 순으로 합격자 결정
- 동점자 처리기준: 취업지원대상자 가점 → 장애인 가점 → 자격증 가점 → 시험 세부평가항목인 '직무능력 → 리더십 → 인성' 순서로 평가점수가 높은 자

□ 우대사항

구 분	적용방식
취업지원대상자	필기 및 면접전형에 3점 가점
장애인	필기 및 면접전형에 5점 가점
자격증	필기전형에 한해 개당 1점 가점(최대 3점)
체험형 인턴 수료자	필기전형에 한해 2점 가점(수료일로부터 2년간 적용)

※ 우대사항은 중복 적용 가능.
※ 필기시험의 가점은 각 과목별 만점의 40% 이상 득점자에게만 적용.
※ 취업지원대상자의 합격률은 30% 이내로 제한.
※ 최종선발 예정인원이 3명 이하인 경우는 취업지원대상자 가점 미적용.

37

S공기업에서는 2명의 신입사원을 선발하려고 한다. A~J가 해당 공기업에 지원하였고, 서류검증에 통과하여 필기시험을 응시하였다. A~J의 필기시험 결과가 다음 [표]와 같을 때, 필기시험 합격자 중 순위가 가장 낮은 지원자를 고르면?

[표] A~J의 필기시험 결과

지원자	과목별 정답 개수		우대사항			
	직무수행 능력평가	직업기초 능력평가	취업지원 대상자	장애인	자격증 개수	체험형 인턴 수료자
A	14개	16개	○		5개	
B	15개	20개				1년 전 수료
C	8개	25개			1개	
D	25개	9개	○	○	4개	1년 전 수료
E	16개	20개				
F	8개	12개	○		3개	3년 전 수료
G	24개	23개				6개월 전 수료
H	20개	20개	○			
I	25개	8개	○		2개	
J	15개	15개		○	1개	3년 전 수료

① A ② B ③ G ④ J ⑤ H

38

37번에서 4위 이내로 필기시험에 합격한 지원자들의 면접시험 결과가 다음 [표]와 같을 때, 면접시험 합격자의 조합이 바르게 짝지어진 것을 고르면?

[표] 면접시험 항목별 점수 (단위: 점)

필기시험 순위	인성	리더십	직무능력
1위	28	16	42
2위	22	20	44
3위	23	18	45
4위	25	19	40

① B, G ② B, J ③ B, H ④ G, H ⑤ H, J

[39~40] 다음 [표]와 [조건]은 은행 적금 상품에 관한 내용이다. 이를 바탕으로 질문에 답하시오.

[표] 은행 적금 상품별 세부사항

구분	기본이율 (2022년 1월 1일 기준)	우대이율 (기본이율에 가산)
희망적금	최대 만기 3년 – 만기 1년 이하: 1.6% – 만기 1년 초과 2년 이하: 1.9% – 만기 2년 초과 3년 이하: 2.1%	최고 우대이율 5.0%p – 기초생활수급자: 2.0%p – 소년소녀가장: 2.0%p – 근로소득 연 1,800만 원 이하 근로자: 2.0%p – 한부모가족: 1.0%p – 근로장려금수급자: 1.5%p
VIP적금	최대 만기 4년 – 만기 1년 이하: 1.6% – 만기 1년 초과 2년 이하: 1.9% – 만기 2년 초과 3년 이하: 2.1% – 만기 3년 초과 4년 이하: 2.3%	최고 우대이율 0.6%p – 첫 거래고객: 0.3%p – 인터넷뱅킹 가입고객: 0.2%p – 체크카드 신규발급고객: 0.1%p – 예금, 펀드 중 1종 이상 가입고객: 0.1%p
스타트적금	최대 만기 3년 – 만기 1년 이하: 2.3% – 만기 1년 초과 2년 이하: 2.6% – 만기 2년 초과 3년 이하: 2.9%	최고 우대이율: 0.5%p – 입사 6개월 미만 신입사원: 0.3%p – 만 34세 이하: 0.2%p – 청약저축 가입고객: 0.3%p – 인터넷뱅킹 가입고객: 0.2%p

조건

- 모든 은행의 기본이율은 2022년 1월 1일 기준이며, 기본이율은 2022년 5월 26일과 10월 14일에 각각 0.25%p씩 인상되었다.
- 기본이율의 변동은 가입 시점을 기준으로 적용되며, 가입 후의 기본이율 변동은 고려하지 않는다.
- 우대이율 조건을 충족할 경우 반드시 우대이율을 적용받으며, 조건을 2가지 이상 충족할 경우 중복 적용받는다.
- 우대이율은 최고 우대이율을 넘을 수 없다.
- 금리는 기본이율과 우대이율의 합이다.

39

다음 [보기]의 A~D가 적용받는 금리가 높은 순서대로 나열한 것을 고르면?(단, 언급되지 않은 사항은 충족하지 못했다고 가정한다.)

보기

- A: 근로소득이 연 1,500만 원인 근로자이며, 2022년 5월 23일에 3년 만기로 희망적금에 가입하였다.
- B: 2022년 5월 2일에 입사한 신입사원이며, 2022년 9월 30일에 2년 만기로 스타트적금에 가입하였다.
- C: 기초생활수급자이자 한부모가족이며, 2022년 7월 1일에 1년 만기로 희망적금에 가입하였다.
- D: 2022년 10월 17일에 은행과 처음 거래하면서 4년 만기로 VIP적금에 인터넷뱅킹으로 가입하였다.

① A − C − B − D
② A − C − D − B
③ A − D − C − B
④ C − A − B − D
⑤ C − A − D − B

40

다음 [조건]은 K씨의 현재 상황이다. K씨가 하나의 적금 상품에 가입했을 때, 만기에 받을 수 있는 이자의 최댓값을 고르면?(단, 언급되지 않은 사항은 충족하지 못했다고 가정하며, 세금 및 수수료는 고려하지 않는다.)

조건

- 2022년 3월 2일에 1년 만기로 10,000,000원을 예치하고자 한다.
- K씨는 근로장려금수급자이며, 2022년 2월 28일부터 출근하게 된 신입사원이다.
- K씨의 연봉은 3,500만 원이며, 나이는 만 30세다.
- K씨는 아직 은행과 거래를 해 본 적이 없다.
- K씨는 우대이율을 최대한 받을 수 있도록 은행이 제시하는 우대이율적용 상품들에 모두 가입한다.

① 280,000원
② 310,000원
③ 320,000원
④ 330,000원
⑤ 335,000원

휴노형·PSAT형

NCS 봉투모의고사

휴노형·PSAT형

NCS 봉투모의고사

| 3회 |

영역		문항 수	시간	비고
NCS 직업기초능력평가	의사소통능력	50문항	60분	객관식 오지선다형
	수리능력			
	문제해결능력			
	자원관리능력			

모바일 OMR
자동채점&성적분석 무료

정답만 입력하면 채점에서 성적분석까지 한번에!

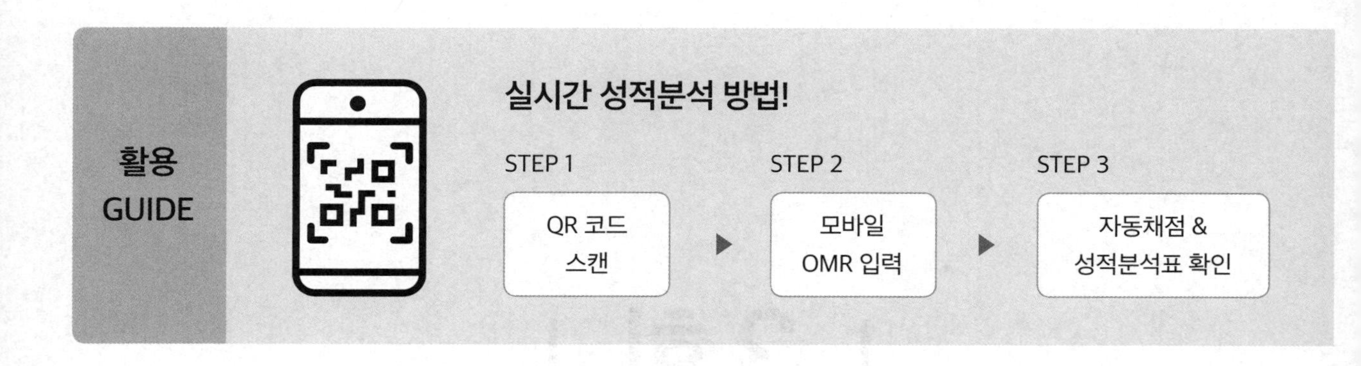

STEP 1

교재 내 QR 코드 스캔

실전모의고사 3회
모바일 OMR 바로가기

eduwill.kr/Tk4j

- 위 QR 코드를 모바일로 스캔 후 에듀윌 회원 로그인
- QR 코드 하단의 바로가기 주소로도 접속 가능

STEP 2

모바일 OMR 입력

답안입력 20/20

- 회차 확인 후 '응시하기' 클릭
- 모바일 OMR에 답안 입력
- 문제풀이 시간까지 측정 가능

STEP 3

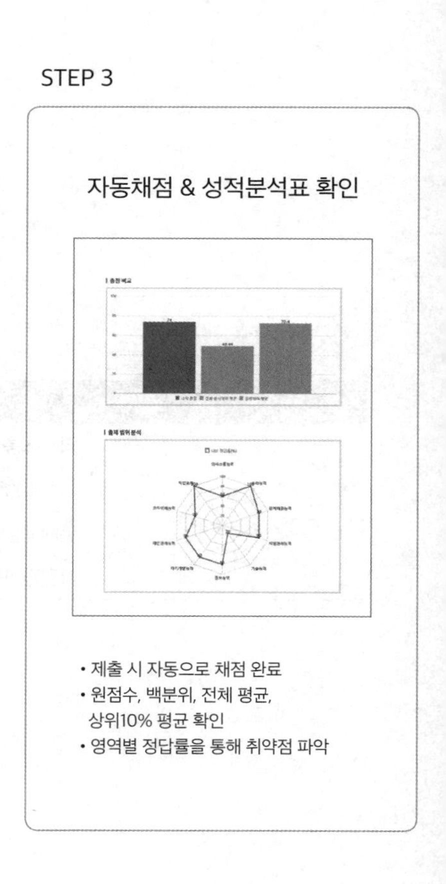

※ 본 회차의 모바일 OMR 채점 서비스는 2023년 12월 31일까지 유효합니다.

실전모의고사 3회

정답과 해설 P.21

01

다음 글의 밑줄 친 ㉠~㉤ 중, 문맥상 적절하지 않은 단어를 고르면?

강원 정선군에는 자연 속에서 숲과 나무가 주는 소중한 가치를 일깨울 수 있는 힐링 문화 체험장을 지난 하반기 기초 공사를 시작으로 조성 중에 있다고 밝혔다. 군은 탄소중립에 ㉠ 기여하는 목재의 중요성을 알리는 데 노력할 것이며 지친 현대인의 마음에 안식처를 제공하기 위한 목적으로 추진하고 있다고 말했다. 목재 문화체험장은 2층 규모의 목재 전시체험관, 목재 문화 전시실, 오감체험실, 목공체험실, 주차장 등의 체험 및 편의시설로 구성될 예정이다. 올 연말 ㉡ 기공을 목표로 하고 있으며 사업 추진에 박차를 가하고 있다. 목재 문화체험장이 ㉢ 조성되는 동강 부근에서는 자연 지형지물을 이용해 스카이워크와 집와이어 등 익스트림 레포츠의 짜릿함을 맛볼 수 있을 것이다. 정선군은 군립 공원 등 관광지와 ㉣ 연계해 산림문화 휴식 공간을 제공하고 이 공간이 관광명소로 ㉤ 거듭날 것으로 기대하고 있다. 산림과장은 "청정자연을 보전하며 정선만의 특색 있는 관광지로 많은 관광객들의 사랑을 받을 수 있도록 최선의 노력을 다하겠다."라고 말했다.

① ㉠ ② ㉡ ③ ㉢
④ ㉣ ⑤ ㉤

02

다음 [보기]의 ㉠~㉤ 중 어법에 맞게 쓰인 것을 고르면?

보기

㉠ 네 마음이 정리될 때까지 조금만 더 기다릴게.
㉡ 나는 수업을 마치면 으레 친구들과 농구를 한다.
㉢ 당시 그들 내외는 집 한 칸도 없는 빈털털이였다.
㉣ 그 사람은 항상 두루뭉술하게 말을 해서 믿음이 가지 않는다.
㉤ 미연이는 주변 사람들에게 항상 올바르게 행동하는 사람으로 평가받는다.

① ㉠, ㉡, ㉣
② ㉠, ㉢, ㉤
③ ㉠, ㉣, ㉤
④ ㉡, ㉢, ㉣
⑤ ㉡, ㉢, ㉤

03

다음 글의 밑줄 친 ㉠과 ㉡의 의미 관계와 같은 의미 관계를 나타내는 단어의 조합을 고르면?

디지털세(Digital Tax)는 디지털 경제 체제에서 다국적 IT 기업의 조세회피 문제가 부각되며 그 대응책 중 하나로 등장한 개념이다. 법인의 고정사업장 소재지에 부과하는 전통적 법인세 과세방식에서는 고정사업장 없이 영업활동이 가능한 디지털서비스 사업에 대해 과세가 불가능해 다국적 IT기업의 막대한 이익에 대한 조세징수 문제가 발생하였다. 반면 디지털세는 고정사업장 소재지와 상관없이 디지털 기업의 이익이 발생한 국가에서 그 이익에 대한 세금을 ㉠ 징수한다.

디지털세는 2012년 OECD가 제안한 다국적 기업의 세원잠식 및 소득이전을 방지하기 위한 프로젝트의 내용을 바탕으로, 2015년에 이에 대한 15개의 구체적인 실행계획 중 첫 번째 계획으로 발표되었다. 이후 EU에서 디지털서비스세 입법을 제안하였으나 일부 국가들의 반대로 국제적 합의에 실패하고, 이에 대한 합의가 진전되지 않자 2019년 프랑스를 시작으로 이탈리아, 영국 등 유럽 주요국에서 개별국가 차원의 디지털세를 도입하기 시작하였다.

한편 2020년 OECD/G20 포괄적 이행체계(IF)는 두 가지의 접근법으로 구성된 글로벌 디지털세 기본합의안을 발표하며 구체적인 가이드라인을 제시하였다. 첫 번째 접근법은 통합접근법으로서, 고정사업장과 같은 물리적 실체가 없더라도 다국적 기업의 매출이 일정금액을 초과하는 경우 시장소재지국에 ㉡ 납세할 수 있도록 하기 위한 논의를 말한다. 그리고 두 번째 접근법은 다국적 기업의 저세율국으로의 소득이전으로 인한 세원잠식을 방지하기 위해 12.5%의 글로벌 최저세율 도입 제안을 의미한다.

① 비호(庇護) : 두둔(斗頓)
② 협잡(挾雜) : 사기(詐欺)
③ 전망(展望) : 회고(回顧)
④ 노년(老年) : 만년(晩年)
⑤ 열중(熱中) : 골몰(汨沒)

04

다음 글을 읽고 추론한 내용으로 적절한 것을 고르면?

미국 중앙은행(Fed)이 금리를 올리기 시작해 6개월도 채 안 되는 짧은 기간에 무려 2.25%p 올렸다. 한 번에 금리인상 폭을 0.5%p 이상 가져가는 빅스텝 금리인상도 보편화됐다. 초저금리와 풍부한 유동성으로 '돈의 향연'에 익숙해 있었던 경제주체들에게는 금리를 올리는 그 자체가 부담스럽다. 가장 우려되는 것은 세계 중앙은행 격인 Fed가 빅스텝 이상으로 금리를 계속 올려 나간다면 '돈의 향연이 끝나고 빚의 복수 시대가 본격적으로 시작된다'는 『머니 볼』의 저자 마이클 루이스의 경고다. 그 어느 나라보다도 가계부채가 많은 우리 국민의 간담을 서늘케 하는 말이다. 2009년 리먼 사태 이후 '금융위기 극복'과 '경기회복'이라는 미명 아래 양적 완화와 금리인하를 바탕으로 소비가 미덕인 것처럼 합리화됐다. 중앙은행은 '양적 완화', 경제주체는 '저리의 빚'이라는 수단을 거리낌 없이 사용해 왔다. 그 기간도 10년 이상 길어져 빚의 무서움도 잊혀져 갔다.

세계 빚은 기하급수적으로 늘어나고 있다. 국제통화기금(IMF) 등이 발표한 자료에 따르면 세계 빚은 우리 돈으로 25경 원이 넘는 것으로 나타났다. 이는 세계 국내총생산(GDP) 대비 240%로 위험수준인 200%를 훨씬 넘어선 수준이다. 단순히 빚이 많다고 무서운 것은 아니다. 돈값인 금리가 낮고 빚 상환 능력, 소득이 받쳐준다면 빚을 잘 활용하는 것이 한 나라의 경기나 개인의 재테크 차원에서 좋을 수 있다. 하지만 '부채 경감 신드롬'을 통한 경기부양책인 금융완화가 크게 효과를 거두지 못하면서 취약국을 중심으로 저성장 국면에서 탈피하지 못하고 있는 것이 세계 경제의 현실이다. 빚 부담을 줄이더라도 '연착륙'시켜야 하는 것도 이 때문이다. IMF를 비롯한 예측기관이 빚 부담을 연착륙시키지 못하면 세계 경제에 복합불황이 닥칠 것이라고 경고했다. 정책수단이 제자리에 복귀되지 않은 여건에서 자산가격이 하락하면 경제주체의 빚 상환 능력이 떨어지고 정책대응마저 쉽지 않기 때문이다.

우리는 가계부채가 유난히 많은 나라다. 국제결제은행(BIS)이 가계부채의 건전성을 평가하는 신용 갭이 마이너스 수준에서 2021년 말에는 18.2%로 경고(2%p 미만 '보통', 2~10%p '주의', 10%p 이상 '경고') 단계로 급격히 악화됐다. 우리처럼 가계부채가 위험수위를 넘어선 상황에서 총량규제에 초점을 맞춰왔던 금리인상은 부정적인 효과가 더 우려된다. 특히 은행의 이기주의가 심한 여건에서는 소득의 양극화 현상이 심하게 나타난다. "한은이 젊은 층과 소상공인을 거리로 내몬다", "중하위 계층 주택담보 대출자들이 연대해 한은에 쳐들어가자"라는 볼멘소리가 들릴 정도다. 코로나 이후, 중산층이 무너져 하위층이 그 어느 때보다 두터워진 여건에서 금리를 올리면 경기에 미치는 충격은 클 수밖에 없다. 상대소득가설에 따르면 하위층의 평균소비성향(APC)과 한계소비성향(MPC)은 고소득층보다 높기 때문이다. 한은은 현재 물가 안정이 최우선 목표일지 모르지만 국민은 물가, 소득, 고용 모든 면에서 안정돼야 한다. 물가를 잡기 위해 국민이 다른 부문에서 희생을 많이 감수해야 한다면 금리인상은 효과를 보지 못할 가능성이 높아진다. 복합 위기는 복합처방이 더 효과적이다.

① 지난 10여 년간 소비 주체들은 낮은 금리를 이용하여 자산을 구입할 수 있었다.
② 미국 중앙은행은 6개월 동안 매번 빅스텝 금리인상을 하였다.
③ 세계 빚이 22경 원인 경우, 세계 국내총생산 대비 위험수준은 아니라고 할 수 있다.
④ 고소득자더라도 부채를 이용한 투자는 해서는 안 된다.
⑤ 은행들은 20, 30대의 소득 증대를 위한 다양한 재테크 수단을 마련하고 있다.

05

다음 글의 ㉠-㉡, ㉢-㉣은 [보기]에서 설명된 방법에 따라 유의 관계를 파악한 것이다. 이러한 방법을 사용하여 유의 관계를 검증할 때, ㉠-㉡, ㉢-㉣의 관계와 다른 것을 고르면?

한국어 어휘의 세 층은 고유어, 한자어, 외래어라고 할 수 있는데, 그 가운데 우리말의 근간을 이루는 것은 고유어와 한자어이다. 그러니까 우리말의 어휘는 크게 보면 두 계보를 지니고 있는 셈이다. 한자어의 대량 유입은 많은 고유어를 한국어에서 사라지게 했고, 그것은 우리에게 큰 아쉬움으로 남게 되었다. 그러나 비슷한 뜻의 한자어가 한국어에 수입된 경우에도 고유어의 상당수는 그대로 남았다. 대체로 고유어가 이미 있었던 상태에서 그 위를 한자어가 덮은 형국이지만, 반드시 그런 것만은 아니다. 먼저 한자어가 수입된 후에 고유어를 살리려는 노력에 의해서 만들어진 고유어 계통의 유의어들도 있다.

그 시간적 선후 관계가 어떻든 한자어의 유입 덕분에 한국어에는 계보를 달리하는, 즉 고유어 계통과 한자어 계통의 유의어 쌍이 무수히 형성되었다. 예를 들자면 가슴과 흉부, 허파와 폐, 눈알과 안구, 목구멍과 인후, 엉덩이와 둔부, 이앓이와 치통, 온몸과 전신, 세모꼴과 삼각형, 살갗과 피부, 새해와 신년, 햇빛과 일광 등이 있다.

이런 유의어 쌍 중에서 고유어 계통의 말들은 대체로 친숙한 느낌을 주고, 한자어 계통의 말들은 공식적인 느낌을 준다. 이것은 영어의 경우와 비슷하다. 영어의 어휘도 크게는 게르만 계통의 어휘와 라틴-프랑스어 계통의 어휘로 대별할 수 있는데, 이 두 계통의 어휘가 무수한 유의어 쌍을 형성하고 있다. 영어에서도 게르만 계통의 어휘는 대게 친숙한 느낌을 지닌 데 비해 라틴-프랑스어 계통의 어휘는 공식적인 느낌을 준다.

실상 어떤 언어에서도 완전한 동의어는 아주 드물다. 예컨대 ㉠'목숨'과 ㉡'생명'은 언뜻 같은 뜻을 지닌 말처럼 보이지만, 실은 그렇지 않다. 목숨은 사람이나 짐승, 즉 유정명사에만 쓰일 뿐 식물에 대해서는 쓰이지 않는다. 그래서 우리는 "꽃도 생명을 지니고 있다."라고 말해도 "꽃도 목숨을 지니고 있다."라고 말하지는 않는다. 또 생명과는 달리 목숨은 사물에 대해서 비유적으로 쓰이지 않는다. "그의 작품은 생명이 길 거야."라고 말할 수 있지만, "그의 작품은 목숨이 길 거야."라고 말할 수 없다. 이런 경우들은 한자어가 그 고유어 동의어보다 뜻의 폭이 넓은 경우이다. 하지만 실제로는 그 반대의 경우가 더 많다. ㉢'피'와 ㉣'혈액'을 보자. 혈액은 물질로서의 피만을 가리켜서 의학적 어감을 가질 뿐 생명 현상과 관련되는 다양한 어감을 지니고 있지 않다. '피 끓는 젊음', '피를 나눈 사이', '피를 말린다'와 같은 표현에서 익살을 부릴 의도가 아니라면 피를 혈액이라는 말로 대치할 수 없다.

보기

교체 검증이란, 문맥 속에서 한 단어를 다른 단어로 바꾸어 보는 방법을 의미한다. 예를 들어 '달리다'와 '뛰다'의 경우 '학교를 향해 달리다/뛰다'는 동일한 상황을 나타내지만, '기차가 달리다/뛴다'와 같은 문장을 보면 '기차가 달리다'는 가능하지만 '기차가 뛴다'는 불가능하다는 점에서 동일한 상황을 나타낸다고 볼 수 없다. 결국 이들은 한정된 문맥에서만 개념적 의미가 동일하다고 해야 할 것이다.

① 춤-무용
② 몸-체격
③ 달걀-계란
④ 노래-가요
⑤ 생각-사고

06

다음 글의 [가]~[라]를 문맥의 흐름에 맞게 적절한 순서로 배열한 것을 고르면?

[가] 그런데 20세기 이후 고유의 인간성을 인정했던 관점은 과학 기술의 비약적 발전에 따라 근본적인 문제에 직면하게 되었다. 기계 장치의 이식이나 유전자 변이에 의해 강화된 능력을 소유하고 있는 새로운 존재, 소위 '포스트휴먼'이 등장하면서 고유의 인간성에 대한 의문이 제기되기 시작한 것이다. 이미 인공팔과 인공망막 등이 신체에 이식되고 있으며, 앞으로 인공 지능의 개발로 생각할 수 있는 컴퓨터가 등장하고, 더 나아가 기계 인간인 사이보그가 등장하리라 예상되고 있다. 이에 따라 인간과 인간이 아닌 것의 경계가 흐릿해지고, 이제 인간은 자신의 영역 안으로 깊숙이 들어오고 있는 포스트휴먼의 존재를 부정하거나 무시할 수 없는 현실을 맞게 된 것이다.

[나] 처음에는 인간이 과학 기술을 바탕으로 기계를 만들었지만, 이제 인간은 자신이 만든 기계 환경에 맞추어 갈 수밖에 없는 존재가 되어가고 있다. 기계는 이제 더 이상 인간의 도구로서만 존재하지 않고, 인간의 의식에 관여하고, 더 나아가 인간의 삶의 방식 자체를 변화시킬 가능성이 높아졌다. 이렇게 된다면 기계에 대한 인간의 배타적 우월성을 당연하게 받아들이기는 어려워질 것이다.

[다] 17세기 데카르트는 동물과 인간의 몸은 유사하지만, 동물과 달리 인간에게는 영혼이 존재하며 생각할 수 있는 능력이 있다고 보았다. 그는 이렇게 정신과 육체를 분리함으로써 동물과 인간을 구분 지을 수 있다고 본 것이다. 이러한 관점에서 인간은 자유롭고 주체적인 의식을 지닌 유일한 존재로서 그 우월적 지위에 대한 확신을 가질 수 있었다. 물론 이러한 관점은 19세기 유물론이나 진화론 등이 대두되면서 흔들리기도 했지만, 실제 삶 속에서 인간이 아닌 존재가 인간의 우월성을 크게 위협할 수 있는 상황이 나타나지는 않았다.

[라] 공상 과학 영화 속의 사이보그는 인간과 똑같이 생겼을 뿐만 아니라 인간이 하듯 스스로 생각하고 행동한다. 그렇다면 그들을 인간이라고 보아도 되는 것인가? 과연 인간을 인간이 아닌 것, 즉 비인간과 구분 지을 수 있는 고유의 인간성이라는 것이 존재하는 것인가?

① [나] – [라] – [가] – [다]
② [다] – [가] – [나] – [라]
③ [다] – [라] – [가] – [나]
④ [라] – [다] – [가] – [나]
⑤ [라] – [다] – [나] – [가]

07

다음 글의 중심내용으로 옳은 것을 고르면?

2021년 한국노동연구원에서 실시한 재택근무 실태 현황 조사에 따르면, 응답 사업체 중 75.2%는 코로나19가 종식돼도 재택근무제를 계속 시행할 것이라고 답했고 조사 대상 근로자들 또한 72.8%가 계속해서 재택근무를 할 것이라고 응답했다. 근로자들이 재택근무를 유지하려는 주된 이유는 일하는 시간 외의 시간을 여유시간으로 사용할 수 있어 삶의 질이 향상된다고 인식하기 때문이고, 사업체들의 경우 근로자의 이직을 방지하고 우수인력을 확보할 수 있어서다.

그러나 사업체와 근로자 모두 재택근무제의 생산성에 대한 우려 또한 갖고 있는 것으로 나타났다. 근로자들이 재택근무를 중단하려는 주된 이유를 살펴보면, 49.3%가 '직무 만족도가 낮아져서', 43.6%가 '생산성이 나지 않아서'였다. 이러한 결과는 재택근무를 하는 근로자들이 사무실에서 일하는 상황에서 사용하던 의사소통 방식을 그대로 유지해 일을 할 경우 일의 진행이 쉽지 않고, 그 결과 일에 대한 만족도와 생산성이 낮아지게 되는 것으로 볼 수 있다.

재택근무제와 같은 비대면성과 비집합성을 전제로 하는 근무방식은 근로자의 재량을 요구한다. 따라서 재량을 기반으로 하는 노동을 통해 성과를 낼 수 있는 방법에 대한 고민이 필요하다. 이때 가장 중요한 것은 일을 관리하는 방식의 변화다. 사업체는 일을 통제하는 것이 아닌 지원하는 방향으로 사고를 전환하는 것이 필요하다. 먼저 의사소통 방식의 변화가 필요하다. 회의하는 방식, 문서를 작업하는 방식 등의 세부적인 일하는 방식이 비대면 상황에 맞게 재설계돼야 한다. 일과 역할을 배분하는 방식에 있어서도 관리자가 흩어진 성과를 집단 성과로 정렬하기 위해서는 일을 명확하게 배분하고 이에 대한 생산적인 피드백을 제공해야 한다.

또한 근로자 역량 향상을 위한 더 많은 투자가 필요하다. 비대면으로 일하는 과정에서 근로자들은 항상 상사의 통제를 받을 수는 없으므로 근로자 자신이 일에 대한 전문가가 돼 스스로 일을 설계하고 진행하는 등 일을 통제할 수 있어야 한다. 이를 위해 근로자들의 숙련이 매우 중요하며 근로자를 독립적인 전문가로 육성하기 위한 회사의 생각의 전환과 투자가 필요하다.

마지막으로 평가와 보상 방식의 변화가 필요하다. 일반적으로 인사 관리는 근로시간, 즉 일하는 과정을 관리한다. 그러나 재택근무와 같은 비대면 근로를 통해 생산성을 기대하기 위해서는 일에 투자하는 시간, 즉 과정보다는 일의 결과물을 평가하고 목표 대비 성과를 달성한 것에 대한 보상이 제공돼야 한다.

① 재택근무 시 근로자 간의 연결성을 높이기 위해서는 기술시스템이 우선적으로 구축되어야 한다.
② 수평 및 수직 간 의사소통의 어려움은 일에 대한 만족도와 생산성을 저해하는 가장 큰 요인이다.
③ 사업체에서 비대면 근무방식의 효율적인 활용을 위해서는 일을 관리하는 방식의 변화가 요구된다.
④ 재택근무 등 새로운 근무방식으로 정착하기 위해서는 관련 규정의 법제화로 분쟁을 예방해야 한다.
⑤ 직업의 변화 흐름 속에서 기회를 잡기 위해서는 세상의 변화에 예민하게 눈과 귀를 열어야 한다.

08

다음 글의 서술 방식에 대한 설명으로 가장 적절한 것을 고르면?

관세는 수출과 수입을 억제하므로 무역정책의 주요한 수단으로 이용되고 있다. 관세란 법정의 관세영역을 통과하는 수출입 화물에 부과되는 일종의 조세를 의미하는데, 관세영역을 통과하는 수출입화물에 대해 부과되고 법률 또는 조약에 따라 국가에 의해 강제적으로 징수된다. 그렇다면 관세가 부과되면 경제적으로 어떤 일이 일어나게 될까?

일반적으로 국내의 재화 시장에서는 수요곡선과 공급곡선이 만나는 지점에서 균형가격이 형성된다. 그런데 다른 나라와 자유무역을 하는 과정에서 국내의 균형가격과 다른 가격으로 재화를 수입하는 경우에는 생산과 수요가 달라지게 된다. 국내 가격보다 낮은 가격으로 수입이 되면 생산자들이 손실을 입게 되는 것이다.

그런데 재화에 관세가 부과되면 수입 가격이 더 상승하게 되고, 이는 생산자들의 이익으로 이어져 해당 재화의 공급량이 증가한다. 따라서 소비자의 이익은 줄어들고 생산자의 이익은 증가하는데, 그 폭이 같게 나타나지 않는다. 왜냐하면 줄어든 소비자 이익의 일부는 관세에 의한 정부의 수입 증가로 나타나기 때문이다.

따라서 관세는 국내 생산량과 고용, 그리고 정부의 재정 수입에도 영향을 미친다는 점에서 중요한 무역정책으로 활용된다. 하지만 관세를 부과하는 것은 재화의 자유로운 가격의 형성 작용에 대해 정부의 간섭으로 인해 왜곡을 초래한다는 점에서 비판을 받기도 한다.

① 특정 현상에 대한 장점들을 열거하고 있다.
② 특정 현상에 대한 다양한 관점들을 절충하고 있다.
③ 특정 개념을 다른 상황에 빗대어 이해하기 쉽게 설명하고 있다.
④ 특정 개념을 설명하고 이와 관련한 현상을 설명하고 있다.
⑤ 특정 현상이 통시적인 흐름에 따라 달라진 양상을 소개하고 있다.

09

다음 글을 읽고 추론한 내용으로 적절한 것을 고르면?

'상속'은 사망한 피상속인의 재산을 살아있는 상속인이 무상으로 이전받는 것을 말하고, '증여'는 생전에 소유한 자산을 가진 증여자가 무상으로 본인의 자산을 수증인에게 이전해 주는 것을 말한다. 이때 각각 상속세와 증여세가 발생하는데, 상속세는 '유산 과세형'으로 피상속인의 전체 상속재산가액을 기준으로 상속세액을 계산하고, 이렇게 계산된 상속세액을 상속인들이 공동으로 부담한다. 반면 증여세는 '유산 취득형'으로 각각의 수증자는 본인이 증여받은 증여재산을 기준으로 세액을 계산하고, 이렇게 계산된 증여세액은 다른 수증자와 관계없이 본인이 단독 부담한다.

상속세와 증여세는 똑같은 세율 구조를 가지고 있다. 그러나 동일한 재산가액이라도 어떤 방식을 선택하느냐에 따라 큰 차이가 있는데, 이는 과세 방식과 공제제도가 서로 상이하기 때문이다. 먼저 과세 방식에 있어 상속세는 유산 과세형 방식으로 망자인 피상속인이 상속개시일에 가진 총 재산가액에 대해 과세한다. 하지만 증여세는 동일한 유산 취득형 방식이더라도 수증자가 기준이며, 증여받은 재산가액에 대해서만 과세한다. 결국 과세 방식으로만 계산하면 증여받는 자녀수가 많을수록 증여세가 분산된다는 세 부담 관점에서 상속보다 증여가 더 유리하다.

하지만 공제제도의 관점에서도 살펴봐야 한다. 상속세의 대표적인 공제로는 일괄공제 5억 원이 있다. 또 배우자가 생존한 상태에서 먼저 사망함에 따라 최소 5억 원에서 최대 30억 원까지 공제해 주는 배우자상속공제, 순금융재산가액의 20%를 2억 원 한도로 공제해 주는 금융재산상속공제, 그 외에도 6억 원을 한도로 공제 가능한 동거 주택상속공제 및 최대 500억 원까지 공제 가능한 가업상속공제 등 다양한 공제 제도가 있다. 이때 공제를 적용받은 후의 금액인 과세표준을 기준으로 세율이 적용되므로, 다양한 공제의 적용요건을 충족한다면 증여세보다 상당히 큰 공제를 적용받을 수 있다.

상속세와 증여세는 이렇게 과세방식과 공제제도가 상이하므로 단순히 상속이 나은 방식인지 증여가 나은 방식인지를 즉각적으로 판단하기는 어렵다. 본인이 속한 가족 구성원의 수, 소유재산 규모 및 경제력과 예상 수명기간 등 각 가족이 처한 환경은 너무 다양하기 때문이다. 따라서 상속세와 증여세의 차이점을 먼저 이해하고, 두 법에서의 장단점을 활용한 절세 방식을 익힌 후 상속과 증여의 이전 비중을 어떻게 조율하는 것이 가족 구성원 내에서의 재산을 무상 이전함에 있어 유리할 것인지 고민해 보는 것이 바람직하다.

① 같은 재산액이라면 상속인이 많아질수록 부담해야 할 총 상속세액도 증가할 것이다.
② 공제제도를 고려하지 않는다면 이전하는 재산이 많을수록 증여보다 상속을 택하는 것이 유리하다.
③ 자녀보다 배우자에게 상속할 경우 더 많은 세율이 적용될 것이다.
④ 세 명의 자녀에게 동일한 금액의 재산을 증여할 경우 각 자녀의 증여세는 원칙적으로 동일하다.
⑤ 순금융재산가액이 20억 원이고 이에 대한 상속공제를 적용받을 경우 최대 4억 원을 공제받을 수 있다.

10

다음 글을 읽고 추론한 내용으로 적절한 것을 고르면?

우리나라에서 통용되는 주택담보대출의 상환방식은 크게 원리금균등 분할상환, 원금균등 분할상환, 체증식 분할상환의 세 가지이다. 이 외에도 만기 일시상환, 점증식 분할상환 등의 상환방식이 있으나, 만기 일시상환은 전세대출이나 신용대출 등을 제외하고 일반적인 주택담보대출에는 적용되지 않고 있으며, 점증식 분할상환은 아직 국내에 도입된 사례가 없다. 만기 일시상환의 경우 과거에는 주택담보대출에도 많이 선택하는 방법이었으나, 정부에서 갚아 나가는 대출을 권고함에 따라 중도금대출 등 일부를 제외하고는 현재 주택대출에서는 이용할 수 없다.

상환방식별로 그 개념을 살펴보면 먼저 원리금균등 분할상환은 매월 내는 원리금(원금+이자)을 같도록 설계한 방식으로, 초기에는 원리금 중 이자가 차지하는 부분이 많지만, 전체 원금을 조금씩 상환함에 따라 이자가 점점 줄어드는 구조를 갖고 있다. 이와 같은 방식은 안정적이며 계획적으로 대출 상환계획을 세울 수 있다는 장점이 있어 우리나라에서 가장 일반적인 상환방법으로 많이 활용되고 있다.

두 번째로 원금균등 분할상환 방식은 매월 갚아 나가는 원금을 같게 설계한 방식이다. 다른 방식에 비해 상환 초기의 부담이 높을 수 있으나 매월 상환부담, 즉 원리금이 줄어드는 장점이 있다. 또한 만기까지 부담해야 할 총이자가 다른 두 방식에 비해 가장 적은 대출이기도 하다.

마지막으로 체증식 분할상환은 원금균등 방식과 반대로 초기의 원리금 부담을 줄이고 점차 상환부담을 높여 가는 방식이다. 따라서 향후 소득이 늘어날 가능성이 높아 원리금을 높여 나가도 감당할 수 있는 청년층에 상대적으로 적합하지만, 반면 부담해야 하는 총이자도 함께 늘어나게 되므로 앞의 두 방식에 비해 많은 단점이 있다.

앞서 살펴본 바와 같이 똑같은 자금을 빌리더라도 어떤 상환방식을 선택하느냐에 따라 월상환액과 총 이자액이 달라질 수 있다. 따라서 본인의 자금사정에 맞는 상환방식을 결정하고, 대출기간 등 대출의 세부조건도 꼼꼼히 살펴보는 자세가 필요하다. 예를 들어 초기의 높은 월상환액을 부담하는 것이 가능하다면, 또는 향후 상환능력이 줄어들 가능성이 있다면 원금균등 분할상환방식을 선택하여 전체 원금을 빨리 갚아 나가는 것이 좋다.

① 점증식 및 체증식 분할상환 방식은 현재 국내에서는 사용되지 않는 상환방식이다.
② 현재 중도금대출이 아닌 주택대출을 받고자 하는 사람은 만기 일시상환 방식을 선택할 수 있다.
③ 원금균등 분할상환 방식에서는 시간이 갈수록 원리금에서 원금이 차지하는 비중이 낮아진다.
④ 첫 상환 원리금이 동일하다면 두 번째 원리금은 대출 금액 및 금리와 관계없이 원금균등 분할상환보다 체증식 분할상환 방식에서 더 많을 것이다.
⑤ 같은 금액을 동일한 기간 및 금리로 대출할 경우 만기 시까지의 총이자는 원리금균등 상환방식보다 원금균등 분할상환 방식에서 더 많을 것이다.

11

다음 글의 내용과 일치하지 않는 것을 고르면?

신고전주의는 아담스미스 등이 주창한 고전학파 경제학 이론에 근원을 두고 있으며 1970년대 이후 미국 경제를 주름잡고 있는 시카고 학파의 이론에 근거한 경제적 입장이다. 이러한 고전학파와 시카고 학파에 대립하는 지점에 케인즈학파가 있다. 이 양대 경제학파는 같은 현상에 대해서도 아주 상이한 설명을 제시하는 것으로 유명하다. 정부의 경기조절정책과 관련하여 케인즈학파는 적극적인 시장개입을 주장하는 반면, 시카고학파는 정부의 시장개입을 최소화시켜야 한다고 주장한다.

케인즈의 전성시대는 1970년대 석유파동을 맞이하면서 끝을 맞이하게 된다. 이 때 케인즈학파 정책 처방의 핵심은 정부가 경제정책을 통해 물가상승인플레이션을 희생하면 얼마든지 경기적 실업을 줄일 수 있고 실업을 희생하면 인플레이션을 줄일 수 있다는 것이었다. 그러나 1970년대 석유파동에 의해 생산비용이 올라가 생산이 줄고 실업이 늘어나면서 동시에 물가가 올라가는 스태그플레이션이 발생하게 되었다. 케인즈학파가 주장하던 인플레이션과 실업 사이의 음의 관계가 사라지는 위기 상황이 발생한 이때 프리드먼을 중심으로 한 '통화론자'들의 이론이 주목을 받게 된다.

프리드먼이 주창한 이론은 자유시장경제와 통화주의로 요약된다. 재정정책 등 정부의 시장개입을 줄이고 모든 경제활동을 시장에 맡겨야 한다는 것이다. 기존 케인즈 경제학자들에 따르면 불황의 원인은 투자의 부족이며, 이를 위해서는 정부지출의 확대 재정정책이 필요하다고 했다. 하지만, 프리드먼은 격심한 인플레나 대공황과 같은 심각한 경제교란은 대부분 통화교란 때문에 발생한다고 했다.

프리드먼은 정부의 팽창정책을 통해 통화량을 늘리거나 정부지출을 늘리는 정책이 단기적으로는 민간 경제주체들이 그 결과를 미리 알지 못하므로 경기를 진작시켜 실업을 다소 줄이는 효과가 있으나 장기적으로는 전혀 효과가 없다고 주장했다. 즉, 정부의 팽창정책은 장기적으로는 민간 경제주체들의 기대물가상승률을 올려 임금인상률을 높이게 되며, 그 결과 비용 상승으로 인해 기업들이 생산을 줄이게 됨으로써 다시 실업률이 늘어나 원래의 자연실업률 상태로 돌아가게 된다는 '자연실업률가설'을 주장하게 된다.

또한 프리드먼을 중심으로 한 신고전학파는 복지국가 실현을 위한 정부기능의 확대에 대해서도 비판적인 견해를 가지고 있다. 이들은 자원의 효율적인 배분을 시장의 자유경쟁 하에서 실현하는 것이 가장 바람직하다는 입장에서 규제완화나 민영화를 통한 구조개혁을 추진해야 한다고 주장한다.

케인즈학파와 신고전학파의 논쟁은 단순한 이론논쟁이 아니라 어떻게 하면 그들이 속한 경제를 보다 바람직한 상황으로 바꿀 수 있을까 하는 고민의 결과라는 것을 알 수 있다. 경제 상황이 바뀌게 되면 기존에 각광받던 이론이 적합하지 않은 이론이 되기도 하고 외면받던 이론이 다시 부각되기도 한다. 빈부격차가 심해지고 민간 경제가 너무 활성화되었을 경우에는 정부의 역할이 중요시되었고, 저성장이 지속되고 기업이 불황일 때는 시장의 역할이 중요시되어 왔다. 이론의 절대성이라는 함정에 빠지지 않고 현실에 맞는 이론을 사용해야 할 것이다.

① 케인즈학파에 따르면 물가상승률과 실업률은 서로 반비례 관계이다.
② 케인즈학파는 석유파동을 통해 이론의 적절성을 인정받았다.
③ 통화주의자들은 심각한 경제문제의 원인을 통화량의 격한 변동 때문이라고 주장한다.
④ 프리드먼은 정부가 통화량을 늘리는 것이 장기적으로 유의미한 결과로 나타나지 않는다고 주장한다.
⑤ 빈부격차가 심해질 경우 케인즈학파의 이론이 중시되고, 저성장이 지속될 경우 신고전학파의 이론이 중시된다.

12

다음 글을 읽고 추론할 수 있는 내용으로 적절하지 않은 것을 고르면?

5만 원권 지폐가 시중에서 잠자고 있다는 의혹이 제기되고 있다. 잊을 만하면 가끔씩 등장하는 뉴스는 시중에 5만 원권이 잠자고 있고, 그 원인은 지하경제나 탈세와 연결된 게 아닌가 하는 것이다. 5만 원권이 시중에 잠자고 시장에서 돌지 않고 있다는 의혹은 한국은행이 매월 발표하는 5만 원권 지폐 환수율 통계 때문에 나온다. 환수율이란 같은 기간 동안 한국은행에서 시중으로 흘러나간 5만 원권의 양을 분모로 하고 같은 기간 동안 시중 은행에서 한국은행으로 되돌아온 5만 원권의 양을 분자로 하여 계산한 비율이다. 이 비율은 요즘 꽤 줄었는데, 올해 1~2월 5만 원권 발행액은 약 5조 945억 원이었는데 한국은행으로 돌아온 5만 원권은 3,286억 원에 그쳐 환수율은 7.02% 수준이다. 1월의 환수율은 4.1%, 2월의 환수율은 9.2%로 계산되는데, 작년 1월과 2월에는 환수율이 44%, 55%였다.

그런데 정말 5만 원권이 잠들어 있을까? 앞서 설명한 대로 지폐의 환수율이라는 통계는 중앙은행이 시중에 공급한 화폐량에 비해 다시 돌아온 화폐량의 비율을 의미한다. 그러나 환수율이 높으면 화폐가 시중에서 활발하게 유통된다는 뜻이고, 환수율이 낮으면 유통이 둔화되고 있다는 의미는 아니다. 5만 원권 지폐가 시중 은행에서 한국은행으로 다시 돌아오는 이유는 시중 은행에서 5만 원권 지폐가 당장은 필요가 없다고 생각해서 한국은행에 예금을 하기 때문이다. 환수율이 높은 것은 오히려 시중에서 5만 원권 지폐의 수요가 별로 없다는 뜻이기도 하다. 5만 원권이 시중에서 자주 쓰이면 사람들은 지갑에 5만 원권을 넣어 두고 다니기 때문에 은행으로 되돌아오는 5만 원권은 줄어들고 환수율은 낮아진다. 물론 5만 원권 지폐가 지하경제에 잠들어 있어도 환수율을 낮아진다.

환수율은 분자가 낮은 것보다는 분모가 커지는 경우에 낮아진다. 환수율이 낮다는 것은 시중에 5만 원권을 많이 내보냈다는 뜻으로 해석될 수 있다. 최근 한국은행은 5만 원권 지폐의 환수율이 낮아진 것은 시중에 5만 원권 수요가 많아져서 더 많이 내보냈고, 2월의 설 명절 용도로 흘러나간 5만 원권이 되돌아오는 데 시간이 걸리고 있기 때문이라고 설명했다. 따라서 사실 더 궁금한 것은 왜 시중에 5만 원권 수요가 늘었느냐이다. 이는 예금이자와 관련이 깊다. 일반적으로 사람들은 잘 사용하지 않는 지폐는 은행에 예금하고 은행은 그렇게 들어온 지폐가 필요량보다 많으면 한국은행에 그 지폐를 다시 되돌려준다. 그런데 예금이자가 낮으면 잘 사용하지 않는 지폐도 그냥 서랍 속에 넣어 두는 경우가 많다. 예금을 해서 들어오는 이자의 유용성이 예금을 하러 은행에 찾아가는 수고로움을 이겨내기 어렵기 때문이다.

① 최근의 예금이자는 매우 낮은 상황일 수 있다.
② 최근 5만 원권 환수율이 5만 원권 발행 이래로 가장 낮다.
③ 환수율이 낮은 것은 5만 원권 지폐가 매우 잘 사용되고 있다는 뜻일 수 있다.
④ 시중에서 5만 원권 지폐가 잘 돌고 있는지 잠자고 있는지는 환수율 통계로는 알 수 없다.
⑤ 시중에 5만 원권을 더 많이 내보내는 달에는 늘 일정한 수준의 5만 원권이 회수되더라도 환수율이 낮아진다.

[13~14] 다음 글을 읽고 질문에 답하시오.

디지털 시대로 들어서며 삶과 사회의 대부분이 인터넷에 기록되고 기억되는 세상이 됐다. 검색엔진은 문서뿐 아니라 이미지, 영상까지 검색 결과로 내놓으며 나날이 진화하고 있다. 이전에는 시간이 지나면 사람들의 기억 속에 사라졌던 정보가 인터넷에 계속 남아있게 됐고, 검색엔진을 통해 언제나 누구든 정보를 찾기도 쉬워졌다. 예를 들어 도서관에 가서 엄청난 양의 책 가운데 필요한 정보를 찾는 것과 모두 데이터베이스화되어 있어 키워드 검색 한 번이면 해당 정보를 찾는 것은 다르지 않은가. 이런 흐름 속에서 인터넷에 검색되는 자신의 정보를 지워달라는 '잊혀질 권리'(Right to be Forgotten)에 대한 목소리가 나왔다.

(가)

EU는 1995년에 정보보호법을 제정해 검색 사업자를 데이터 수집업체로 규정하고 규제 대상으로 삼아 왔다. 이어서 2012년에 유럽 일반정보보호규정(General Data Protection Regulation, GDPR)에서 공식적으로 잊혀질 권리라는 개념이 처음 나왔다.

(나)

전통적으로 미국은 표현의 자유를 보장하고, 유럽은 사생활과 인간의 존엄성이란 가치를 더 중시해 왔다. 개인정보의 중요성에 대해서도 둘은 입장 차이를 꾸준히 보여 왔다. 미국은 수정헌법 제1조에 의거해 '표현의 자유'를 우선시하지만 유럽은 유럽인권협약 제8조를 토대로 '잊혀질 권리'를 강조한다.

(다)

이런 입장 차는 나중에 글로벌 IT 기업의 개인정보 활용에 대한 갈등을 크게 만들 수 있다. 게다가 유럽사법재판소가 내놓은 잊혀질 권리에 대한 인정 판결의 영향을 가장 크게 받을 구글이나 페이스북과 같은 IT 기업들은 거의 모두 미국 회사이기도 하다.

(라)

잊혀질 권리가 표현의 자유를 침해한다는 의견도 있다. A대학의 교수는 "일반인들의 소통의 자유 및 표현의 자유를 심각하게 제약한다"라고 말한다. 그는 "사람의 이름을 검색어로 한 검색결과에서 해당 정보를 담은 링크를 빼는 것은 정보 삭제와는 다르다고 주장할 수도 있겠지만, 인터넷과 같은 정보의 바다에서 과연 '검색되지 않은 정보'가 '존재하지 않는 정보'와 어떤 차이가 있는지 의구심이 든다"라고 밝혔다.

B대학의 연구위원 역시 지난 6월 9일 오픈넷이 마련한 '인터넷의 자유와 개인정보보호' 토론회에서 "법 권력을 소유한 집단에 유리하다"라며 "이는 국가권력과 기업권력, 정치인의 불편한 진실에 대한 접근성을 제한할 가능성이 높아진다"라고 말했다. C 박사는 "이미 구글이 삭제 신청을 받기 시작한 후, 대형 음반사들이 P2P 사이트들을 지워달라고 대량의 신청서를 냈다"라며 "이미 돈이 있는 집단이 이용하고 있다"라고 말했다.

(마)

13

다음 글에서 [보기]의 내용이 들어갈 곳으로 가장 적절한 것을 고르면?

보기
잊혀질 권리는 자신이 수집을 동의한 개인정보를 삭제할 것을 요구하는 권한인 '개인정보 삭제 청구권'이다.

① (가) ② (나) ③ (다) ④ (라) ⑤ (마)

14

다음 중 글의 내용과 일치하지 않는 것을 고르면?

① 잊혀질 권리란 개념이 처음 나온 것은 유럽이다.
② 유럽은 정보보호법에 의거하여 데이터 수집업체를 규제 대상으로 삼아 왔다.
③ 디지털 시대에서 인터넷은 문서 외 다양한 형태로 정보가 저장된다.
④ 대중은 잊혀질 권리를 통해서 법 권력을 소유한 사람들을 견제할 수 있다.
⑤ 잊혀질 권리를 대하는 유럽과 미국의 인식은 다르다.

15

다음 중 「인구감소지역 지원 특별법 제정안」에 대한 설명으로 옳은 것을 고르면?

인구감소지역, 중 · 장기 계획을 마련하여 인구감소에 대응한다

□ 행정안전부가 「인구감소지역 지원 특별법」 제정의 후속조치로 동법 시행령 제정안을 마련하여 40일간 입법예고를 실시한다.

□ 시행령 제정안의 주요 내용은 인구감소지역대응기본계획 및 시행계획 수립 · 시행, 인구감소지역 지원을 위한 각종 특례, 생활인구 등으로 세부 내용은 다음과 같다.

○ 우선, 국가와 지자체가 인구감소지역대응기본계획 및 시행계획의 수립 시에 필요한 수립 절차, 제출 시기 등을 정한다.

– 지자체는 기본계획 및 시행계획을 수립하거나 변경하려면 그 주요 내용을 14일 이상 관할 지역의 주민이 열람할 수 있도록 인터넷 누리집 등에 공고하고, 주민의 의견서가 제출되면 이에 대한 검토의견을 30일 이내에 통보하는 등 주민의 의견을 청취하여야 한다.

– 국가와 지자체는 상향식 방식으로 매년 시행계획을 수립하여야 하며, 시 · 군 · 구는 1월 말까지 시 · 도에, 시 · 도는 2월 말까지 행안부에 제출한다. 다만, 2023년도는 준비 기간 등을 감안하여 시 · 군 · 구는 5월 말까지 시 · 도에, 시 · 도는 6월 말까지 행안부에 제출하도록 하였다.

○ 다음으로, 인구감소지역 지원을 위한 각종 특례 중에서 법률에서 위임한 사항을 구체적으로 정한다.

– 행안부 · 교육부장관은 지방교부세 및 지방교육재정교부금의 교부 시에 인구감소지역의 재정수요를 반영한다.

– 지자체장이 수도권에서 인구감소지역으로 이전하는 사람에게 공유지를 우선 매각할 수 있다. 이를 위해 조례에 따라 공유지 매각 계획을 수립하고, 공유재산심의회의 심의를 거쳐 매각 대상 공유지를 지정하여야 한다.

– 교육감은 인구감소지역의 교육 기반 확충을 위해 시 · 도 조례에 따라 학교 설립 기준을 완화할 수 있도록 하며, 학생 · 학부모의 의견수렴 등을 거쳐 유치원 및 학교를 통합 운영할 수 있도록 한다.

○ 또한, 법률에서 생활인구란 주민, 체류하는 자, 외국인으로 정의하며, 「주민등록법」에 따라 주민으로 등록한 사람 외에는 대통령령으로 정하도록 하였기에 법률에서 위임된 사항을 규정한다.

– 체류하는 자는 거주지가 아닌 지역에 소재한 직장에 근무하거나, 학교를 다니는 경우, 관광 · 휴양지를 방문하여 체류하는 경우의 사람으로 하되, 빠르게 변화하는 거주 · 근무 형태(5도2촌, 워케이션 등)를 시의적절하게 생활인구로 반영하기 위하여 세부 요건은 행안부장관이 정하도록 한다.

○ 마지막으로, 인구감소지역대응센터는 한국지방행정연구원에 설치할 수 있도록 하여, 지역 인구감소 대응을 위한 정책 조사 · 분석 · 연구, 지역 인구활력을 높이기 위한 교육 · 컨설팅 등을 수행하게 된다.

① 지방교육재정교부금에 대한 인구감소지역의 재정수요 반영은 교육감의 재량으로 한다.
② 관광을 목적으로 거주지가 아닌 지역에 머물고 있는 사람은 생활인구에 포함되지 않는다.
③ 인구감소지역대응센터는 각 지자체에서 설치하여 관련 정책 업무를 수행한다.
④ 지자체장은 매각 대상으로 지정된 공유지를 인구감소지역의 기존 거주자에게 우선 매각할 수 있다.
⑤ 인구감소지역대응기본계획의 주요 내용은 해당 지자체의 주민이 열람할 수 있다.

16

다음은 S 공기업의 기술교류회 참가 신청 안내 자료이다. 참가를 신청한 사람 중 바르게 신청한 사람을 고르면?

□ 참가 신청 일정

구분	일정	내용	비고
연구성과 발표자	12. 20.~1. 11.	발표신청서 온라인 등록	• 연구성과 발표를 신청하고자 하는 연구자는 발표신청서를 기한 내에 온라인 등록함
	1. 12.	발표 일정 통보	• 사업단은 발표신청자에게 발표일시 등 교류회 일정 알림(이메일 발송, 홈페이지 공지)
	1. 12.~1. 16.	발표자료(PPT) 제출	• 발표신청자는 발표자료(5분 분량 PPT)를 사업단으로 사전 제출함(제출방법 추후 공지)
참가자	12. 20.~1. 11.	참가신청서 온라인 등록	• 연구성과 발표를 듣고자 하는 산업계 관계자 및 연구자는 참가신청서를 기한 내에 온라인 등록함

□ 신청 방법: 사업단 홈페이지(www.aaa.aaa.org)에서 온라인 등록

> 사업단 홈페이지 접속 ⇨ 상단 메뉴바의 [접수마당] 클릭 ⇨ [행사 참가] 클릭 ⇨ [참가행사]에서 [기술교류회_발표신청서] 또는 [기술교류회_참가신청서] 중 해당되는 신청서를 선택하여 클릭 ⇨ [신청양식]에서 신청서 양식을 다운로드하여 작성 후 [첨부파일]에 등록 ⇨ [성명, 소속, 직위/직책, 핸드폰번호, 이메일] 입력 ⇨ [신청하기] 클릭하면 신청완료 알림 이메일 자동 발송됨.

□ 참고사항

- 연구성과 발표를 희망하는 연구자가 기한 내에 신청하지 못할 경우 발표시간을 배정받지 못할 수도 있음을 사전 양해 부탁드립니다.
- 기술교류회에서 발표한 연구결과로 20○○년도 나노 융합 사업 신규과제 공모에 지원할 경우 선정평가 시 우대(가점 3점 부여)합니다.

① 연구성과를 발표하고자 한 A씨는 발표신청서와 발표자료를 1월 10일에 모두 제출하였다.

② 연구성과를 발표하고자 한 B씨는 발표시간을 배정받은 후, 발표자료를 PDF로 제작하여 1월 16일까지 제출하였다.

③ 연구성과 발표를 듣고자 한 C씨는 [기술교류회_참가신청서]를 홈페이지에서 다운받아 사업단에 직접 이메일로 보냈다.

④ 연구성과 발표를 듣고자 한 D씨는 1월 1일에 사업단 홈페이지에 접속하여 참가신청서를 온라인으로 등록하여 신청하였다.

⑤ 연구성과를 발표하고자 한 E씨는 가점을 받기 위해 타 기관에서 주최한 세미나에서 발표한 연구결과를 20○○년도 나노 융합 사업 신규과제 공모에 지원하였다.

17

김 사원은 회사 기념행사를 위한 축하 꽃다발을 준비하려 한다. 김 사원이 꽃다발을 구매하려는 꽃집에는 흰색 장미, 빨간색 장미, 노란색 해바라기, 파란색 수국, 흰색 수국, 노란색 튤립, 빨간색 튤립이 있고, 장미, 수국, 튤립은 색깔별로 각각 3송이씩, 해바라기는 4송이가 있다. 김 사원은 이 중 두 종류 이상의 꽃을 사용하여 총 4송이로 구성된 꽃다발을 만들려고 하는데, 흰색 꽃은 2송이, 노란색 꽃은 1송이만 포함하여 꽃다발을 만드는 경우의 수를 고르면?(단, 꽃의 종류는 같고, 색깔만 다른 경우 같은 종류로 간주한다.)

① 18가지　② 90가지　③ 156가지　④ 455가지　⑤ 945가지

18

키가 모두 다른 4명을 나란히 앉히려고 한다. 이때 왼쪽에서 두 번째에 앉는 사람이 이웃한 사람보다 키가 클 확률을 고르면?

① $\frac{1}{2}$　② $\frac{1}{3}$　③ $\frac{1}{4}$　④ $\frac{1}{8}$　⑤ $\frac{1}{12}$

19

○○공사는 금년도 공개채용을 실시하였다. 공개채용에 지원한 남자와 여자의 비율은 5 : 4이고, 최종 면접에 통과한 남녀의 비율은 3 : 2였다. 공개채용에서 떨어진 남녀의 비율이 1 : 2일 때, 금년 공개채용에 지원한 총 지원자 수로 가능한 것을 고르면?

① 99명　② 117명　③ 126명
④ 135명　⑤ 153명

20

다음 [그래프]는 지방세 세원별 비중에 대한 자료이다. 이에 대한 설명으로 옳은 것을 [보기]에서 모두 고르면?

[그래프] 2016~2018년 지방세 세원별 비중

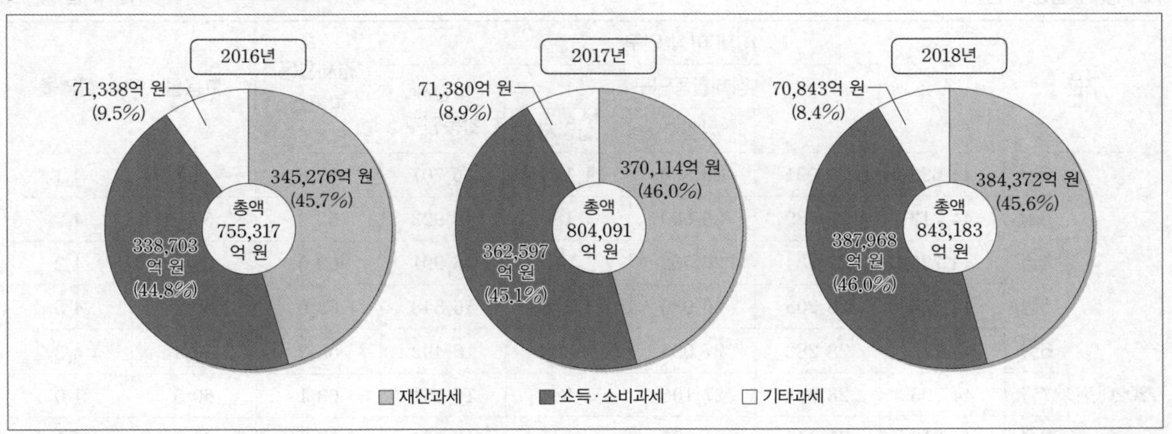

보기

㉠ 2017~2018년 동안 소득·소비과세액은 매년 전년 대비 6.5% 이상씩 증가하였다.

㉡ 2017~2018년 동안 재산과세액은 매년 전년 대비 증가하였으나 지방세에서 재산과세가 차지하는 비중은 매년 전년 대비 감소하였다.

㉢ 2017~2018년 동안 지방세 총액의 전년 대비 증가율은 매년 5.2% 이상이다.

㉣ 2019년 지방세 총액이 전년 대비 10% 증가하고, 세원별 비중이 2017년과 동일하다고 할 때, 2019년 기타과세의 전년 대비 증가액은 1.1조 원 이상이다.

① ㉠, ㉢

② ㉠, ㉣

③ ㉡, ㉣

④ ㉠, ㉡, ㉢

⑤ ㉡, ㉢, ㉣

21

다음 [표]는 경제활동인구 현황에 관한 자료이다. 이에 대한 설명으로 옳지 않은 것을 [보기]에서 모두 고르면?

[표] 경제활동인구 현황

(단위: 천 명, %)

구분		15세 이상 인구					경제활동 참가율	고용률	실업률
			경제활동인구			비경제 활동인구			
				취업자	실업자				
2020년	2월	44,698	27,991	26,838	1,153	16,707	62.6	(　　)	4.1
	3월	44,712	27,789	26,609	1,180	16,923	62.2	59.5	4.2
	4월	44,725	27,734	26,562	1,172	16,991	62.0	59.4	4.2
	5월	44,756	28,208	26,930	1,278	16,548	63.0	60.2	4.5
	6월	44,775	28,283	27,055	1,228	16,492	63.2	60.4	4.3
	7월	44,795	28,244	27,106	1,138	16,551	63.1	60.5	4.0
	8월	44,813	27,949	27,085	864	16,864	62.4	60.4	3.1
	9월	44,829	28,012	27,012	1,000	16,817	62.5	60.3	3.6
	10월	44,852	28,116	27,088	1,028	16,736	62.7	60.4	3.7
	11월	44,884	28,208	27,241	967	16,676	62.8	60.7	3.4
	12월	44,916	27,661	26,526	1,135	17,255	61.6	59.1	4.1
2021년	1월	44,968	27,388	25,818	1,570	17,580	60.9	57.4	5.7
	2월	44,987	27,718	26,365	1,353	17,269	61.6	58.6	4.9
	3월	45,007	28,138	26,923	1,215	16,869	62.5	59.8	4.3
	4월	45,027	28,361	27,214	1,147	16,666	(　　)	60.4	4.0
	5월	45,049	28,698	27,550	1,148	16,351	63.7	61.2	4.0
	6월	45,068	28,730	27,637	1,093	16,338	63.7	61.3	3.8
	7월	45,090	28,568	27,648	920	16,522	63.4	61.3	3.2
	8월	45,104	28,347	27,603	744	16,757	62.8	61.2	2.6
	9월	45,124	28,439	27,683	756	16,685	63.0	61.3	2.7
	10월	45,148	28,529	27,741	788	16,619	63.2	61.4	2.8
	11월	45,181	28,529	27,795	734	16,652	63.1	61.5	2.6
	12월	45,206	28,277	27,298	979	16,929	62.6	60.4	3.5
2022년	1월	45,200	28,096	26,953	1,143	17,104	62.2	59.6	4.1
	2월	45,213	28,356	27,402	954	16,857	62.7	60.6	3.4
	3월	45,219	28,627	27,754	873	16,592	63.3	61.4	(　　)

※ 1) 경제활동참가율(%)$=\frac{\text{경제활동인구}}{\text{15세 이상 인구}}\times 100$

2) 고용률(%)$=\frac{\text{취업자수}}{\text{15세 이상 인구}}\times 100$

3) 실업률(%)$=\frac{\text{실업자수}}{\text{경제활동인구}}\times 100$

보기

㉠ 2022년 3월 실업률은 전년 동월 대비 1.5% 미만 감소하였다.

㉡ 2020년 3월 고용률은 전월 대비 증가하였다.

㉢ 조사기간 동안 비경제활동인구가 가장 많은 시기에 경제활동인구가 가장 적고, 경제활동참가율도 가장 낮다.

㉣ 2022년 2월 전년 동월 대비 15세 이상 인구 증가율이 2021년 2월 전년 동월 대비 15세 이상 인구 증가율보다 크다.

① ㉠
② ㉢
③ ㉠, ㉡
④ ㉡, ㉣
⑤ ㉠, ㉡, ㉣

22

다음 [표]와 [그래프]는 정부기관 신뢰도에 대해 설문조사한 자료이다. 이에 대한 설명으로 옳지 않은 것을 고르면?

[표] 연도별 19~69세 인구 대상 정부기관 신뢰도 (단위: %)

구분	중앙정부	지방자치단체	국회	법원	검찰	경찰	군대
2013년	35.3	44.9	16.7	41.1	38.6	45.4	59.6
2014년	32.9	39.8	18.0	37.6	36.1	40.1	34.4
2015년	31.9	42.0	15.4	35.0	34.3	40.1	47.8
2016년	24.6	41.6	12.6	29.8	27.5	37.6	43.7
2017년	40.8	45.3	15.0	34.4	31.3	40.7	43.2
2018년	45.2	49.8	15.0	33.0	32.2	41.2	45.1
2019년	38.4	44.9	19.7	36.8	32.2	36.5	48.0
2020년	49.4	57.1	21.1	41.1	36.3	46.4	51.5
2021년	56.0	58.5	34.4	51.3	50.1	55.3	56.1

[그래프] 2021년 교육수준별 정부기관 신뢰도 (단위: %)

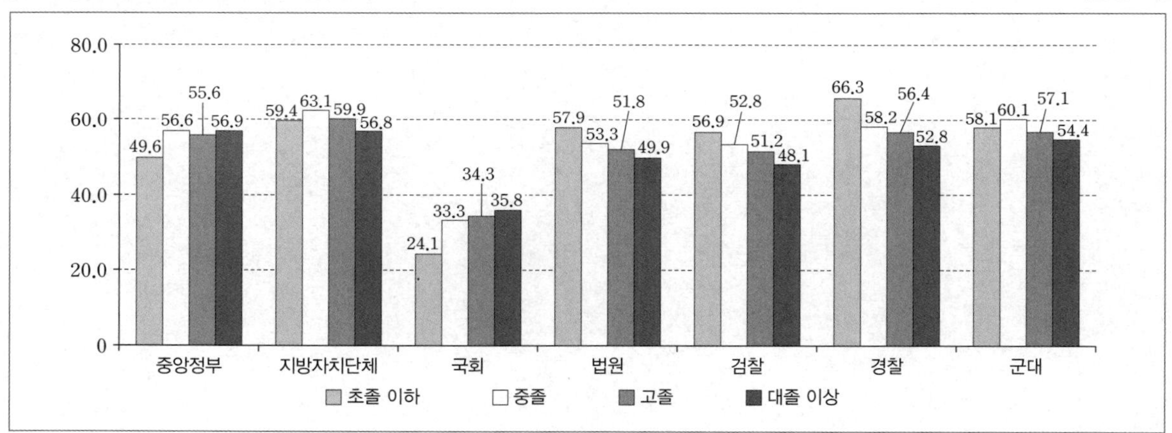

① 2013년 신뢰도가 가장 높은 정부기관과 가장 낮은 정부기관의 신뢰도 차이는 42.9%p이다.

② 2021년 신뢰도가 높은 정부기관 순서대로 나열하면 지방자치단체, 군대, 중앙정부, 경찰, 법원, 검찰, 국회 순이다.

③ 2021년 각 정부기관별 신뢰도는 전년 대비 모두 상승했고, 신뢰도가 전년 대비 10%p 이상 상승한 정부기관은 총 4곳이다.

④ 2021년 교육수준이 초졸 이하인 국민의 신뢰도가 가장 높은 정부기관의 수는 교육수준이 각각 중졸과 대졸 이상인 국민의 신뢰도가 가장 높은 정부기관 수의 합보다 적다.

⑤ 2019년 신뢰도가 가장 높은 정부기관의 2021년 교육수준별 정부기관 신뢰도는 대졸 이상이 가장 낮다.

23

다음 [그래프]는 근로·자녀장려금 신청 및 지급현황에 대한 자료이다. 2016~2019년 중 지급가구 수가 전년 대비 가장 많이 증가한 해의 지급가구 수는 신청가구 수의 $a\%$이고, 2019년 근로·자녀장려금 지급액은 지급가구당 b백만 원이라고 할 때, $\frac{a}{b}$의 값을 고르면?(단, a, b는 각각 소수점 아래 첫째 자리에서 반올림한다.)

[그래프1] 근로·자녀장려금 신청가구 수 (단위: 천 가구)

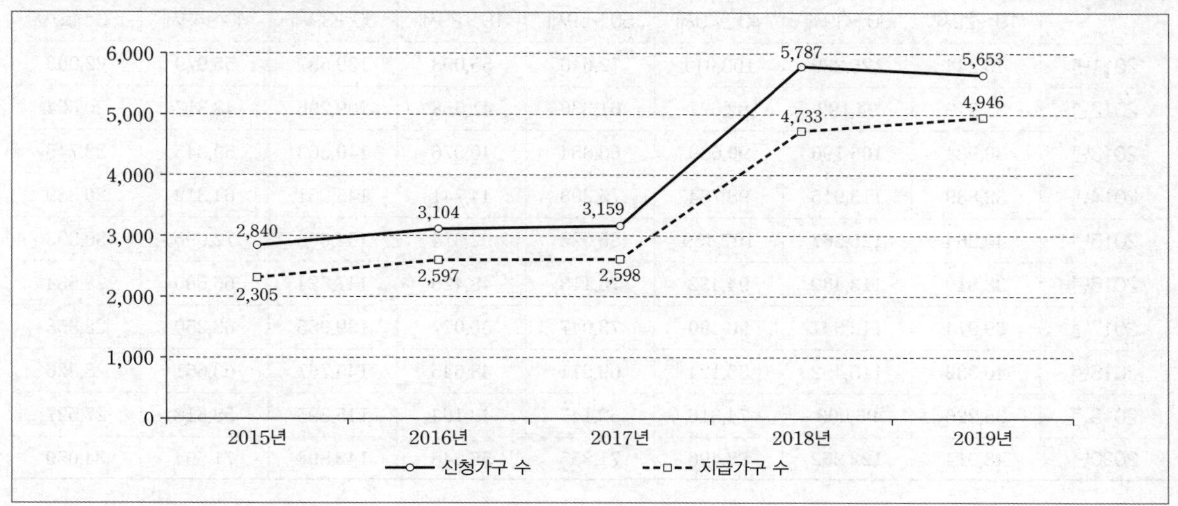

[그래프2] 근로·자녀장려금 지급액 (단위: 십억 원)

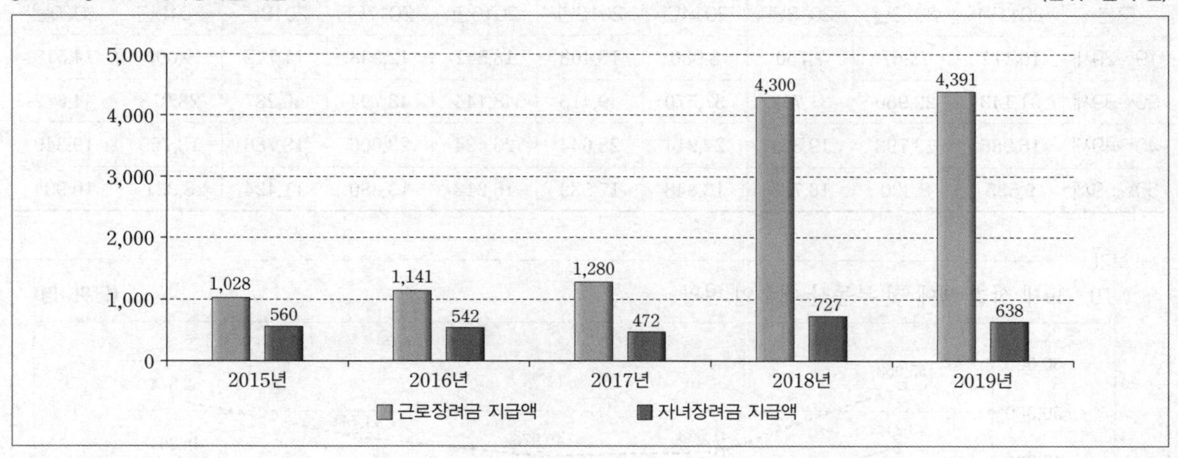

① 42 ② 64 ③ 78
④ 82 ⑤ 96

24

다음 [표]는 소유권이전등기(매매) 신청 매수인 현황에 대한 자료이다. 이에 대한 [보기]의 자료 중 옳지 않은 것의 개수를 고르면?

[표1] 전국 성별, 연령별 생애 첫 부동산 매수인 현황 (단위: 명)

구분	여자				남자			
	19~29세	30~39세	40~49세	50~59세	19~29세	30~39세	40~49세	50~59세
2011년	43,244	125,289	103,014	72,646	55,053	139,587	55,979	22,003
2012년	31,319	94,192	82,627	61,330	41,558	109,296	48,317	20,664
2013년	30,934	106,796	90,639	65,854	40,976	140,363	59,345	23,745
2014년	32,889	113,915	98,784	75,208	44,741	145,251	64,312	26,389
2015년	40,264	125,567	107,459	86,023	52,374	164,608	72,096	30,393
2016년	38,819	113,439	94,432	76,113	48,426	147,824	66,500	28,634
2017년	39,974	112,341	90,490	73,047	50,077	139,985	63,250	28,358
2018년	40,332	115,452	85,124	69,571	48,645	140,767	63,661	28,826
2019년	35,226	96,003	74,316	62,147	43,164	115,395	58,618	27,527
2020년	48,914	122,252	88,496	71,855	56,248	142,894	71,554	34,050

[표2] 서울시 연령별 생애 첫 부동산 매수인 현황 (단위: 명)

구분	2011년	2012년	2013년	2014년	2015년	2016년	2017년	2018년	2019년	2020년
19~29세	10,177	7,367	7,750	8,936	13,403	13,541	12,938	11,742	9,096	14,518
30~39세	31,143	22,960	31,712	37,570	49,415	48,144	43,794	40,287	28,978	44,672
40~49세	16,986	13,793	19,321	22,914	28,644	26,424	23,006	18,786	13,755	19,849
50~59세	9,535	8,320	10,705	13,848	17,539	16,212	13,880	11,424	8,331	10,934

보기

㉠ 19~29세 성별 생애 첫 부동산 매수인 현황 (단위: 명)

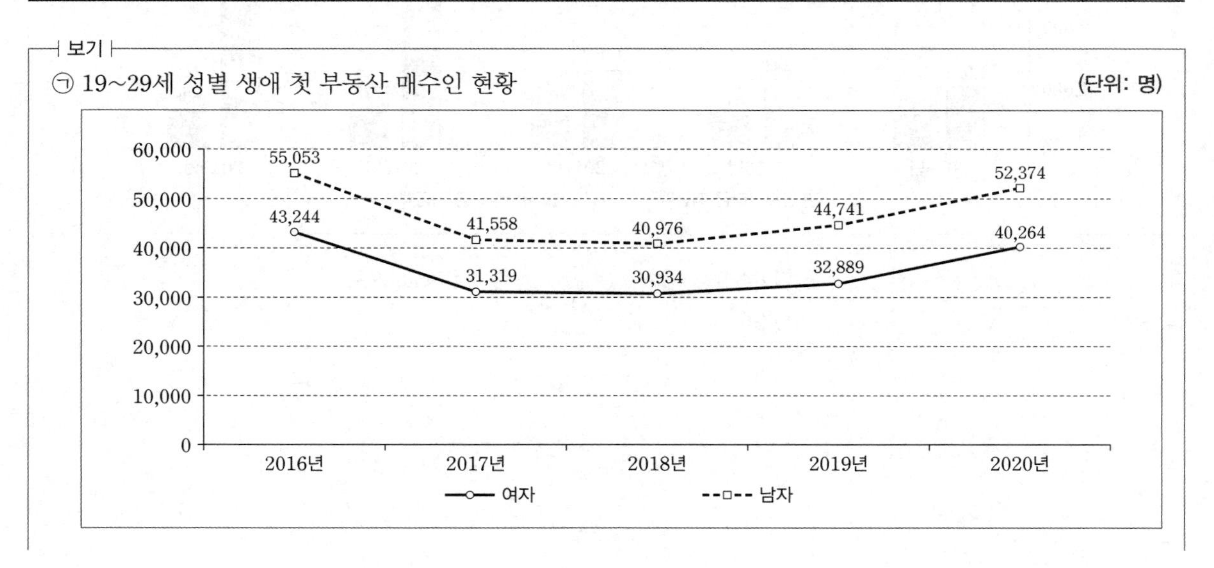

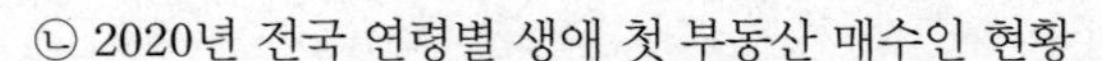
ㄴ 2020년 전국 연령별 생애 첫 부동산 매수인 현황 (단위: 명)

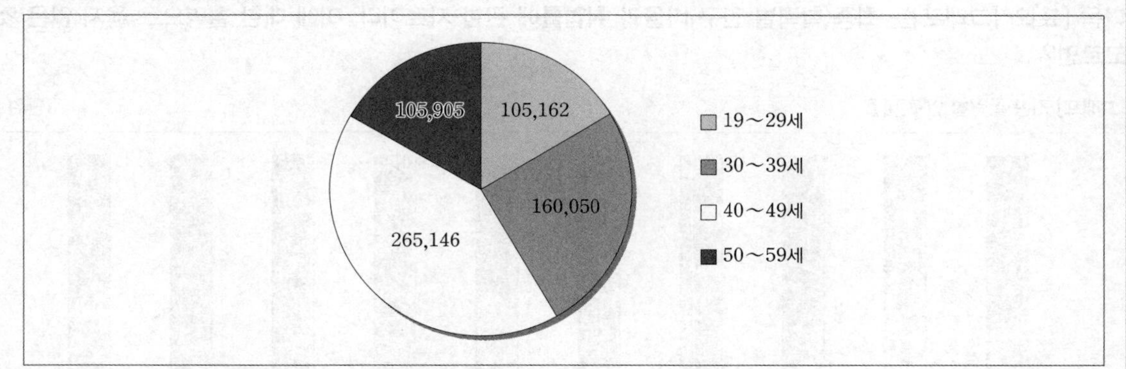

ㄷ 2018년 전국 연령별 남자와 여자의 생애 첫 부동산 매수인 수의 차이 (단위: 명)

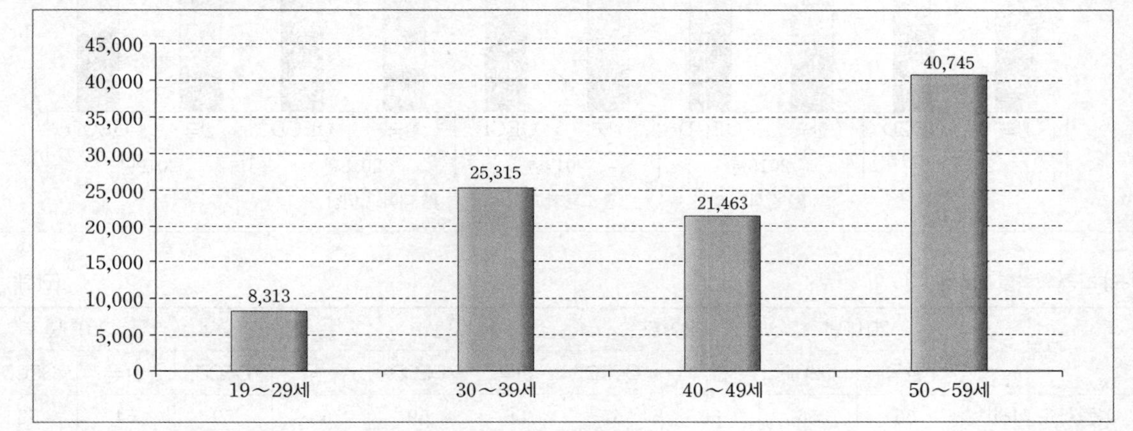

ㄹ 2020년 전국 대비 서울시 연령별 생애 첫 부동산 매수인 비율 (단위: %)

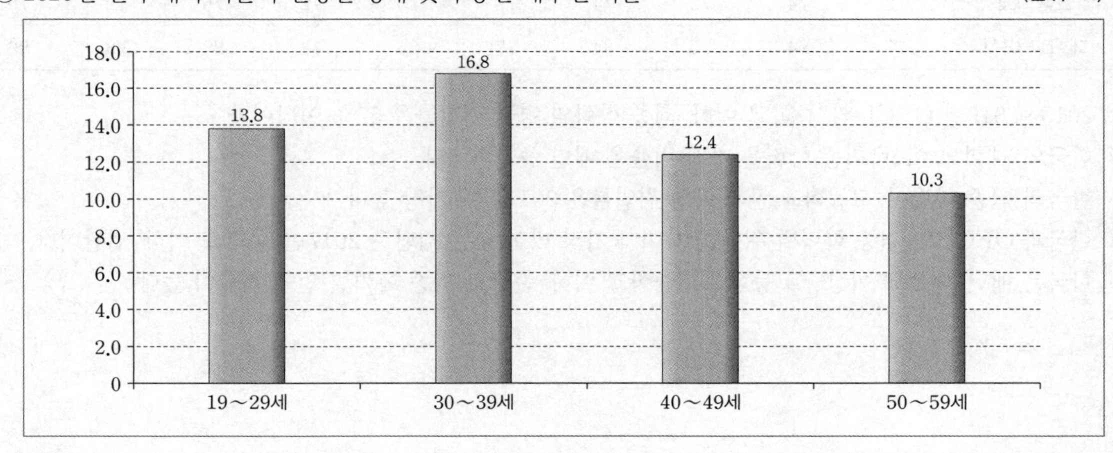

① 1개 ② 2개 ③ 3개
④ 4개 ⑤ 없다.

25

다음 [표]와 [그래프]는 최종 학력별 인구 비율과 취업률에 관한 자료이다. 이에 대한 설명으로 옳지 않은 것을 고르면?

[그래프] 최종 학력별 인구 비율 (단위: %)

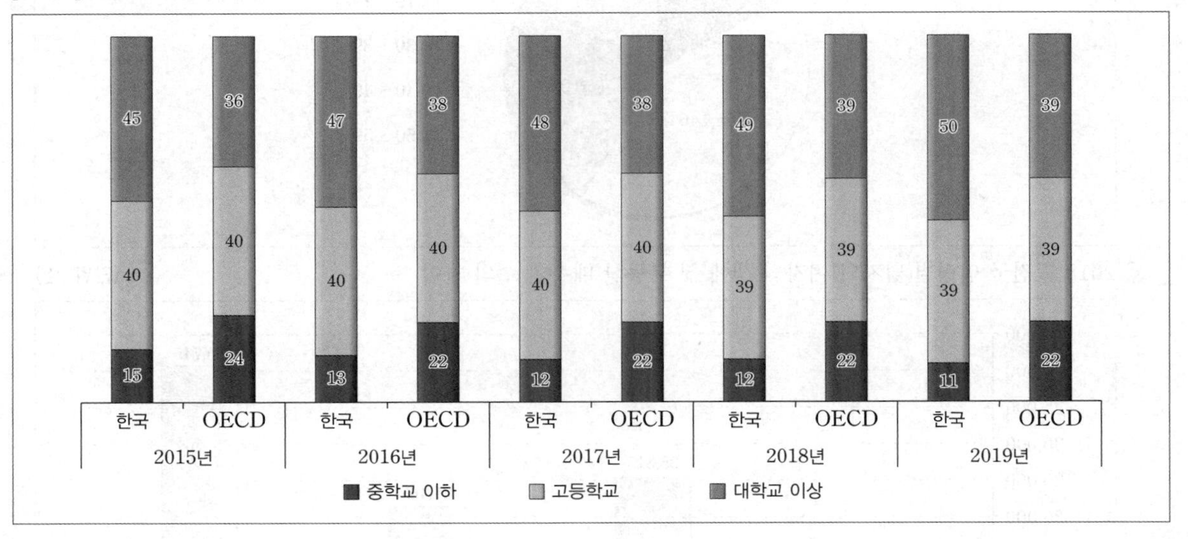

[표] 최종 학력별 취업률 (단위: %)

구분	2015년		2016년		2017년		2018년		2019년	
	한국	OECD	한국	OECD	한국	OECD	한국	OECD	한국	OECD
중학교 이하	66	56	66	57	66	59	65	59	64	59
고등학교	72	74	72	74	73	75	72	76	72	76
대학교 이상	77	84	77	84	77	85	78	85	78	86

① 2015~2019년 OECD의 '중학교 이하' 최종 학력의 평균 취업률은 57% 이상이다.

② 한국의 '대학교 이상' 최종 학력을 가진 비율은 매년 증가하였다.

③ 한국의 최종 학력이 '고등학교'인 집단의 취업률은 2017년에 가장 높다.

④ 한국과 OECD의 최종 학력별 취업률 차이가 가장 많이 나는 집단은 2017년 '중학교 이하' 집단이다.

⑤ 한국은 매년 '대학교 이상', '고등학교', '중학교 이하' 순으로 최종 학력별 인구 비율이 높다.

26

Z 제품의 판매 대리점에서는 전월 판매량을 기준으로 당월 목표량을 설정한다. 다음 [표]와 [조건]을 바탕으로 각 직원들의 (당월 판매량－당월 목표량)의 합을 고르면?

[표] Z 제품 판매 대리점 직원별 목표량 및 판매량 현황

직원	A	B	C	D	E
전월 목표량	200개	350개	220개	200개	350개
전월 판매량	240개	320개	160개	180개	400개
당월 판매량	300개	380개	210개	240개	430개

조건

1단계: [표]에서 직원 A~E 중 전월 판매량이 300개 이상인 경우 전월 판매량을 300개로 조정한다. 단, 전월 판매량이 300개 미만인 경우 수치를 유지한다.

2단계: '1단계'에 의해 조정된 값에 따라 직원 A~E의 전월 판매량에 1.3을 곱한다.

3단계: [표]의 전월 목표량보다 전월 판매량이 많은 직원은 '2단계'에 의해 산출된 값에 20개를 더한 값을 당월 목표량으로 하고, 전월 목표량보다 전월 판매량이 적은 직원은 '2단계'에 의해 산출된 값에 10개를 뺀 값을 당월 목표량으로 한다.

4단계: 단, '3단계'에 의해 산출된 당월 목표량이 200개 미만인 경우 200개로 조정하고, 400개를 초과하는 경우 400개로 조정한다.

① 16개　② 18개　③ 22개
④ 24개　⑤ 34개

27

다음 보고서는 장래인구규모 및 인구구조와 그 해석에 관한 자료이다. 보고서의 밑줄 친 ㉠~㉤ 중 옳지 않은 것을 고르면?

보고서

○ 총인구와 인구성장률

중위 추계 시나리오(이하 중위 추계)는 인구변동요인별(출산율, 기대수명, 국제순이동) 중위(중간 수준) 가정 조합한 기준 시나리오이다. 중위 추계에 따르면 ㉠ 총인구는 2017년 5,136만 명에서 꾸준히 감소하여 2067년 3,929만 명에 이를 전망이다.

[그래프1] 총인구 변화 (단위: 만 명)

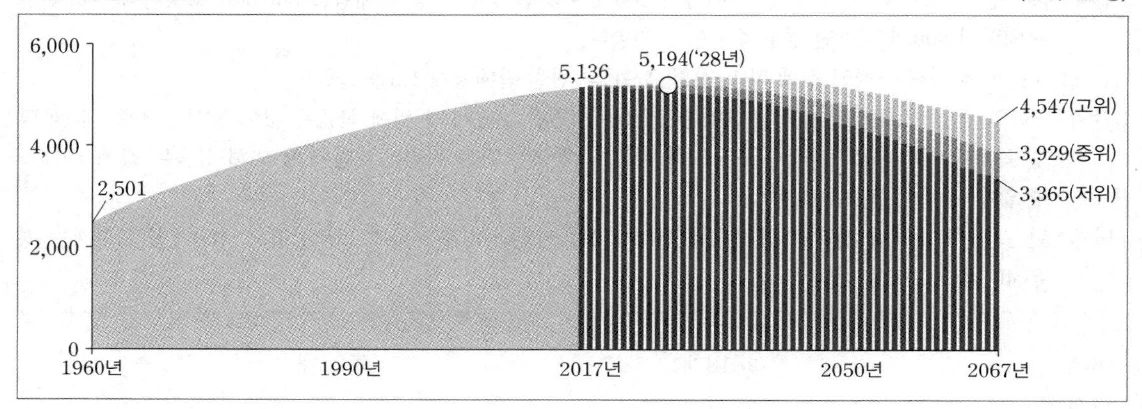

○ 연령계층별 인구

㉡ 2017년 현재 총인구에서 15~64세(생산연령인구)가 차지하는 비중은 73.2%, 65세 이상(고령인구)은 13.8%로 약 609만 명, 0~14세(유소년인구)는 13%로 약 568만 명이다. 2067년에는 생산연령인구가 45.4%, 고령인구가 46.5%, 유소년인구가 8.1%를 차지할 전망이다.

[그래프2] 연령계층별 인구 변화 (단위: %)

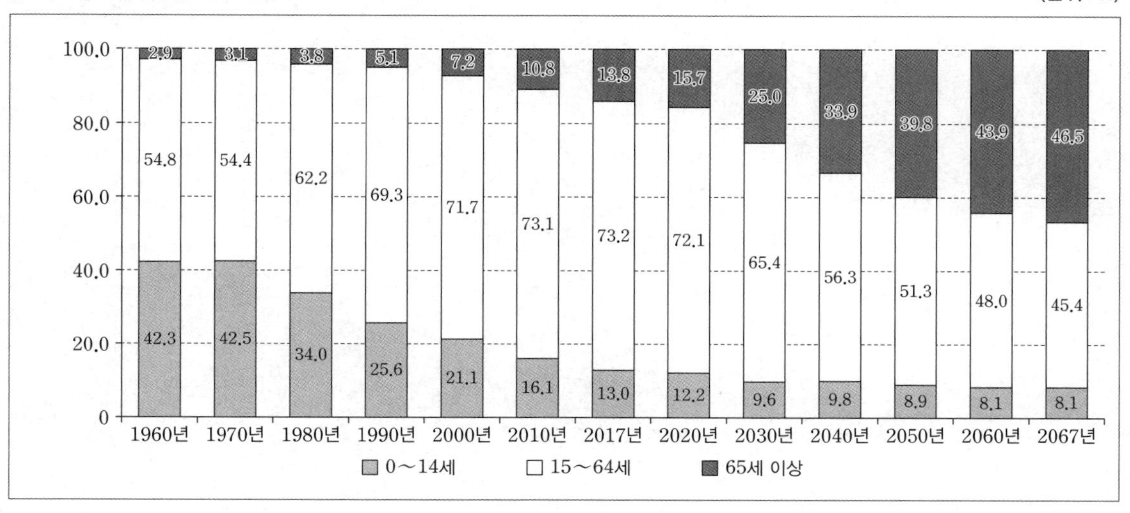

○ 부양비

총부양비는 생산가능인구 1백 명당 부양할 인구(유소년, 고령인구)이다. ㉢ 총부양비는 2017년 37명에서 2067년에는 120명 수준일 것으로 예상된다. ㉣ 중위 추계에 따라 2017년 대비 2067년 유소년인구와 생산연령인구가 각각 감소하여 유소년 부양비 또한 2017년과 2067년 비슷할 것으로 예상된다. 고령인구의 빠른 증가로 인해 ㉤ 노년부양비는 2017년 19명에서 2067년 102명 수준으로 2017년 대비 5.5배 이상 증가할 전망이다.

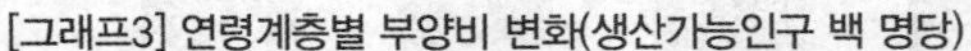
[그래프3] 연령계층별 부양비 변화(생산가능인구 백 명당) (단위: 명)

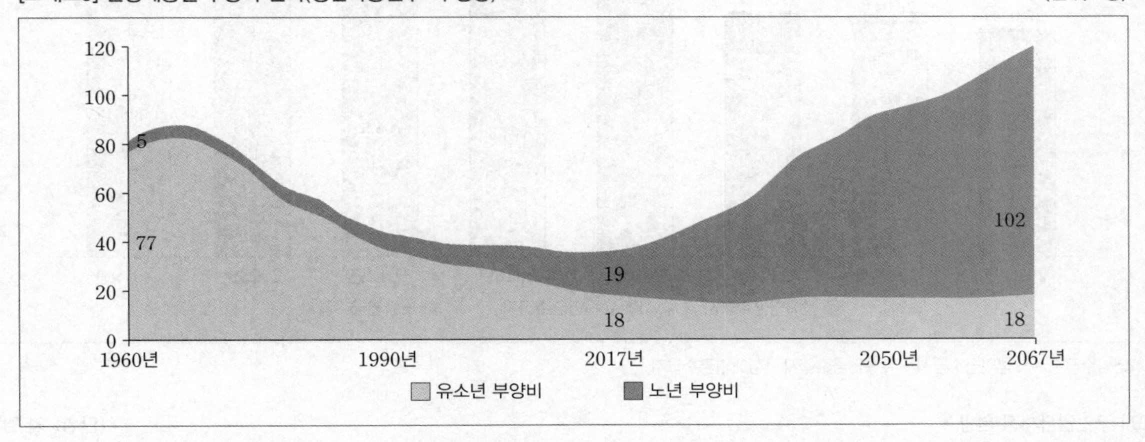

① ㉠, ㉡, ㉣
② ㉠, ㉡, ㉤
③ ㉠, ㉢, ㉤
④ ㉡, ㉢, ㉣
⑤ ㉡, ㉣, ㉤

28

다음 [표]와 [그래프]는 국민연금에 관한 자료이다. 이에 대한 설명으로 옳은 것을 고르면?

[그래프] 국민연금 수급자 현황 (단위: 명)

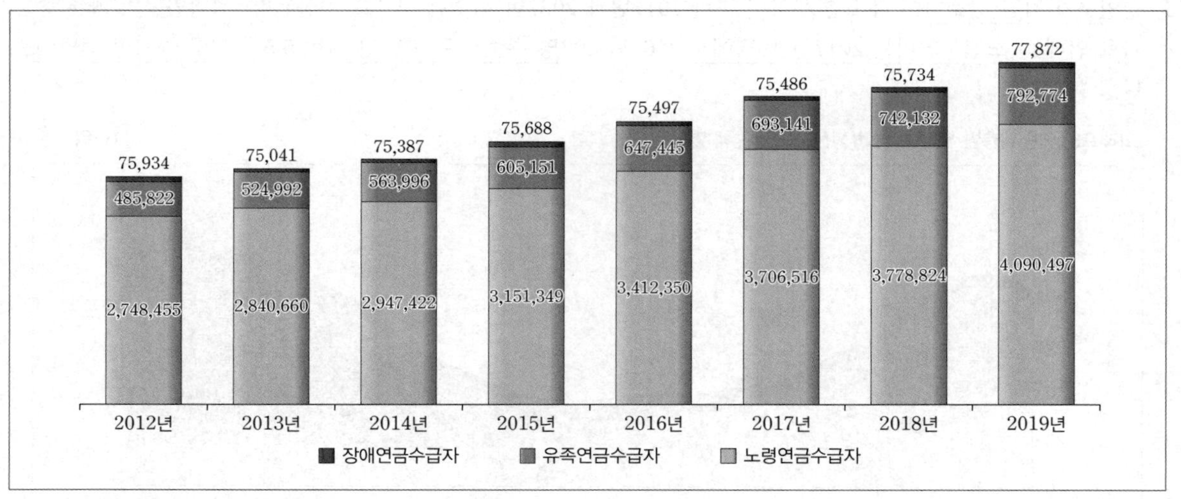

※ 연금수급자=노령연금수급자+유족연금수급자+장애연금수급자

[표] 국민연금재정 현황 (단위: 억 원)

구분		2012년	2013년	2014년	2015년	2016년	2017년	2018년	2019년
조성		551,681	486,278	571,987	582,557	636,277	830,505	385,347	1,213,056
	연금보험료	301,277	319,067	340,775	364,261	390,359	417,849	443,735	478,001
	운용수익	249,916	166,513	230,326	217,414	245,439	411,941	−58,671	734,247
	국고보조금	488	698	886	882	479	715	283	808
지출		120,682	136,410	143,304	157,545	176,527	197,074	213,958	234,329
	연금급여지급	115,508	131,128	137,799	151,840	170,682	190,839	207,527	227,643
	관리운영비	5,174	5,282	5,505	5,705	5,845	6,235	6,431	6,686

※ 해당 연도 말 전체 기금운용액=전년도 말 전체 기금운용액+해당 연도 조성액−해당 연도 지출액
※ 2012년 말 전체 기금운용액은 3,919,677억 원임.

① 노령, 유족, 장애연금수급자는 매년 증가하였다.
② 연금수급자가 400만 명을 처음 넘긴 것은 2017년이다.
③ 2014년 말 전체 기금운용액은 4,500,000억 원 이상이다.
④ 연금수급자의 전년 대비 증가율은 2013년이 2019년보다 높다.
⑤ 전체 기금운용액이 전년 대비 가장 많이 증가한 해는 2018년이다.

[29~30] 다음 [표]는 2020년과 2021년의 1분기 근로자 가구의 소득5분위별 가구당 가계수지에 관한 자료이다. 이를 바탕으로 질문에 답하시오.

[표1] 2020년 1분기 근로자 가구의 소득5분위별 가구당 가계수지 (단위: 만 원)

구분	소득	처분가능소득	가계지출	소비지출
1분위	162	138	150	127
2분위	299	247	239	188
3분위	438	348	338	248
4분위	625	490	460	326
5분위	1,114	854	695	435

[표2] 2021년 1분기 근로자 가구의 소득5분위별 가구당 가계수지 (단위: 만 원)

구분	소득	처분가능소득	가계지출	소비지출
1분위	178	150	160	133
2분위	318	263	245	191
3분위	451	367	330	246
4분위	633	502	473	342
5분위	1,065	802	700	437

※ 흑자율(%) $=\left(1-\frac{\text{소비지출}}{\text{처분가능소득}}\right)\times 100$

29

주어진 자료에 대한 설명으로 옳지 않은 것을 [보기]에서 모두 고르면?

보기

㉠ 2020년 1분기 대비 2021년 1분기 소득이 가장 크게 증가한 분위는 1분위이다.
㉡ 2021년 1분기 처분가능소득이 전년 동분기 대비 증가한 분위 중 12만 원 미만으로 증가한 분위는 없다.
㉢ 2021년 1분기의 분위별 소득과 가계지출의 차이는 모든 분위에서 전년 동분기 대비 증가하였다.
㉣ 2021년 1분기 가계지출과 소비지출은 각각 모든 분위에서 전년 동분기 대비 증가하였다.

① ㉠, ㉢ ② ㉠, ㉣ ③ ㉡, ㉣
④ ㉠, ㉢, ㉣ ⑤ ㉡, ㉢, ㉣

30

다음 중 2021년 1분기 흑자율이 두 번째로 높은 분위와 두 번째로 낮은 분위의 흑자율의 합을 고르면?(단, 소수점 아래 둘째 자리에서 반올림한다.)

① 39.6% ② 40.7% ③ 44.1%
④ 59.3% ⑤ 60.4%

31

다음 [표]와 [그래프]는 2011~2020년 발화요인별 화재 현황에 대한 자료이다. 이를 바탕으로 작성한 보고서의 밑줄 친 ㉠~㉤ 중 옳지 않은 것을 고르면?

[그래프1] 2011~2020년 주요 발화요인별 화재 현황 (단위: 건)

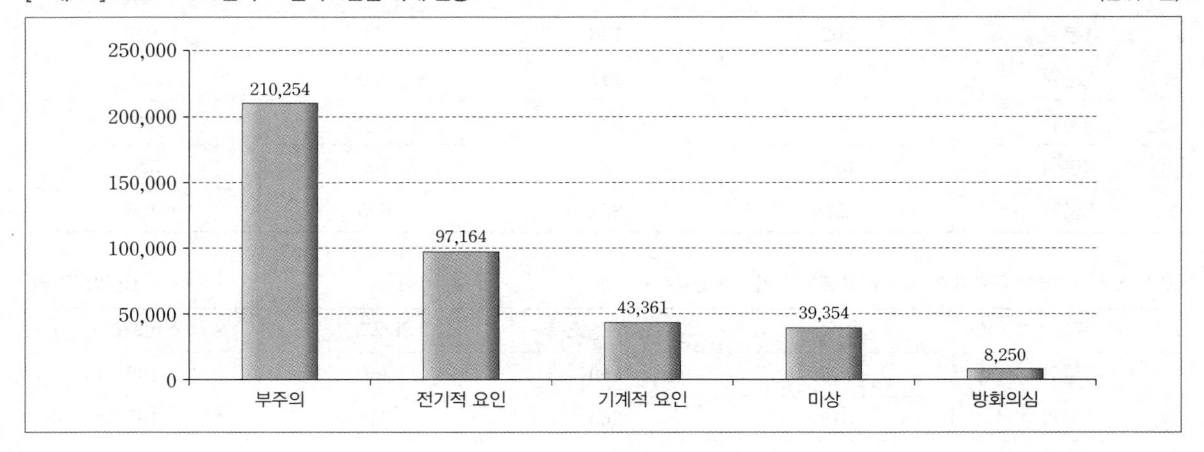

[그래프2] 2011~2020년 부주의로 인한 세부 발화요인별 화재 현황 (단위: %)

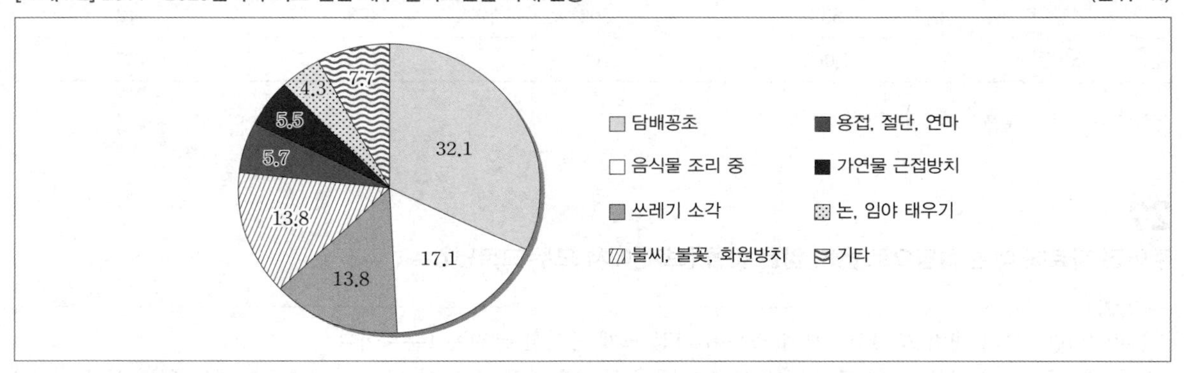

[표] 2020년 부주의로 인한 세부 발화요인별 화재 현황 (단위: 건, 명, 천 원)

구분	건수	인명피해			재산피해
		소계	사망	부상	
계	19,186	841	77	764	170,036,222
담배꽁초	6,140	109	13	96	36,964,590
음식물 조리 중	3,040	155	11	144	6,714,737
쓰레기 소각	2,279	66	7	59	9,812,456
불씨, 불꽃, 화원방치	2,511	104	10	94	14,587,916
불장난	123	5	0	5	124,254
용접, 절단, 연마	1,183	86	3	83	28,567,938
논, 임야 태우기	523	26	2	24	597,821
가연물 근접방치	1,073	85	14	71	6,064,502

빨래삶기	87	0	0	0	150,652
유류 취급 중	69	31	0	31	445,254
폭죽놀이	25	0	0	0	20,145
기기 사용 · 설치 부주의	774	54	5	49	39,965,264
기타	1,359	120	12	108	26,020,693

보고서

2011~2020년 동안 전체 화재건수 398,383건 중 ㉠ 부주의로 인해 발생한 화재가 52% 이상으로 가장 높은 비중을 차지하였으며, ㉡ 방화의심으로 인한 화재 발생은 5% 미만으로 비중이 가장 낮았다.

같은 조사기간 동안 부주의로 인한 세부 발화요인별 화재 현황을 살펴보면 ㉢ 담배꽁초로 인한 화재 건수가 67,000건 이상으로 가장 많았고, 그다음으로는 음식물 조리 중으로 인한 화재 건수가 35,000건 이상으로 두 번째, 쓰레기 소각으로 인한 화재 건수가 29,000건 이상으로 그 뒤를 이었다.

㉣ 2020년 부주의 발화요인 중 인명피해가 가장 큰 항목은 '음식물 조리 중'으로 건당 19명 이상의 인명피해를 냈으며, ㉤ 부주의로 인한 발화요인 중 건당 재산피해액이 가장 큰 항목은 '기기 사용 · 설치 부주의'로, 건당 51백만 원 이상의 재산 피해를 냈다.

① ㉠
② ㉡
③ ㉢
④ ㉣
⑤ ㉤

32

다음 [표]와 [그래프]는 최근 5년간(2016~2020년) 8월 및 2020년 8월의 시기별(상순, 중순, 하순) 유의파고의 평균 높이와 최고 높이, 파고 측정 지점에 대한 자료이다. 이에 대한 설명으로 옳은 것을 고르면?

[그래프] 최근 5년간 8월 및 2020년 8월의 시기별 유의파고 (단위: m)

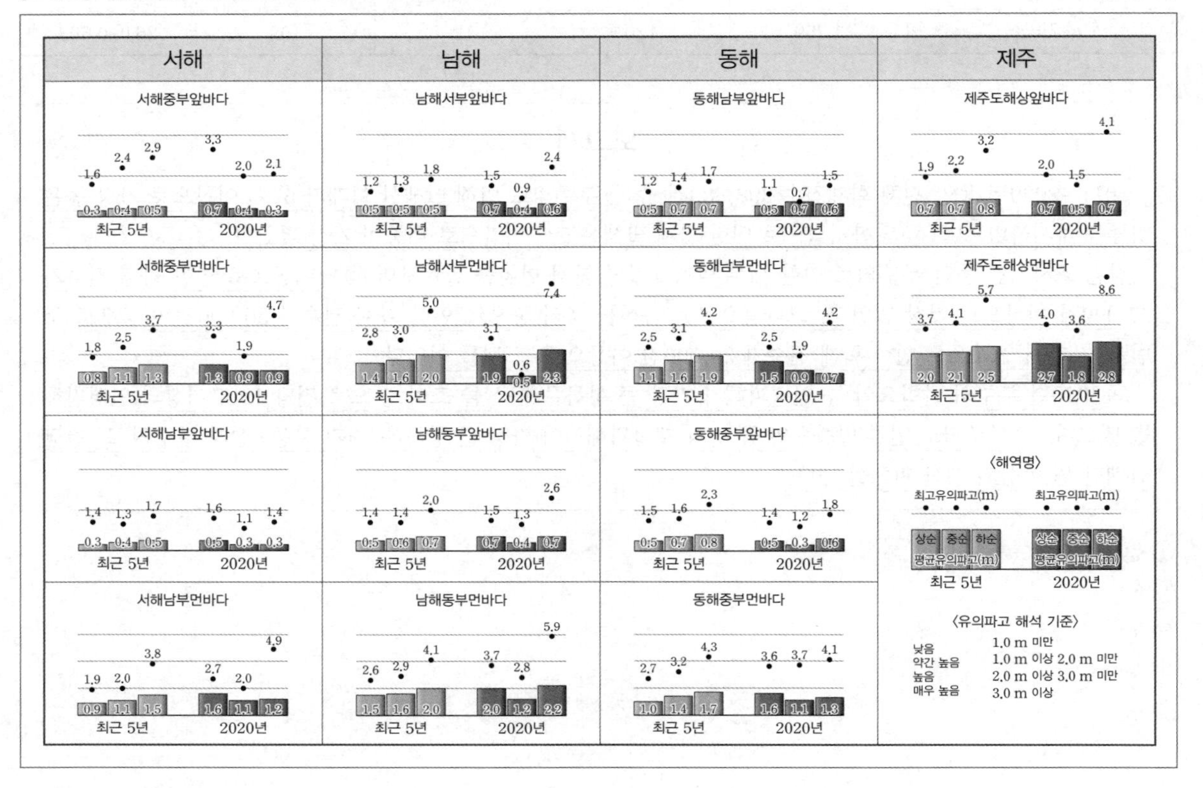

[표] 파고 측정 지점

해역	먼바다	앞바다
서해중부	덕적도, 외연도, 인천	신진도, 삽시도, 이작도, 풍도, 자월도, 서천, 천수만, 안면도
서해남부	칠발도, 부안	신안, 진도, 옥도, 영광, 군산, 맹골수도, 대치마도, 비안도
남해서부	거문도, 추자도	청산도, 금오도, 고흥, 노화도
남해동부	거제도, 통영	두미도, 장안, 해금강, 한산도, 잠도, 소매물도
동해중부	울릉도, 동해, 독도	혈암, 구암, 연곡, 울릉읍, 토성, 삼척
동해남부	포항, 울산, 울진	죽변, 구룡포, 후포, 간절곶, 월포
제주도	마라도, 서귀포	제주항, 중문, 우도, 가파도, 협재, 김녕

※ 통계지점: 기상부이 및 파고부이 지점

① 삽시도의 2020년 8월 중순 평균유의파고는 최근 5년간 8월 중순 평균유의파고와 같고, 2020년 8월 하순 최고유의파고는 최근 5년간 8월 하순 최고유의파고보다 0.2m 낮았다.

② 맹골수도의 최근 5년간 8월 상순의 평균유의파고는 2020년 8월 상순 평균유의파고보다 낮고, 2020년 8월 하순 최고유의파고는 최근 5년간 8월의 최고유의파고보다 높다.

③ 서해, 남해, 동해 중 2020년 8월 하순 최고유의파고가 가장 높은 해역의 최근 5년간 8월 하순 평균유의파고와 2020년 8월 하순 평균유의파고의 차이는 0.3m이다.

④ 울진의 최근 5년간 8월 중순 평균유의파고는 구암의 최근 5년간 8월 상순 최고유의파고와 같다.

⑤ 2020년 협재의 8월 하순 최고유의파고와 마라도의 8월 하순 평균유의파고는 매우 높음이다.

33

다음 [표]와 [그래프]는 2020~2021년 연령대별 1인당 평균 봉사활동 횟수 및 시간에 관한 자료이다. 주어진 자료를 바탕으로 2021년 1인당 평균 전체 봉사시간이 세 번째로 많은 연령대의 2020년 대비 2021년 1인당 평균 전체 봉사시간 증감률을 고르면?(단, 증감률은 소수점 아래 둘째 자리에서 반올림한다.)

[표] 2020~2021년 연령대별 1인당 평균 봉사활동 횟수 (단위: 회)

연도	2020년	2021년
10대 미만	2.4	2.4
10대	3.0	4.3
20대	5.0	6.9
30대	3.5	4.9
40대	4.1	5.8
50대	5.1	7.8
60대 이상	7.1	12.8

[그래프] 2020~2021년 연령대별 1인당 1회 평균 봉사시간 (단위: 시간)

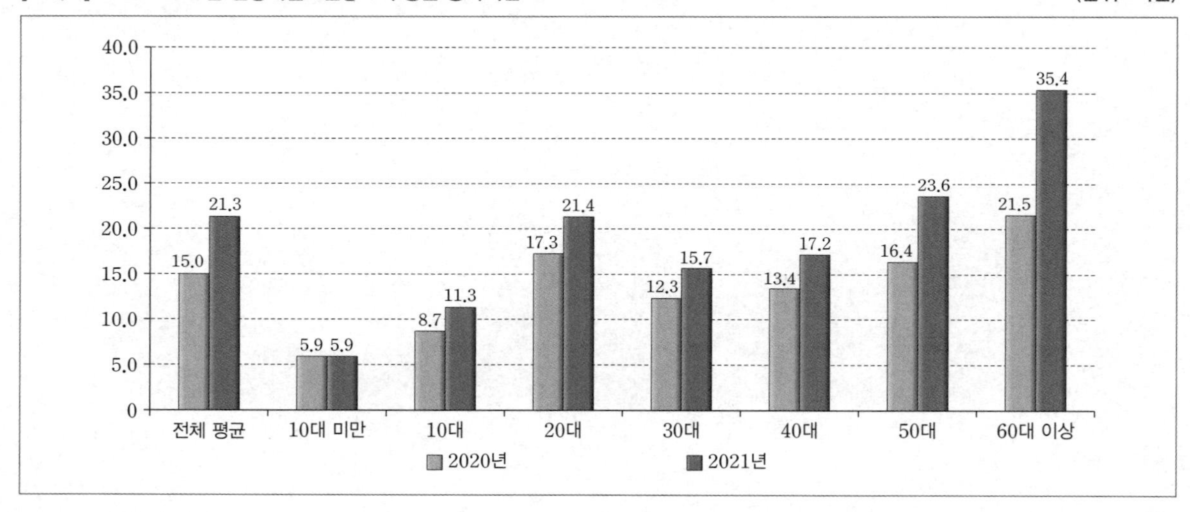

① 70.7% ② 78.7% ③ 81.6%
④ 86.2% ⑤ 120.1%

34

다음 [보기]의 명제가 모두 참일 때, 도출할 수 있는 결론으로 적절한 것을 고르면?

보기

㉠ 노트북 두께가 두꺼우면 무게가 무겁다.
㉡ 사람들에게 인기가 많지 않은 노트북은 화질이 좋지 않다.
㉢ 무게가 무거운 노트북은 사람들에게 인기가 많지 않다.

① 사람들에게 인기가 많지 않은 노트북은 두께가 두껍다.
② 무게가 무거운 노트북은 두께가 두껍다.
③ 화질이 좋은 노트북은 무게가 무겁지 않다.
④ 사람들에게 인기가 많은 노트북은 두께가 두껍다.
⑤ 무게가 무겁지 않으면 노트북의 화질이 좋다.

35

6명의 직원 A~F 중 2명이 우수사원으로 선정되었는데, A~E 5명만 우수사원에 대한 인터뷰에 응하고, 마지막 F는 인터뷰에 응하지 않았다. 인터뷰에 응한 5명 중 4명은 우수사원을 각자 1명씩만 바르게 지목하였고, 나머지 1명은 모두 잘못 지목하였다고 할 때, 다음 [조건]을 바탕으로 우수사원으로 선정된 직원을 모두 고르면?

조건

- A: 우수사원은 D와 E야.
- B: 우수사원은 C와 F야.
- C: 우수사원은 E와 F야.
- D: 우수사원은 A와 E야.
- E: 우수사원은 B와 C야.

① A, D　② A, F　③ B, E
④ C, D　⑤ D, F

36

김 씨는 여름 휴가철을 맞이하여 일주일간 제주도 여행을 다녀 왔다. 여행에서 돌아온 김 씨는 집에 도둑이 든 것을 발견하였다. 경찰이 CCTV를 조사한 결과, 해당 기간 동안 빨간색 옷을 입은 사람이 2명, 파란색 옷을 입은 사람이 3명 지나간 것을 확인하였다. CCTV상으로 범인을 정확히 특정할 수 없어 이 다섯 명을 불러 심문을 하였는데 빨간색 옷을 입은 사람은 거짓말을 하고, 파란색 옷을 입은 사람은 진실을 말하였다. 빨간색 옷을 입은 사람이 범인이었다고 할 때, 다음 [조건]을 바탕으로 빨간색 옷을 입은 사람과 범인이 바르게 짝지어진 것을 고르면?(단, 범인은 1명이다.)

조건

- A: B는 빨간색 옷을 입었습니다.
- B: D는 빨간색 옷을 입었습니다.
- C: E는 빨간색 옷을 입었습니다.
- D: B가 범인입니다.
- E: D가 범인입니다.

	빨간색 옷을 입은 사람	범인
①	B, D	B
②	B, D	D
③	B, E	B
④	B, E	E
⑤	D, E	D

37

5명의 직원 A~E는 남자 3명, 여자 2명으로 구성되어 있다. A~E의 직급은 각각 사원, 대리, 과장, 차장, 부장으로 모두 다르고, 각각 재무팀, 기획팀, 홍보팀, 영업팀, 개발팀으로 팀도 모두 다르다. 5명 중 1명만이 본인의 성별, 직급, 팀에 대해 모두 거짓만을 말하고, 나머지 4명은 모두 참만을 말할 때, 다음 [조건]을 바탕으로 A~E의 성별, 직급, 팀에 대한 정보가 모두 바르게 짝지어진 것을 고르면?

조건

- A: 나는 여자도 아니고, 차장이나 과장도 아니고, 개발팀도 아니야.
- B: 나는 재무팀 남자 부장이야.
- C: 나는 홍보팀 남자 과장이야.
- D: 나는 영업팀 여자 대리야.
- E: 나는 개발팀 남자 사원이야.

① 재무팀 남자 사원－A
② 기획팀 여자 차장－B
③ 홍보팀 남자 사원－D
④ 영업팀 여자 부장－E
⑤ 개발팀 여자 대리－C

38

다섯 명의 신입사원 갑~무가 입사 전 단체 메신저 방에서 자신의 성별, 출신 대학과 전공에 대해 이야기를 나누고 있다. 갑~무 중 한 명이 여자이고, 나머지 네 명은 남자이다. 대학은 A, B, C, D, E대 중 서로 다른 한 곳이고, 전공은 컴퓨터공학과, 생명과학과, 사회학과, 인문학과, 식품영양학과 중 서로 다른 한 곳이다. 한 명이 자신의 정보에 대해 모두 거짓을 말하고, 나머지 네 명은 자신의 정보에 대해 모두 진실을 말한다고 할 때, 다음 [조건]을 바탕으로 각 신입사원들의 성별, 대학, 전공으로 가능한 조합을 고르면?

조건

- 갑: 나는 B대이고, 생명과학과가 아니야.
- 을: 나는 사회학과 출신 남자이고, A대 또는 D대가 아니야.
- 병: 나는 C대가 아니고, 컴퓨터공학과 또는 식품영양학과를 전공한 여자야.
- 정: 나는 D대 인문학과 출신이고, 남자가 아니야.
- 무: 나는 식품영양학과이고, E대야.

① A대, 사회학과, 남자
② B대, 생명과학과, 남자
③ C대, 인문학과, 남자
④ D대, 컴퓨터공학과, 여자
⑤ E대, 식품영양학과, 여자

39

유정, 준호, 가영, 성민, 민호는 달리기 시합을 하여 이 중 1등을 한 사람에게 상품권을 지급하려고 한다. 시합이 끝나고 경기 결과에 대해 이야기를 나누었는데, 이 중 한 사람은 거짓을 말하고, 나머지 네 사람은 진실을 말하였다. 다음 [조건]을 바탕으로 거짓말을 한 사람과 1등을 한 사람이 바르게 짝지어진 것을 고르면?(단, 거짓을 말하는 사람의 모든 발언 내용이 거짓이다.)

조건

- 유정: 나는 2등을 했어.
- 준호: 가영이가 상품권을 받았고, 나는 성민이보다 등수가 낮아.
- 가영: 나는 유정이보다 등수가 낮아.
- 성민: 나는 가영이보다 등수가 높아.
- 민호: 나는 성민이보다 등수가 낮다.

	거짓말을 한 사람	1등
①	유정	가영
②	가영	가영
③	가영	준호
④	준호	성민
⑤	준호	준호

40

D 회사는 신입사원 OJT교육을 진행하고자 한다. 다음 [조건]을 바탕으로 요일별 OJT교육 담당 팀으로 가능하지 않은 조합을 고르면?

조건

- OJT교육은 월요일부터 금요일까지 5일간 매일 진행하며, 각 요일별로 오전/오후 중 1번만 진행한다.
- 총 5개의 팀에서 각 팀 직원이 매일 하루씩 돌아가면서 OJT교육을 진행한다.
- 연구팀과 영업팀은 수요일이 되기 전에 교육을 진행한다.
- 공정팀과 홍보팀은 수요일이 지난 후에 교육을 진행한다.
- 영업팀과 인사팀은 오전에, 홍보팀은 오후에 교육을 진행한다.
- 연구팀이 교육을 진행하고 3일 후 공정팀이 교육을 진행한다.

① 월요일 오전－연구팀, 목요일 오전－공정팀
② 화요일 오전－영업팀, 목요일 오후－홍보팀
③ 수요일 오전－인사팀, 화요일 오후－연구팀
④ 목요일 오후－홍보팀, 금요일 오후－공정팀
⑤ 금요일 오전－공정팀, 월요일 오전－영업팀

41

다음 [조건]에 따라 부장, 팀장, 과장, 대리, 사원 5명의 차량을 배치한다고 할 때, 반드시 옳지 않은 것을 고르면?

조건

- 5대의 차량은 일렬로 배치하며, 순서는 가장 왼쪽에 놓는 것이 첫 번째, 그 오른쪽이 두 번째이고, 가장 오른쪽에 놓는 것이 다섯 번째이다.
- 차량을 배치할 때 색상 혹은 차량 종류가 같은 차량은 반드시 붙여 놓고, 색상 혹은 차량 종류가 다른 차량은 반드시 떨어뜨려 놓는다.
- 색상과 차량 종류 중에서 차량의 종류를 우선적으로 고려한다.
- 색상이 검은색인 차량은 총 3대이다.
- 팀장, 과장, 대리의 차량은 차량의 종류가 같다.
- 팀장의 차량과 대리의 차량은 색상이 같다.
- 과장과 대리의 차량은 검은색이다.
- 부장과 과장의 차량은 다른 종류이다.
- 대리의 차량은 팀장과 과장의 차량 사이에 위치해야 한다.
- 사원의 차량은 다른 직원들의 차량 색상, 종류와 모두 다르지만, 어떤 차량과도 붙여서 배치할 수 있다.
- 사원의 차량은 가장 왼쪽에 배치할 수 없다.

① 팀장의 차량은 다섯 번째 위치에 배치할 수 있다.
② 대리의 차량은 세 번째 위치에 배치할 수 없다.
③ 부장의 차량은 네 번째 위치에 배치할 수 있다.
④ 사원의 차량은 세 번째 위치에 배치할 수 없다.
⑤ 과장의 차량은 두 번째 위치에 배치할 수 없다.

42

다음 글을 이해한 내용으로 적절하지 않은 것을 고르면?

2021년 상반기 거주자우선주차 신청안내

○ 신청기간: 2020년 11월 2일(월)~2020년 11월 20일(금)

○ 상반기 거주자우선주차 사용일시: 2021년 01월 01일~2021년 06월 30일

○ 접수방법
- 방문: ○○구시설관리공단 1층 안내데스크(○○동로 26길 54)
- 인터넷: ○○구 거주자우선주차 홈페이지
- FAX: 02−839−4873

○ 구비서류

구분	공통	해당자(차주가 장애인 및 국가유공자)
거주자	자동차등록증, 주민등록초본(주소변동내역 포함)	• 장애인 복지카드, 장애인 표시판 • 국가 유공자증
상근자	자동차등록증, 재직증명서	
사업자	자동차등록증, 사업자등록증	

※ 2020년 하반기 사용자분들은 사용 중인 구간 신청해드립니다.(단, 차량변경, 구획변경, 사용시간변경, 사용취소 등 변경사유가 있을시 별도 신청)

○ 배정방법: 배정점수표에 의거하여 높은 점수부터 배정함

거주자우선주차 배정점수표 안내(2020년 7월 9일부터~)					
분류	항목	점수	분류	항목	점수
우선배정	국가유공자	150점	차량용도	법인명의	−10점
	장애의 정도가 심한 장애	150점		타인명의	−10점
	장애의 정도가 심하지 않은 장애	50점	배기량	1,000cc 이하	20점
전입점수	20년 이상	130점		1,500cc 이하	10점
	15년 이상 20년 미만	110점		2,000cc 이하	5점
	10년 이상 15년 미만	90점	기타	관내등록차량	5점
	5년 이상 10년 미만	70점		전일제 신청	10점
	2년 이상 5년 미만	50점		친환경 1등급 차량	10점
	2년 미만	30점		공유 실적 점수(200시간당 5점)	최대 10점
배정불가 대상차량	① 자동차 관련 법규상 차고지 확보 의무차량 −16인승 이상 승합차량, 1.5톤 초과 화물차 ② 총장 6m 이상의 개조차량 ③ 특수차량(무동력 카라반차량 포함) ④ 신청자와 관계증명이 어려운 타인명의 차량				

○ 신청제외대상자: 관련 법규에 따라 차고지 확보 의무차량

중기, 건설, 기계 1.5톤 초과 화물차량 및 16인 이상의 승합차량

○ 문의: ○○구시설관리공단 주차문화공유팀

① 거주자우선주차를 신청하기 위해서는 방문하는 방법 외에도 다른 방법들을 활용할 수 있다.
② 2020년 하반기에 사용한 사람들이 차량을 변경한 경우에는 거주자우선주차를 별도로 신청해야 한다.
③ 상근자가 신청하기 위해서 구비해야 할 서류는 거주자가 구비해야 할 서류에 일부가 추가된다.
④ 배정점수표에 의거해 가장 높은 점수를 받은 경우라도 16인승 이상의 승합차량은 신청이 제외된다.
⑤ 법인명의의 차량을 신청한 경우에는 본인명의의 차량을 신청한 경우보다 배정점수가 불리할 수 있다.

43

갑과 을이 주사위 게임을 하려고 한다. 게임규칙이 다음과 같을 때, 주어진 자료에 대한 설명으로 옳은 것을 [보기]에서 모두 고르면?

- 다음과 같은 게임판에 갑의 말이 B1, 을의 말이 C4에 위치하고 있다. 갑과 을은 주사위를 던져 나오는 수에 해당하는 규칙에 따라 말을 이동시킨다. 갑은 D3에, 을은 A2에 도달해야 하며, 먼저 도달한 사람이 승리한다.

A1	A2	A3	A4
B1	B2	B3	B4
C1	C2	C3	C4
D1	D2	D3	D4

← 왼쪽 오른쪽 →

- 주사위 눈의 숫자별 이동 규칙은 다음과 같다.
  1: 오른쪽으로 한 칸 이동
  2: 왼쪽으로 두 칸 이동
  3: 위쪽으로 한 칸, 오른쪽으로 한 칸 이동
  4: 아래쪽으로 두 칸, 왼쪽으로 한 칸 이동
  5: 위쪽으로 두 칸 이동
  6: 아래쪽으로 한 칸, 오른쪽으로 두 칸 이동
- 게임판 A줄의 윗줄은 D줄이고, 4번 줄의 오른쪽 줄은 1번 줄이다.
- 승리와 동시에 게임은 종료된다. 주사위는 갑이 먼저 던지고, 그 후에는 을과 갑이 각각 번갈아 가면서 던진다.

보기

㉠ 갑과 을이 주사위를 던진 횟수의 합이 5회 미만일 때 게임이 종료되었다면, 승리한 사람은 갑이다.
㉡ 갑이 던진 주사위의 눈이 1 또는 6만 나왔고, 갑이 승리했다면, 갑은 주사위를 총 네 번 던졌다.
㉢ 을이 처음으로 던진 주사위의 눈이 1이 나왔다면 을이 주사위를 두 번 더 던져 A2에 도달할 수 있는 경우의 수는 네 가지이다.

① ㉠ ② ㉡ ③ ㉢ ④ ㉠, ㉢ ⑤ ㉡, ㉢

44

다음은 A와 B가 진행하는 카드놀이의 규칙이다. 세 번의 경기가 끝난 후 A는 4점, B는 0점을 얻었다. 이때 항상 옳은 것을 [보기]에서 모두 고르면?

1, 2, 3이 적혀 있는 카드 세 장이 있다. A와 B는 이 중 서로 다른 카드 한 장을 뒤집어 승자와 패자를 가려낸다. 카드 뒤집기는 경기별로 총 세 번 하였고, 매 경기마다 가~다 규칙 중 서로 다른 규칙을 적용하였다. 카드 뒤집기 규칙은 다음과 같다.

[카드 뒤집기 규칙]

- 가 규칙은 카드에 적혀 있는 숫자가 더 큰 쪽이 이긴다.
- 나 규칙은 카드에 적혀 있는 숫자가 더 작은 쪽이 이긴다.
- 다 규칙은 짝수를 뽑은 사람이 이긴다. 단, 모두 홀수를 뽑은 경우에는 비긴다.
- 각 규칙에 따라 승자는 해당 카드에 적혀 있는 숫자만큼의 점수를 획득한다. 단, 비기는 경우 모두 점수를 얻지 못하고, 패하는 경우에도 점수를 얻지 못한다.
- A와 B는 최종 점수를 알기 전까지 각 회차마다 어떤 규칙이 적용되었는지 알 수 없다.

보기

㉠ A는 짝수가 적혀 있는 카드를 세 번 뒤집었다.
㉡ A는 홀수가 적혀 있는 카드를 적어도 한 번 뒤집었다.
㉢ B는 짝수가 적혀 있는 카드를 적어도 한 번 뒤집었다.

① ㉠ ② ㉡ ③ ㉠, ㉡
④ ㉡, ㉢ ⑤ ㉠, ㉡, ㉢

45

다음은 어느 식품 회사의 제품 코드 생성표이다. 해당 회사는 새우맛 만두에서 이물질이 발견되었다는 신고를 받았고, 자체 조사한 결과 2021년 8월 30일 전주 2공장의 M162기계에서 52번째부터 56번째까지 생산된 새우맛 만두 제작 공정에서 불순물이 들어간 것을 알게 되었다. 회사에서 이 제품을 회수하려고 할 때, 회수대상으로 적절한 제품을 고르면?

[코드 생성 방법]

(날짜 번호)－(생산 공장 번호)－(제품 종류 번호)－(생산 기계 번호)－(제품 생산 번호)

[제품 코드 생성표]

날짜 번호	생산 공장 번호 (지역+공장)				제품 종류 번호 (종류+맛)				생산 기계 번호	제품 생산 번호
	지역		공장		종류		맛			
예 2021년 10월 20일에 생산 → 211020	SW	수원	aa	1공장	DU	만두	DP	김치	M001부터 M200까지 식품을 생산한 기계의 번호를 부여	각 기계별로 당일 생산 순서대로 01부터 99까지 두 자리 수 부여
			ab	2공장			DR	고기		
			ac	3공장						
			ad	4공장			DQ	새우		
	CJ	청주	ba	1공장	SS	소시지	SA	닭 가슴살		
			bb	2공장						
			bc	3공장			SB	돼지 고기		
	JJ	전주	ca	1공장						
			cb	2공장	TN	참치	TX	기본		
			cc	3공장						
	KH	김해	da	1공장			TY	고추		
			db	2공장			TX	야채		

① 210830－CJbb－DQDU－M162－55

② 210830－JJbb－DQDU－M162－57

③ 210830－JJbc－DUDQ－M162－54

④ 210830－JJcb－DQDU－M162－56

⑤ 210830－JJcb－DUDQ－M162－52

46

X원료를 생산, 납품하는 공장이 있는데, Y업체에서 가능한 빨리 X원료 21개를 납품해 달라고 의뢰하였다. 이 공장의 공장 가동 일정이 다음과 같을 때, Y업체에서 의뢰한 작업을 완료하는 날짜를 고르면?

- 이 공장에서는 X원료를 매일 5개씩 생산한다.
- 한 업체에서 의뢰받은 원료들은 연속해서 생산하고, 의뢰받은 원료를 모두 생산하면 바로 납품한다.
- 각 원료는 각 업체가 의뢰한 마감일 또는 마감일 전까지만 생산하여 납품하면 된다.
- 공장 휴무일에는 X원료를 생산하지 않는다. 휴무일은 일요일과 공휴일(대체공휴일), 공장 점검일이다.
- A업체가 X원료 16개, B업체가 X원료 28개, C업체가 X원료 12개, D업체가 X원료 18개 순으로 납품을 의뢰하였다.
- Y업체가 의뢰한 원료는 다른 업체의 마감일정을 방해하지 않고, 최대한 빠른 시일 내로 생산한다.
- 공장의 10월 작업 일정은 다음과 같다. A업체가 의뢰한 작업은 10월 1일에 시작하였고, 10월 1일에는 A업체가 의뢰한 작업만 하였다.

[공장의 10월 작업 일정]

일	월	화	수	목	금	토
					1	2
3	4 (대체공휴일)	5	6 A업체 마감	7	8	9
10	11	12	13	14 (공장 점검)	15 B업체 마감	16
17	18	19	20 C업체 마감	21	22	23
24	25	26 D업체 마감	27	28	29	30
31						

① 10월 11일　② 10월 15일　③ 10월 21일
④ 10월 26일　⑤ 10월 30일

[47~48] 다음은 국가별 군사력 측정 및 전쟁 시뮬레이션에 관한 내용이다. 이를 바탕으로 질문에 답하시오.

- A~E 5개 국가만 존재한다고 가정하자. 각 국가는 무기로 전투기, 전함, 전차, 미사일, 조기경보기를 보유할 수 있으며, 보유한 무기의 종류 및 보유 대수에 따라 각국의 공격력 및 방어력이 달라진다.
- 각국이 보유한 무기 현황 및 무기별 특성은 다음과 같다.

[표1] 각국의 무기 보유 현황 (단위: 대)

구분	전투기	전함	전차	미사일	조기경보기
A	50	50	100	50	1
B	100	100	0	200	1
C	150	50	50	0	0
D	100	50	200	100	0
E	50	50	50	100	1

[표2] 무기별 특성 (단위: 점)

구분	전투기	전함	전차	미사일	조기경보기
1대당 공격력	4	2	1	3	0
1대당 방어력	1	3	4	2	0

- 각국의 공격력, 방어력은 각 무기 대수에 무기별 특성을 곱하여 모두 합한 값이 된다. 예를 들어 D국의 공격력은 $100 \times 4 + 50 \times 2 + 200 \times 1 + 100 \times 3 = 1,000$(점)이다.
- 점수가 높을수록 공격력 또는 방어력이 강하다.
- 조기경보기는 공격력이나 방어력은 없으나, 적의 공격을 미리 탐지할 수 있기 때문에 조기경보기를 1대 보유할 경우 적국의 공격력이 절반으로 감소한다. 2대 이상 보유해도 효과는 동일하다.
- 한 국가가 다른 국가를 공격하는 경우, 공격받는 국가의 방어력이 공격하는 국가의 공격력과 같거나 그보다 더 높으면 공격받는 국가가 방어에 성공한다.

47

주어진 자료에 대한 설명으로 옳은 것을 [보기]에서 모두 고르면?

보기

㉠ 공격력이 가장 높은 국가는 B국이다.
㉡ E국은 모든 국가의 공격을 방어할 수 있다.
㉢ A국의 공격은 모든 국가가 방어에 성공할 수 있다.
㉣ 공격력이 방어력보다 높은 국가가 방어력이 공격력보다 높은 국가보다 적다.

① ㉠, ㉡ ② ㉠, ㉢ ③ ㉡, ㉣
④ ㉢, ㉣ ⑤ ㉠, ㉡, ㉢

48

C국은 자국의 부족한 방어력을 보강하고자 국제 무기상을 통해 무기를 거래하고자 한다. 다음 [조건]을 참고하여 C국이 다른 모든 국가의 공격을 방어하기 위해 해야 하는 거래 횟수의 최솟값을 고르면?

조건

- 전투기, 전함, 전차, 미사일은 서로 1:1로 교환할 수 있다.
- 조기경보기는 1대 단위로 거래할 수 있으며, 조기경보기 1대와 교환하기 위해서는 다른 무기 50대가 필요하다.
- 조기경보기를 제외한 나머지 무기는 50대 단위로 거래할 수 있다.
- 조기경보기를 제외한 나머지 무기는 50대 단위를 거래 1회, 조기경보기는 1대 단위를 거래 1회로 본다.
- 국제 무기상은 거래 횟수에 비례하여 수수료를 요구하므로, 거래 횟수를 최소화해야 비용을 최소화할 수 있다.

① 1회 ② 2회 ③ 3회
④ 4회 ⑤ 5회

[49~50] 다음 글을 바탕으로 질문에 답하시오.

근로소득자 연말정산 제도

• 근로소득금액은 총급여액에서 근로소득 공제금액을 차감한 금액이며, 근로소득 공제금액은 다음과 같이 총급여액 구간에 따라 공제 비율이 차등 적용됨(공제한도 2,000만 원)

총급여액 구간	근로소득 공제금액
500만 원 이하	총급여액의 70%
500만 원 초과 1,500만 원 이하	350만 원+(총급여액−500만 원)×40%
1,500만 원 초과 4,500만 원 이하	750만 원+(총급여액−1,500만 원)×15%
4,500만 원 초과 1억 원 이하	1,200만 원+(총급여액−4,500만 원)×5%
1억 원 초과	1,475만 원+(총급여액−1억 원)×2%

• (과세표준)=(근로소득금액)−(소득공제)+(소득공제 종합한도 초과액)
 − 소득공제는 다음 각 항목별 공제금액의 총합
 − 소득공제 종합한도는 총급여액의 30%('소득공제≤소득공제 종합한도'인 경우, 소득공제 종합한도 초과액은 0원임)

소득공제 항목	공제내용
기본공제(소득공제)	• 본인: 근로소득자 본인에 대한 기본공제(연 150만 원) • 배우자: 배우자에 대한 기본공제(연 150만 원). 단, 연간근로소득 합계액 500만 원 이하인 배우자인 경우에만 적용함
연금보험료소득공제	근로소득자가 납입한 연금보험료 전액 공제
특별소득공제(건강보험료 등)	근로소득자가 부담하는 국민건강보험료 전액 공제
신용카드 소득공제	• 신용카드 소득공제 금액: (신용카드 사용액)×(공제율) [구분 / 3월 사용액 / 4~7월 사용액 / 그 외 사용액] [공제율 / 30% / 80% / 15%] • 신용카드 소득공제 한도: 330만 원

• 산출세액

과세표준	산출세액
1,200만 원 이하	과세표준×6%
1,200만 원 초과 4,600만 원 이하	72만 원+(과세표준−1,200만 원)×15%
4,600만 원 초과 8,800만 원 이하	582만 원+(과세표준−4,600만 원)×24%
8,800만 원 초과 1억 5,000만 원 이하	1,590만 원+(과세표준−8,800만 원)×35%
1억 5,000만 원 초과 3억 원 이하	3,760만 원+(과세표준−1억 5천만 원)×38%
3억 원 초과 5억 원 이하	9,460만 원+(과세표준−3억 원)×40%
5억 원 초과	17,460만 원+(과세표준−5억 원)×42%

• (결정세액) = (산출세액) − (세액공제)('세액공제 ≥ 산출세액'인 경우, 결정세액은 0원임)

<table>
<tr><th>세액공제 항목</th><th>공제내용</th></tr>
<tr><td>근로소득 세액공제</td><td>• 근로소득 세액공제 금액
– 산출세액이 130만 원 이하인 경우: 산출세액×55%
– 산출세액이 130만 원 초과인 경우: 71만 5천 원+(산출세액−130만 원)×30%
• 근로소득 세액공제 한도
– 총급여액 3,300만 원 이하: 74만 원
– 총급여액 3,300만 원 초과 7,000만 원 이하: 74만 원−{(총급여액−3,300만 원)×0.008}
(단, 이 금액이 66만 원 미만인 경우 세액공제 한도는 66만 원임)</td></tr>
<tr><td>교육비 세액공제</td><td>• 공제액: (교육비 세액공제 대상금액)×20%
• 교육비 세액공제 대상금액
<table>
<tr><th>구분</th><th>초·중·고등학교 학비</th><th>대학교 등록금</th></tr>
<tr><td>근로소득자 본인</td><td colspan="2">전액</td></tr>
<tr><td>기본공제 대상자인 배우자·직계비속·형제자매·입양자 및 위탁아동</td><td>300만 원</td><td>900만 원</td></tr>
</table></td></tr>
</table>

49

다음 [조건]은 근로소득자 A씨의 올해 기본정보이다. 이를 바탕으로 A씨의 올해 결정세액을 고르면?(단, 주어진 자료만을 활용한다.)

조건

• 총급여액: 3,000만 원
• 가족: 없음
• 연금보험료 납입액: 400만 원
• 국민건강보험료 납입액: 125만 원
• 신용카드 사용액: 2,000만 원(모두 8~12월에 사용)

① 0원
② 30만 3천 7백 5십 원
③ 33만 7천 5백 원
④ 63만 5천 1백 5십 원
⑤ 67만 5천 원

50

다음 [조건]은 근로소득자 B씨의 올해 기본정보이다. 이를 바탕으로 B씨의 올해 결정세액을 고르면?(단, 주어진 자료만을 활용한다.)

조건

- 총급여액: 4,500만 원
- 가족: 배우자 1인(배우자의 연간 근로소득 합계액은 700만 원)
- 연금보험료 납입액: 480만 원
- 국민건강보험료 납입액: 120만 원
- 신용카드 사용액: 3,000만 원(모두 5~7월에 사용)
- 배우자 교육비: 900만 원(대학교 등록금)

① 0원
② 118만 5천 원
③ 136만 5천 원
④ 159만 원
⑤ 160만 6천 원

휴노형·PSAT형

NCS 봉투모의고사

| 4회 |

<table>
<tr><th colspan="2">영역</th><th>문항 수</th><th>시간</th><th>비고</th></tr>
<tr><td rowspan="5">NCS
직업기초능력평가</td><td>의사소통능력</td><td rowspan="5">50문항</td><td rowspan="5">60분</td><td rowspan="5">객관식 오지선다형</td></tr>
<tr><td>수리능력</td></tr>
<tr><td>문제해결능력</td></tr>
<tr><td>자원관리능력</td></tr>
<tr><td>정보능력</td></tr>
</table>

모바일 OMR
자동채점&성적분석 무료

정답만 입력하면 채점에서 성적분석까지 한번에!

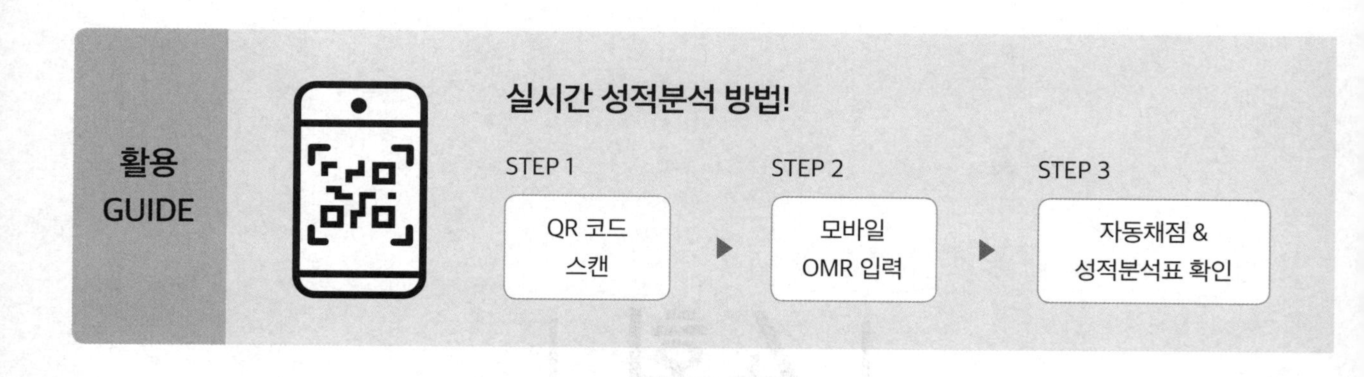

STEP 2

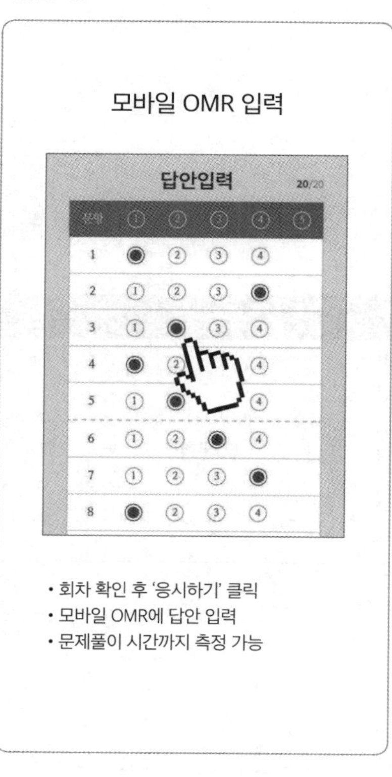

STEP 3

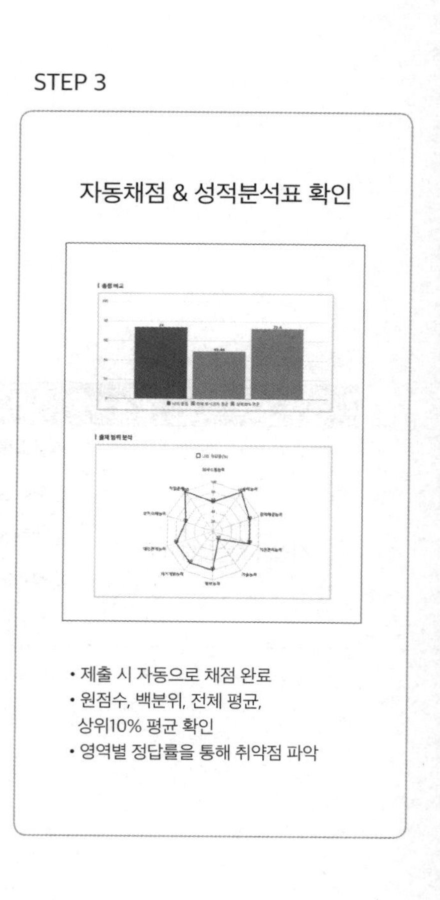

※ 본 회차의 모바일 OMR 채점 서비스는 2023년 12월 31일까지 유효합니다.

실전모의고사 4회

정답과 해설 P.37

01

다음 중 [가]~[라] 문단을 문맥의 흐름에 맞게 적절한 순서로 배열한 것을 고르면?

[가] 비건 패션은 모피뿐 아니라 가죽, 울, 캐시미어 등 동물성 소재를 사용하지 않고, 동물 학대 없는 (Cruelty Free) 원재료를 이용해 옷을 만드는 것을 말한다. 동물성 식품을 섭취하지 않는 채식주의가 패션의 영역으로 확대된 개념이라고도 볼 수 있다. 기존의 브랜드들은 점차 비건 제품 라인을 늘려가는 추세이고, 비건 의류만을 취급하는 패션 브랜드도 늘고 있다. 동물성 소재를 대체하는 소재들은 점점 다양해지고 더 친환경적인 방향으로 진화 중이다. 품질 면에서도 결코 뒤떨어지지 않는다.

[나] 그래서 여기서 한발 더 나아간 것이 버섯, 파인애플, 선인장, 사과 껍질, 포도 찌꺼기 등 식물성 원료를 활용한 가죽이다. 질감이나 내구성도 동물 가죽과 비슷해 인조 가죽은 싸구려 가죽이라는 편견에서도 자유로워졌다. 국내에서는 한지로 만든 가죽 제품도 등장했다. 처음에 뻣뻣하다 점점 부드러워지는 한지의 특성이 동물 가죽의 에이징 현상과도 비슷하다. 그동안 수많은 동물과 자연을 착취해오던 패션 산업도 이처럼 친환경적이고 지속가능한 방향으로 진화를 거듭하고 있다. 이제 조금만 관심을 기울인다면 '스타일'을 포기하지 않고도 조금 더 윤리적인 패션 아이템을 선택할 수 있다.

[다] 대표적인 비건 패션 소재인 페이크 퍼의 경우 기능성 면에서 동물성 소재와 큰 차이가 없다. 오히려 관리하기 쉽고 가격도 더 저렴하며, 무엇보다 더 선명한 컬러와 다양한 디자인을 구현할 수 있어 젊은 세대들에게 인기가 좋다. 인조 가죽 역시 동물 가죽보다 관리가 편하고 가격이 낮다. 하지만 플라스틱 합성 섬유를 이용해 만들기 때문에 환경 파괴 문제에서는 자유롭지 못하다.

[라] 모피는 한때 '입는 보석'으로 불리며 럭셔리 의류의 대명사로 여겨졌지만, 최근에 세계적인 명품브랜드를 중심으로 패션 기업들이 하나둘 모피 사용 중단을 선언하고 있다. 모피 제품으로 매년 엄청난 수익을 내오던 브랜드들이 '퍼프리(Fur Free)' 정책을 택한 이유는 소비자들이 더 이상 동물의 희생으로 생산된 비윤리적인 제품을 원하지 않기 때문이다. 잔혹하게 다른 생명을 착취하지 않고도 자신을 멋지고 아름답게 꾸밀 수 있는 일명 '비건 패션(Vegan Fashion)'에 대한 수요가 전 세계적으로 커지고 있다.

① [가] – [다] – [나] – [라]
② [가] – [다] – [라] – [나]
③ [다] – [나] – [가] – [라]
④ [라] – [가] – [다] – [나]
⑤ [라] – [다] – [가] – [나]

02

다음 중 주어진 글에 드러난 필자의 생각으로 보기 어려운 것을 고르면?

에너지 사용 절감 기술 “EMS”

기후변화는 가장 큰 문제 중 하나이다. 이러한 문제의 주된 원인 중 하나는 에너지 사용에 있다. 에너지 생산을 위해 화석연료가 활용되는데, 이때 배출되는 온실가스가 기후에 악영향을 준다.

그래서 세계는 기후변화에 대처하고자 여러 방안을 제시하고 있다. 올해 시행하기로 된 파리협정은 전 세계가 동참하는 “온실가스 줄이기” 운동으로 볼 수 있다. 한국은 파리협정을 통해 2030년까지 탄소배출량을 2017년 대비 24.4%를 감축하는 것을 목표로 세웠다. 세계적 기업도 기후변화 대응에 동참하고 있다. 재생에너지 100%(RE100) 운동은 제품 생산에 사용되는 모든 에너지 발전원을 신재생에너지로 대체하는 것으로 현재 290여 기업이 참여하고 있다.

기후변화 대응에 가장 효과적인 방법 중 하나는 에너지 사용을 줄이는 것이다. 절감량에 따라 생산에 쓰이는 화석연료를 줄일 수 있기 때문이다. 따라서 에너지 사용량을 절감하려는 움직임도 많이 일고 있다.

에너지관리시스템(EMS)은 에너지 사용을 개선하는 기술로 적용 분야에 따라 유형이 나뉜다. 가정용 에너지관리시스템(HEMS), 건물 에너지관리시스템(BEMS), 설비 에너지관리시스템(FEMS) 등이 포함된다.

EMS는 두 가지 방법으로 에너지 효율화에 도움을 준다. 첫 번째 방법은 구조적 개선을 통해 에너지를 효율화하는 것이다. EMS는 현재의 시설 상태를 분석해 더 나은 방안으로 시설 혹은 설비를 개선할 수 있도록 한다. 또는 건물공사, 설비설치 등 초기 단계에서부터 예상 전력 사용량을 제공하면서 에너지를 효율화할 방법으로 건물공사 혹은 설비설치를 진행한다. 건물설계를 예로 들면, 건물설계자는 건물을 설계할 때 에너지플러스라는 소프트웨어를 사용해 설계한 건물의 예상 전력 사용량을 확인할 수 있다. 또한 설계도면을 에너지 효율화 측면에서 판단할 수 있다. EMS는 설계할 건물뿐만 아니라 이미 지어진 건물의 에너지 효율성도 측정하고, 이를 통해 효율적이지 못한 부분을 개선하도록 도와준다.

두 번째 방법은 효율적인 운용으로 에너지 효율화를 하는 것이다. EMS는 에너지 사용에 효과적인 방법으로 기기와 설비를 운용할 수 있게 도움을 준다. 건물 관리를 예로 들면, EMS가 냉난방, 조명등의 사용량 정보를 건물 관리자에게 제공하면 관리자는 이러한 사용량 추이에 따라 전력 사용량을 줄일 수 있다. 참고로 옥스퍼드대학 교수 사라 다비(Sarah Darby)는 에너지사용량 정보 제공만으로 5%에서 10%까지 에너지 사용량을 감소시킬 수 있다고 주장했으며 이러한 효과를 “유저 피드백(User Feedback)”이라고 명명했다. 그뿐만 아니라 EMS는 자체적으로 시설 및 설비를 제어하여 사용자 편의에는 최소한의 영향을 주면서 자동으로 냉난방 및 조명등을 제어할 수 있다.

이처럼 EMS는 불필요한 에너지 사용을 줄여 주는 기술이다. 이러한 기술은 온실가스 감축에도 도움을 주므로 기후변화에도 대응할 수 있게 한다. 최근에는 EMS에 인공지능(AI)을 더해 에너지 효율을 극대화하려는 움직임이 보인다. AI가 고도화됨에 따라 온실가스 절감에도 더욱 기여할 것이다.

① EMS는 건물 설계단계에서부터 관리까지 전방위로 적용할 수 있다.
② EMS는 효율적인 화석연료 사용을 통해 온실가스 감축에 도움을 준다.
③ EMS는 구조적 개선과 효율적인 운용으로 에너지 사용 개선에 도움을 준다.
④ RE100 운동은 제품 생산단계에서 발생하는 탄소배출량을 줄이는 데 효과적이다.
⑤ 기후변화에 대처하기 위해서는 에너지 사용을 줄이거나 에너지 사용을 개선해야 한다.

03

다음 글을 읽고 각 문단의 내용을 요약한 것으로 적절하지 않은 것을 고르면?

[가] 친환경에너지타운은 기피 · 혐오시설에 태양광, 풍력, 바이오매스 등과 같은 친환경 재생에너지원을 이용하고 이를 문화관광, 에너지자립, 지역인프라 등과 연계하여 주민 참여를 통한 소득증진, 복지향상, 부가가치창출을 이룩할 수 있는 에너지신산업 모델이다. 주민들로부터 소외 · 배척당하고 있는 님비시설을 친환경 핌피시설로 전환해 부가가치를 창출하겠다는 의지를 담고 있다.

[나] 본 사업은 국내보다는 선진 외국에서 성공한 사례가 더 많다. 친환경 자급자족마을로 추진한 스웨덴의 말뫼가 있고, 시 당국 · 주민 · 마을협동조합 · 지역기업 등이 공동으로 기업을 설립하여 전력과 열을 동시에 공급하고 외부에 판매도 하는 독일의 펠트하임이 있다. 또 지역에 풍부한 나무와 숲, 농업부산물 등을 이용하여 100% 에너지 자립마을로 만들어 가는 오스트리아의 귀씽도 있다.

[다] 친환경에너지타운 사업을 진행하다 보면 정부 부처별로 갖는 애로점이 있기 마련이다. 환경부는 정부지원 비율이 높은 지원체제를 유지하고 있으나 정부과의존적 태도를 벗어나지 못하는 흠이 있고, 농림축산식품부는 가축분뇨를 이용한 혐기성 소화방식에 따른 악취 발생으로 인해 주민 반발이 심한 것도 문제다. 그리고 산업통상자원부는 타 부처와는 달리 기초인프라만 구축해 주고, 그다음은 민간기업과 주민협력으로 운영될 수 있게 하려 하지만 당장 만족스러운 성과를 기대하기란 쉽지 않다.

[라] 그럼에도 본 사업의 성패를 결정하는 주요 요소는 역시 주민수용성 확보에 있다. 과거의 홍보와 설득 중심에서 현재에는 이익 공유가 새로운 대안으로 떠오르고 있다. 이 모든 과정이 지역 공동체에 일어나는 외부효과 문제와 연결된다. 따라서 정부 개입 필요성이 자연스럽게 대두될 수밖에 없다. 만약 본 사업이 정부 간여를 최소화하고 민간기업이나 주민들에게 맡기려는 의도가 있다고 하면 외부효과와 관련된 사회적 비용만큼은 정부가 지원하는 것이 바람직하다. 주민수용성 제고 대책으로 현재 주민참여 시 REC가중치를 우대하고 있으나 이에 더하여 발전사업에 마을 기업, 주민조합 등을 만들어 설치자와 주민들이 함께 공모펀드, 채권발행, 기부－채납하는 방식으로 이익을 공유하는 것도 하나의 대안이다.

[마] 친환경에너지타운 조성은 정부 한 부처의 사업이라기보다는 관련 타 부처가 함께 문제 해결형으로 수행해야 하는 협동과제인 경우가 태반이다. 이들 중 성공사례가 발견되면 국내에서 테스트－베드화하여 트랙레코드를 쌓아가는 과정이 필요하다. 그리고 그 결과물을 개도국에 지원하는 ODA사업이나 EDCF사업과 연계하여 국내기업의 해외 진출을 돕는 기회로 삼아야 한다.

① [가]: 친환경에너지타운의 정의
② [나]: 친환경에너지타운의 성공 사례
③ [다]: 친환경에너지타운 사업의 정부 부처별 어려움
④ [라]: 친환경에너지타운의 성공 요소 – 주민수용성 확보
⑤ [마]: 친환경에너지타운의 해외 벤치 마킹

04

다음 글을 읽고 추론할 수 있는 내용으로 적절하지 않은 것을 고르면?

전 세계 각국과 기업이 2050 탄소중립(2050년까지 탄소발생을 0으로 만들자는 캠페인)을 목표로 이산화탄소와 전쟁을 벌이면서 '탄소배출권 거래제(ETS)' 시장도 급성장하고 있다. 탄소배출권은 말 그대로 '탄소를 배출할 수 있는 권리'로, 탄소배출권 거래제는 온실가스 배출허용량이 할당된 국가나 기업들이 할당량 대비 잉여분 및 부족분 매매를 통해 감축 목표를 달성할 수 있도록 하는 제도이다.

전기차만 생산해 탄소 배출이 적은 테슬라는 배출권을 팔아 지난해 2조 원 가까이 벌었다. 우리나라에서도 배출권을 만드는 사업이 생겨나고 있는데, 공유자전거인 '따릉이'를 타기만 해도 배출권을 만들 수 있다. 공유자전거 업체는 탄소를 감축한 만큼 배출권을 받아서 거래 시장에 내다 팔 수 있는데, 따릉이를 1km 타면 배출권으로 10원이 쌓이는 식이다. 하지만 우리나라는 EU에 비해 10년이나 늦은 2015년에 ETS(배출권거래제)가 출범하다 보니 여러모로 '글로벌 스탠다드'에 뒤처졌다는 지적이 나온다. 한국의 배출권거래제는 정부가 사전에 정한 할당 배출권 이외에는 공급이 제한적이며 배출권 시장의 유동성이 부족하기 때문에 가격이 급등락하는 현상이 심각하다.

국내 배출권거래제의 경직된 구조를 해결하려면, 최근 해외에서 성장하고 있는 민간주도의 '자발적 탄소배출권 시장'에 뛰어들 필요가 있다. 자발적 시장, 즉 장외시장은 규제 대상이 아닌 기업이나 기관 등이 자율적으로 거래하는 시장이고, 장내시장은 탄소감축 의무가 있는 기업이 배출권을 사고파는 시장을 말한다. 자발적 탄소 시장 확대를 위한 태스크포스에 따르면 시장 규모는 계속 증가하여 2030년까지 15배, 2050년까지 100배 성장할 것으로 추정된다.

최근 들어 국내 기업들 역시 글로벌 투자자들로부터 탄소 저감 압박을 받게 됨에 따라 증권사들도 자발적 탄소 시장에 뛰어들고 있다. 하지만 국내 탄소배출권 거래시장 개편에 앞서 가격 변동성과 유동성 문제를 먼저 해결해야 한다는 지적도 나오고 있다. 전문가들은 현재 배출권 가격 변동성이 크고 상품성이 많이 훼손돼 있기 때문에 자발적 시장과 선물시장을 도입하더라도 현물시장부터 안정화시키는 게 급선무라고 입을 모은다. 한편, 자발적 시장의 인프라가 구축되지 않은 만큼 국내에서도 배출권거래제와 자발적 시장이 연계될 수 있도록 제도를 개선하고 국제협력을 강화하는 등의 역할이 필요할 것으로 전망된다.

① EU의 ETS는 2005년에 출범하였다.
② 탄소를 할당량보다 많이 배출하려는 국가는 탄소배출권을 매입하여야 한다.
③ 한국은 따릉이를 통해 안정적인 가격의 배출권 시장을 형성하고 있다.
④ 현재 자발적 탄소 시장 규모를 5라고 가정하였을 때 2035년은 최소 75 이상이다.
⑤ 글로벌 투자자들은 탄소 저감을 투자처에 요구하고 있다.

05

다음 글의 빈칸에 들어갈 말로 가장 적절한 것을 고르면?

최근 우리나라와 중국은 국가 중심의 디지털 화폐 발행은 검토하되 암호 화폐에 대한 단속은 계속하겠다고 밝혔다. 그러나 이는 꽤 혼란스러운 이슈인데, 우선 국가가 발행하는 디지털 화폐는 자산으로서의 가치가 없기 때문이다. 즉 디지털 화폐는 지폐와 성격이 동일하다. 그러니 국가가 발행한 디지털 화폐 1만 원이 어느 날 암호 화폐처럼 2만 원이나 3만 원이 될 가능성은 없다. 투자 대상이 아니라 화폐로 사용하는 수단인 것이다.

그에 비해 암호 화폐는 정반대의 성격을 갖는다. 화폐로서의 기능은 하지 못한다. 그러나 자산으로서의 가치는 존재한다. 그래서 코인 1개가 5천 원에도 거래됐다가 4만 원에도 거래될 수 있다. 물론 그 코인이 왜 가치를 갖느냐에 대해서는 많은 논쟁이 남아있지만 가치가 있느냐 없느냐는 그것을 받아들이는 거래 당사자들이 결정한 일이다. 우리는 금이나 은을 가치가 있는 자산으로 받아들이지만 그게 왜 가치가 있는지를 우주인에게 설명하고 납득시킬 방법은 없다.

정부가 암호 화폐에 대해 부정적인 입장인 이유는 대체로 암호 화폐의 거래로 인한 가격의 급등락이 국민들의 삶에 부정적으로 작용한다고 판단하거나 그 거래를 중개하는 거래소의 신뢰도가 떨어진다고 생각하기 때문이다. 동일한 성격의 자산이지만 골동품 거래에 대해서는 별 단속을 하지 않는 이유는 골동품 거래는 별 부작용을 일으키지 않기 때문이다.

정부가 디지털 화폐를 발행할 가능성은 나라마다 다르지만 그것이 암호 화폐에 미치는 영향은 심리적 영향 이외에는 없다. 둘은 전혀 다른 성격이기 때문이다. 그러므로 논리적으로는 (   )

① 한국은행이 블록체인을 활용해 디지털 화폐를 만들면 암호 화폐의 가격은 급락하게 되는 것이다.
② 한국은행이 블록체인을 활용해 디지털 화폐를 만들면 암호 화폐의 가격은 급등하게 되는 것이다.
③ 한국은행이 블록체인을 활용해 디지털 화폐를 만들든 말든 암호 화폐의 가격은 급락하게 되는 것이다.
④ 한국은행이 블록체인을 활용해 디지털 화폐를 만들든 말든 암호 화폐의 가격은 급등하게 되는 것이다.
⑤ 한국은행이 블록체인을 활용해 디지털 화폐를 만들든 말든 암호 화폐의 가격과는 아무 상관없는 일이다.

[06~07] 다음 글을 읽고 질문에 답하시오.

한국교통연구원에 따르면 전국 교통혼잡비용이 약 67조 7,631억 원으로 추정되며 이 중 도시(서울 및 광역시)의 교통혼잡비용이 절반 이상 차지하는 것으로 나타났다. 우리나라 국내총생산(GDP)의 3.6% 정도 되는 비용과 시간을 혼잡한 도로에 버리고 있는 셈이다. 따라서 혼잡비용 등의 손실을 줄이고 도시 지역의 교통 문제 해결을 위한 새로운 기술과 대안이 필요하게 되었고 그 해답 중 하나로 제시되고 있는 것이 바로 도심 항공 교통, UAM(Urban Air Mobility)이다. UAM은 하늘을 통해 이동할 수 있도록 하는 미래의 교통체계를 통칭하는 말이다. UAM은 30~50km의 이동 거리를 20분에 이동할 수 있게 하며, 600m 이하의 저고도 비행과 63dB의 소음수준을 목표로 개발이 이루어지고 있다.

UAM에서 가장 주목받는 체계는 eVTOL이다. eVTOL(electric Vertical Take Off&Landing)은 전기동력 분산 수직이착륙기를 의미하며 기존의 비행기와 달리 활주로가 필요하지 않고, 소음이 작고 가스가 배출되지 않아 도심을 날아다니는 교통수단으로 적합하다는 평가를 받다. 해외에서는 스타트업 기업들, 항공 분야 업체들, 플랫폼 업체들을 중심으로 해외에서는 적극적인 기술개발이 진행되고 있으며 2030년 이내로 상용화 및 활성화가 가능해질 것으로 예측되고 있다.

현재 미국과 중국이 UAM 산업의 선두주자로 나서고 있다. 미국은 NASA와 FAA(연방항공청) 주도로 UAM 기술 및 기반 확보를 주도하고 있으며, UAM에서 화물 운송을 포함한 AAM(Advanced Air Mobility) 개념을 제시하는 등의 선도적인 행보를 보이고 있다. 중국은 세계 소형 드론 시장의 최강자로 군림하고 있고, 이러한 드론 산업과 기술을 기반으로 EHang을 드론 택시 시범업체로 선정하는 등 상용화에 집중적으로 지원하고 있다.

도시 혼잡 교통이 극심한 우리나라는 2020년 정부가 '도시의 하늘을 여는 한국형 도심 항공 교통(K-UAM) 로드맵'을 발표하고 본격적으로 UAM의 상용화를 위해 노력할 것임을 밝혔다. 2025년 상용화를 시작으로, 2030년에 그 이용을 보편화하여 교통혁신으로 새로운 시공간의 변화를 꾀한다는 비전을 발표했다. 또한, 사업을 민간이 주도하게 하여 민간의 역량을 강화하고, 새로운 제도를 구축하여 안전을 확보하며, 국제협력을 확대하여 UAM 시장을 확대하겠다는 추진 전략 역시 제시하였다.

이러한 전략을 실행하고 한국형 도심 항공 교통을 실현하기 위한 필수조건은 UAM 산업생태계를 조성하는 것이다. 우리나라는 UAM을 단순히 항공 분야의 산업이 아닌, 기체 및 부품 제작부터 배터리, 통신, 운항, 인프라, 서비스, 교육, 보험 등 다양한 분야가 결집된 산업생태계로 구성하고자 노력하고 있다. 또한, 산업의 발전을 위하여 시장원리가 적용되도록 독점을 방지하고, 신기술 시장에서 중소기업이 성장할 수 있도록 투자 지원을 진행할 계획이다. 글로벌 협업이 가능하도록 컨퍼런스와 전시 등 다양한 프로그램을 운영하고 있으며, 한국형 도심 항공 교통 그랜드챌린지(K-UAM GC)를 운영해 도심의 여건에 맞는 UAM이 상용화될 수 있도록 지원할 예정이다.

06

다음 중 글의 중심내용으로 적절한 것을 고르면?

① 도심 항공 교통의 문제점
② 도심 항공 교통의 국내외 동향
③ 출퇴근 교통혼잡의 원인
④ 소형 드론을 이용한 도심 항공 교통
⑤ 도심 항공 교통 그랜드챌린지 운영

07

다음 중 글의 내용과 일치하는 것을 고르면?

① UAM은 600~700m에서 비행하는 것을 목표로 개발되고 있다.
② 도시의 교통혼잡비용은 30억 원 이하로 추정된다.
③ 미국은 소형 드론 시장을 중심으로, 중국은 AAM 개념을 중심으로 UAM 산업을 이끌고 있다.
④ eVTOL 체계에서는 활주로가 필요하지 않으나 가스 배출에 대한 문제점은 수정되어야 한다.
⑤ 한국형 도심 항공 교통은 민간 중심으로 이루어질 계획이다.

[08~09] 다음 보도자료를 읽고 질문에 답하시오.

한국전력공사, 고효율 가전제품 구매 비용 지원 사업 추진

한국전력공사(이하 '한전')는 2021년 4월 23일부터 에너지 효율이 우수한 가전제품을 구매할 경우, 구매가의 10%를 지원해 주는 '고효율 가전제품 구매 비용 지원 사업'을 시행할 예정이라고 밝혔다. 사업 예산은 700억 원 규모이며, 지원 대상은 사회적 배려 계층인 한전 복지 할인 가구이다. 여기서 한전 복지 할인 가구는 장애인(1~3급), 국가 · 상이 유공자(1~3급), 독립유공자, 기초생활수급자, 차상위계층, 사회복지시설, 3자녀 이상, 출산(3년 미만) 가구, 대가족(5인 이상), 생명 유지 장치 사용 가구이며, 전기요금청구서 또는 한전 고효율 가전제품 구매 비용 지원금 신청 홈페이지(http://support.kepco.co.kr)에서 지원 대상 여부를 확인할 수 있다. 지원 대상자는 시장에 출시된 지원 대상 품목 중에서 2021년 4월 23일 이후로 구매한 최고 효율 등급 제품에 대해 가구당 30만 원 한도 내에서 구매 비용의 10%를 지원받을 수 있다. 가전제품 품목별 최고 등급 및 적용 기준 시행일은 아래와 같다.

[품목별 최고 등급 및 적용 기준 시행일]

<table>
<tr><th colspan="2">품목</th><th>에너지 효율</th><th>적용 기준일</th><th colspan="2">품목</th><th>에너지 효율</th><th>적용 기준일</th></tr>
<tr><td colspan="2">냉장고</td><td>1등급</td><td>2018. 04. 01.</td><td colspan="2">의류건조기</td><td>1등급</td><td>2020. 03. 01.</td></tr>
<tr><td rowspan="2">세탁기</td><td>일반</td><td>1~2등급</td><td>2018. 07. 01.</td><td colspan="2">전기밥솥</td><td>1등급</td><td>2018. 04. 01.</td></tr>
<tr><td>드럼</td><td>1등급</td><td>2018. 07. 01.</td><td colspan="2">제습기</td><td>1등급</td><td>2016. 10. 01.</td></tr>
<tr><td colspan="2">김치냉장고</td><td>1등급</td><td>2017. 07. 01.</td><td rowspan="2">냉온수기</td><td>저장식</td><td>1등급</td><td>2018. 01. 01.</td></tr>
<tr><td colspan="2">TV</td><td>1등급</td><td>2017. 01. 01.</td><td>직수식</td><td>1등급</td><td>2018. 01. 01.</td></tr>
<tr><td rowspan="2">에어컨</td><td>벽걸이</td><td>1등급</td><td rowspan="2">2018. 10. 01.</td><td colspan="2">공기청정기</td><td>1등급</td><td>2018. 01. 01.</td></tr>
<tr><td>그 외</td><td>1~3등급</td><td colspan="2">진공청소기</td><td>1~3등급</td><td>2019. 01. 01.</td></tr>
</table>

※ 제품별 효율 등급 라벨에 표시된 '적용 기준 시행일'이 상기 표의 '적용 기준일' 이후인 제품만 지원 대상에 해당함.

지원 대상자는 대상 기간에 온 · 오프라인 매장을 통해 구매한 대상 제품의 효율 등급 라벨과 제조 번호 명판, 거래 내역서, 영수증을 구비하여 지원금 신청 홈페이지에서 신청하면 된다. 포털 사이트 검색창에 '한전 고효율 가전'을 입력하면 지원금 신청 홈페이지로 이동할 수 있고, 홈페이지에서 신청 방법, 지역별 담당자 등 지원 사업에 대한 자세한 내용을 확인할 수 있다.

한편, 일부 가전 회사는 지원 대상자에게 더 많은 혜택을 제공하고 사업의 지속 가능성을 확보하기 위해 한전의 고효율 가전제품 구매 비용 지원 사업에 동참하여 별도로 할인을 제공할 예정이며, 자세한 내용은 지원금 신청 홈페이지에 게시될 예정이다. 한전은 고효율 가전제품 구매 지원 사업을 통해 사회적 배려 계층에 대한 에너지 복지에 기여하고, 연간 약 70GWh의 에너지 절감(약 24,000가구의 연간 전력 사용량) 효과도 이룰 수 있을 것으로 기대하고 있다.

08

주어진 보도자료를 통해 추론한 내용으로 가장 적절하지 않은 것을 고르면?

① 에너지 효율 등급이 4등급인 가전제품 구매 시에는 지원 혜택을 받을 수 없다.

② 기초생활수급자는 별도로 지원금을 신청하지 않아도 구매 비용을 지원받을 수 있다.

③ 특정 회사의 제품을 구매하면 구매 비용의 10%보다 더 많은 비용을 지원받을 수도 있다.

④ 온라인 매장에서 고효율 가전제품을 구매한 경우에도 구매 비용 중 일부를 지원받을 수 있다.

⑤ 장애인 가구가 21년 4월 24일에 400만 원짜리 냉장고를 구매할 때 지원받을 수 있는 최대 금액은 30만 원이다.

09

주어진 보도자료를 확인한 생명 유지 장치 사용 가구가 고효율 가전제품 구매 비용을 지원받고자 할 때, 추가 정보를 얻기 위해 홈페이지의 고객 게시판에 남길 질문으로 가장 적절하지 않은 것을 고르면?

① 고효율 가전제품 구매 비용을 지원받기 위해 제출해야 할 서류는 무엇인가요?

② 구비 서류를 홈페이지에 업로드할 때 규정된 파일 종류와 크기가 있나요?

③ 온라인몰에서 타인의 아이디로 구매하여도 서류를 구비한다면 지원받을 수 있나요?

④ 구매자 명의가 아닌 다른 사람의 신용카드로 결제하여도 지원받을 수 있나요?

⑤ 거래 내역서나 영수증에 기재된 정보의 일부가 별표(*)로 표시된 경우에도 유효한가요?

10

다음 글을 이해한 내용으로 적절하지 않은 것을 고르면?

온라인 공연에 대한 음악 저작권 사용료 징수기준 신설

문화체육관광부(이하 문체부)는 코로나19로 촉발된 비대면 시대에 온라인 공연이 크게 증가하고, 온·오프라인을 결합한 공연 형태가 꾸준히 기획되고 있는 시장 환경 변화에 맞춰 온라인 공연에 대한 음악 저작권 사용료 징수기준을 새로 마련했다. 신설된 온라인 공연사용료 징수 규정은 (사)한국음악저작권협회(이하 '음저협')의 징수 규정 개정안을 수정 승인한 것이다.

이번 징수 규정의 주요 내용은 온라인 공연 정의, 유·무료 공연 구분, 음악의 주·부가적 3가지 유형 구분 적용 등을 담고, 기존 오프라인 공연(음저협 음악저작물 사용료 징수 규정 제6조 연주회 등) 규정을 상당 부분 준용했다.

온라인 공연은 기존 오프라인 공연을 온라인으로 하는 것으로 정의했다. 다만, 시장 혼란을 방지하기 위해 기존의 방송, 전송 등의 적용을 받는 서비스는 제외해 사용료 중복 우려를 명확하게 해소했다. 유·무료 공연, 음악의 주·부가적 3가지 유형 구분은 오프라인 공연과 똑같이 적용했으며, 매출액 정의와 요율도 역시 동일하게 적용했다. 기존 오프라인 공연사용료, 징수체계와 온라인을 달리할 특별한 이유를 인정하기 어렵기 때문이다. 이용자 수는 '중복되지 않은 온라인 공연 이용자'로 규정했다. 온·오프라인 공연 결합 시에는 원칙적으로 각각의 사용료를 합산해 정산하는 것으로 정리했다.

문체부는 음저협의 온라인 공연사용료 징수 규정 개정안을 검토하기 위해 지난해 음악산업발전위원회를 통해 온라인 공연의 성격 등을 포함한 연구를 수행하고, 그 결과를 바탕으로 토론회를 개최했으며, 올해 4월에는 저작권법에 따른 이해관계자들의 의견도 수렴했다. 이후 한국저작권위원회에 심의를 요청하여 위원회는 약 3개월 동안 전문가, 이해관계자들의 의견 수렴 결과와 국내외 상황 등을 종합적으로 검토한 심의안을 마련했다. 이어 문체부는 심의안 등을 최종 검토해 음저협의 징수 규정 개정안을 수정 승인했다. 이로써 온라인 공연사용료 징수 규정이 처음 정해졌다.

문체부 정책 담당자는 "이제는 온라인 공연사용료 징수 규정에 따라 창작자의 정당한 권리 행사를 보장하고, 이용자의 이용 편의를 높일 수 있을 것으로 기대한다."라며, "이를 바탕으로 공연 산업이 더욱 활성화되고 음악 저작권 생태계의 선순환으로 이어지길 바란다."라고 밝혔다.

① 온라인 공연에 대한 사용료 징수 규정이 처음으로 마련되었다.
② 동일한 계정으로 3명이 온라인 공연을 시청할 경우 이용자 수는 1명으로 본다.
③ 오프라인 공연과 동일하게 온라인 공연도 무료 공연과 유료 공연으로 구분할 수 있다.
④ 온라인 공연사용료 징수 규정의 검토를 위해 음악저작권협회에서는 토론회를 개최하였다.
⑤ 오프라인 콘서트의 음악사용료율이 3%일 경우 온라인 콘서트에도 동일한 요율이 적용된다.

11

여섯 개의 숫자 1, 2, 3, 4, 5, 6이 적힌 카드가 있다. 이 중에서 세 장의 카드를 한 장씩 뽑아 세 자리의 수를 만들 때, 마지막 자리의 숫자가 홀수인 경우의 수를 고르면?(단, 카드는 숫자가 보이지 않게 뒤집어져 있으며, 카드를 뽑아 숫자를 확인하고 다시 뒤집어놓은 후 다음 카드를 뽑는다.)

① 18가지 ② 36가지 ③ 45가지 ④ 90가지 ⑤ 108가지

12

주머니에 서로 다른 흰 공 6개와 검은 공 4개가 들어 있다. 임의로 4개의 공을 동시에 뽑을 때, 흰 공 2개, 검은 공 2개가 나올 확률을 고르면?

① $\frac{1}{28}$ ② $\frac{1}{3}$ ③ $\frac{3}{7}$ ④ $\frac{7}{12}$ ⑤ $\frac{13}{14}$

13

다음 [그래프]는 어느 회사에서 판매하는 A~D제품의 연도별 판매량에 관한 자료이다. 이에 대한 설명으로 옳은 것을 고르면?

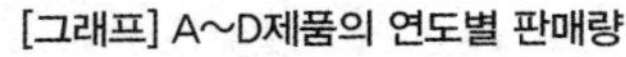
[그래프] A~D제품의 연도별 판매량

(단위: 천 개)

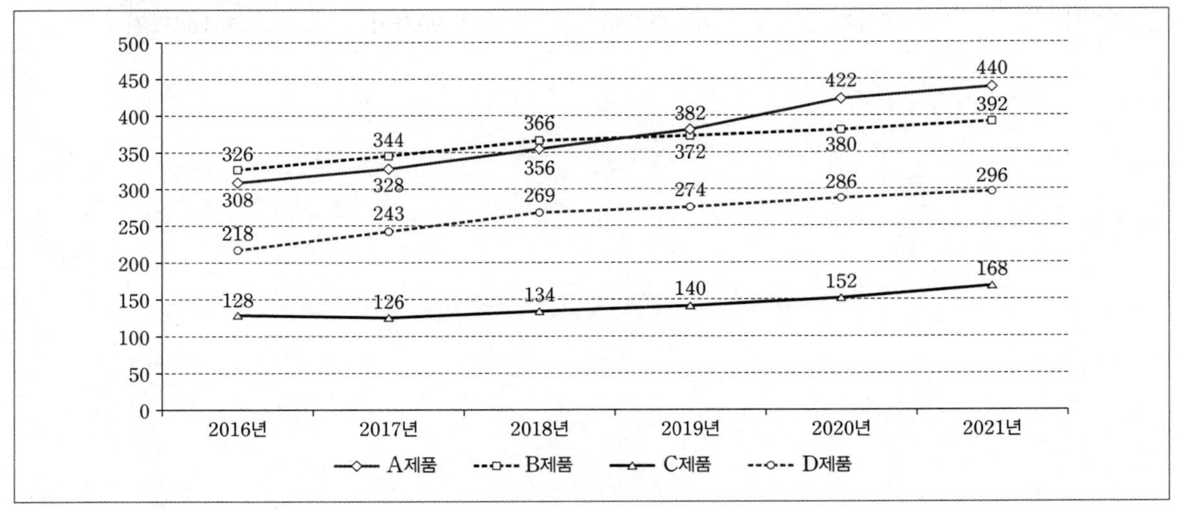

① 2017~2021년 동안 제품별 판매량은 각각 매년 전년 대비 증가하였다.

② 2021년 전체 판매량 중 B제품의 판매량이 차지하는 비율은 30% 미만이다.

③ 2016~2021년 A제품의 연평균 판매량은 C제품 연평균 판매량의 3배 이상이다.

④ A제품과 D제품의 2016년 대비 2020년 판매량의 증가량의 차이는 5만 개 이하이다.

⑤ B제품 판매량의 전년 대비 증가율이 가장 큰 해에 D제품 판매량의 전년 대비 증가율도 가장 크다.

14

다음 [표]와 [조건]은 2020년 국립도서관 세 곳의 일평균 이용자수와 개관일수, 임시휴관 기간에 관한 정보이다. 이때 [보기]의 A와 B의 값의 합을 고르면?(단, B는 소수점 아래 첫째 자리에서 반올림한다.)

[표] 2020년 국립도서관 세 곳의 세부 현황

구분	일평균 이용자수(명)	총 개관일수(일)	임시휴관 기간
국립중앙도서관	1,004	122	(1차) 2. 24. ~ 7. 21. (2차) 8. 14. ~ 9. 27. (3차) 12. 8. ~ 12. 31.
국립어린이청소년도서관	106	122	(1차) 2. 24. ~ 7. 21. (2차) 8. 19. ~ 9. 27. (3차) 12. 8. ~ 12. 31.
국립세종도서관	1,080	148	(1차) 2. 22. ~ 7. 21. (2차) 8. 23. ~ 9. 27.

※ 도서관 휴관일은 정기휴관일과 공휴일이며, 정기휴관일은 매주 월요일임.
※ 임시휴관은 코로나19로 인한 것임.

조건

- 2020년 2월 24일은 월요일이다.
- 2020년 2월은 29일까지 있다.
- 정기휴관일 외 휴관일은 임시휴관일과 공휴일이었으며, 임시휴관일 기간 중 공휴일은 4월 30일, 5월 5일, 6월 6일, 8월 15일, 12월 25일이다.

보기

- 만약 2020년 국립중앙도서관과 국립어린이청소년도서관이 각각 코로나19로 인한 임시휴관 기간 동안의 정기휴관일과 공휴일 수의 합만큼 추가로 정상개관을 하고, 일평균 이용자수는 변동이 없다면, 2020년 국립중앙도서관과 국립어린이청소년도서관의 총 이용자수는 (A)명이다.
- 만약 2020년 국립세종도서관이 코로나19로 인한 임시휴관 기간 동안의 정기휴관일과 공휴일 수의 합만큼 추가로 정상개관을 하고, 총 이용자수는 변동이 없다면, 2020년 국립세종도서관의 일평균 이용자수는 (B)명이다.

① 175,380
② 176,066
③ 176,167
④ 177,072
⑤ 177,268

15

다음 [표]는 수주액 현황에 대한 자료이다. 이에 대한 설명으로 옳지 않은 것을 고르면?

[표1] 수주액 현황

(단위: %, 억 원)

구분	2020년		2021년		
	연간	5월	4월	5월	
	전년 대비 증가율	전년 동월 대비 증가율	전년 동월 대비 증가율	금액	전년 동월 대비 증가율
수주총액	16.4	36.3	107.7	139,539	2.2
민간 수주액	24.6	41.9	104.6	107,925	-8.7
제조업 수주액	22.1	-26.6	227.9	9,424	-18.1
비제조업 수주액	25.1	57.8	95.0	98,501	-7.7

[표2] 발주자별 · 공정별 제조업 수주액

(단위: %, 억 원)

구분		2020년		2021년		
		연간	5월	4월	5월	
		전년 대비 증가율	전년 동월 대비 증가율	전년 동월 대비 증가율	금액	전년 동월 대비 증가율
발주자별	음식료품	38.1	-51.6	105.9	484	69.2
	섬유 · 의류	285.1	-25.6	-59.7	15	-79.0
	석유 · 화학	-7.9	7.6	347.2	1,722	-52.5
	1차 금속	-13.7	32.4	46.7	429	-68.2
	기계 · 장치	46.7	-15.0	272.6	6,005	7.1
	기타 제조	48.0	-85.8	-30.3	769	35.7
공정별	건축	29.3	-43.2	212.8	4,796	-12.9
	토목	14.8	0.5	257.1	4,628	-22.8

[표3] 발주자별 · 공정별 비제조업 수주액 (단위: %, 억 원)

구분		2020년		2021년		
		연간	5월	4월	5월	
		전년 대비 증가율	전년 동월 대비 증가율	전년 동월 대비 증가율	금액	전년 동월 대비 증가율
발주자별	운수 · 창고 · 통신	10.6	−59.3	676.3	2,530	489.2
	도소매 · 금융 · 서비스	11.8	15.8	80.9	4,359	−24.2
	부동산업	33.4	82.1	76.4	82,413	−14.3
	건설업	−10.5	−61.7	370.0	4,921	57.5
	기타 비제조	−66.1	97.6	216.9	4,278	266.6
공정별	건축	30.0	60.1	91.6	92,009	−11.7
	토목	−46.1	−2.2	182.5	6,492	157.9

① 2021년 5월 민간 수주액은 총수주액의 75% 이상 80% 미만이다.

② 2020년 5월 민간 제조업 수주액은 1.1조 원 이상이다.

③ 2021년 5월 비제조업 수주액에서 건축 수주액이 차지하는 비중은 95% 미만이다.

④ 2019년 5월 기계 · 장치 수주액은 석유 · 화학 수주액의 3배 미만이다.

⑤ 2021년 5월 비제조업 수주액이 전월 대비 5% 증가하고, 건설업의 수주액이 전월 대비 10% 감소하였다면, 2020년 4월 비제조업 수주액에서 건설업 수주액이 차지하는 비중은 5% 이상이다.

[16~17] 다음 [표]는 국제선 및 국내선 운항 실적에 관한 자료이다. 이를 바탕으로 질문에 답하시오.

[표1] 국제선 운항실적 (단위: 대, 명, 톤)

노선	운항편	여객	화물
일본	154	16,734	297.4
아시아	746	99,961	1,379.1
중국	92	9,018	182.6
대양주	262	28,024	360.8
기타	96	14,672	15.7

[표2] 국내선 운항실적 (단위: 대, 명, 톤)

노선	운항편	여객	화물
제주	55,673	10,055,259	79,507.3
포항	670	46,632	98.5
광주	2,012	276,610	466.3
김해	21,047	3,306,393	8,544.8
여수	2,943	423,050	858.7
대구	48	5,904	12.3
울산	3,128	371,893	720.5
양양	32	3,125	5.4

16

주어진 자료에 대한 설명으로 옳지 않은 것을 고르면?

① 일본은 중국보다 운항편당 여객인원이 많다.

② 운항편당 여객인원이 아시아보다 많은 국내선 노선은 총 4개이다.

③ 국제선 전체 운항편에서 대양주가 차지하는 비중은 20% 이하이다.

④ 포항의 운항편당 화물은 여수의 운항편당 화물보다 많다.

⑤ 여객 수가 30만 명 이상인 국내선 중 화물 수가 두 번째로 많은 노선과 가장 적은 노선의 화물 수 차이는 7,800톤 이상이다.

17

다음 중 전체 국내선 운항편에서 각 노선별 운항편이 차지하는 비중으로 바르게 짝지어진 것을 고르면?(단, 소수점 아래 둘째 자리에서 반올림한다.)

	노선	운항편 비중
①	울산	2.7%
②	여수	4.3%
③	광주	4.8%
④	김해	24.6%
⑤	제주	63.1%

[18~19] 다음 [표]와 [그래프]는 반도체 · 디스플레이 생산과 수출에 관한 자료이다. 이를 바탕으로 질문에 답하시오.

[표] 반도체 · 디스플레이 생산 및 수출액

구분	2016년	2017년	2018년	2019년	2020년
반도체 생산액(조 원)	66.3	102.7	143.3	134.4	—
반도체 수출액(억 불)	622.3	979.4	1,267.1	939	(㉠)
디스플레이 생산액(조 원)	68.2	79.2	72.6	—	—
디스플레이 수출액(억 불)	251.1	274	246.9	205	180

[그래프] 반도체 · 디스플레이 수출액 전년 대비 증가율 (단위: %)

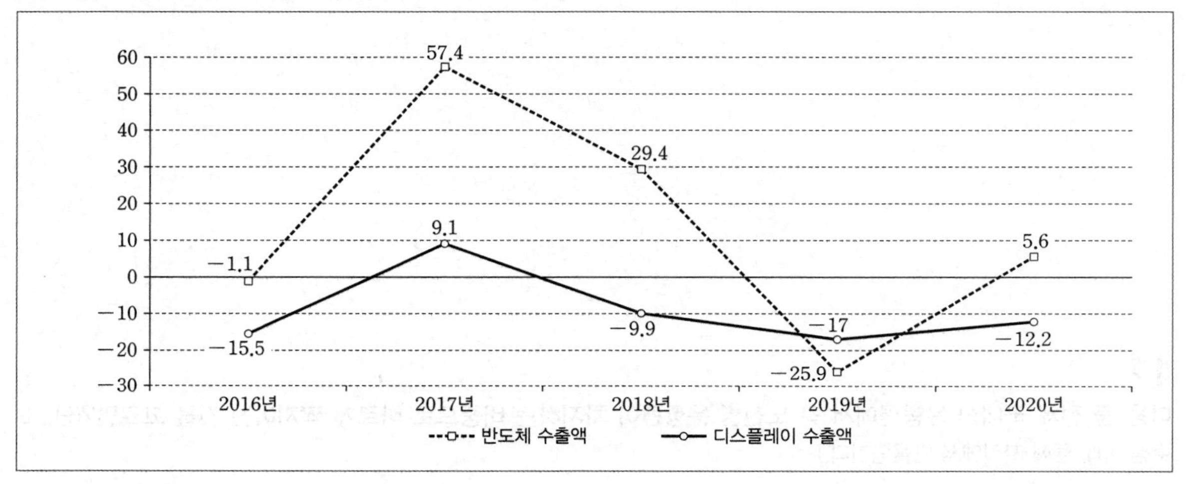

18

주어진 자료에 대한 설명으로 옳지 않은 것을 고르면?

① 2016~2019년 중 반도체 생산액과 수출액이 가장 높은 해는 같다.

② 디스플레이 수출액의 전년 대비 증가율이 가장 높은 해의 디스플레이 생산액 전년 대비 증가율은 20% 이상이다.

③ 반도체와 디스플레이 수출액의 전년 대비 증가율 차이가 가장 큰 해는 2017년이다.

④ ㉠은 990억 불 이상이다.

⑤ 2016~2018년 디스플레이 생산액의 합은 반도체 생산액 합의 75% 미만이다.

19

다음 중 2015년 반도체와 디스플레이 수출액이 바르게 짝지어진 것을 고르면?(단, 소수점 아래 첫째 자리에서 반올림한다.)

	반도체	디스플레이
①	629억 불	293억 불
②	629억 불	297억 불
③	632억 불	293억 불
④	632억 불	297억 불
⑤	632억 불	300억 불

20

다음 [표]와 [그래프]는 강원도 가을철 평년기온과 2021년 가을철 평균기온 전망에 대한 자료이다. 이에 대한 설명으로 옳지 않은 것을 고르면?

[그래프] 강원도 가을철 평년기온 (단위: ℃)

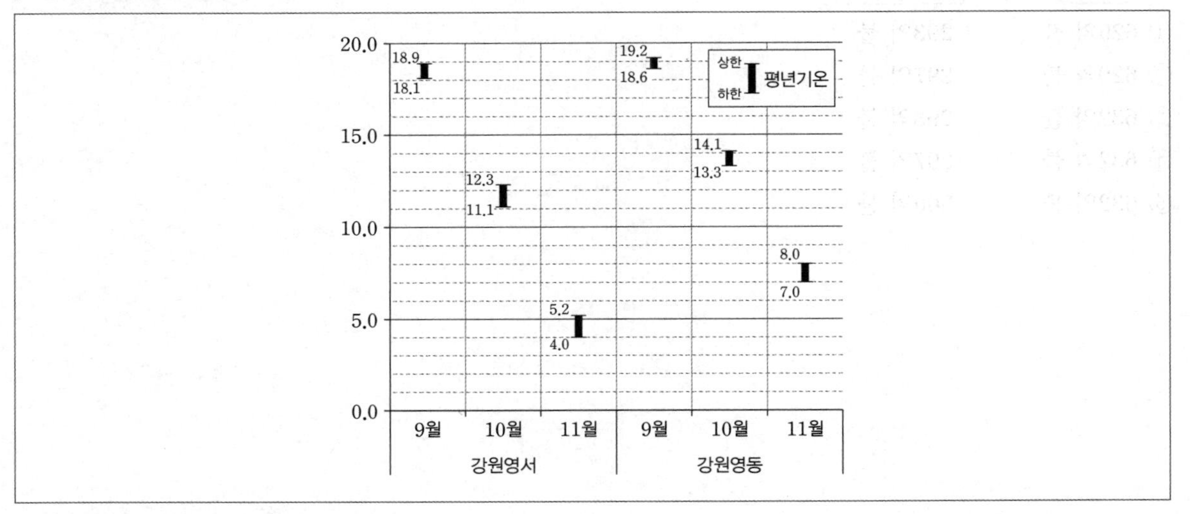

※ 평년(값): 1991~2020년까지의 30년 평균값

※ 강원영서: 철원, 대관령, 춘천, 원주, 인제, 홍천 6개소 평균값

※ 강원영동: 속초, 강릉, 태백 3개소 평균값

[표] 강원도 가을철 평년기온에 따른 2021년 평균기온 전망 (단위: %)

구분	9월			10월			11월		
	낮음	비슷	높음	낮음	비슷	높음	낮음	비슷	높음
강원영서	30	50	20	20	40	40	50	30	20
강원영동	30	50	20	20	40	40	50	30	20

※ '낮음'은 2021년 평균기온이 평년기온보다 낮을 확률, '비슷'은 평년기온의 범위에 있을 확률, '높음'은 평년기온보다 높을 확률을 의미함. 예를 들어, 강원영동 지방의 2021년 10월 평균기온이 13.1℃일 확률은 20%임.

① 강원영서 지방의 2021년 9월 평균기온이 18.5℃일 확률은 19.2℃일 확률보다 높다.
② 강원영서 지방의 2021년 10월 평균기온이 11.8℃일 확률은 10℃일 확률보다 높다.
③ 강원영서 지방의 2021년 11월 평균기온이 5.1℃일 확률이 3.8℃일 확률보다 높다.
④ 강원영동 지방의 2021년 9월 평균기온이 18.2℃일 확률이 19.4℃일 확률보다 높다.
⑤ 강원영동 지방의 2021년 11월 평균기온이 6.8℃일 확률이 8.2℃일 확률보다 높다.

21

다음 [보기]의 명제가 모두 참일 때, 도출할 수 있는 결론으로 적절한 것을 고르면?

보기

㉠ 뉴스를 좋아하는 사람은 아무도 드라마를 좋아하지 않는다.
㉡ 영화를 좋아하는 사람은 아무도 뉴스를 좋아하지 않는다.
㉢ 뉴스를 좋아하는 사람은 모두 음악 듣기보다는 그림 그리기를 더 좋아한다.
㉣ 드라마를 좋아하는 사람은 모두 그림 그리기보다는 음악 듣기를 더 좋아한다.
㉤ 철수는 그림 그리기보다는 음악 듣기를, 영희는 음악 듣기보다는 그림 그리기를 더 좋아한다.

① 영희는 영화와 뉴스를 모두 좋아한다.
② 영희는 뉴스를 좋아하지만, 드라마는 좋아하지 않는다.
③ 철수는 드라마를 좋아하지만, 뉴스는 좋아하지 않는다.
④ 철수는 영화를 좋아하고, 영희는 드라마를 좋아하지 않는다.
⑤ 철수는 뉴스를 좋아하지 않고, 영희는 드라마를 좋아하지 않는다.

22

사무실에서 도난 사건이 발생하였는데 정황상 단독 범행이 확실한 상태이다. 다음 [조건]에서 5명의 용의자 A~E 중 3명만 참을 말하고 나머지 2명은 모두 거짓을 말할 때, 범인을 고르면?

조건

- A: D가 범인입니다.
- B: 저는 범인이 아닙니다.
- C: E는 범인이 아닙니다.
- D: A는 거짓을 말하고 있습니다.
- E: B는 참을 말하고 있습니다.

① A　　② B　　③ C
④ D　　⑤ E

23

다음 [조건]을 참고할 때, 부서별 배정 인원에 대한 설명으로 옳은 것을 고르면?

조건

- 신입사원 10명은 4개의 서로 다른 부서(전력수급처, 계통계획처, 전력시장처, 상생협력처)로 배정되었다.
- 배정된 신입사원 수가 동일한 부서는 2개이다.
- 4개의 부서 중 전력수급처로 배정된 신입사원 수는 가장 많지도, 가장 적지도 않으며, 전력수급처와 동일하게 신입사원 수가 배정된 부서는 없다.
- 계통계획처로 배정된 신입사원 수는 상생협력처로 배정된 신입사원 수보다 많다.

① 배정된 신입사원의 수가 2명인 부서가 2개 이상일 수 있다.
② 전력시장처로 배정된 신입사원 수는 2명일 수 있다.
③ 배정된 신입사원의 수를 알 수 있는 부서는 1개이다.
④ 계통계획처로 배정된 신입사원 수가 5명이라면, 전력수급처로 배정된 신입사원 수는 2명이다.
⑤ 계통계획처로 배정된 신입사원 수와 상생협력처로 배정된 신입사원 수의 차이는 5명 이상일 수 있다.

24

갑, 을, 병, 정, 무, 기 6명이 8인용 원탁 테이블에 앉아 회의를 하고자 한다. 다음 [조건]을 참고할 때, 6명의 자리 배치에 대한 설명으로 옳은 것을 고르면?(단, 각 좌석간의 거리는 동일하다.)

조건

- 갑과 을은 연이어 앉지 않으며, 각각 마주보는 자리가 비어 있다.
- 좌우측 자리에 모두 참석자들이 앉아 있는 사람은 병과 무뿐이다.
- 갑과 병, 갑과 기의 자리 사이에는 각각 1개의 자리만 있다.

① 정과 무는 마주보고 앉아 있다.
② 정의 옆자리 중 한 자리에는 반드시 갑이 앉아 있게 된다.
③ 기의 좌우측 자리는 모두 비어 있는 자리가 된다.
④ 두 자리간의 거리가 가장 먼 것은 병과 정의 자리이다.
⑤ 갑과 을 사이에는 1명이 앉아 있다.

25

김 대리는 1박 2일로 진행되는 워크숍을 위해 숙소 방 배정을 준비하고 있다. A~H 8명의 직원이 1~4호 방을 두 사람씩 사용해야 하는데, 다음 [조건]에 따라 숙소를 배정하려고 한다. 이에 대한 설명으로 옳은 것을 [보기]에서 모두 고르면?(단, 방은 1호–2호–3호–4호 일렬로 배치되어 있다.)

조건

- 안전관리본부, 인력개발팀 직원은 각 두 명씩이며, 나머지 직원은 모두 전략사업본부 소속이다.
- 전략사업본부 직원들은 각각 다른 방에 배정한다.
- A, B, C는 각각 다른 부서 소속이고, H와 F는 같은 부서 소속이다.
- 1호에는 F가 배정되며, 같은 부서 소속이 아닌 C는 1호에 배정되지 않았다.
- B와 H는 다른 부서 소속이다.
- E는 B와 같은 부서 소속이고, D는 F와 다른 부서 소속이다.
- A와 C, F와 D는 각각 같은 방에 배정한다.
- E는 D가 배정된 바로 옆의 방에 배정한다.
- 인력개발팀 직원은 모두 짝수 호수의 방에 배정한다.

보기

㉠ 인력개발팀 직원은 B, E이다.
㉡ 4호실에 배정된 직원은 H, B이다.
㉢ A는 3호에 배정된다.

① ㉠　② ㉠, ㉡　③ ㉠, ㉢
④ ㉡, ㉢　⑤ ㉠, ㉡, ㉢

[26~27] 다음 보도자료를 읽고 질문에 답하시오.

□ 개인정보보호위원회(이하 '개인정보위')는 공공기관이 추진하는 안면인식 등 생체정보 활용사업에 대해 개인정보 침해 여부를 사전에 검토하고 개선하도록 하여 개인정보 침해 가능성을 사전에 예방하는 '공공기관 민감 개인정보 활용사업 사전진단'을 시작한다.

ㅇ 최근 시설 출입관리 · 치안 · 금융거래 · 공항 출입국심사 등 다양한 분야에서 생체정보를 활용하는 사례가 급증하면서, 개인정보 침해 위험에 대한 우려도 커지고 있는 실정이다. 생체정보는 얼굴, 지문, 홍채, 정맥, 음성, 필적 등 개인의 신체적, 생리적, 행동적 특징에 관한 정보로, 특정 개인을 인증 · 식별하거나 개인에 관한 특징을 알아보기 위해 일정한 기술적 수단을 통해 처리되는 정보를 말한다.

ㅇ 특히 공공기관은 법령에 따라 정보주체의 별도 동의 없이 수집된 개인의 민감한 생체정보를 활용한 사업을 추진하고 있어, 사업 기획 단계부터 적법성, 안전성 등을 더욱 면밀히 살펴볼 필요가 있다.

□ 이에, 개인정보위는 사전진단을 통해, 공공기관이 생체정보 등 민감한 개인정보를 활용한 개인정보처리 시스템 개발 시 설계 단계부터 개인정보보호 중심 설계(PbD*) 원칙을 적용하여 개인정보 침해 위험성이 없는지, 개인정보 보호법에 적합한 방향으로 운영되는지 등을 사전에 점검하고, 개선 필요점을 발견할 경우 구체적인 보완방향을 제시할 계획이다.

(*Privacy by Design(PbD): 제품 · 서비스 개발 시 기획 단계부터 개인정보 처리의 전체 생애주기에 걸쳐 이용자의 프라이버시를 고려한 정책을 설계에 반영하는 것을 의미하는 것으로 국제적으로 통용되는 개인정보보호 원칙)

□ 사전진단을 활용하고자 하는 공공기관 사업담당자는 '개인정보보호포털'의 '지원마당'에서 '사전진단 신청 페이지'를 통해, 신청서와 사업계획서 또는 제안요청서 등 구비서류를 첨부 · 신청하면 30일 이내(전문가 자문 필요 시 30일 연장) 진단결과를 받을 수 있다.

ㅇ 이와 관련, 개인정보위는 체계적이고 효율적인 사전진단의 운영을 위해 '공공기관 민감 개인정보 활용사업 사전진단 운영규정'(개인정보위 예규 제1호)을 제정하였으며, 개인정보위 누리집에서 자세한 내용을 확인할 수 있다.

ㅇ 다만, 사전진단 결과는 공공기관의 합법적이고 안정적인 사업추진을 지원하기 위한 자문의 성격으로, 추후 개인정보위의 행정 조사 · 처분 등의 대상에서 제외되는 것은 아니다.

□ 한편, 개인정보위는 사전진단의 본격적인 시행을 위해 4월 28일(목), 서울정부청사에서 전문가 자문단 위촉식을 개최하고, 사전진단의 첫 사업으로 세종시가 개발 중인 '5G기반 지능형 영상분석 기술개발 사업'에 대해 논의하였다.

ㅇ 앞으로 진단수요 등을 바탕으로 '공공기관'의 '생체정보 활용 사업'으로 한정된 사전진단 대상 기관과 사업 범위를 민간(새싹기업 등 중소기업) 등으로 단계적으로 확대해 나갈 예정이다.

□ 개인정보위 위원장은 "새로운 기술과 서비스의 발전은 새로운 유형의 개인정보 침해를 가져올 수 있어 이에 대처하기 위한 적극행정 사례"라며,

ㅇ "사전진단을 통해 공공기관이 사업 초기 단계부터 개인정보 보호를 충실히 고려한 설계(Privacy by Design)를 반영하여 보다 안전하고 국민에게 신뢰받는 공공서비스를 제공하도록 지원하겠다"고 말했다.

26

제시된 보도자료의 제목으로 가장 적절한 것을 고르면?

① 공공기관 대상 가명정보 결합 및 활용 교육 시행한다
② 개인정보위, 생체정보 보호 가이드라인 수립한다
③ 공공기관별 개인정보 관리수준 평가한다
④ 공공기관의 생체정보 활용사업 개인정보 침해 사전 예방한다
⑤ 상업시설 이용고객의 생체정보 수집 규제 강화된다

27

제시된 보도자료의 내용과 일치하지 않는 것을 고르면?

① PbD에 따르면 제품 및 서비스 개발 시 이용자의 프라이버시가 사전에 고려되어야 한다.
② 공공기관에서 사업 추진 시 생체정보가 정보주체의 동의 없이 활용되기도 한다.
③ 개인정보 활용사업 시 사전진단을 활용한 공공기관은 행정 조사 및 처분 대상에서 제외된다.
④ 개인정보위는 개인정보 활용사업 사전진단 대상을 민간으로 확대할 예정이다.
⑤ 생체정보에는 개인의 외모뿐만 아니라 행동의 특징도 포함된다.

28

다음은 알뜰교통 마일리지에 관한 안내이다. 이에 대한 설명으로 옳은 것을 고르면?

○ 알뜰교통카드란 대중교통을 이용하기 위해 걷거나 자전거로 이동한 거리만큼 마일리지를 적립하여 지급하고, 아울러 카드사의 추가할인 혜택을 포함하여 대중교통비를 최대 30%까지 절감할 수 있는 교통카드이다.

○ 마일리지 적립 방식

1. 출발지에서 대중교통 승차지점까지 걷거나 자전거를 통해 이동한 거리 측정
2. 대중교통 하차지점에서 도착지까지 걷거나 자전거를 통해 이동한 거리 측정
3. 카드사로부터 대중교통 이용정보 수신
4. 대중교통 이용정보와 알뜰교통카드 앱 출발/도착정보 일치여부 확인
5. 정보 확인된 경우, 이동거리에 비례하여 마일리지 적립(환승 과정의 이동거리는 미포함)

○ 마일리지 적립 안내

- 월 15회 이상 알뜰교통카드로 대중교통 이용 시 마일리지 지급
- 주민등록상 주소지 확인된 경우 마일리지 지급(알뜰교통카드 마일리지는 국비와 지방비를 50:50으로 분담하여 지원하는 사업으로 주민등록상 주소지의 지자체 예산으로 지급되므로, 주소지 확인이 반드시 필요)
- 알뜰교통카드 사용은 전국에서 가능
- 주민등록상 주소지가 대상지역이 아니거나 주소지 정상 확인되지 않은 경우 마일리지 미지급(대상지역: 서울, 인천, 경기, 부산, 대구, 대전, 광주, 세종, 울산, 제주, 충북(청주, 옥천, 제천), 충남(천안, 아산), 전북(전주, 완주, 익산, 남원, 군산), 전남(무안, 순천, 신안), 경북(포항, 경주, 영주, 김천, 영천), 경남(창원, 거제, 김해, 밀양, 산청, 진주, 창녕, 양산, 통영, 고성), 강원(춘천))
- 알뜰교통카드만 사용하고 알뜰교통카드 앱을 이용하지 않으면 마일리지가 적립 및 지급되지 않음

○ 회당 기본 마일리지 적립액(보행 · 자전거 최대 800m 이동 시, 월 상한 44회)

교통요금 지출액(회당)	2천 원 미만	2천 원 이상 3천 원 미만	3천 원 이상
일반	250원	350원	450원
저소득층	350원	500원	650원

- 미세먼지 저감조치 발령 시 해당 회차는 기본 마일리지의 두 배 적립
- 저소득층: 만 19세 이상의 기초생활수급자 및 차상위계층(저소득 지원 대상자는 관할 주민센터에서 발급받은 증빙서류를 회원가입 또는 내 정보에 등록해야 함). 단 만 19세 미만은 '일반' 마일리지 적립 적용
- 얼리버드 추가 마일리지 지급: 새벽 3시~6시 30분 대중교통 승차 시 해당 회차는 기본 마일리지의 50% 추가 적립

※ 대중교통 승차시간은 카드사 교통카드 이용내역 기준(환승 포함)

① 주민등록상 주소지가 청주시인 시민은 충주시에서 알뜰교통 마일리지를 적립받을 수 없다.
② 주민등록상 주소지가 충주시인 시민은 청주시에서 알뜰교통 마일리지를 적립받을 수 있다.
③ 알뜰교통카드 앱을 이용하는 시민은 알뜰교통카드를 이용하지 않아도 마일리지를 적립받을 수 있다.
④ 매달 출근일수가 20일이고, 출발지에서 도착지까지 800m를 자전거를 타고 출퇴근하는 주민등록상 주소지가 포항시인 시민은 알뜰교통 마일리지 적립을 받을 수 있다.
⑤ 매달 출근일수가 10일이고, 출퇴근 시 300m를 도보로 이동하고, 800m를 대중교통으로 이동하는 주민등록상 주소지가 대전광역시인 시민은 알뜰교통 마일리지 적립을 받을 수 있다.

29

다음 글은 에코마일리지 제도에 대한 설명이다. 이에 대한 A, B의 [대화] ⓐ~ⓓ 중 제도에 대한 설명으로 옳지 않은 것끼리 짝지어진 것을 고르면?

[에코마일리지 제도]

▣ 에코마일리지란 에코(eco)와 마일리지(mileage)의 합성어로 친환경을 쌓는다는 의미로 전기, 수도, 도시가스를 절약하시면 마일리지로 적립하실 수 있는 시민참여 프로그램입니다.

▣ 에코마일리지 홈페이지에 회원가입 후 고객정보(이름, 연락처, 주소 등)를 입력하시면 매달 전기, 수도, 도시가스(지역난방 포함) 사용량을 한번에 확인하시고 관리하실 수 있습니다.

▣ 홈페이지 가입 후 사용하신 에너지 사용량(전기, 수도, 도시가스)은 에코마일리지에서 6개월 주기로 평가하여 그 절감률에 따라 마일리지를 적립해 드리며, 해당 마일리지로 친환경 제품 구매 등 저탄소 활동에 재투자하실 수 있습니다.

[에코마일리지 지급 기준]

▣ 개인(가정): 기준사용량(최근 2년) 대비 6개월간 월평균 온실가스 배출량 −5% 이상으로 전기, 수도, 가스(지역난방 포함) 중 전기를 필수로 최소 2개 이상 등록한 가정이 대상입니다. 가입한 월의 다음 월부터 매 6개월 단위로 평가(집계는 매달 이루어짐)가 이루어지며, 사용량은 거주지 기준으로 평가됩니다.

▣ 단체: 기준사용량(최근 2년) 대비 6개월간 월평균 온실가스 배출량 −10% 이상으로 전기, 수도, 가스(지역난방 포함) 중 전기를 필수로 최소 2개 이상 등록한 단체가 대상입니다. 가입한 월과 상관없이 상반기 하반기로 나누어 평가를 진행합니다.

[가정 부문 마일리지]

▣ 평가 및 지급시점: 에코마일리지 홈페이지 가입(및 에코마일리지 카드발급) 월의 다음 달부터 6개월간의 에너지 사용량으로 평가합니다. 마일리지 대상자 확정 및 지급시기는 관리부서의 선정 일정에 따라 결정됩니다.

▣ 제공 마일리지

1) 5% 이상 10% 미만 절감: 1만 마일리지 지급

2) 10% 이상 15% 미만 절감: 3만 마일리지 지급

3) 15% 이상 절감: 5만 마일리지 지급

※ 에코마일리지의 유효기간은 확정된 후 5년입니다.

[계절관리제 특별포인트]

▣ 정의: 개인(가정)이 미세먼지 계절관리제 기간(1월~3월) 동안 직전 2년 대비 에너지 사용량을 20% 이상 절감했을 때 추가 지급하는 특별포인트

▣ 지급대상: 개인회원 중 직전 2년 동기간 평균 사용량 대비 20% 이상 절약한 회원

▣ 특별포인트: 10,000 마일리지(1만 원 상당)

┤ 대화 ├

A: 에코마일리지라고 들어봤어?

B: 아! 전기, 수도, 도시가스를 절약하면 마일리지 쌓이는 거 말하는 거지? 나 이미 하고 있었어.

A: 그렇구나, 혹시 어떻게 할 수 있는거야?

B: 우선 ⓐ에코마일리지 홈페이지에서 회원가입 후, 이름, 연락처랑 주소 입력하면 되고 이후에 반년을 주기로 평가해서 이전보다 절약하면 마일리지를 주는 거야.

A: 그렇구나. 그럼 얼마나 아껴야 주는 거야?

B: ⓑ일반 가정이나 단체가 6개월간 월평균 온실가스 배출량을 최근 2년 대비 5% 이상 아끼면 최대 5만 마일리지를 주는 거야.

A: 좋은 제도구나. 그럼 1년에 최대한 10만 마일리지를 모을 수 있는 거네.

B: 아, 10만 마일리지에 ⓒ계절관리제 특별포인트도 있는데, 이건 매년 초 3개월을 특별 기간으로 두고 그때 직전 2년 대비 에너지 사용량을 20% 이상 절감하면 특별포인트로 1만 마일리지를 추가 지급해줘.

A: 그럼 모은 마일리지는 어떻게 사용하는 거야?

B: ⓓ마일리지는 5년간 사용 가능하고, 친환경 제품을 구매하거나 기준 마일리지 이상이 될 경우에 현금으로 인출해서 사용할 수도 있어.

① ⓐ, ⓑ ② ⓐ, ⓒ ③ ⓑ, ⓒ
④ ⓑ, ⓓ ⑤ ⓒ, ⓓ

30

다음 글과 [그래프]를 바탕으로 쓰레기 처리시설 부지로 선정되는 지역을 고르면?

> 정부는 쓰레기 처리시설 건설을 위해 5개의 후보지역 A~E를 선정하였다. 그러나 5개 지역 주민은 모두 '님비(NIMBY) 시설'인 쓰레기 처리시설이 자신의 지역에 건설되는 것을 강력하게 반대하고 있다. 이에 정부는 쓰레기 처리시설 유치를 수용하는 지역에 대해 경제적 보상을 제공하여 불만을 누그러뜨리고자 한다.
>
> 정부의 조사 결과 각 지역별로 경제적 보상액(X축)에 따른 주민의 불만 정도(Y축)는 다음 [그래프]와 같이 나타났다. 정부는 주민의 불만 정도를 경제적 보상액이 전혀 없는 상태의 절반까지 감소시키는 데 필요한 경제적 보상액이 가장 적은 곳을 쓰레기 처리시설 부지로 선정하고자 한다.

[그래프] 경제적 보상액(X축)에 따른 주민의 불만 정도(Y축)

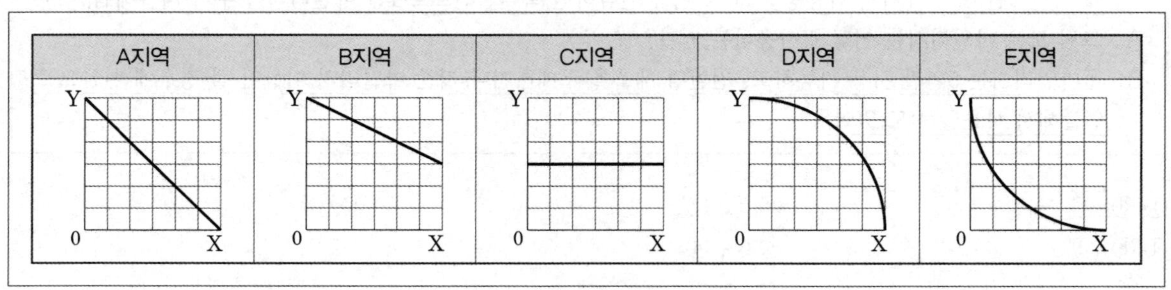

① A지역
② B지역
③ C지역
④ D지역
⑤ E지역

31

다음 [조건]과 [표]를 바탕으로 최종점수가 가장 높은 구단을 고르면?

조건

- 승점이 높은 순서에 따라 1위 15점, 2위 10점, 3위 5점, 4위 3점, 5위 1점을 각각 부여한다.
- 득실차가 높은 순서에 따라 1위 15점, 2위 10점, 3위 5점, 4위 3점, 5위 1점을 각각 부여한다.
- 파울이 많은 순서에 따라 1위 25점, 2위 20점, 3위 15점, 4위 10점, 5위 5점을 각각 차감한다. 단, 파울 횟수가 500회 미만인 구단은 점수를 차감하지 않는다.
- 각 항목의 점수 합계가 0점 초과인 구단의 평균 관중 수가 8,000명 이상인 경우, 점수 합계에 2를 곱한 점수를 부여한다.
- 위의 모든 과정을 마친 점수를 최종점수로 한다.

[표] 구단별 정보

구분	승점	득실차	파울(회)	평균 관중(명)
A구단	61	14	536	16,718
B구단	75	38	543	15,072
C구단	64	22	515	6,886
D구단	52	4	438	3,137
E구단	62	−3	471	8,028

① A구단
② B구단
③ C구단
④ D구단
⑤ E구단

32

다음은 K통신사 멤버십 적립 기준에 관한 자료이다. 이를 바탕으로 갑, 을, 병이 5월에 적립받은 포인트의 합을 고르면?

- K통신사에서는 K통신사 멤버십 가입자별로 일정 기준에 따라 멤버십을 VIP등급, A등급, B등급으로 나눈다. VIP등급이 가장 높은 등급이고, A등급, B등급 순이다.
- K통신사 멤버십 가입자는 K통신사 제휴사 이용 시 포인트를 적립받을 수 있다. 포인트는 멤버십 등급 및 제휴사별로 다르게 적립을 받는다.
- 다음은 K통신사의 제휴사인 가~다의 포인트 적립 기준이다. 단, VIP등급의 경우 한 달에 최대 10번, 최대 3만 포인트 적립이 가능하고, A등급은 한 달에 최대 8번, 최대 1만 포인트 적립이 가능하고, B등급은 한 달에 최대 5번, 최대 5천 포인트 적립이 가능하다. 단, 포인트 적립은 제휴사를 방문한 순으로 적립된다.

제휴사	멤버십 등급	적립 포인트
가	VIP	결제 금액의 20%
	A	결제 금액의 10%
	B	결제 금액의 5%
나	VIP	결제 금액의 10%
	A	결제 금액의 5%
	B	적립 불가
다	VIP	결제 금액의 10%
	A	결제 금액의 10%
	B	결제 금액의 5%

- 갑은 K통신사 멤버십 VIP등급이고, 을은 K통신사 멤버십 A등급이고, 병은 K통신사 멤버십 B등급이다.
- 갑은 5월에 가, 가, 나, 다, 다, 다, 나, 가, 가, 나, 다 순으로 제휴사를 방문하였고, 가에서는 항상 3만 원, 나에서는 항상 5만 원, 다에서는 항상 1만 원을 결제하였다.
- 을은 5월에 가, 나, 나, 다, 가, 가, 나, 나, 가 순으로 제휴사를 방문하였고, 가에서는 항상 2만 원, 나와 다에서는 각각 항상 1만 원을 결제하였다.
- 병은 5월에 가, 나, 다, 나, 가, 다 순으로 제휴사를 방문하였고, 가에서는 항상 1만 원, 나에서는 항상 3만 원, 다에서는 항상 2만 원을 결제하였다.

① 41,000포인트
② 42,000포인트
③ 43,000포인트
④ 44,000포인트
⑤ 45,000포인트

33

어떤 암세포를 제거하기 위해 약물 X, Y, Z의 조합과 투여량을 달리하여 시험하였다. 다음 [조건]과 [표]를 바탕으로 가격 대비 항암효과(%/원)가 큰 약물조합부터 순서대로 바르게 나열한 것을 고르면?

조건

- 치료를 위하여 서로 다른 항암제를 투여하는 것을 칵테일 요법이라고 한다.
- 단독으로 약물을 투여했을 때보다 칵테일 요법으로 처리하여 효과가 증진되는 경우, 이를 상승작용이라고 한다. 하지만 칵테일 요법으로 항상 상승작용이 발생하는 것은 아니다.
- 약물은 X, Y, Z가 있으며, 약물조합 D, E, F는 각각 약물 X와 Y, X와 Z, Y와 Z를 혼합하는 것을 의미한다. 단, 약물 X와 약물 Y를 혼합한 D조합에는 상승작용이 있으며, 다른 조합의 경우에는 상승작용이 존재하지 않는다.
- 약물 투여농도 및 1회 투여량을 제외한 모든 시험조건은 동일하며, 각 약물조합은 총 1회만 투여하는 것으로 가정한다.
- 약물 X, Y, Z의 항암효과는 다음과 같으며, 두 약물을 혼합한 약물의 항암효과는 각 약물의 항암효과를 합한 것과 같다고 가정한다. 단, 혼합한 두 약물 간에 상승효과가 존재하는 경우 항암효과는 각 약물의 항암효과를 합한 값의 2배가 된다.

약물	X	Y	Z
항암효과(%)	15	20	30

[표] 각 약물조합의 투여농도, 투여량 및 단가

구분	약물	투여농도(mg/ml)	1회 투여량(ml)	단가(원/mg)
A	X	10	2	5,000
B	Y	10	1	6,000
C	Z	10	2	5,000
D	X, Y	20	1	6,500
E	X, Z	10	2	6,000
F	Y, Z	20	1	5,000

① D>F>E>B>C>A
② D>F>E>C>B>A
③ F>C>E>B>D>A
④ F>E>B>C>D>A
⑤ F>E>C>B>D>A

34

다음 글을 읽고 [상황]에 해당하는 처벌기준을 고르면?

알코올농도공식은 운전자가 사고 당시 마신 술의 종류, 운전자의 체중, 성별 등의 자료에 의해 교통사고발생시점의 혈중알코올농도를 계산하는 방법이다. 음주종료시점에서 90분 후에 혈중알코올농도가 최고치에 이르고, 시간당 알코올 분해량은 개인에 따라 다른데 0.008%에서 0.030%까지 나타나며, 평균은 0.015%이다. 실무에서는 대법원 판례에 따라 피고인에게 가장 유리한 수치를 적용하고 있다. 알코올농도공식 및 처벌기준은 다음과 같다.

- 교통사고발생시점의 혈중알코올농도(%)＝C－(T×B)

C＝혈중알코올농도의 최고치(%)＝$\frac{A}{P \times R \times 10}$

A＝알코올량＝음주량(ml)×술의 농도×W×N

P＝사람의 체중(kg)

R＝성별에 대한 계수(남자 1, 여자 0.6)

B＝시간당 알코올 분해량(%)

T＝혈중알코올농도 최고치 시간부터 교통사고발생시점까지의 경과시간(시간)

W＝알코올보정계수(0.8)

N＝체내흡수율(0.7)

※ 시간당 알코올 분해량은 대법원 판례를 따르고 술의 농도 적용은 20도의 경우 0.2로 계산함.

- 혈중알코올 수치에 따른 처벌기준표(음주운전 교통사고 후 도주한 경우)

교통사고발생시점의 혈중알코올농도(%)	처벌기준
0.2 이상	1년 이상 3년 이하 징역
0.17 이상 0.2 미만	6개월 이상 1년 이하 징역 또는 500만 원 이상 1천만 원 이하 벌금
0.12 이상 0.17 미만	6개월 이하 징역 또는 300만 원 이상 500만 원 이하 벌금
0.09 이상 0.12 미만	6개월 이하 징역 또는 300만 원 이하 벌금
0.05 이상 0.09 미만	6개월 이하 징역 또는 200만 원 이하 벌금

상황

체중 70kg인 남성이 20도 소주 1,000ml를 전날 저녁 10시까지 마시고 음주운전을 하다가 새벽 1시 30분에 교통사고를 내고 현장에서 도주하였다.

① 6개월 이하 징역 또는 200만 원 이하 벌금
② 6개월 이하 징역 또는 300만 원 이하 벌금
③ 6개월 이하 징역 또는 300만 원 이상 500만 원 이하 벌금
④ 6개월 이상 1년 이하 징역 또는 500만 원 이상 1천만 원 이하 벌금
⑤ 1년 이상 3년 이하 징역

[35~36] 다음은 어느 공장의 G제품 생산 공정과 필요 부품에 관한 자료이다. 이를 바탕으로 질문에 답하시오.

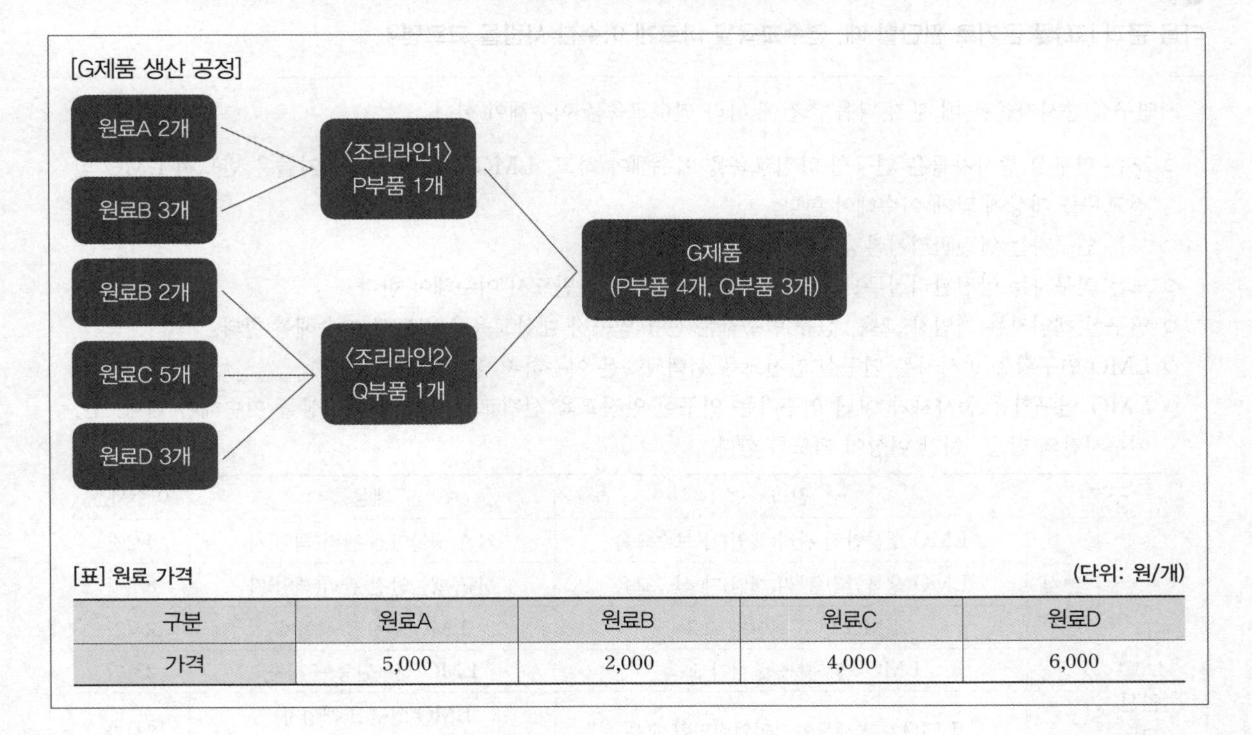

[표] 원료 가격 (단위: 원/개)

구분	원료A	원료B	원료C	원료D
가격	5,000	2,000	4,000	6,000

35

G제품을 30개 생산하려고 한다. G제품을 생산할 수 있는 수량만큼만 원료를 구입한다고 할 때, 원료 구입비로 옳은 것을 고르면?

① 543만 원
② 552만 원
③ 561만 원
④ 564만 원
⑤ 570만 원

36

이 공장에는 원료A가 20개, 원료B가 30개, 원료C가 18개, 원료D가 8개 남아 있다. 공장장은 원료A가 30개, 원료B가 50개, 원료C가 40개, 원료D가 28개 들어있는 상자를 10박스 구입하였다. 이 원료들을 가지고 G제품을 생산한다고 할 때, 생산 가능한 G제품의 최대 개수를 고르면?(단, P부품과 Q부품은 현재 재고가 0이다.)

① 27개
② 28개
③ 29개
④ 30개
⑤ 32개

37

다음 글과 [표]를 근거로 판단할 때, 연수교육을 바르게 이수한 사람을 고르면?

연구실 종사자들은 매 분기 다음 조건에 따라 연수교육을 이수해야 한다.

- ○ 모든 연구실 종사자들은 연구실 안전교육을 이수해야 하고, LMO 연구활동 종사자들은 반드시 LMO 안전교육을 대상에 맞게 이수해야 한다.
- ○ 모든 연구자는 안전관리기본강의를 이수해야 한다.
- ○ 모든 연구자는 안전관리실무1, 2 또는 연구실사고1, 2를 반드시 이수해야 한다.
- ○ 연구실 책임자는 책임자 교육, 신규 연구자는 신규 연구자 대상교육을 반드시 이수해야 한다.
- ○ LMO 연구활동 종사자는 연구실 안전교육 선택교육은 이수하지 않아도 된다.
- ○ LMO 연구활동 종사자가 아닌 연구자는 연구실 안전교육 선택교육 중 3과목 이상을 이수해야 한다. 단, 이수시간의 합은 6시간 이상이 되도록 한다.

구분		강의		대상	이수시간
LMO 안전교육	법정교육	LMO 생물안전 관리(책임)자 보수교육		기존 생물안전 관리(책임)자	4시간
		LMO 생물안전 관리(책임)자 신규교육		신규 생물안전 관리(책임)자	8시간
		LMO 연구 책임자 교육		LMO 연구실 책임자	2시간
		LMO 연구활동 종사자 교육		LMO 연구활동 종사자	2시간
	선택교육	LMO기관 생물안전위원회위원 교육		LMO 연구실 책임자, 생물안전관리(책임)자	2시간
		LMO 수입대행기관 교육		수입대행기관	2시간
		LMO 현장검사 후속조치 대상 교육책임자 교육		LMO 연구실 책임자, LMO 연구활동 종사자	8시간
연구실 안전교육 (공통)		안전관리기본		연구실 책임자, 연구활동 종사자	2시간
		안전관리실무1			2시간
		안전관리실무2			2시간
		연구실사고1			3시간
		연구실사고2			1시간
		선택교육	화학		4시간
			생물		2시간
			기계		1시간
			가스		2시간
			소방		1시간
			전기		2시간
			방사선 · 레이저		2시간
			보건 · 환경		1시간
		책임자 교육		연구실 책임자	2시간
		신규 연구자 대상교육		신규 연구활동 종사자	2시간

[표] 연구자 A~E의 이수 현황

연구자	구분	이수강의
A	신규 생물안전 관리자	LMO 생물안전 관리(책임)자 신규교육, LMO기관 생물안전위원회위원 교육, 안전관리기본, 연구실사고1, 연구실사고2, 신규 연구자 대상교육
B	연구실 책임자	안전관리기본, 안전관리실무1, 연구실사고1, 화학, 생물, 방사선 · 레이저, 책임자 교육
C	신규 연구활동 종사자	안전관리기본, 연구실사고1, 연구실사고2, 소방, 전기, 방사선 · 레이저, 신규 연구자 대상교육
D	LMO 연구실 책임자	LMO 연구 책임자 교육, LMO기관 생물안전위원회위원 교육, LMO 현장검사 후속조치 대상 교육책임자 교육, 안전관리실무1, 안전관리실무2, 책임자 교육
E	연구활동 종사자	안전관리기본, 안전관리실무1, 안전관리실무2, 화학, 기계, 보건 · 환경

① 연구자 A ② 연구자 B ③ 연구자 C ④ 연구자 D ⑤ 연구자 E

[38~39] 다음은 U청소년센터의 시설 · 설비 대여료 및 주의사항 안내문이다. 이를 바탕으로 질문에 답하시오.

[표1] 시설 대여료

구분	101호	102호	103호	104호	201호	202호	301호
최대 인원	8명	6명	8명	4명	15명	12명	30명
시설 대여료	10만 원	8만 원	9만 원	6만 원	20만 원	15만 원	30만 원
컴퓨터	○	×	○	×	○	○	○
스피커	○	×	×	○	○	×	○
빔 프로젝터	○	×	○	×	×	○	○

[표2] 설비 대여료(1대당)

구분	마이크	무선 마이크	블루투스 스피커	USB	CD	비디오카메라
대여료	10,000원	20,000원	30,000원	10,000원	20,000원	50,000원

주의사항

○ 시설 대여 시, 최대 인원을 초과하여 입실할 수 없습니다.
○ 대여는 1일 단위로 받으며, 9시부터 18시까지 이용 가능합니다.
○ 18시 이후 이용 시, 호실에 상관없이 시간당 30,000원의 시설 이용료가 추가됩니다.
○ 컴퓨터가 있는 호실에서 컴퓨터를 이용할 경우, 이용료 30,000원이 추가됩니다.
○ 스피커와 빔 프로젝터가 있는 호실의 경우, 무료로 이용 가능합니다.
○ 시설 내에서는 간단한 음료는 허용되나, 기타 취식은 불가합니다.
○ 101~104호는 각 2대, 201~202호는 각 4대, 301호는 6대 무료 주차 가능합니다.
○ 무료 주차 가능 대수 초과 시, 1대당 10,000원이 추가됩니다.
○ 흡연은 지정된 장소에서만 가능하며, 대관일 전일 20시 이후에 사전 점검 가능합니다. 이때 행사에 필요한 시설을 미리 설치할 수 있습니다.
○ 예약금에는 시설 대여료와 설비 대여료, 추가 이용료 등 지불해야 하는 모든 금액이 포함됩니다.
○ 예약일 3일 전까지는 예약금 무료 취소가 가능하지만, 2일 전에는 예약금의 50%, 1일 전에는 예약금의 70%의 취소 수수료가 있으며, 당일 취소는 불가합니다.

38

주어진 자료에 대한 설명으로 옳지 않은 것을 고르면?

① 시설 대여 후, 행사 도중 점심식사를 하려면 시설 밖으로 나와야 한다.

② 행사에 필요한 시설물을 행사 전일 22시에 설치하는 것은 가능하다.

③ 11명의 인원이 9시부터 20시까지 행사를 진행할 경우, 최소 21만 원이 필요하다.

④ 301호에서 28명이 행사를 할 때 각각 차를 가지고 온다면, 주차비는 22만 원이 추가된다.

⑤ 9시부터 15시까지 주차나 설비 대여 없이 103호를 빌리고 행사 1일 전에 취소할 경우, 취소 수수료는 최대 63,000원이다.

39

다음 [보기]와 같이 행사를 진행한다고 할 때, 행사에 필요한 최소 비용을 고르면?

보기

- 14명이 행사에 참여할 예정이다.
- 행사에서 컴퓨터와 스피커를 사용할 예정이다.
- 14명 중 6명이 차를 가져올 예정이다.
- 3개의 마이크가 필요하며, 이 중 1개는 무선이어야 한다.
- USB와 CD는 행사 주최 측에서 가져올 예정이나, 비디오카메라 1대는 대여해야 한다.

① 300,000원　② 310,000원　③ 320,000원
④ 330,000원　⑤ 340,000원

40

다음 글을 근거로 판단할 때, 제작한 제품 P, Q, R을 모두 판매하였을 때 얻는 순이익을 고르면?(단, 순이익=판매금액−소요비용이다.)

- 어느 공장에서는 제품 P, 제품 Q, 제품 R을 제작하였다. 제작 개수는 제품 P, 제품 Q, 제품 R을 합하여 총 100개이다.
- 제품 P를 10개 제작하는 데 필요한 기계 가동 비용은 2만 원, 제품 Q를 10개 제작하는 데 필요한 기계 가동 비용은 2만 원, 제품 R을 10개 제작하는 데 필요한 기계 가동 비용은 4만 원이다.
- 제품 P, 제품 Q, 제품 R을 제작하기 위해서는 원료 X, Y, Z가 필요하다.
- 각 제품을 1개 제작하기 위하여 필요한 원료의 개수는 다음과 같다.

구분	P	Q	R
X	5개	2개	3개
Y	1개	4개	2개
Z	3개	3개	4개

- 원료 X는 개당 5,000원, 원료 Y는 개당 2,000원, 원료 Z는 개당 10,000원이다.
- 소요비용은 기계 가동 비용과 원료 구입 비용의 합이다.
- 제품 P의 개당 판매금액은 20만 원, 제품 Q의 개당 판매금액은 15만 원, 제품 R의 개당 판매금액은 25만 원이다.
- 제품 P와 제품 R의 제작 개수의 합은 제품 Q의 제작 개수와 동일하고, 제품 P의 제작 개수는 제품 Q의 제작 개수의 60%이다.

① 1,292만 원
② 1,297만 원
③ 1,298만 원
④ 1,302만 원
⑤ 1,306만 원

41

다음 글에 제시된 LNG 기반 융복합 수소 충전소에 대한 설명으로 옳은 것을 고르면?

한국가스공사는 수소 충전 인프라 구축 사업의 일환으로 LNG 기반 융복합 수소 충전소 구축 사업을 추진 중이다. LNG 기반 융복합 수소 충전소는 LNG와 수소가 저장방식, 운송방식 등에서 유사하다는 특성을 활용하여, 현지공급 방식으로 수소, LNG, CNG(압축천연가스), 전기와 같이 다양한 차량용 연료를 제공할 수 있는 All－in－One 충전소로 구축된다. 한국가스공사의 융복합 충전소는 충전소 내 초저온탱크에 탱크로리로 이송한 LNG를 보관한다. 이렇게 보관한 LNG는 LNG 화물차에 공급할 수 있고 LNG를 기체 상태로 만드는 기화 및 압축 작업을 거치면 CNG(압축천연가스)를 CNG 버스에 공급할 수 있다.

또한 천연가스를 개질 장치를 통해 개질하면 수소도 생산할 수 있다. 이러한 과정을 거치면 수소차에 수소를 공급할 수 있고, 수소 튜브트레일러를 이용해 인근 소형 수소 충전소에 수소 공급도 가능하다. 그뿐만 아니라, 수소연료전지로 생산한 전기로 전기차 역시 충전할 수 있다.

[LNG 기반 융복합 수소 충전소의 주요 특징]

• **대용량의 수소 충전** 많은 양의 수소를 경제적으로 공급할 수 있기 때문에 수소상용차 충전 가능	• **수소승용차 충전소(하이넷)에 수소 공급** 출하설비를 설치하여 인근 수소 충전소에 수소 공급 가능
• **LNG 냉열을 활용한 탄소포집·활용·저장 기술로 블루수소 공급** LNG 냉열을 활용하여 수소 생산 시 발생하는 CO_2 포집 (2021년 상용화 검토)	• **천연가스 차량 충전 가능** 설비 구성에 따라 LNG 대형차, CNG 버스 등 충전 가능

한국가스공사의 융복합 충전소는 많은 양의 수소를 경제적으로 공급할 수 있고 해당 지역 차량의 특징에 맞게 설비를 구성할 수 있어 여러 차종에 다양한 연료를 공급할 수 있다는 장점이 있다. 따라서 친환경 사용차 충전을 위한 최적의 충전소 모델이라고 할 수 있다.

① 생산한 수소를 이동할 수 없다는 단점이 있다.
② 수소 생산이 소량으로 이루어져 경제성이 부족하다.
③ CNG 버스의 연료는 LNG를 기화하여 만든 것이다.
④ 수소, LNG, CNG 등 다양한 연료를 제공할 수 있지만 전기는 충전 문제로 인해 제공하지 못한다.
⑤ LNG와 수소의 저장·운송 방식의 차이를 활용하여 LNG 기반 융복합 수소 충전소를 구축하였다.

42

다음은 대학수학능력평가 수험번호 각 자리의 의미에 대한 자료이다. 이를 바탕으로 옳지 않은 것을 고르면?

대학수학능력평가 수험번호는 총 8자리의 숫자로 이루어져 있으며, 2자리마다 각각 다음과 같은 의미가 담겨 있다.

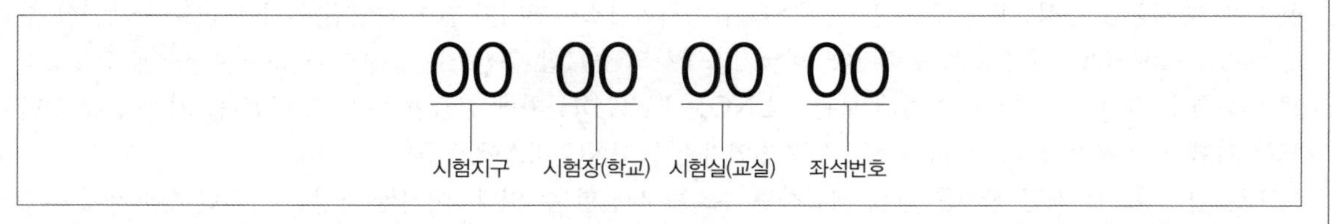

예를 들어 수험번호 29120321은 29시험지구의 12시험장(학교), 3시험실(교실)의 21번 자리이다. 시험지구는 다음과 같이 분류한다.

시험지구	번호	시험지구	번호	시험지구	번호
서울	10~29	울산	60~63	전라북도	82~83
부산	30~39	세종	64~65	전라남도	84~85
대구	40~44	경기도	66~75	경상북도	86~88
인천	45~49	강원도	76~77	경상남도	89~91
광주	50~54	충청북도	78~79	제주도	92
대전	55~59	충청남도	80~81		

시험장은 학교별로 00~99의 번호가 부여되는데, 수험생 주소지와 같은 기초자치단체(시 · 군 · 구)의 학교로만 배정된다. 시험실은 교실별로 01~99의 번호가 부여된다. 또한 좌석번호에 따른 배치는 다음 그림과 같으며, 한 교실에는 반드시 24명까지만 배치한다.

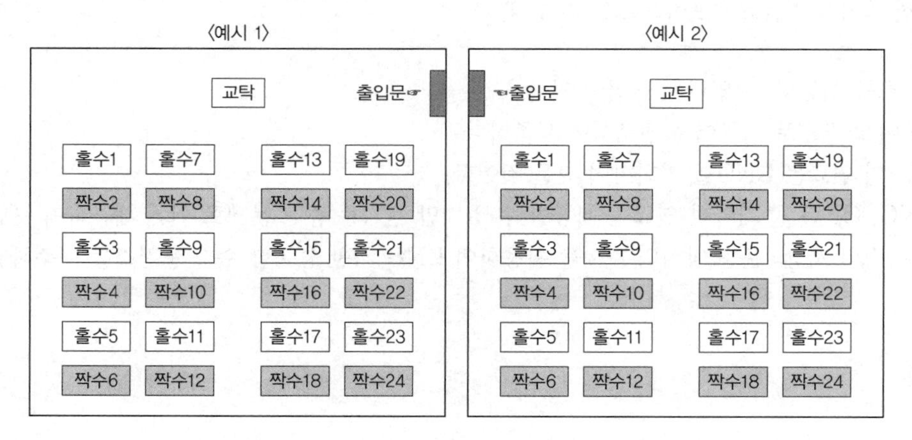

좌석번호가 홀수인 사람은 홀수형 시험지를, 짝수인 사람은 짝수형 시험지를 배부받는다.

① 한 반에 24명이 배정되었다면, 측면에 앉을 확률은 50%이다.
② 시험을 치르기 전에 자신의 수험번호를 토대로 시험을 보는 좌석을 예상할 수 있다.
③ 수험번호 맨 왼쪽을 기준으로 여섯 번째 자리까지 서로 동일한 사람끼리는 같은 교실에서 시험을 치른다.
④ 제주도에서 시험을 치르는 수험생에겐 이론적으로 최대 23만 7천 명까지 수험번호를 부여할 수 있다.
⑤ 울산에서 시험을 치르는 수험생에겐 이론적으로 최대 95만 4백 명까지 수험번호를 부여할 수 있다.

43

다음 글에 따라 어떤 출력값에서 추가적으로 버튼 하나를 더 누른 뒤의 출력값이 'J－K－M－H'일 때, 해당 버튼을 누르기 전의 출력값으로 가능하지 않은 것을 고르면?

버튼을 하나 누를 때마다 출력값이 일정한 양상으로 변화하는 장치가 있다. 버튼은 A, B, C, D 4가지이며, 각 버튼을 눌렀을 때 출력값이 변화하는 양상은 다음과 같다.

- A버튼을 누르면 M이 왼쪽으로 두 칸 이동한다.
- B버튼을 누르면 K가 오른쪽으로 한 칸 이동한 뒤, J가 오른쪽으로 두 칸 이동한다.
- C버튼을 누르면 M이 오른쪽으로 두 칸 이동한 뒤, H가 오른쪽으로 세 칸 이동한다.
- D버튼을 누르면 K가 왼쪽으로 한 칸 이동한 뒤, J가 왼쪽으로 세 칸 이동한다.

만약 가장 왼쪽에 있는 값이 왼쪽으로 한 칸 이동하게 되면 가장 오른쪽으로 이동하고, 가장 오른쪽에 있는 값이 오른쪽으로 한 칸 이동하게 되면 가장 왼쪽으로 이동한다. 예를 들어 'M－K－J－H'에서 K가 왼쪽으로 세 칸 이동하면 출력값은 'M－J－K－H'가 된다.

① H－M－J－K
② H－M－K－J
③ M－J－H－K
④ M－J－K－H
⑤ M－K－H－J

[44~45] 다음 글을 읽고 질문에 답하시오.

다음 데이터를 다른 사람에게 전달한다고 하자.

VJGDNQMYLH－KW－VJGDNQMYLH－ADXSGF－O－
VJGDNQMYLH－ADXSGF－VJGDNQMYLH－EW－ADXSGF

줄표(－)는 가독성을 높이기 위해 삽입한 것으로 원래 글자에는 포함되지 않으며, 두 번째 줄에 나오는 줄표의 경우에도 마찬가지이다. 전달해야 할 글자는 총 63개이다. 이때 한 번에 하나씩 63개의 글자를 모두 읽는 것보다 더 나은 방법이 있을까? 63글자 중에 반복되는 구간이 많다는 것을 이용하면 가능하다. 대시로 나뉜 형태를 자세히 살펴보면 대부분은 최소한 한 번 이상 반복된다는 것을 알 수 있다. 그러므로 이 데이터를 읽을 때 "이 부분은 내가 앞서 말한 글자와 같다."라고 말하면 많은 노력을 줄일 수 있다.

이 전략의 실제 작동 원리를 보자. 첫 12글자에는 반복이 없으므로 이를 'V, J, G, D, N, Q, M, Y, L, H, K, W'라고 한 글자씩 읽어주는 수밖에 없다. 그러나 다음 10글자는 앞선 부분의 일부와 같다. 그러므로 "12자 돌아가서 10글자를 복사하라."라고 말할 수 있다. 다음 7자는 새로운 것이므로 'A, D, X, S, G, F, O'라고 한 글자씩 읽어야 한다. 그러나 두 번째 줄의 16글자는 통째로 반복인 부분이므로 "17자 돌아가서 16글자를 복사하라."라고 말할 수 있다. 이를 '전과 같음 트릭'이라고 한다.

이러한 압축 알고리즘을 요약해보자. '돌아가라(back)'는 말은 b로, '복사하라(copy)'라는 말은 c로 축약하겠다. 그러므로 "18자 돌아가서 6글자 복사하라." 같은 지시는 b18c6으로 축약한다. 그러면 위 데이터를 아래와 같이 요약할 수 있다.

VJGDNQMYLH－KW－b12c10－ADXSGF－O－b17c16－b16c10－EW－b18c6

이 문자열엔 44자만 있다. 원본엔 63자가 있었으므로 19자, 즉 원래 길이보다 3분의 1가량을 절약했다. 여기서 알파벳과 숫자는 각각 1개의 글자로 본다.

이러한 트릭엔 요령이 하나 더 있다. 'FG－FG－FG－FG－FG－FG－FG－FG'란 메시지를 같은 트릭을 이용해 어떻게 압축할까? 첫 네 글자를 개별적으로 받아쓰고 'FG－FG－FG－FG－b8c8'이라고 할 수 있다. 이렇게 해도 글자 수를 꽤 줄일 수 있지만 더 좋은 방법이 있다. "2자 돌아가서 14글자 복사하라." 또는 축약한 표기법으로 b2c14라고 하는 것이다. 압축된 메시지는 'FG－b2c14'이다. 복사할 글자가 두 글자뿐일 때 14글자를 복사하는 일이 어떻게 가능할까? 압축된 메시지가 아닌 다시 생성된 메시지로부터 복사한다면 아무 문제도 발생하지 않는다. 이를 단계별로 해보자. 첫 두 글자를 받아쓰면 FG가 있다. 그리고 b2c14란 지시가 오면 두 글자 돌아가서 복사를 시작한다. 두 글자만 복사할 수 있으므로 이를 복사하여 추가하면 FG－FG가 된다. 이제 두 글자를 더 복사할 수 있게 되어 이것도 복사해서 기존의 다시 생성된 메시지 다음에 추가하면 FG－FG－FG가 된다. 이렇게 요구 글자 수를 다 복사할 때까지 이어지며 결국 FG－FG－FG－FG－FG－FG－FG－FG가 되는 것이다.

44

다음 중 옳지 않은 것을 고르면?

① 'AA−b1c312'는 A가 314번 반복된다.

② 'FG−FG−FG−FG−FG−FG−FG−FG'를 'FG−FG−b4c12'로 표현할 수 있다.

③ 반복이 있다는 사실을 인지하지 못한 경우 '전과 같음 트릭'을 사용할 수 없다.

④ 'LOVELOVEWHATYOULOVE'라는 메시지의 경우 '전과 같음 트릭'을 활용하여 길이를 절약할 수 없다.

⑤ 본문의 63글자 메시지를 'VJGDNQMYLH−KW−b12c10−ADXSGF−O−b17c10−b17c7−b16c10−EW−b18c6'으로도 요약이 가능하다.

45

다음 [보기]의 글자를 '전과 같음 트릭'을 활용하여 최대한 압축할 때의 글자 수를 고르면?

보기

ASDFGH−ASDFGHJ−ASDFGHJK−ASDFGHJKL−KLASDF−ASDF−ASDF−ASDF

① 30글자

② 31글자

③ 32글자

④ 33글자

⑤ 34글자

46

다음 [조건]을 만족하는 성명을 고르면?

조건

- 성명을 구성하고 있는 각 한자의 획수가 모두 홀수이거나 짝수인 경우는 음양의 조화를 해하는 성명이므로 택하지 않는다.
- 성명 내에서 인접한 한자가 서로 반대방위를 상징하는 경우(예: 동－서/남－북) 기운이 흩어지는 성명이므로 택하지 않는다.
- 출생월이 짝수월인 경우 성명을 구성하고 있는 한자의 총획수는 홀수가 되어야 한다.
- 출생월이 홀수월인 경우 성명을 구성하고 있는 한자의 총획수는 짝수가 되어야 한다.
- 성명을 구성하는 대표적인 글자는 다음과 같다.

한자	음	획수	방위	한자	음	획수	방위	한자	음	획수	방위
金	김	8	동	朴	박	6	북	李	이	7	남
那	나	7	동	沙	사	7	북	正	정	5	남
男	남	7	동	樹	수	16	남	貞	정	9	서
桃	도	10	서	姸	연	9	동	晶	정	12	남
明	명	8	남	兪	유	9	서	志	지	7	서

① 朴志樹(박지수, 2월생)
② 明貞男(명정남, 3월생)
③ 李晶桃(이정도, 11월생)
④ 金沙那(김사나, 12월생)
⑤ 兪正姸(유정연, 12월생)

47

다음 글을 바탕으로 우리말 표현을 ㅇㅇ어로 번역한 것으로 옳지 않은 것을 고르면?

세계 각지의 언어에 대해 잘 설명되어 있는 책이나 사전이 없을 경우, 우리는 오직 반복해 나타나는 최소의 의미 단위(이를 '형태소'라 한다)들을 통해 어떤 언어를 이해해야 한다. 필리핀 원주민의 언어인 ㅇㅇ어의 예를 보자.

- basa: '읽다'(원형)
- bumasa: '읽어라'(명령)
- tawag: '부르다'(원형)
- tumawag: '불러라'(명령)

위에서 'um'이 반복해 나타나므로 우리는 문맥을 통해 추정한 의미로부터 이 형태소가 명령을 나타내는 것이라는 사실을 추론할 수 있다. 이 형태소는 원형의 첫 자음 뒤에 쓰였다. 다른 예를 보자.

- sumulat: '적어라'(명령)
- tumawag: '불러라'(명령)
- binasas: '읽혔다'(피동/과거)
- tinawags: '불렸다'(피동/과거)
- bumeeasa: '읽는 중이다'(현재/진행)
- tumeeawag: '부르는 중이다'(현재/진행)
- bumeeasas: '읽히는 중이다'(피동/현재/진행)
- tumeeawags: '불리는 중이다'(피동/현재/진행)

그 외의 원형에는 아래와 같은 것들이 있다.

- basag: '깨다'(원형)
- bili: '구입하다'(원형)
- hanap: '찾다'(원형)
- kain: '먹다'(원형)

① 구입해라(명령): bumili
② 먹혔다(피동/과거): kinains
③ 찾는 중이다(현재/진행): humeeanap
④ 깨지는 중이다(피동/현재/진행): bumeeasag
⑤ 적히는 중이다(피동/현재/진행): sumeeulats

[48~49] 다음 글을 읽고 질문에 답하시오.

주식시장을 자본주의의 꽃이라고도 말하지만, 거래 규모만으로 따졌을 때는 채권시장이 주식시장보다 월등히 더 크다. 그 규모에 걸맞게 채권시장 주요 종목인 국고채와 통안채는 100억 원 단위로 거래되기 때문에 개인은 접근이 거의 불가능하고, 소수의 기관투자가만 참여하는 '그들만의 리그'에 가깝다. 실제로 채권시장 참여자들은 1,000여 명 남짓으로 파악되며, 이들은 특정 메신저에서 만나 채팅으로 흥정과 거래를 한다. 이런 채권시장에서만 사용되는 그들만의 언어도 존재한다.

"21－5 275＋ 500"

채권시장 메신저에서 주로 볼 수 있는 은어의 기본 형태는 위와 같다. 제일 앞의 '21－5'는 2021년에 다섯 번째로 발행된 국고채 10년 지표물인 '국고02000－3106'을 의미한다. 종목명을 다 부르기엔 번거롭고 한 해에 발행되는 국고채는 그리 많지 않아 '21－5'와 같은 형태로 줄여 부른다. 그 뒤의 '275＋'는 4.275%로 매수하고 싶다는 의미이다. 국고채 10년물 금리는 4.27~4.28%에 호가가 제시되고 있는 상황에서 첫 숫자인 '4'는 모든 시장 참여자들이 알고 있으므로 생략하고, 소수점 뒷자리만 부르는 것이다. 그 뒤의 '＋'는 매수를, '－'는 매도를 의미한다. 마지막 500은 500억 원을 뜻한다. 국고채와 통안채의 기본 거래단위는 100억 원이므로, 100억 원 거래를 희망할 때는 이 숫자를 생략할 수도 있다. 그러나 그 외의 액수로 거래를 희망할 때는 반드시 뒤에 숫자를 붙여야 한다. 즉, "21－5 275＋ 500"란 "국고02000－3106 종목(21－5)을 4.275%에 500억 원어치를 매수하고 싶다."라는 의미이다.

국고채는 '21－5'와 같은 숫자로 불리지만, 통안채는 '통당', '구통당', '구구통' 등으로 불린다. '통당'이란 '통안채 당월 발행물', 즉 가장 최근에 발행된 통안채를 의미한다. '구통당'은 직전 달에, '구구통'은 그전달에 발행된 통안채이다. '통딱'이라는 은어도 있는데, 이는 '통안채 딱지'의 준말로 통안채 입찰이 끝난 후 실제로 유통되기 직전까지 사용된다. 따라서 '통딱'이 실제로 유통되는 순간부터는 '통당'이 되고, 그 전에 '통당'이었던 통안채는 뒤로 하나씩 밀려 '구통당'이 된다. '통딱'은 발음의 유사성 때문에 '통닭'이라고 부르기도 한다.

누군가가 "통당 255－ 200"과 같은 메시지를 올린 후, 이 조건에 만족한 상대방이 거래 의사를 밝히면 거래가 성립된다. 거래가 성립되면 'ㅎㅈ(확정)', 'ㄱㅅ(감사)'이라는 채팅으로 거래가 성사되었음을 알린다. 물론 메신저상의 짧은 대화만으로 수백억 원대의 거래가 정식으로 체결되는 것은 아니다. 거래 의사가 확인되면 전화상으로 다시 한 번 거래 내용을 확인하고, 통화내용을 녹취하며 계산서를 팩스로 주고받은 후에 실제 거래가 이루어진다.

48

다음 중 "23－2 415－"라는 메시지의 뜻으로 적절한 것을 고르면?(단, 현재 국고채는 4.41～4.42%에 호가가 제시되고 있다.)

① 2023년 2월에 발행된 국고채를 4.15%에 500억 원어치 매도하고 싶다.
② 2023년 2월에 발행된 국고채를 4.415%에 100억 원어치 매수하고 싶다.
③ 2023년에 두 번째로 발행된 국고채를 4.15%에 100억 원어치 매도하고 싶다.
④ 2023년에 두 번째로 발행된 국고채를 4.415%에 100억 원어치 매도하고 싶다.
⑤ 2023년에 두 번째로 발행된 국고채를 4.415%에 500억 원어치 매수하고 싶다.

49

다음 [보기]의 채권 기관투자가 A와 B의 전화 통화 내용에서 밑줄 친 ㉠~㉤ 중 옳지 않은 것을 모두 고르면?(단, 현재 통안채는 4.24～4.25%에 호가가 제시되고 있다.)

보기

- A: 메신저에 '구통당 245＋ 500'이라고 올린 것 맞습니까?
- B: 예, ㉠ 4.245%에 ㉡ 500억 원어치 ㉢ 매수 주문 맞습니다.
- A: 제가 헷갈려서 그러는데, 30분 전에 이번 달 통닭이 유통 시작한 거 알고 계신가요?
- B: 그렇습니까? 그걸 모르고 메시지를 올렸네요. '㉣ 구구통 245＋ 500'이라고 다시 올리겠습니다.
- A: 예, 다시 올려주시고 ㉤ 'ㅎㅈ', 'ㄱㅅ' 끝나면 스크린 캡처 후 바로 거래 체결하겠습니다.

① ㉣　② ㉤　③ ㉢, ㉣
④ ㉣, ㉤　⑤ ㉠, ㉡, ㉢

50

다음 글을 바탕으로 RGB 코드로 나타낸 색상을 잘못 추론한 것을 고르면?

컴퓨터 모니터에 나타나는 다양한 색상들을 표기하는 방법으로 RGB 색상코드가 널리 사용된다. 이는 특정 색상을 빛의 삼원색인 적색(Red), 녹색(Green), 청색(Blue) 사이의 가산혼합으로 나타내는 표기법이다. RGB 코드는 맨 앞에 붙은 #기호와 적색, 녹색, 청색 빛의 정도를 순서대로 각각 나타내는 두 자리의 16진수 숫자들로 구성된다. 예를 들어 '#003900'이라는 RGB 색상코드는 적색, 녹색, 청색 빛의 정도가 각각 16진수로 '00', '39', '00'인 색상을 나타낸다. 따라서 이 색상은 적색과 청색 빛이 전혀 들어있지 않고, 녹색 빛만 16진수로 39만큼 혼합된 색상이다. 16진수 39는 10진수로는 57(=3×16+9×1)에 해당한다.

16진수 표기를 위해 RGB 코드에서는 10진수에서의 0~15라는 숫자를 다음 표와 같이 0~9의 숫자와 A~F의 알파벳을 이용하여 나타낸다. 따라서 '#00D700'은 녹색 빛만 10진수로 215(=13×16+7×1)만큼 혼합된 색상을 가리킨다.

10진수	0	1	2	3	4	5	6	7	8	9	10	11	12	13	14	15
16진수	0	1	2	3	4	5	6	7	8	9	A	B	C	D	E	F

한편 RGB 코드에서 빛이 하나도 없는 상태는 '#000000'으로 표시되며, 이는 검은색을 나타낸다. 반면 빛의 삼원색이 모두 최대로 혼합된 상태는 '#FFFFFF'로 표시되며, 이는 흰색을 나타낸다. 다양한 명도의 회색은 각 삼원색의 양이 동일하되 검은색보다는 밝고 흰색보다는 어두운 '#888888', '#B1B1B1' 등으로 나타낼 수 있다. 또한 빛의 삼원색은 적색과 녹색을 섞으면 황색이 되고, 녹색과 청색을 섞으면 옥색이 되며, 청색과 적색을 섞으면 자색이 된다.

※ 가산혼합: 빛을 가하여 색을 혼합할 때, 혼합한 색이 원래의 색보다 밝아지는 혼합. 예를 들어 적색 빛과 녹색 빛을 스크린에 투영하여 혼합하면 본래의 두 빛보다 밝은 황색광이 됨

① '#DC1BF1'은 황색보다는 자색 빛에 가까울 것이다.
② '#24E56D'는 '#24DF6D'보다 밝은 색을 나타낼 것이다.
③ '#A9A9A9'는 '#B0B0B0'보다는 어둡고 '#9A9A9A'보다는 밝은 색일 것이다.
④ RGB 코드로 나타낼 수 있는 서로 다른 색상의 수는 16,777,216(=256×256×256)개이다.
⑤ '#2A7EC0'이 '#2A( )E( )2'에 비해 옥색 빛에 더욱 가깝다면 ( ) 안에는 A, F가 차례로 들어갈 수 있다.

휴노형·PSAT형

NCS 봉투모의고사

| 5회 |

※ 본 회차는 2022 최신 PSAT 기출 변형 문항을 포함한
엄선 PSAT 기출&기출 변형 모의고사입니다.

영역		문항 수	시간	비고
NCS 직업기초능력평가	의사소통능력	50문항	60분	객관식 오지선다형
	수리능력			
	문제해결능력			

모바일 OMR
자동채점&성적분석 무료

정답만 입력하면 채점에서 성적분석까지 한번에!

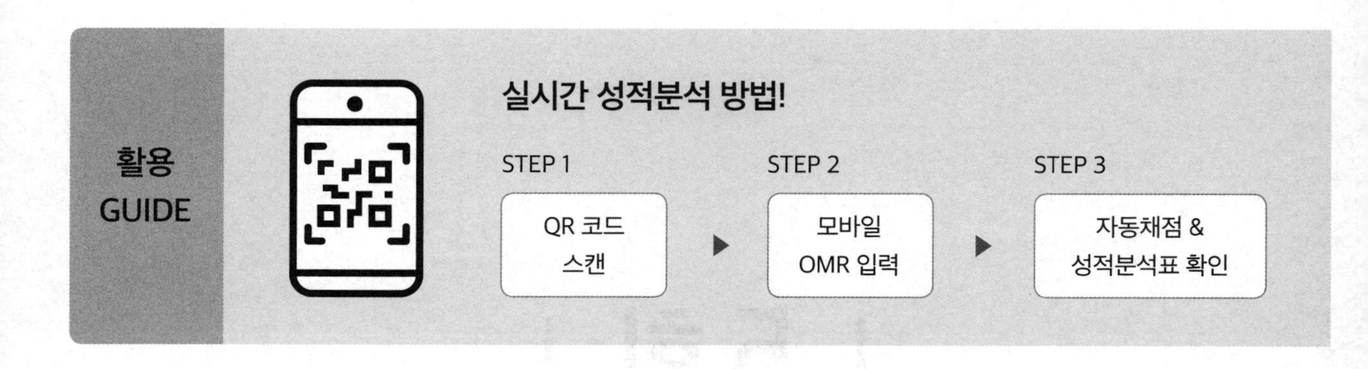

STEP 1

교재 내 QR 코드 스캔

- 위 QR 코드를 모바일로 스캔 후 에듀윌 회원 로그인
- QR 코드 하단의 바로가기 주소로도 접속 가능

STEP 2

모바일 OMR 입력

- 회차 확인 후 '응시하기' 클릭
- 모바일 OMR에 답안 입력
- 문제풀이 시간까지 측정 가능

STEP 3

자동채점 & 성적분석표 확인

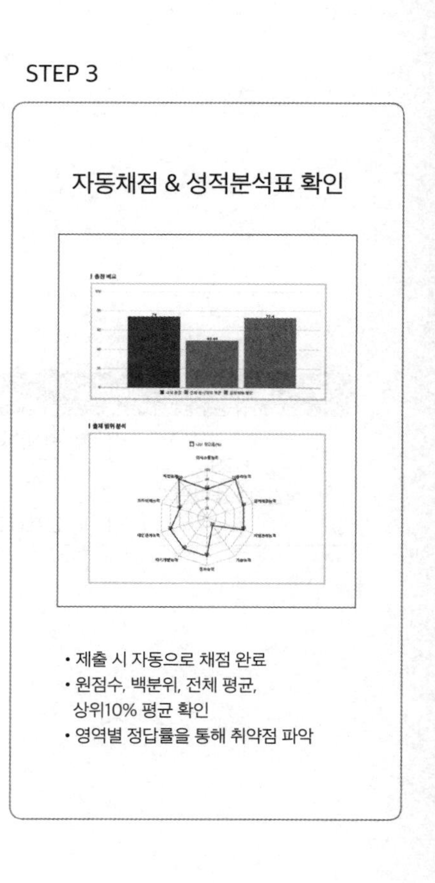

- 제출 시 자동으로 채점 완료
- 원점수, 백분위, 전체 평균, 상위10% 평균 확인
- 영역별 정답률을 통해 취약점 파악

※ 본 회차의 모바일 OMR 채점 서비스는 2023년 12월 31일까지 유효합니다.

엄선 PSAT 실전모의고사

정답과 해설 P.51

01

다음 글의 빈칸에 들어갈 말로 가장 적절한 것을 고르면?

지식에 대한 상대주의자들은 한 문화에서 유래한 어떤 사고방식이 있을 때, 다른 문화가 그 사고방식을 수용하게 만들 만큼 논리적으로 위력적인 증거나 논증은 있을 수 없다고 주장한다. 왜냐하면 문화마다 사고방식의 수용 가능성에 대한 서로 다른 기준을 가지고 있기 때문이다. 이를 바탕으로 그들은 서로 다른 문화권의 과학자들이 이론적 합의에 합리적으로 이를 수 없다고 주장한다. 이러한 주장은 한 문화의 기준과 그 문화에서 수용되는 사고방식이 함께 진화하여 분리 불가능한 하나의 덩어리를 형성한다고 믿기 때문에 나타난다.

예를 들어 문화적 차이가 큰 A와 B의 두 과학자 그룹이 있다고 하자. 그리고 A그룹은 수학적으로 엄밀하고 놀라운 예측에 성공하는 이론만을 수용하고, B그룹은 실제적 문제에 즉시 응용 가능한 이론만을 수용한다고 하자. 그렇다면 각 그룹은 어떤 이론을 만들 때, 자신들의 기준을 만족할 수 있는 이론만을 만들 것이다. 그 결과 A그룹에서 만든 이론은 엄밀하고 놀라운 예측을 제공하겠지만, 응용 가능성의 기준에서 보면 B그룹에서 만든 이론보다 못할 것이다. 즉 A그룹이 만든 이론은 A그룹만이 수용할 것이고, B그룹이 만든 이론은 B그룹만이 수용할 것이다. 이처럼 문화마다 다른 기준은 자신의 문화에서 만들어진 이론만 수용하도록 만들 것이다. 이것이 상대주의자의 주장이다.

그러나 한 사람이 특정 문화나 세계관의 기준을 채택한다고 해서 그 사람이 ( ) 다음과 같은 상상을 해 보자. A그룹이 어떤 이론을 만들었는데, 그 이론이 고도로 엄밀하고 놀라운 예측에 성공함과 동시에 즉각적으로 응용할 수 있는 것이라 하자. 그렇다면 A그룹뿐 아니라 B그룹도 그 이론을 받아들일 것이다. 실제로 데카르트주의자들은 뉴턴 물리학이 데카르트 물리학보다 데카르트적인 기준을 잘 만족했기 때문에 결국 뉴턴 물리학을 받아들였다.

① 반드시 그 문화나 세계관의 특정 사상이나 이론을 고집하는 것은 아니다.
② 문화마다 다른 기준을 자신의 문화에 맞는 논리적인 논증으로 수용하는 것은 아니다.
③ 사고방식의 수용 가능성에 대해 이론적 합의에 이를 수 있다고 생각하는 것은 아니다.
④ 반드시 특정 문화의 세계관이 달라질 것을 기대하는 마음으로 기준을 세우는 것은 아니다.
⑤ 한 문화의 기준과 그 문화에서 수용되는 사고방식이 함께 진화한다고 고집하는 것은 아니다.

02

다음 글의 논지로 가장 적절한 것을 고르면?

베블런에 의하면 사치품 사용 금기는 전근대적 계급에 기원을 두고 있다. 즉, 사치품 소비는 상류층의 지위를 드러내는 과시소비이기 때문에 피지배계층이 사치품을 소비하는 것은 상류층의 안락감이나 쾌감을 손상한다는 것이다. 따라서 상류층은 사치품을 사회적 지위 및 위계질서를 나타내는 기호(記號)로 간주하여 피지배계층의 사치품 소비를 금지했다. 또한 베블런은 사치품의 가격 상승에도 그 수요가 줄지 않고 오히려 증가하는 이유가 사치품의 소비를 통하여 사회적 지위를 과시하려는 상류층의 소비행태 때문이라고 보았다.

그러나 소득 수준이 높아지고 대량 생산에 의해 물자가 넘쳐흐르는 풍요로운 현대 대중사회에서 서민들은 과거 왕족들이 쓰던 물건들을 일상생활 속에서 쓰고 있고 유명한 배우가 쓰는 사치품도 쓸 수 있다. 모든 사람들이 명품을 살 수 있는 돈을 갖고 있을 때 명품의 사용은 더 이상 상류층을 표시하는 기호가 될 수 없다. 따라서 새로운 사회의 도래는 베블런의 과시소비이론으로 설명하기 어려운 소비행태를 가져왔다. 이때 상류층이 서민들과 구별될 수 있는 방법은 오히려 아래로 내려가는 것이다. 현대의 상류층에게는 차이가 중요한 것이지 사물 그 자체가 중요한 것이 아니기 때문이다. 월급쟁이 직원이 고급 외제차를 타면 사장은 소형 국산차를 타는 것이 그 예이다.

이와 같이 현대의 상류층은 고급, 화려함, 낭비를 과시하기보다 서민들처럼 소박한 생활을 한다는 것을 과시한다. 이것은 두 가지 효과가 있다. 사치품을 소비하는 서민들과 구별된다는 점이 하나이고, 돈 많은 사람이 소박하고 겸손하기까지 하여 서민들에게 친근감을 준다는 점이 다른 하나이다.

그러나 그것은 극단적인 위세의 형태일 뿐이다. 뽐냄이 아니라 남의 눈에 띄지 않는 겸손한 태도와 검소함으로 자신을 한층 더 드러내는 것이다. 이런 행동들은 결국 한층 더 심한 과시이다. 소비하기를 거부하는 것이 소비 중에서도 최고의 소비가 된다. 다만 그들이 언제나 소형차를 타는 것은 아니다. 차별화해야 할 아래 계층이 없거나 경쟁 상대인 다른 상류층 사이에 있을 때 그들은 마음 놓고 경쟁적으로 고가품을 소비하며 자신을 마음껏 과시한다. 현대사회에서 소비하지 않기는 고도의 교묘한 소비이며, 그것은 상류층의 표시가 되었다. 그런 점에서 상류층을 따라 사치품을 소비하는 서민층은 순진하다고 하지 않을 수 없다.

① 현대의 상류층은 낭비를 지양하고 소박한 생활을 지향함으로써 서민들에게 친근감을 준다.
② 현대의 서민들은 상류층을 따라 겸손한 태도로 자신을 한층 더 드러내는 소비행태를 보인다.
③ 현대의 상류층은 그들이 접하는 계층과는 무관하게 절제를 통해 자신의 사회적 지위를 과시한다.
④ 현대에 들어와 위계질서를 드러내는 명품을 소비하면서 과시적으로 소비하는 새로운 행태가 나타났다.
⑤ 현대의 상류층은 사치품을 소비하는 것뿐만 아니라 소비하지 않기를 통해서도 자신의 사회적 지위를 과시한다.

03

다음 글을 읽고 추론한 내용으로 적절하지 않은 것을 고르면?

A효과란 기업이 시장에 최초로 진입하여 무형 및 유형의 이익을 얻는 것을 의미한다. 반면 뒤늦게 뛰어든 기업이 앞서 진출한 기업의 투자를 징검다리로 이용하여 성공적으로 시장에 안착하는 것을 B효과라고 한다. 물론 B효과는 후발진입기업이 최초진입기업과 동등한 수준의 기술 및 제품을 보다 낮은 비용으로 개발할 수 있을 때만 가능하다.

생산량이 증가할수록 평균생산비용이 감소하는 규모의 경제 효과 측면에서, 후발진입기업에 비해 최초진입기업이 유리하다. 즉, 대량 생산, 인프라 구축 등에서 우위를 조기에 확보하여 효율성 증대와 생산성 향상을 꾀할 수 있다. 반면 후발진입기업 역시 연구개발 투자 측면에서 최초진입기업에 비해 상대적으로 유리한 면이 있다. 후발진입기업의 모방 비용은 최초진입기업이 신제품 개발에 투자한 비용 대비 65% 수준이기 때문이다. 최초진입기업의 경우, 규모의 경제 효과를 얼마나 단기간에 이룰 수 있는가가 성공의 필수 요건이 된다. 후발진입기업의 경우, 절감된 비용을 마케팅 등에 효과적으로 투자하여 최초진입기업의 시장 점유율을 단기간에 빼앗아 오는 것이 성공의 핵심 조건이다.

규모의 경제 달성으로 인한 비용상의 이점 이외에도 최초진입기업이 누릴 수 있는 강점은 강력한 진입 장벽을 구축할 수 있다는 것이다. 최초진입기업은 시장에 최초로 진입했기에 소비자에게 우선적으로 인식된다. 그로 인해 후발진입기업에 비해 적어도 인지도 측면에서는 월등한 우위를 확보한다. 또한 기술적 우위를 확보하여 라이선스, 특허 전략 등을 통해 후발진입기업의 시장 진입을 방해하기도 한다. 이뿐만 아니라 소비자들이 후발진입기업의 브랜드로 전환하려고 할 때 발생하는 노력, 비용, 심리적 위험 등을 마케팅에 활용하여 후발진입기업이 시장에 진입하기 어렵게 할 수도 있다. 결국 A효과를 극대화할 수 있는지는 규모의 경제 달성 이외에도 얼마나 오랫동안 후발주자가 진입하지 못하도록 할 수 있는가에 달려 있다.

① 후발진입기업의 모방 비용은 최초진입기업의 개발 비용보다 적다.
② 후발진입기업이 최초진입기업과 동일 제품을 50%의 비용으로 개발하였다면 B효과를 얻을 수 있다.
③ 최초진입기업이 규모의 경제 달성으로 비용상의 이점을 얻는 것은 A효과에 해당한다.
④ 후발진입기업의 성공 핵심 조건은 최초진입기업의 시장 점유율을 빠르게 빼앗아 오는 것이다.
⑤ A효과를 극대화하기 위해서는 시장의 진입장벽을 낮춰 후발 기업들의 참여를 높여야 한다.

04

다음 글에서 알 수 있는 것을 고르면?

> 오스만 제국은 정복 지역민의 개종을 통한 통치보다 정복되기 이전의 사회, 경제적 지배 체제를 이용한 통치를 선호하였다. 정복 지역의 기존 세력이 경제적 기반을 유지할 수 있도록 허용하였고, 종교 자치구도 인정하였던 한편, 정복 지역의 인재를 제국의 엘리트로 영입하기 위한 교육 제도 또한 운영하였다. 이와 같은 정책의 실행이 정복 지역에 대한 제국의 안정적 지배에 크게 기여하였다.
>
> 제국의 경작지와 목축용 토지는 사원에 대한 기부 토지인 와크프의 경우를 제외하고는 전적으로 술탄의 개인 재산이었다. 그러나 제국의 영토가 정복에 의해 확장되면서 이와 같은 토지 정책은 유지될 수 없었다. 티마르는 술탄이 정복지 토착 귀족이나 토후에게 하사했던 토지이다. 이는 중세 유럽의 봉건 영지와 유사한 것으로 잘못 비교되기도 한다. 티마르 영지를 분배받은 이들은 그로부터 세금을 거둘 권리를 갖기는 했지만 유럽의 중세 영주와는 달리 사법권을 갖지는 못했다.
>
> 밀레트는 종교, 문화적 자유가 인정된 종교 자치구인데, 해당 자치구 내에서는 전통적인 공동체의 유지와 그에 입각한 교육도 허용되었다. 콘스탄티노플의 대주교를 총대주교로 하는 정교회 교구가 그 중 하나였다. 총대주교는 정교회의 행동에 대한 모든 책임까지 져야 하는 행정 관리이기도 하였다. 한편, 오스만 제국은 기독교 신자 등 비이슬람 교도 관리를 위해 종교 자치구를 인정했지만, 개별 민족을 위한 자치구까지 허용하지는 않았다. 오스만 제국의 정복 지역에서는 여러 민족들이 서로를 차별하는 현상이 빈번했다. 그러나 이러한 현상이 제국의 종교 자치구 정책 시행 때문에 생겨난 것인가의 여부는 판단하기 어렵다.
>
> 데브쉬르메는 지역의 인재를 제국의 엘리트로 양성하여 그들이 차출된 지역으로 다시 파견하거나 또는 그들을 제국의 중앙관리로 영입하는 인사 제도였다. 그러나 이 제도는 실상 남자 어린이 징용제도와도 같았다. 각 가정의 장남을 6, 7세 때 개종과 제국 중심의 교육을 위해 콘스탄티노플이나 아나톨리아 등의 중심도시로 끌고 갔다. 제국은 이 제도로 매년 1천~3천 명의 새로운 전사나 충성스런 관리를 충원해 나갈 수 있었다. 데브쉬르메 제도에서 교육받은 이들은 자신이 제국의 엘리트라는 의식이 강했고 종교적으로는 이슬람으로 무장되어 있었다.

① 콘스탄티노플의 대주교는 종교 자치구의 행정 관리로서 역할을 하였다.
② 밀레트는 종교 자치구로 민족끼리의 상호 차별을 예방하기 위한 것이었다.
③ 데브쉬르메 제도는 징용된 어린이를 볼모로 삼아 정복 지역의 반란을 예방하기 위한 수단이 되었다.
④ 티마르 영지를 분배받은 이들의 영지에 대한 권리는 중세 봉건 영지에 대한 영주의 권리와 동일하였다.
⑤ 오스만 제국의 통치 정책은 정복지에 형성되었던 기존의 종교적, 사회적, 경제적 질서를 더욱 견고하게 유지하기 위한 것이었다.

05

다음 글을 읽고 이해한 내용으로 적절하지 않은 것을 고르면?

갑: 2022년에 A 보조금이 B 보조금으로 개편되었다고 들었습니다. 2021년에 A 보조금을 수령한 민원인이 B 보조금의 신청과 관련하여 문의하였습니다. 민원인이 중앙부처로 바로 연락하였다는데 B 보조금 신청 자격을 알 수 있을까요?

을: B 보조금 신청 자격은 A 보조금과 같습니다. 해당 지자체에 농업경영정보를 등록한 농업인이어야 하고 지급 대상 토지도 해당 지자체에 등록된 농지 또는 초지여야 합니다.

갑: 네. 민원인의 자격 요건에 변동 사항은 없다는 것을 확인했습니다. 그 외에 다른 제한 사항은 없을까요?

을: 대상자 및 토지 요건을 모두 충족하더라도 전년도에 A 보조금을 부정한 방법으로 수령했다고 판정된 경우에는 B 보조금을 신청할 수가 없어요. 다만 부정한 방법으로 수령했다고 해당 지자체에서 판정하더라도 수령인은 일정 기간 동안 중앙부처에 이의를 제기할 수 있습니다. 이의 제기 심의 기간에는 수령인이 부정한 방법으로 수령하지 않은 것으로 봅니다.

갑: 우리 중앙부처의 2021년 A 보조금 부정 수령 판정 현황이 어떻게 되죠?

을: 2021년 A 보조금 부정 수령 판정 이의 제기 신청 기간은 만료되었습니다. 부정 수령 판정이 총 15건이 있었는데, 그중 11건에 대한 이의 제기 신청이 들어왔고 1건은 심의 후 이의 제기가 받아들여져 인용되었습니다. 9건은 이의 제기가 받아들여지지 않아 기각되었고 나머지 1건은 아직 이의 제기 심의 절차가 진행 중입니다.

갑: 그렇다면 제가 추가로 민원인의 부정 수령 판정 여부, 민원인의 이의 제기 여부, 이의 제기 기각 건에 민원인이 제기한 건이 포함되었는지 여부만 확인하고 나면 다른 사유를 확인하지 않고서도 민원인이 현재 B 보조금 신청 자격이 되는지를 바로 알 수 있겠네요.

① 민원인이 부정한 방법으로 A 보조금을 수령한 것이 아니라면 B 보조금 신청 자격에 해당된다.

② 민원인이 중앙부처에 이의 제기한 심의 결과 부정한 수령으로 판정되면 B 보조금을 신청할 수 없다.

③ 부정 수령 판정에 대한 이의 제기가 받아들여지더라도 이의 제기 신청 기간이 만료되어 B 보조금을 신청할 수 없다.

④ A 보조금을 부정한 방법으로 수령했다고 판정받은 민원인이 이의 제기를 하지 않았다면 B 보조금을 신청할 수 없다.

⑤ 중앙부처에서 이의 제기 심의 절차가 진행 중인 부정 수령 판정 사항은 수령인이 부정한 방법으로 수령하지 않은 것으로 간주한다.

06

다음 글에서 추론할 수 없는 것을 고르면?

조직 구성원의 발언은 조직과 구성원 양측에 긍정적 효과를 가져올 수 있다. 구성원들은 발언을 함으로써 스스로 통제할 수 있다는 느낌을 가지게 되어 직무 스트레스가 줄고 조직에 대해 긍정적 태도를 가질 수 있다. 동시에 발언은 발언자의 조직 내 이미지를 실추시키거나 다양한 보복을 불러올 우려가 없지 않다. 한편 침묵은 조직의 발전 기회를 놓치게 하거나 조직을 위기에 처하게 할 수 있을 뿐만 아니라, 구성원 자신들에게도 부정적 영향을 미칠 수 있다. 침묵은 구성원들로 하여금 스스로를 가치 없는 존재로 느끼게 만들고, 관련 상황을 통제하지 못한다는 인식을 갖게 함으로써, 구성원들의 정신건강과 신체에 악영향을 미칠 수 있다. 구성원들은 조직에서 우려되는 이슈들을 인지하였을 때, 이를 발언으로 표출할지 아니면 침묵으로 표출하지 않을지 선택할 수 있는데, 해당 조직의 문화 아래에서 보복과 관련한 안전도와 변화 가능성에 대한 실효성 등을 고려하여 판단한다.

침묵의 유형들은 다음과 같다. 먼저, 묵종적 침묵은 조직의 부정적 이슈 등과 관련된 정보나 의견 등을 가지고 있지만 이를 알리거나 표출할 행동 유인이 없어 표출하지 않는 행위를 가리킨다. 이러한 침묵은 문제 있는 현실을 바꾸려는 의지를 상실한 체념의 의미를 내포하고 있어, 방관과 유사하다. 묵종적 침묵은 발언을 해도 소용이 없을 것이라는 조직에 대한 불신으로부터 나오는 행위이다.

방어적 침묵은 외부 위협으로부터 자신을 보호하거나 자신을 향한 보복을 당하지 않기 위해 조직과 관련된 부정적인 정보나 의견을 억누르는 적극적인 성격의 행위를 가리킨다. 기존에 가진 것을 지키기 위한 것뿐만 아니라, 침묵함으로써 추가적인 이익을 보고자 하는 것도 방어적 침묵의 행동 유인으로 포함하여 보기 때문에 자기보신적 행위라고 할 수 있다.

친사회적 침묵은 조직이나 다른 구성원의 이익을 보호하려는 목적에서 조직과 관련된 부정적 정보나 의견 등을 표출하지 않고 억제하는 행위로서, 다른 사람을 배려한 이타주의적인 침묵을 가리킨다. 이는 본인의 사회적 관계를 위한 경우에는 해당되지 않고, 철저하게 '나'를 배제한 판단 아래에서 이뤄지는 행위이다.

① 구성원들의 발언이 조직의 의사결정에 반영되는 정도가 커질수록, 조직의 묵종적 침묵은 감소할 것이다.
② 발언의 영향으로 자신의 안전이 걱정되어 침묵하는 경우는 방어적 침묵에 해당한다.
③ 발언의 실효성이 낮을 것으로 판단하여 침묵하는 경우는 묵종적 침묵에 해당한다.
④ 발언자에 대한 익명성을 보장하는 경우, 조직의 친사회적 침묵은 감소할 것이다.
⑤ 발언의 안전도와 실효성이 낮은 조직일수록 구성원의 건강은 악화될 수 있다.

07

다음 글의 A와 B에 대한 분석으로 가장 적절한 것을 고르면?

A는 근대화란 곧 산업화이고, 산업화는 농촌을 벗어난 농민들이 도시의 임금노동자가 되어가는 과정이라고 생각했다. 토지에 얽매이지 않으며 노동력 말고는 팔 것이 없는 이들을 '자유로운 노동자'라고 불렀다. 이들 중에서 한 사람의 임금으로 가족 전부를 부양할 수 있을 만큼의 급여를 확보한 특권적인 노동자가 나타난다. 이 노동자가 한 집안의 가장 혹은 '빵을 벌어오는 사람'이다. 이렇게 자신과 가족의 생활을 유지할 만큼 급여를 받는 피고용자를 정규직이라 불러왔다. 그 급여 수준이 어느 정도인지, 일주일에 몇 시간을 노동해야 하는지에 대해서는 역사적으로 각 사회의 '건강하고 문화적인' 생활수준과 노사협의를 통해서 결정된다. A는 산업화가 지속적으로 진전되면 세상의 모든 사람은 정규직 임금노동자가 된다고 예측했다.

이에 이의를 제기한 B는 산업화가 진전됨에 따라 노동자들이 크게 핵심부, 반주변부, 주변부로 나뉜다고 주장했다. 핵심부에 속하는 노동자들은 혼자 벌어 가정을 유지할 만큼의 급여를 확보하는 정규직 노동자들인데, 이들의 일자리는 사회적 희소재로서 앞으로는 늘어나지 않을 것으로 예측되었다. 그 대신에 반주변부에는 정규직보다 급여가 낮은 비정규직을 포함하는 일반 노동자들이, 그리고 시장 바깥의 주변부에는 실업자를 포함해서 반주변부보다 열악한 상황에 놓인 노동자들이 계속해서 남아돌게 될 것이라고 했다. 그의 예측은 적중했다.

산업화가 진전된 선진국에서는 고용의 파이가 더 이상 확대되지 않거나 축소되었다. 일반적으로 노조가 발달한 선진국에는 노동자에게 '선임자 특권'이라는 것이 있다. 이로 인해 이미 고용된 나이 많은 노동자를 해고하는 것이 어려워져 신규 채용을 회피하게 된다. 그 결과 국제적으로 정규직의 파이는 거의 모든 사회에서 축소되는 경향을 낳았다. 그러한 바탕 위에 노동시장에서 고용의 비정규직화는 지속적으로 강화되었으며 청년 실업률 또한 높아졌다.

① A는 정규직 노동자의 실질 급여 수준이 산업화가 진전됨에 따라 지속적으로 하락할 것으로 보았다.
② B는 산업화가 진전됨에 따라 기존의 주변부 노동자들과는 다른 새로운 형태의 주변부 노동자들이 계속해서 생성될 것이라고 보았다.
③ A와 B는 모두 선임자 특권이 청년 실업률을 높이는 데 기여한다고 보았다.
④ A와 B는 모두 산업화가 진전되면 궁극적으로 한 사회의 노동자들의 급여가 다양한 수준에서 결정된다고 보았다.
⑤ A는 정규직 노동자가, B는 핵심부 노동자가 한 사람의 노동자 급여로 가족을 부양할 수 있다고 보았다.

08

다음 글의 내용과 일치하지 않는 것을 고르면?

현대 심신의학의 기초를 수립한 연구는 1974년 심리학자 애더에 의해 이루어졌다. 애더는 쥐의 면역계에서 학습이 가능하다는 주장을 발표하였는데, 그것은 면역계에서는 학습이 이루어지지 않는다고 믿었던 당시의 과학적 견해를 뒤엎는 발표였다. 당시까지는 학습이란 뇌와 같은 중추신경계에서만 일어날 수 있을 뿐 면역계에서는 일어날 수 없다고 생각했다.

애더는 시클로포스파미드가 면역세포인 T세포의 수를 감소시켜 쥐의 면역계 기능을 억제한다는 사실을 알고 있었다. 어느 날 그는 구토를 야기하는 시클로포스파미드를 투여하기 전 사카린 용액을 먼저 쥐에게 투여했다. 그러자 그 쥐는 이후 사카린 용액을 회피하는 반응을 일으켰다. 그 원인을 찾던 애더는 쥐에게 시클로포스파미드는 투여하지 않고 단지 사카린 용액만 먹여도 쥐의 혈류 속에서 T세포의 수가 감소된다는 것을 알아내었다. 이것은 사카린 용액이라는 조건자극이 T세포 수의 감소라는 반응을 일으킨 것을 의미한다.

심리학자들은 자극－반응 관계 중 우리가 태어날 때부터 가지고 있는 것을 '무조건자극－반응'이라고 부른다. '음식물－침 분비'를 예로 들 수 있고, 애더의 실험에서는 '시클로포스파미드－T세포 수의 감소'가 그 예이다. 반면에 무조건자극이 새로운 조건자극과 연결되어 반응이 일어나는 과정을 '파블로프의 조건형성'이라고 부른다. 애더의 실험에서 쥐는 조건형성 때문에 사카린 용액만 먹여도 시클로포스파미드를 투여 받았을 때처럼 T세포 수의 감소반응을 일으킨 것이다. 이런 조건형성 과정은 경험을 통한 행동의 변화라는 의미에서 학습과정이라 할 수 있다.

이 연구 결과는 몇 가지 점에서 중요하다고 할 수 있다. 심리적 학습은 중추신경계의 작용으로 이루어진다. 그런데 면역계에서도 학습이 이루어진다는 것은 중추신경계와 면역계가 독립적이지 않으며 어떤 방식으로든 상호 작용한다는 것을 말해준다. 이 발견으로 연구자들은 마음의 작용이나 정서 상태에 의해 중추신경계의 뇌세포에서 분비된 신경전달물질이나 호르몬이 우리의 신체 상태에 어떠한 영향을 끼치게 되는지를 더 면밀히 탐구하게 되었다.

① 면역계에서 학습이 가능하다는 사실은 인간의 중추신경계와 면역계가 독립적이지 않다는 것을 증명한다.
② 시클로포스파미드를 투여하기 전에 사카린 용액을 먹인 쥐는 이후에 사카린 용액만 먹여도 T세포의 수가 줄어든다.
③ T세포가 감소하면 면역계의 기능이 억제된다.
④ 음식물을 보면 침이 분비되는 현상은 파블로프의 조건형성 이론을 통해 설명 가능하다.
⑤ 1900년대 후반에 애더는 통념을 뒤엎고 면역계에서 학습이 가능하다고 주장하였다.

09

다음 글의 서술 방식으로 가장 적절한 것을 고르면?

서양 사람들은 옛날부터 신이 자연 속에 진리를 감추어 놓았다고 믿고 그 진리를 찾기 위해 노력했다. 그들은 숨겨진 진리가 바로 수학이며 자연물 속에 비례의 형태로 숨어 있다고 생각했다. 또한 신이 자연물에 숨겨 놓은 수많은 진리 중에서도 인체 비례야말로 가장 아름다운 진리의 정수로 여겼다. 그래서 서양 사람들은 예로부터 이러한 신의 진리를 드러내기 위해서 완벽한 인체를 구현하는 데 몰두했다. 레오나르도 다빈치의 『인체 비례도』를 보면, 원과 정사각형을 배치하여 사람의 몸을 표현하고 있다. 가장 기본적인 기하 도형이 인체 비례와 관련 있다는 점에 착안하였던 것이다. 르네상스 시대 건축가들은 이러한 기본 기하 도형으로 건축물을 디자인하면 인체 비례에 숨겨진 신의 진리를 구현한 위대한 건물을 지을 수 있다고 생각했다.

건축에서 미적 표준으로 인체 비례를 활용하는 조형적 안목은 서양뿐 아니라 동양에서도 찾을 수 있다. 고대부터 중국이나 우리나라에서도 인체 비례를 건축물 축조에 활용하였다. 불국사의 청운교와 백운교는 3:4:5 비례의 직각삼각형으로 이루어져 있다. 이와 같은 비례로 건축하는 것을 '구고현(勾股弦)법'이라 한다. 뒤꿈치를 바닥에 대고 무릎을 직각으로 구부린 채 누우면 바닥과 다리 사이에 삼각형이 이루어지는데, 이것이 구고현법의 삼각형이다. 짧은 변인 구(勾)는 넓적다리에, 긴 변인 고(股)는 장딴지에 대응하고, 빗변인 현(弦)은 바닥의 선에 대응한다. 이 삼각형은 고대 서양에서 신성불가침의 삼각형이라 불렀던 것과 동일한 비례를 가지고 있다. 동일한 비례를 아름다움의 기준으로 삼았다는 점에서 조형미에 대한 동서양의 안목이 유사하였다는 것을 알 수 있다.

① 특정 개념에 대한 구체적인 사례를 제시하여 비교하고 있다.
② 특정 개념이 발전해 온 양상을 시간의 흐름에 따라 소개하고 있다.
③ 특정 개념을 보완할 수 있는 대안과 새로운 개념을 제안하고 있다.
④ 특정 개념에 대한 반론을 중심으로 그 개념의 한계를 제시하고 있다.
⑤ 특정 개념이 등장하게 된 배경을 바탕으로 상반된 주장을 비교하고 있다.

10

다음 글의 내용과 일치하지 않는 것을 고르면?

내가 어렸을 때만 하더라도 원래 북아메리카에는 100만 명가량의 원주민밖에 없었다고 배웠다. 이렇게 적은 수라면 거의 빈 대륙이라고 할 수 있으므로 백인들의 아메리카 침략은 정당해 보였다. 그러나 고고학 발굴과 미국의 해안지방을 처음 밟은 유럽 탐험가들의 기록을 자세히 검토한 결과 원주민들이 처음에는 수천만 명에 달했다는 것을 알게 되었다. 아메리카 전체를 놓고 보았을 때 콜럼버스가 도착한 이후 한두 세기에 걸쳐 원주민 인구는 최대 95%가 감소한 것으로 추정된다.

그런데 유럽의 총칼에 의해 전쟁터에서 목숨을 잃은 아메리카 원주민보다 유럽에서 온 전염병에 의해 목숨을 잃은 원주민 수가 훨씬 많았다. 이 전염병은 대부분의 원주민들과 그 지도자들을 죽이고 생존자들의 사기를 떨어뜨림으로써 그들의 저항을 약화시켰다. 예를 들자면 1519년에 코르테스는 인구 수천만의 아스텍 제국을 침탈하기 위해 멕시코 해안에 상륙했다. 코르테스는 단 600명의 스페인 병사를 이끌고 아스텍의 수도인 테노치티틀란을 무모하게 공격했지만 병력의 3분의 2만 잃고 무사히 퇴각할 수 있었다. 여기에는 스페인의 군사적 강점과 아스텍족의 어리숙함이 함께 작용했다. 코르테스가 다시 쳐들어왔을 때 아스텍인들은 더 이상 그렇게 어리숙하지 않았고 몹시 격렬한 싸움을 벌였다. 그런데도 스페인이 우위를 점할 수 있었던 것은 바로 천연두 때문이었다. 이 병은 1520년에 스페인령 쿠바에서 감염된 한 노예와 더불어 멕시코에 도착했다. 그때부터 시작된 유행병은 거의 절반에 가까운 아스텍족을 몰살시켰으며 거기에는 쿠이틀라우악 아스텍 황제도 포함되어 있었다. 이 수수께끼의 질병은 마치 스페인인들이 무적임을 알리려는 듯 스페인인은 내버려두고 원주민만 골라 죽였다. 그리하여 처음에는 약 2,000만에 달했던 멕시코 원주민 인구가 1618년에는 약 160만으로 곤두박질치고 말았다.

① 콜럼버스가 아메리카 대륙에 도착한 후로 100~200년에 걸쳐 원주민의 인구가 최대 95% 줄어든 것으로 분석된다.
② 1519년에 멕시코 해안에 상륙한 코르테스는 수천만의 병력으로 아스텍 제국에 타격을 입혔다.
③ 쿠이틀라우악 아스텍 황제는 상당수의 아스텍족과 마찬가지로 천연두로 사망하였다.
④ 아메리카 원주민 중 유럽에서 유래된 전염병으로 사망한 인구가 유럽과의 전쟁으로 사망한 인구보다 많다.
⑤ 본래 북아메리카에 원주민 수가 약 100만 명에 불과했다는 주장은 백인의 아메리카 침략을 정당화하는 데 이용되기도 한다.

11

다음 글에서 알 수 없는 것을 고르면?

사유 재산 제도와 시장 경제가 자본주의의 양대 축을 이루기 때문에 토지 또한 민간의 소유이어야만 한다고 하는 이들이 많다. 토지사유제의 정당성을 그것이 자본주의의 성립 근거라는 점에서 찾고자 하는 학자도 있다. 토지에 대해서는 절대적이고 배타적인 소유권을 인정할 수 없다고 하면 이들은 신성불가침 영역에 대한 도발이라며 이에 반발한다. 토지가 일반 재화나 자본에 비해 지닌 근본적인 차이는 무시하고 말이다. 과연 자본주의 경제는 토지사유제 없이 성립할 수 없는 것일까?

싱가포르, 홍콩, 대만, 핀란드 등의 사례는 위의 물음에 직접적인 답변을 제시한다. 이들은 토지공유제를 시행하였거나 토지의 공공성을 인정했음에도 불구하고 자본주의의 경제를 모범적으로 발전시켜온 사례이다. 물론 토지사유제를 당연하게 여기는 사람들이 이런 사례들을 토지 공공성을 인정해야만 하는 당위의 근거로서 받아들이는 것은 아니다. 그들은 오히려 토지의 공공성 강조가 사회주의적 발상이라고 비판한다. 하지만 이와 같은 비판은 토지와 관련된 권리 제도에 대한 무지에 기인한다.

토지 소유권은 사용권, 처분권, 수익권의 세 가지 권리로 구성된다. 각각의 권리를 누가 갖느냐에 따라 토지 제도는 다음과 같이 분류된다. 세 권리 모두 민간이 갖는 토지사유제, 세 권리 모두 공공이 갖는 사회주의적 토지공유제, 그리고 사용권은 민간이 갖고 수익권은 공공이 갖는 토지가치공유제이다. 한편, 토지가치공유제는 처분권을 누가 갖느냐에 따라 두 가지 제도로 분류된다. 처분권을 완전히 민간이 갖는 토지가치세제와 공공이 처분권을 갖지만 사용권을 가진 자에게 한시적으로 처분권을 맡기는 토지공공임대제이다. 토지 소유권을 구성하는 세 가지 권리를 민간과 공공이 적당히 나누어 갖는 경우가 많으므로 실제의 토지 제도는 이 분류보다 훨씬 더 다양하다.

이 중 자본주의 경제와 결합될 수 없는 토지 제도는 사회주의적 토지공유제뿐이다. 물론 어느 토지 제도가 더 나은 경제적 성과를 보이는가는 그 이후의 문제이다. 토지사유제 옹호론에 따르면, 토지 자원의 효율적 배분이 가능하기 위해 토지에 대한 절대적, 배타적 소유권을 인정해야만 한다. 토지사유제만이 토지의 오용을 막을 수 있으며, 나아가 토지 사용의 안정성을 보장할 수 있다는 것이다. 하지만 토지 자원의 효율적 배분을 위해 토지의 사용권, 처분권, 수익권 모두를 민간이 가져야 할 필요는 없다. 토지 위 시설물에 대한 소유권을 민간이 갖고, 토지에 대해서 민간은 배타적 사용권만 가지면 충분하다.

① 토지사유제는 자본주의 성립을 위한 필수 조건이 아니다.
② 토지사유제를 보장하지 않아도 토지 사용의 안정성을 이룰 수 있다.
③ 토지사유제와 토지가치세제에서는 토지 사용권을 모두 민간이 갖는다.
④ 토지사유제에서는 토지 자원의 성격과 일반 재화의 성격이 서로 다른 것으로 인정된다.
⑤ 토지가치세제와 토지공공임대제 이외에도 토지 소유권을 어떻게 나누느냐에 따라 다양한 토지 제도가 존재한다.

12

다음 글의 빈칸 ㉠에 들어갈 말로 가장 적절한 것을 고르면?

흔히들 과학적 이론이나 가설을 표현하는 엄밀한 물리학적 언어만을 과학의 언어라고 생각한다. 그러나 과학적 이론이나 가설을 검사하는 과정에는 이러한 물리학적 언어 외에 우리의 감각적 경험을 표현하는 일상적 언어도 사용될 수밖에 없다. 그런데 우리의 감각적 경험을 표현하는 일상적 언어에는 과학적 이론이나 가설을 표현하는 물리학적 언어와는 달리 매우 불명료하고 엄밀하게 정의될 수 없는 용어들이 포함되어 있다. 어떤 학자는 이러한 용어들을 '발룽엔'이라고 부른다.

이제 과학적 이론이나 가설을 검사하는 과정에 발룽엔이 개입된다고 해보자. 이 경우 우리는 증거와 가설 사이의 논리적 관계가 무엇인지 결정할 수 없게 될 것이다. 즉, 증거가 가설을 논리적으로 뒷받침하고 있는지 아니면 논리적으로 반박하고 있는지에 관해 미결정적일 수밖에 없다는 것이다.

그 이유는 증거를 표현할 때 포함될 수밖에 없는 발룽엔을 어떻게 해석할 것인지에 따라 증거와 가설 사이의 논리적 관계에 대한 다양한 해석이 나오게 될 것이기 때문이다. 발룽엔의 의미는 본질적으로 불명료할 수밖에 없다. 즉, 발룽엔을 아무리 상세하게 정의하더라도 그것의 의미를 정확하고 엄밀하게 규정할 수는 없다는 것이다.

논리실증주의자들이나 포퍼는 증거와 가설 사이의 관계를 논리적으로 정확하게 판단할 수 있고 이를 통해 가설을 정확히 검사할 수 있다고 생각했다. 그러나 증거와 가설이 상충하면 가설이 퇴출된다는 식의 생각은 너무 단순한 것이다. 증거와 가설의 논리적 관계에 대한 판단을 위해서는 증거가 의미하는 것이 무엇인지 파악하는 것이 선행되어야 하기 때문이다. 따라서 우리가 발룽엔의 존재를 염두에 둔다면, '[㉠]'라고 결론지을 수 있다.

① 과학적 가설과 증거의 논리적 관계를 정확하게 판단할 수 있다는 생각은 잘못된 것이다.
② 과학적 가설을 표현할 때에는 논리적으로 명확한 언어만 사용될 수 있다.
③ 과학적 가설과 증거를 검사하기 위해서는 감각적 경험이 불필요하다.
④ 과학적 증거의 표현은 물리학적 언어로만 구성할 수는 없다.
⑤ 발룽엔에 대한 명확한 정의가 필요하다.

13

다음 글의 ㉠에 대한 판단으로 적절하지 않은 것을 고르면?

어떤 회사가 소비자들을 A부터 H까지 8개의 동질적인 집단으로 나누어, 이들을 대상으로 마케팅 활동의 효과를 살펴보는 실험을 하였다. 마케팅 활동은 구매 전 활동과 구매 후 활동으로 구성되는데, 구매 전 활동에는 광고와 할인 두 가지가 있고 구매 후 활동은 사후 서비스 한 가지뿐이다. 구매 전 활동이 끝난 뒤 구매율을 평가하고, 구매 후 활동까지 모두 마친 뒤 구매 전과 구매 후의 마케팅 활동을 종합하여 마케팅 만족도를 평가하였다. 구매율과 마케팅 만족도는 모두 a, b, c, d로 평가하였는데, a가 가장 높고 d로 갈수록 낮다. 이 회사가 수행한 ㉠ 실험의 결과는 다음과 같다.

- A와 B를 대상으로는 구매 전 활동을 실시하지 않았는데 구매율은 d였다. 이 중 A에 대해서는 사후 서비스를 하였고 B에 대해서는 하지 않았는데, 마케팅 만족도는 각각 c와 d였다.
- C와 D를 대상으로 구매 전 활동 중 광고만 하였더니 구매율은 c였다. 이 중 C에 대해서는 사후 서비스를 하였고 D에 대해서는 하지 않았는데, 마케팅 만족도는 각각 b와 c였다.
- E와 F를 대상으로 구매 전 활동 중 할인 기회만 제공하였더니 구매율은 b였다. 이 중 E에 대해서는 사후 서비스를 하였고 F에 대해서는 하지 않았는데, 마케팅 만족도는 모두 b였다.
- G와 H를 대상으로 구매 전 활동으로 광고와 함께 할인 기회를 제공하였더니 구매율은 b였다. 이 중 G에 대해서는 사후 서비스를 하였고 H에 대해서는 하지 않았는데, 마케팅 만족도는 각각 a와 b였다.

① 구매 전 활동 중 할인이 광고보다 더 높은 구매 효과를 나타낸다.
② 구매 전 마케팅 활동만으로도 가장 높은 구매율 평가 등급(a)을 받을 수 있다.
③ 할인만을 제공한 경우 구매 후 활동은 마케팅 만족도에 별다른 영향을 끼치지 못한다.
④ 할인 기회를 제공하였다면 광고의 여부와 상관없이 구매율 평가는 동일하다.
⑤ 구매 전 활동으로 광고를 실시하였다면 사후 서비스를 통해 마케팅 만족도를 높일 수 있다.

14

다음 [표]는 농림어업 생산액 상위 20개국의 GDP 및 농림어업 생산액에 관한 자료이다. 이에 대한 설명으로 옳지 않은 것을 고르면?

[표] 농림어업 생산액 상위 20개국의 GDP 및 농림어업 생산액 현황 (단위: 십억 달러, %)

국가 \ 연도·구분	2017년 GDP	2017년 농림어업 생산액	2017년 GDP 대비 비율	2012년 GDP	2012년 농림어업 생산액	2012년 GDP 대비 비율
중국	12,237	( )	7.9	8,560	806	9.4
인도	2,600	( )	15.5	1,827	307	16.8
미국	( )	198	1.0	16,155	194	1.2
인도네시아	1,015	133	13.1	917	122	13.3
브라질	2,055	93	( )	2,465	102	( )
나이지리아	375	78	20.8	459	100	21.8
파키스탄	304	69	( )	224	53	( )
러시아	1,577	63	4.0	2,210	70	3.2
일본	4,872	52	1.1	6,230	70	1.1
터키	851	51	6.0	873	67	7.7
이란	454	43	9.5	598	45	7.5
태국	455	39	8.6	397	45	11.3
멕시코	1,150	39	3.4	1,201	38	3.2
프랑스	2,582	38	1.5	2,683	43	1.6
이탈리아	1,934	37	1.9	2,072	40	1.9
호주	1,323	36	2.7	1,543	34	2.2
수단	117	35	29.9	68	22	32.4
아르헨티나	637	35	5.5	545	31	5.7
베트남	223	34	15.2	155	29	18.7
스페인	1,311	33	2.5	1,336	30	2.2
전세계	80,737	3,351	4.2	74,993	3,061	4.1

① 2017년 인도의 농림어업 생산액은 2012년보다 많다.
② 2017년 브라질의 GDP 대비 농림어업 생산액의 비율은 2012년보다 높다.
③ 2017년 중국의 농림어업 생산액은 전세계의 30% 이상이다.
④ 2012년 파키스탄의 GDP 대비 농림어업 생산액의 비율은 수단 다음으로 높다.
⑤ 2012년 대비 2017년 GDP 증가율과 농림어업 생산액의 증가율이 가장 큰 나라는 같다.

15

다음 [표]는 2018~2020년 프랜차이즈 기업 A~E의 가맹점 현황에 관한 자료이다. 이에 대한 [보기]의 설명 중 옳은 것을 모두 고르면?

[표1] 2018~2020년 A~E기업의 가맹점 신규개점 현황 (단위: 개, %)

기업 \ 구분/연도	신규개점 수			신규개점률	
	2018년	2019년	2020년	2019년	2020년
A	249	390	357	31.1	22.3
B	101	89	75	9.5	7.8
C	157	110	50	12.6	5.7
D	93	233	204	35.7	25.4
E	131	149	129	27.3	19.3

※ (해당 연도 신규개점률)(%)= $\frac{\text{(해당 연도 신규개점 수)}}{\text{(전년도 가맹점 수)+(해당 연도 신규개점 수)}} \times 100$

[표2] 2018~2020년 A~E기업의 가맹점 폐점 수 현황 (단위: 개)

기업 \ 연도	2018년	2019년	2020년
A	11	12	21
B	27	53	140
C	24	39	70
D	55	25	64
E	4	8	33

※ (해당 연도 가맹점 수)=(전년도 가맹점 수)+(해당 연도 신규개점 수)−(해당 연도 폐점 수)

보기

㉠ 2018년 가맹점 수가 800개 이상인 기업은 총 3개이다.
㉡ 2019년 폐점 수가 가장 많은 기업과 가장 적은 기업의 가맹점 수 차이는 200개 이상이다.
㉢ 2020년 신규개점률이 가장 높은 기업은 가장 낮은 기업보다 가맹점 수가 적다.
㉣ 2019~2020년 동안 A~E기업의 가맹점 수는 각각 매년 증가했다.

① ㉠, ㉡
② ㉠, ㉢
③ ㉡, ㉢
④ ㉡, ㉣
⑤ ㉢, ㉣

16

다음 [표]는 A~D지역으로만 이루어진 '갑'국의 2015년 인구 전입 · 전출과 관련한 자료이다. 2016년 인구가 가장 많은 지역의 인구를 a, 2015년과 2016년의 인구 차이가 가장 작은 지역의 인구 차이를 b라고 할 때, $a+b$의 값을 고르면?

[표1] 2015년 인구 전입 · 전출 (단위: 명)

전출지 \ 전입지	A	B	C	D
A		190	145	390
B	123		302	260
C	165	185		110
D	310	220	130	

※ 1) 전입 · 전출은 A~D지역 간에서만 이루어짐.
2) 2015년 인구 전입 · 전출은 2015년 1월 1일부터 12월 31일까지 발생하며, 동일인의 전입 · 전출은 최대 1회만 가능함.
3) 예시: [표1]에서 '190'은 A지역에서 190명이 전출하여 B지역으로 전입하였음을 의미함.

[표2] 2015~2016년 지역별 인구 (단위: 명)

지역 \ 연도	2015	2016
A	3,232	3,105
B	3,120	3,030
C	2,931	( )
D	3,080	( )

※ 1) 인구는 매년 1월 1일 0시를 기준으로 함.
2) 인구변화는 전입 · 전출에 의해서만 가능함.

① 3,270 ② 3,250 ③ 3,235
④ 3,175 ⑤ 3,055

17

다음 [표]는 인공지능(AI)의 동물식별 능력을 조사한 결과이다. 이에 대한 [보기]의 설명으로 옳은 것만을 모두 고르면?

[표] AI의 동물식별 능력 조사 결과 (단위: 마리)

AI 식별 결과 / 실제	개	여우	돼지	염소	양	고양이	합계
개	457	10	32	1	0	2	502
여우	12	600	17	3	1	2	635
돼지	22	22	350	2	0	3	399
염소	4	3	3	35	1	2	48
양	0	0	1	1	76	0	78
고양이	3	6	5	2	1	87	104
전체	498	641	408	44	79	96	1,766

보기

ㄱ AI가 돼지로 식별한 동물 중 실제 돼지가 아닌 비율은 10% 이상이다.

ㄴ 실제 여우 중 AI가 여우로 식별한 비율은 실제 돼지 중 AI가 돼지로 식별한 비율보다 낮다.

ㄷ 전체 동물 중 AI가 실제와 동일하게 식별한 비율은 85% 이상이다.

ㄹ 실제 염소를 AI가 고양이로 식별한 수보다 양으로 식별한 수가 많다.

① ㄱ, ㄴ　② ㄱ, ㄷ　③ ㄴ, ㄷ
④ ㄱ, ㄷ, ㄹ　⑤ ㄴ, ㄷ, ㄹ

18

다음 [표]는 2016년 10월, 2017년 10월 순위 기준 상위 11개국의 축구 국가대표팀 순위 변동에 관한 자료이다. 이에 대한 설명으로 옳은 것을 고르면?

[표] 축구 국가대표팀 순위 변동

순위 \ 구분	2016년 10월			2017년 10월		
	국가	점수	등락	국가	점수	등락
1	아르헨티나	1,621	–	독일	1,606	↑1
2	독일	1,465	↑1	브라질	1,590	↓1
3	브라질	1,410	↑1	포르투갈	1,386	↑3
4	벨기에	1,382	↓2	아르헨티나	1,325	↓1
5	콜롬비아	1,361	–	벨기에	1,265	↑4
6	칠레	1,273	–	폴란드	1,250	↓1
7	프랑스	1,271	↑1	스위스	1,210	↓3
8	포르투갈	1,231	↓1	프랑스	1,208	↑2
9	우루과이	1,175	–	칠레	1,195	↓2
10	스페인	1,168	↑1	콜롬비아	1,191	↓2
11	웨일스	1,113	↑1	스페인	1,184	–

※ 1) 축구 국가대표팀 순위는 매월 발표됨.
2) 등락에서 ↑, ↓, –는 전월 순위보다 각각 상승, 하락, 변동없음을 의미하고, 옆의 숫자는 전월대비 순위의 상승폭 혹은 하락폭을 의미함.

① 2016년 10월과 2017년 10월에 순위가 모두 상위 10위 이내인 국가 수는 9개이다.

② 2017년 10월 상위 10개 국가 중, 2017년 9월 순위가 2016년 10월 순위보다 낮은 국가는 높은 국가보다 많다.

③ 2017년 10월 상위 5개 국가의 점수 평균이 2016년 10월 상위 5개 국가의 점수 평균보다 높다.

④ 2017년 10월 상위 11개 국가 중 전년 동월 대비 점수가 상승한 국가는 전년 동월 대비 순위도 상승하였다.

⑤ 2017년 10월 상위 11개 국가 중 2017년 10월 순위가 전월 대비 상승한 국가는 전년 동월 대비 상승한 국가보다 많다.

19

다음 [표]는 특별 · 광역 · 특별자치시의 도로현황에 관한 자료이다. 이를 바탕으로 [조건]을 모두 만족하는 두 도시 A, B를 비교한 것으로 옳은 것을 고르면?

[표] 특별 · 광역 · 특별자치시의 도로현황

구분	면적 (km^2)	인구 (천 명)	도로 연장 (km)	포장 도로 (km)	도로 포장률 (%)	면적당 도로연장 (km/km^2)	인구당 도로연장 (km/천 명)	자동차 대수 (천 대)	자동차당 도로연장 (km/천 대)	도로 보급률
서울	605	10,195	8,223	8,223	100.0	13.59	0.81	2,974	2.76	3.31
부산	770	3,538	3,101	3,022	97.5	4.03	0.88	1,184	2.62	1.88
대구	884	2,506	2,627	2,627	100.0	2.97	1.05	1,039	2.53	1.76
인천	1,041	2,844	2,743	2,605	95.0	2.63	0.96	1,142	2.40	1.59
광주	501	1,469	1,806	1,799	99.6	3.60	1.23	568	3.18	2.11
대전	540	1,525	2,077	2,077	100.0	3.85	1.36	606	3.43	2.29
울산	1,060	1,147	1,760	1,724	98.0	1.66	1.53	485	3.63	1.60
세종	465	113	412	334	81.1	0.89	3.65	53	7.77	1.80
전국	100,188	50,948	106,440	87,798	82.5	1.06	2.09	19,400	5.49	1.49

조건

- 자동차당 도로연장은 A시와 B시 모두 전국보다 짧다.
- A시 인구는 B시 인구의 2배 이상이다.
- A시는 B시에 비해 면적이 더 넓다.
- A시는 B시에 비해 도로포장률이 더 높다.

① 자동차 대수: A < B
② 도로보급률: A < B
③ 면적당 도로연장: A > B
④ 인구당 도로연장: A > B
⑤ 자동차당 도로연장: A > B

20

다음 [표]는 2019~2021년 갑국의 장소별 전기차 급속충전기 수에 관한 자료이다. 이에 대한 [보기]의 설명 중 옳지 않은 것을 고르면?

[표] 장소별 전기차 급속충전기 수 (단위: 대)

구분		2019년	2020년	2021년
다중이용시설	쇼핑몰	807	1,701	2,701
	주유소	125	496	( )
	휴게소	( )	( )	2,099
	문화시설	757	1,152	1,646
	체육시설	272	498	604
	숙박시설	79	146	227
	여객시설	64	198	378
	병원	27	98	152
	소계	2,606	5,438	8,858
일반시설	공공시설	1,595	( )	3,752
	주차전용시설	565	898	1,275
	자동차정비소	119	303	375
	공동주택	( )	102	221
	기타	476	499	522
	소계	2,784	4,550	6,145
전체		5,390	9,988	15,003

① 2019년 전기차 급속충전기 수는 공동주택이 병원보다 많다.

② 2020년 휴게소의 전기차 급속충전기 수의 전년 대비 증가율은 100% 이상이다.

③ 2020년과 2021년 각각 일반시설 중 공공시설의 전기차 급속충전기 점유율은 60% 이상이다.

④ 2021년 주유소의 전기차 급속충전기 수의 전년 대비 증가율은 다중이용시설 중 가장 높다.

⑤ 2021년 다중이용시설 중 문화시설의 전기차 급속충전기 수의 비율은 일반시설 중 주차전용시설 급속충전기 수의 비율보다 높다.

21

다음 [표]는 품목별 한우의 2015년 10월 평균가격, 전월 · 전년 동월 · 직전 3개년 동월 평균가격을 제시한 자료이다. 주어진 자료를 바탕으로 [보기]의 설명 중 옳은 것만을 모두 고르면?

[표] 품목별 한우 평균가격(2015년 10월 기준)

(단위: 원/kg)

품목		2015년 10월 평균가격	전월 평균가격	전년 동월 평균가격	직전 3개년 동월 평균가격
구분	등급				
거세우	1등급	17,895	18,922	14,683	14,199
	2등급	16,534	17,369	13,612	12,647
	3등급	14,166	14,205	12,034	10,350
비거세우	1등급	18,022	18,917	15,059	15,022
	2등급	16,957	16,990	13,222	12,879
	3등급	14,560	14,344	11,693	10,528

※ 1) 거세우, 비거세우의 등급은 1등급, 2등급, 3등급만 있음.
2) 품목은 구분과 등급의 조합임. 예를 들어, 구분이 거세우이고 등급이 1등급이면 품목은 거세우 1등급임.

보기

㉠ 제시된 기간 중 거세우 1등급의 평균가격은 2015년 9월에 가장 높다.
㉡ 2015년 10월 등급별 거세우와 비거세우의 가격은 각각 1년 전 같은 등급의 평균가격보다 모두 높다.
㉢ 지난 3년간 매 10월 거세우와 비거세우의 등급별 가격은 꾸준히 증가하였다.
㉣ 직전 3개년 동월 평균가격 대비 2015년 10월 평균가격 증가폭이 가장 큰 품목은 비거세우 3등급이다.

① ㉠, ㉡ ② ㉠, ㉣ ③ ㉡, ㉢
④ ㉠, ㉡, ㉢ ⑤ ㉠, ㉢, ㉣

22

다음 [표]는 2008~2013년 '갑'국 농·임업 생산액과 부가가치 현황에 대한 자료이다. 이에 대한 설명으로 옳은 것을 고르면?

[표1] 농·임업 생산액 현황 (단위: 십억 원, %)

구분		2008	2009	2010	2011	2012	2013
농·임업 생산액		39,663	42,995	43,523	43,214	46,357	46,648
분야별 비중	곡물	23.6	20.2	15.6	18.5	17.5	18.3
	화훼	28.0	27.7	29.4	30.1	31.7	32.1
	과수	34.3	38.3	40.2	34.7	34.6	34.8

※ 1) 분야별 비중은 농·임업 생산액 대비 해당 분야의 생산액 비중임.
2) 곡물, 화훼, 과수는 농·임업의 일부 분야임.

[표2] 농·임업 부가가치 현황 (단위: 십억 원, %)

구분		2008	2009	2010	2011	2012	2013
농·임업 부가가치		22,587	23,540	24,872	26,721	27,359	27,376
GDP 대비 비중	농업	2.1	2.1	2.0	2.1	2.0	2.0
	임업	0.1	0.1	0.2	0.1	0.2	0.2

※ 1) GDP 대비 비중은 GDP 대비 해당 분야의 부가가치 비중임.
2) 농·임업은 농업과 임업으로만 구성됨.

① 2009~2013년 동안 농·임업 생산액과 농·임업 부가가치의 전년 대비 증감 추이는 같다.
② 2012년 곡물 생산액은 전년보다 감소하였다.
③ 2011년 과수 생산 비중은 전년보다 5.5% 감소하였다.
④ 2008~2010년 곡물과 화훼 생산액의 차이는 화훼와 과수 생산액의 차이보다 적다.
⑤ 매년 임업 부가가치는 농·임업 부가가치의 10% 미만이다.

23

다음 [표]는 산림경영단지 A~E의 임도 조성 현황에 관한 자료이다. 주어진 자료를 바탕으로 면적이 가장 넓은 산림경영단지와 가장 좁은 산림경영단지의 면적의 차를 고르면?

[표] 산림경영단지 A~E의 임도 조성 현황

(단위: %, km, km/ha)

산림경영단지 \ 구분	작업임도 비율	간선임도 길이	임도 밀도
A	30	70	15
B	20	40	10
C	30	35	20
D	50	20	10
E	40	60	20

※ 1) 임도 길이(km) = 작업임도 길이 + 간선임도 길이

2) 작업임도 비율(%) = $\frac{\text{작업임도 길이}}{\text{임도 길이}} \times 100$

3) 간선임도 비율(%) = $\frac{\text{간선임도 길이}}{\text{임도 길이}} \times 100$

4) 임도 밀도(km/ha) = $\frac{\text{임도 길이}}{\text{산림경영단지 면적}}$

① $\frac{23}{6}$ha ② 4ha ③ $\frac{25}{6}$ha ④ $\frac{13}{3}$ha ⑤ $\frac{9}{2}$ha

24

다음 [표]와 [그래프]는 2010~2014년 '갑'국 상업용 무인기의 국내 시장 판매량 및 수출입량과 '갑'국 A사의 상업용 무인기 매출액에 대한 자료이다. 이에 대한 [보기]의 설명 중 옳은 것만을 모두 고르면?

[그래프] '갑'국 상업용 무인기의 국내 시장 판매량 (단위: 천 대)

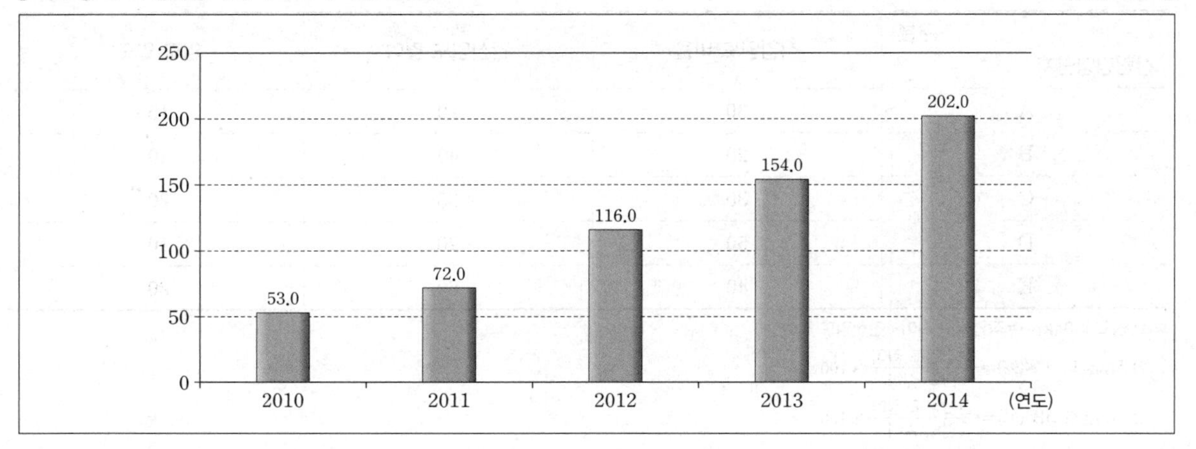

[표1] '갑'국 상업용 무인기 수출입량 (단위: 천 대)

구분 \ 연도	2010	2011	2012	2013	2014
수출량	1.2	2.5	18.0	67.0	240.0
수입량	1.1	2.0	3.5	4.2	5.0

※ 1) 수출량은 국내 시장 판매량에 포함되지 않음.
2) 수입량은 당해 연도 국내 시장에서 모두 판매됨.

[표2] '갑'국 A사의 상업용 무인기 매출액 (단위: 백만 달러)

연도	2010	2011	2012	2013	2014
매출액	4.3	43.0	304.4	1,203.1	4,348.4

보기

㉠ 2014년 상업용 무인기의 국내 시장 판매량 대비 수입량의 비율은 3.0% 이하이다.

㉡ 2011~2014년 동안 상업용 무인기 국내 시장 판매량의 전년 대비 증가율이 가장 큰 해는 2012년이다.

㉢ 2011~2014년 동안 상업용 무인기 수입량의 전년 대비 증가율이 가장 작은 해에는 상업용 무인기 수출량의 전년 대비 증가율이 가장 크다.

㉣ 2012년 '갑'국 상업용 무인기 수출량의 전년 대비 증가율과 2012년 '갑'국 A사의 상업용 무인기 매출액의 전년 대비 증가율의 차이는 30%p 이하이다.

① ㉠, ㉡ ② ㉢, ㉣ ③ ㉠, ㉡, ㉢
④ ㉠, ㉡, ㉣ ⑤ ㉡, ㉢, ㉣

25

다음 [표]는 '갑'국을 방문한 외국인 관광객을 관광객 국적에 따라 대륙별, 국가별로 정리한 자료이다. 이에 대한 [보기]의 설명 중 옳은 것을 모두 고르면?

[표1] '갑'국 방문 외국인 관광객의 대륙별 현황 (단위: 명)

대륙 \ 연도	2010년	2015년	2020년
아시아	6,749,222	10,799,355	1,918,037
북미	813,860	974,153	271,487
유럽	645,753	806,438	214,911
대양주	146,089	168,064	30,454
아프리카	33,756	46,525	14,374
기타	408,978	439,116	69,855
전체	8,797,658	13,233,651	2,519,118

[표2] '갑'국 방문 외국인 관광객의 주요 국가별 현황 (단위: 명)

국가 \ 연도	2010년	2015년	2020년
일본	3,023,009	1,837,782	430,742
중국	1,875,157	5,984,170	686,430
미국	652,889	767,613	220,417

보기

㉠ 2020년 북미와 유럽 관광객이 전체 관광객 중 차지하는 비율은 2015년보다 높다.
㉡ 일본과 중국 관광객이 아시아 관광객에서 차지하는 비율은 2015년 대비 2020년에 증가하였다.
㉢ 매 조사연도마다 북미 관광객에 대한 미국 관광객의 비중은 80% 이상이다.
㉣ 2015년 대비 2020년 북미, 유럽, 아프리카의 관광객 감소율은 유럽, 북미, 아프리카 순으로 크다.

① ㉠, ㉡
② ㉠, ㉢
③ ㉠, ㉣
④ ㉡, ㉢
⑤ ㉡, ㉣

26

다음 [표]는 2013~2016년 기관별 R&D 과제 건수와 비율에 관한 자료이다. 주어진 [표]를 이용하여 작성한 그래프로 옳은 것을 고르면?

[표] 2013~2016년 기관별 R&D 과제 건수와 비율 (단위: 건, %)

기관 \ 연도·구분	2013 과제 건수	2013 비율	2014 과제 건수	2014 비율	2015 과제 건수	2015 비율	2016 과제 건수	2016 비율
기업	31	13.5	80	9.4	93	7.6	91	8.5
대학	47	20.4	423	49.7	626	51.4	526	49.3
정부	141	61.3	330	38.8	486	39.9	419	39.2
기타	11	4.8	18	2.1	13	1.1	32	3.0
전체	230	100.0	851	100.0	1,218	100.0	1,068	100.0

① 2014~2016년 R&D 과제 건수의 전년 대비 증가량

(단위: 건)

400 300 200 100 0 −100
376 203 −100
189 156 −67
49 13 19
7 5 −2
2014년 2015년 2016년
기업 대학 정부 기타

② 2015~2016년 기관별 R&D 과제 건수 구성비

(단위: %)

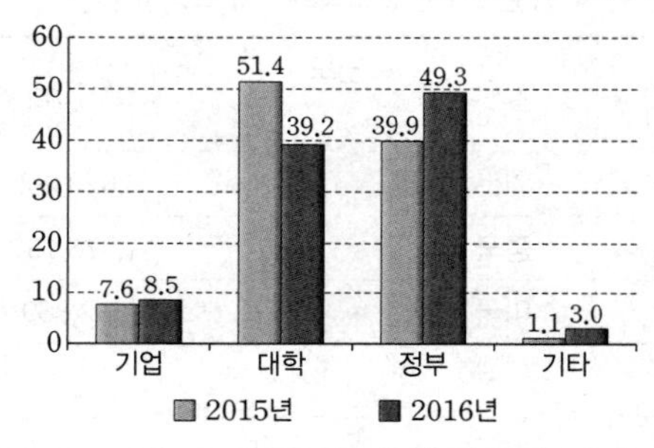

③ 2013~2016년 기관별 R&D 과제 건수 합

(단위: 건)

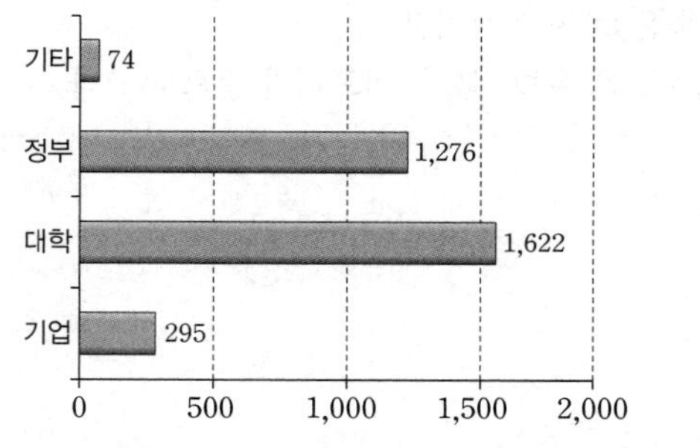

④ 2014~2016년 기업 R&D 과제 건수의 전년 대비 증가율

(단위: %)

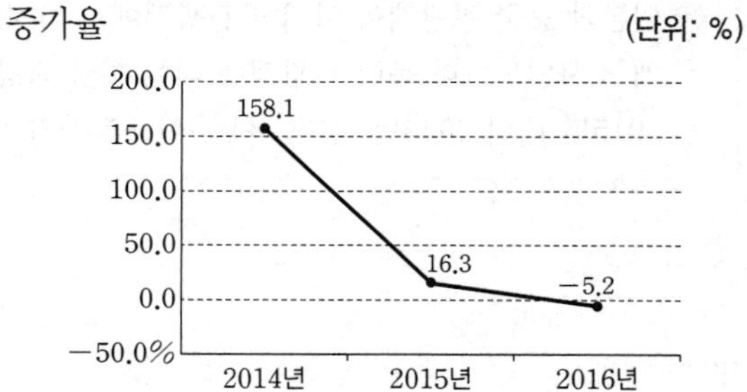

⑤ 2013년 기업·대학·정부에 대한 기관별 R&D 과제 건수 비중

(단위: %)

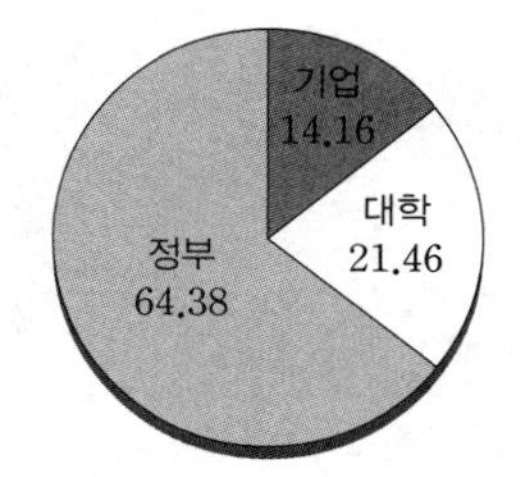

27

다음 [그래프]는 2004~2017년 '갑'국의 엥겔계수와 엔젤계수에 관한 자료이다. 이에 대한 설명으로 옳은 것을 고르면?

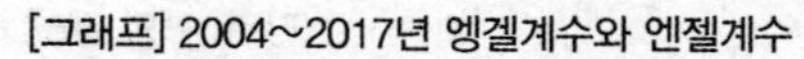
[그래프] 2004~2017년 엥겔계수와 엔젤계수 (단위: %)

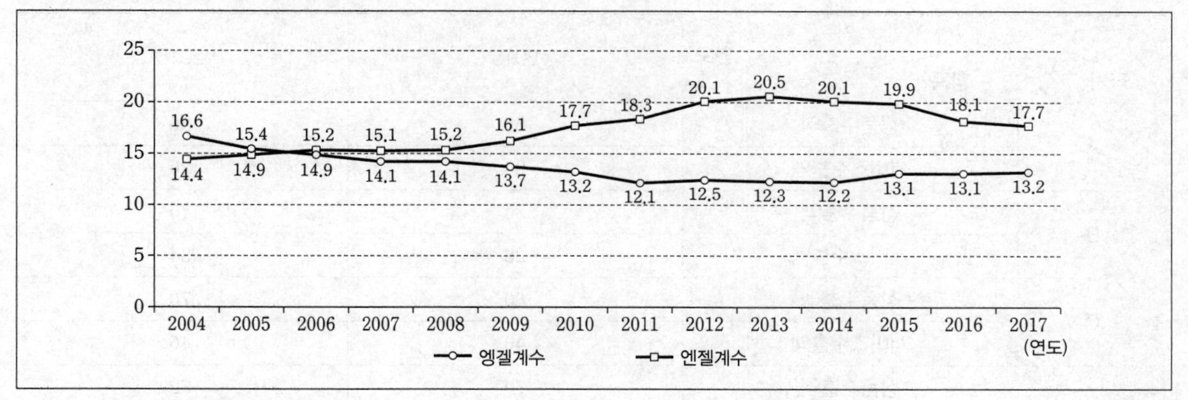

※ 1) 엥겔계수(%)$=\frac{\text{식료품비}}{\text{가계지출액}}\times 100$

2) 엔젤계수(%)$=\frac{\text{18세 미만 자녀에 대한 보육·교육비}}{\text{가계지출액}}\times 100$

3) 보육·교육비에는 식료품비가 포함되지 않음.

① 2008~2013년 동안 엔젤계수의 연간 상승폭은 매년 증가한다.

② 2004년 대비 2014년, 엥겔계수 하락폭은 엔젤계수 상승폭보다 크다.

③ 2006년 이후 매년 18세 미만 자녀에 대한 보육·교육비는 식료품비를 초과한다.

④ 2008~2012년 동안 매년 18세 미만 자녀에 대한 보육·교육비 대비 식료품비의 비율은 증가한다.

⑤ 엔젤계수는 가장 높은 해가 가장 낮은 해에 비해 7.0%p 이상 크다.

28

다음 [표]와 [그래프]는 2015년과 2016년 '갑'~'무'국의 경상수지에 관한 자료이다. 이와 [조건]을 이용하여 A~E에 해당하는 국가를 바르게 나열한 것을 고르면?

[표] 국가별 상품수출액과 서비스수출액 (단위: 백만 달러)

국가	항목 \ 연도	2015	2016
A	상품수출액	50	50
	서비스수출액	30	26
B	상품수출액	30	40
	서비스수출액	28	34
C	상품수출액	60	70
	서비스수출액	40	46
D	상품수출액	70	62
	서비스수출액	55	60
E	상품수출액	50	40
	서비스수출액	27	33

[그래프1] 국가별 상품수지와 서비스수지 (단위: 백만 달러)

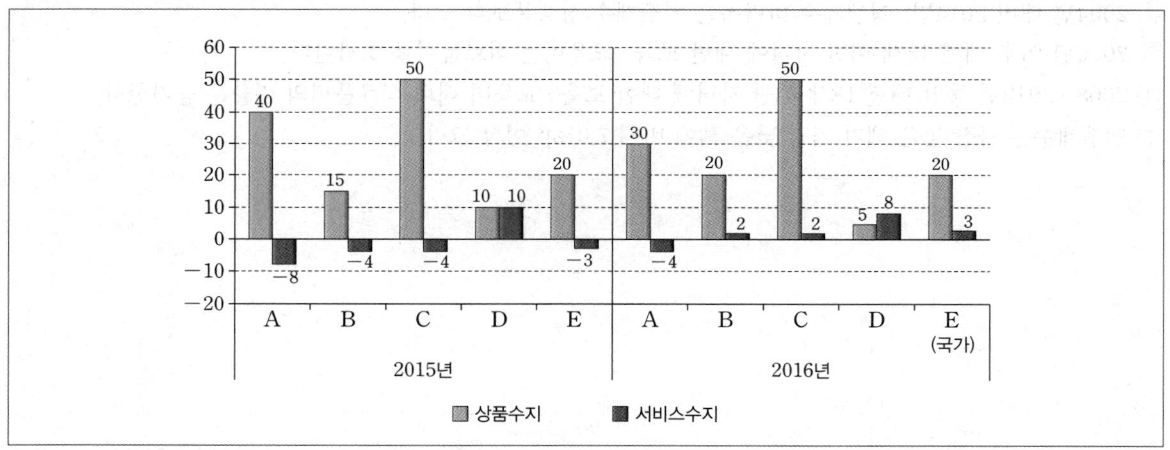

※ 상품(서비스)수지＝상품(서비스)수출액－상품(서비스)수입액

[그래프2] 국가별 본원소득수지와 이전소득수지 (단위: 백만 달러)

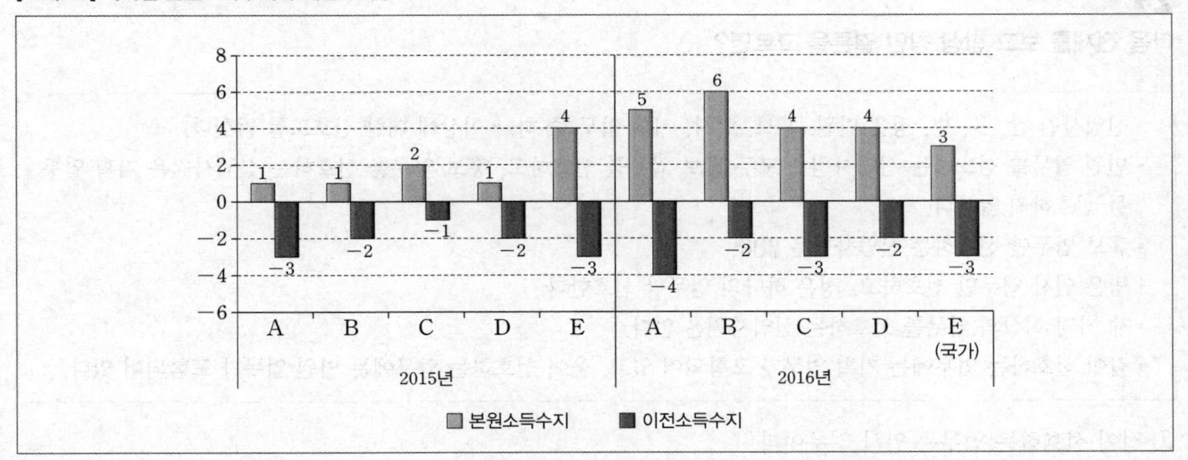

조건

○ 2015년 대비 2016년의 상품수입액 증가폭이 동일한 국가는 '을'국과 '정'국이다.

○ 2015년과 2016년의 서비스수입액이 동일한 국가는 '을'국, '병'국, '무'국이다.

○ 2015년 본원소득수지 대비 상품수지 비율은 '병'국이 '무'국의 3배이다.

○ 2016년 '갑'국과 '병'국의 이전소득수지는 동일하다.

	A	B	C	D	E
①	을	병	정	갑	무
②	을	무	갑	정	병
③	정	갑	을	무	병
④	정	병	을	갑	무
⑤	무	을	갑	정	병

29

다음 전제를 보고 항상 참인 결론을 고르면?

- 신입사원 갑, 을, 병, 정은 민원, 홍보, 인사, 기획 업무 중 하나 이상에 대한 선호도를 밝힌다.
- 민원 업무를 선호하는 신입사원은 모두 홍보 업무를 선호하고, 홍보 업무를 선호하는 신입사원은 기획 업무를 선호하지 않는다.
- 홍보 업무만 선호하는 신입사원은 없다.
- 병은 인사 업무만 선호하고, 정은 하나의 업무만 선호한다.
- 세 가지 이상의 업무를 선호하는 신입사원은 없다.
- 갑이 선호하는 업무에는 기획 업무가 포함되어 있고, 을이 선호하는 업무에는 민원 업무가 포함되어 있다.

① 정이 선호하는 업무는 인사 업무이다.
② 갑은 기획 업무 외에 홍보 업무를 선호한다.
③ 홍보 업무를 선호하는 신입사원은 한 명이다.
④ 갑과 을은 모두 인사 업무를 선호하지 않는다.
⑤ 기획 업무를 선호하는 신입사원은 적어도 두 명 이상이다.

30

◇◇공단에 재직 중인 A는 자기 계발을 위해 퇴근 후 온라인 강의를 수강하려 한다. A가 선택할 과목에 대해 갑~무가 다음과 같이 진술하였다. 이 중 한 사람의 진술은 거짓이고 나머지 네 사람의 진술은 참이라고 할 때, 거짓을 말한 사람과 A가 수강할 수 있는 과목의 조합이 바르게 짝지어진 것을 고르면?(단, A는 최소 한 과목 이상을 수강해야 한다.)

갑: 법학을 수강할 경우에만 정치학을 수강한다.
을: 윤리학을 수강하지만 법학은 수강하지 않는다.
병: 법학과 정치학 중 적어도 하나를 수강한다.
정: 윤리학을 수강할 경우 정치학을 수강한다.
무: 법학을 수강하지 않을 경우 윤리학도 수강하지 않는다.

	거짓을 말한 사람	A가 수강할 과목
①	갑	법학
②	을	윤리학
③	무	윤리학, 정치학
④	을	법학
⑤	무	윤리학, 정치학, 법학

31

다음 글을 근거로 판단할 때, [보기]에서 옳지 않은 것을 고르면?

특정 물질의 치사량은 주로 동물 연구와 실험을 통해서 결정한다. 치사량의 단위는 주로 LD50을 사용하는데, 'LD'는 Lethal Dose의 약어로 치사량을 의미하고, '50'은 물질 투여 시 실험 대상 동물의 50%가 죽는 것을 의미한다. 이런 이유로 LD50을 반수(半數) 치사량이라고도 한다. 일반적으로 치사량이란 '즉시' 생명을 앗아갈 수 있는 양을 의미하고 있으므로 '급성' 반수 치사량이 사실 정확한 표현이다. LD50 값을 표기할 때는 보통 실험 대상 동물의 몸무게 1kg을 기준으로 하는 mg/kg 단위를 사용한다. 독성이 강하다는 보톡스의 LD50 값은 1ng/kg으로 복어 독보다 1만 배 이상 강하다. 일상에서 쉽게 접할 수 있는 카페인의 LD50 값은 200mg/kg이며 니코틴의 LD50 값은 1mg/kg이다. 커피 1잔에는 평균적으로 150mg의 카페인이 들어 있으며 담배 한 개비에는 평균적으로 0.1mg의 니코틴이 함유되어 있다.

※ 1ng(나노그램)$=10^{-6}$mg$=10^{-9}$g

보기

㉠ 몸무게가 3kg인 실험 대상 동물이 커피 3잔을 한꺼번에 마시면 50%가 즉시 죽는다.
㉡ 니코틴의 치사량 값은 보톡스의 치사량 값보다 10만 배 크다.
㉢ 각 몸무게가 5kg인 실험 대상 동물 20마리에 각각 카페인을 1g씩 투여하면 10마리가 즉시 치사한다.
㉣ 복어 독의 LD50 값은 0.01mg/kg 이상이다.
㉤ 치사량 값은 일반적으로 실험 대상 동물의 몸무게 1kg을 기준으로 하는 단위를 사용하여 표기한다.

① ㉠, ㉡ ② ㉠, ㉢ ③ ㉡, ㉤
④ ㉢, ㉣ ⑤ ㉣, ㉤

32

다음 글과 [실험]을 근거로 판단할 때, 히스티딘을 합성하게 하는 '코돈'을 고르면?

인류 역사상 가장 위대한 업적 중 하나는 20세기 초중반에 걸쳐 이루어진 유전정보에 관한 발견이다. DNA는 유전물질이며 유전정보를 가지고 있다. 이러한 DNA의 유전정보는 RNA로 전달되어 단백질을 합성하게 함으로써 형질을 발현시킨다.

RNA는 뉴클레오타이드라는 단위체가 연결되어 있는 형태이다. RNA를 구성하는 뉴클레오타이드는 A, G, C, U의 4종류가 있다. 연속된 3개의 뉴클레오타이드 조합을 '코돈'이라 한다. 만약 G와 U 2종류의 뉴클레오타이드가 GUUGUGU와 같이 연결되어 RNA를 구성하고 있다면, 가능한 코돈은 GUU, UUG, UGU, GUG의 4가지이다. 하나의 코돈은 하나의 아미노산만을 합성하게 한다. 그러나 특정한 아미노산을 합성하게 하는 코돈은 여러 개일 수 있다.

※ 아미노산: 단백질의 기본단위로서 히스티딘, 트레오닌, 프롤린, 글루타민, 아스파라긴 등이 있다.

실험

어떤 과학자가 아미노산을 합성하게 하는 RNA의 유전정보를 번역하기 위해 뉴클레오타이드 A와 C를 가지고 다음과 같은 실험을 하였다.

실험 1: A와 C를 교대로 연결하여 …ACACAC…인 RNA를 만들고, 이 RNA의 코돈을 이용하여 히스티딘과 트레오닌을 합성하였다.

실험 2: A와 2개의 C인 ACC를 반복적으로 연결하여 …ACCACCACC…인 RNA를 만들고, 이 RNA의 코돈을 이용하여 히스티딘, 트레오닌, 프롤린을 합성하였다.

실험 3: C와 2개의 A인 CAA를 반복적으로 연결하여 …CAACAACAA…인 RNA를 만들고, 이 RNA의 코돈을 이용하여 트레오닌, 글루타민, 아스파라긴을 합성하였다.

① AAC ② ACA ③ CAA
④ CAC ⑤ CCA

33

다음 글과 [상황]을 근거로 판단할 때, [보기]에서 옳은 것만을 모두 고르면?

제○○조 ① "주택담보노후연금보증"이란 주택소유자가 주택에 저당권을 설정하고 금융기관으로부터 제2항에서 정하는 연금 방식으로 노후생활자금을 대출(이하 "주택담보노후연금대출"이라 한다)받음으로써 부담하는 금전채무를 주택금융공사가 보증하는 행위를 말한다. 이 경우 주택소유자 또는 주택소유자의 배우자는 60세 이상이어야 한다.

② 제1항의 연금 방식이란 다음 각 호의 어느 하나에 해당하는 방식을 말한다.

1. 주택소유자가 생존해 있는 동안 노후생활자금을 매월 지급받는 방식
2. 주택소유자가 선택하는 일정한 기간 동안 노후생활자금을 매월 지급받는 방식
3. 제1호 또는 제2호의 어느 하나의 방식과, 주택소유자가 다음 각 목의 어느 하나의 용도로 사용하기 위하여 일정한 금액(단, 주택담보노후연금대출 한도의 100분의 50 이내의 금액으로 한다)을 지급받는 방식을 결합한 방식
   가. 해당 주택을 담보로 대출받은 금액 중 잔액을 상환하는 용도
   나. 해당 주택의 임차인에게 임대차보증금을 반환하는 용도

상황

A주택의 소유자 김 씨(61세)는 A주택에 저당권을 설정하여 주택담보노후연금보증을 통해 노후생활자금을 대출받고자 한다. 김 씨의 A주택에 대한 주택담보노후연금대출 한도액은 4억 원이다.

보기

㉠ 김 씨가 주택담보노후연금대출을 받으며 부담하는 금전채무는 주택금융공사에 의해 보증된다.
㉡ 김 씨는 주택담보노후연금대출을 받을 때, 김 씨가 생존해 있는 동안 매월 지급받는 방식과 일정 기간 동안 매월 지급받는 방식을 결합하여 노후생활자금을 받을 수 있다.
㉢ 김 씨의 배우자의 연령이 60세 미만이어도 주택담보노후연금보증을 통하여 노후생활자금을 대출받을 수 있다.
㉣ 김 씨가 주택담보노후연금대출로 한도액까지 대출받았다면 A주택의 임차인에게 임대차보증금을 반환하는 용도로 2억 원까지 사용할 수 있다.

① ㉠, ㉡　　② ㉡, ㉣　　③ ㉢, ㉣
④ ㉠, ㉡, ㉢　　⑤ ㉠, ㉢, ㉣

34

다음 글과 [선거 결과]를 근거로 판단할 때 옳지 않은 것을 고르면?

○○국의 의회의원은 총 10명이며, 5개의 선거구에서 한 선거구당 2명씩 선출된다. 선거제도는 다음과 같이 운용된다.

각 정당은 선거구별로 두 명의 후보 이름이 적힌 명부를 작성한다. 유권자는 해당 선거구에서 모든 정당의 후보 중 한 명에게만 1표를 행사하며, 이를 통해 개별 후보자의 득표율이 집계된다.

특정 선거구에서 각 정당의 득표율은 그 정당의 해당 선거구 후보자 2명의 득표율의 합이다. 예를 들어 한 정당의 명부에 있는 두 후보가 각각 30%, 20% 득표를 했다면 해당 선거구에서 그 정당의 득표율은 50%가 된다. 그리고 각 후보의 득표율에 따라 소속 정당 명부에서의 순위(1번, 2번)가 결정된다.

다음으로 선거구별 2개의 의석은 다음과 같이 배분한다. 먼저 해당 선거구에서 득표율 1위 정당의 1번 후보에게 1석이 배분된다. 그리고 만약 1위 정당의 정당 득표율이 2위 정당의 정당 득표율의 2배 이상이라면, 정당 득표율 1위 정당의 2번 후보에게 나머지 1석이 돌아간다. 그러나 1위 정당의 정당 득표율이 2위 정당의 정당 득표율의 2배 미만이라면 정당 득표율 2위 정당의 1번 후보에게 나머지 1석을 배분한다.

[선거 결과]

○○국의 의회의원선거 제1~4선거구의 선거 결과를 요약하면 다음과 같다. 수치는 선거구별 득표율(%)이다.

구분	제1선거구	제2선거구	제3선거구	제4선거구	제5선거구
A정당	41	50	16	39	26
1번 후보	30	30	12	20	21
2번 후보	11	20	4	19	5
B정당	39	30	57	28	21
1번 후보	22	18	40	26	13
2번 후보	17	12	17	2	8
C정당	20	20	27	33	53
1번 후보	11	11	20	18	39
2번 후보	9	9	7	15	14

① A정당이 2석을 차지한 선거구는 1곳이다.
② B정당이 최소 1석을 차지한 모든 선거구에서 C정당은 의석을 차지하지 못하였다.
③ C정당은 두 개의 선거구에서 최소 1석을 차지하였다.
④ 당선된 후보 중 득표율이 가장 낮은 후보는 C정당 소속이다.
⑤ 선거구별 득표율의 합이 가장 높은 정당에서 가장 많은 의석을 차지하였다.

35

다음은 공무원 임용 조건에 관한 내용이다. 이를 바탕으로 옳은 설명을 고르면?

제33조(결격사유) ① 다음 각 호의 어느 하나에 해당하는 자는 공무원으로 임용될 수 없다.

1. 파산선고를 받고 복권되지 아니한 자
2. 금고 이상의 실형을 선고받고 그 집행이 종료되거나 집행을 받지 아니하기로 확정된 후 5년이 지나지 아니한 자
3. 금고 이상의 형을 선고받고 그 집행유예 기간이 끝난 날부터 2년이 지나지 아니한 자
4. 금고 이상의 형의 선고유예를 받은 경우에 그 선고유예 기간 중에 있는 자

② 제1항 각 호의 어느 하나에 해당하는 자가 국가의 과실로 인해 공무원으로 임용된 경우 공무원 신분은 발생하지 않는다.

③ 공무원이 제1항 각 호의 어느 하나에 해당할 경우에는 당연히 퇴직된다.

제74조(정년) ① 공무원의 정년은 60세로 한다.

② 공무원은 그 정년에 이른 날이 1월부터 6월 사이에 있으면 6월 30일에, 7월부터 12월 사이에 있으면 12월 31일에 각각 당연히 퇴직된다.

제80조(징계의 효력) ①~② 생략

③ 정직은 1개월 이상 3개월 이하의 기간으로 하고, 정직처분을 받은 자는 그 기간 중 공무원의 신분은 보유하나 직무에 종사하지 못하며 보수는 전액을 감한다.

① 금고형의 실형을 선고받고 집행을 받지 않기로 확정된 후 4년이 지난 자는 공무원으로 임용될 수 있다.

② 공무원 중 결격 사유 없이 2021년 3월 14일 기준 60세가 된 사람은 2021년 9월 27일에도 공무원 신분을 유지한다.

③ 금고형을 선고받고 집행유예 기간이 끝나는 해에 공무원으로 임용될 수 있다.

④ 파산선고를 받고 복권된 후 공무원으로 임용되었으나 정직처분을 받아 다음 달까지 정직 중에 있는 자는 공무원 신분으로 간주된다.

⑤ 금고형의 선고유예를 받았으나 선고유예 기간 중에 있는 자가 공무원으로 임용될 경우 공무원 신분이 발생한다.

36

다음 글과 [표]를 근거로 판단할 때, 청년미래공제에 최종 선정되는 중소기업을 고르면?

2022년 청년미래공제 참여기업 선정

○ 목적

미취업 청년의 중소기업 유입을 촉진하고, 청년 근로자의 장기 근속과 자산 형성을 지원

○ 참여 자격

- 고용보험 피보험자 수 5인 이상 중소기업
- 고용보험 피보험자 수 1인 이상 5인 미만의 기업이라도 청년기업은 참여 가능

  ※ 청년기업: 14세 이상 39세 이하인 청년이 현재 대표이면서 사업을 개시한 날부터 7년이 지나지 않은 기업

○ 참여 제한

청년수당 가입유지율이 30% 미만인 기업은 참여 불가. 단, 청년수당 가입 인원이 2인 이하인 경우는 참여 가능

※ 청년수당 가입유지율(%) $= \frac{\text{청년수당 6개월 이상 가입 유지 인원(㉡)}}{\text{청년수당 가입 인원(㉠)}} \times 100$

○ 선정 방법

참여 가능한 기업 중에서 고용보험 피보험자 수 대비 청년수당 가입 인원의 비율이 가장 높은 기업을 최종 선정

[표] 2022년 청년미래공제에 참여한 중소기업 A~E 현황

구분	고용보험 피보험자 수	대표자 나이	사업 개시 경과연수	(㉠)	(㉡)
A	45명	39세	8년	25명	7명
B	30명	40세	8년	19명	10명
C	4명	40세	6년	2명	2명
D	3명	39세	6년	2명	0명
E	2명	38세	8년	2명	2명

① A ② B ③ C ④ D ⑤ E

37

다음 글을 근거로 판단할 때, ㉠에 들어갈 일시를 고르면?

○ 서울에 있는 갑사무관, 런던에 있는 을사무관, 시애틀에 있는 병사무관은 같은 프로젝트를 진행하면서 다음과 같이 영상업무회의를 진행하였다.
○ 회의 시각은 런던을 기준으로 11월 1일 오전 9시였다.
○ 런던은 GMT+0, 서울은 GMT+9, 시애틀은 GMT−7을 표준시로 사용한다. (즉, 런던이 오전 9시일 때, 서울은 같은 날 오후 6시이며 시애틀은 같은 날 오전 2시이다)

갑: 제가 프로젝트에서 맡은 업무는 오늘 오후 10시면 마칠 수 있습니다. 런던에서 받아서 1차 수정을 부탁드립니다.
을: 네, 저는 갑사무관님께서 제시간에 끝내 주시면 다음날 오후 3시면 마칠 수 있습니다. 시애틀에서 받아서 마지막 수정을 부탁드립니다.
병: 알겠습니다. 저는 앞선 두 분이 제시간에 끝내 주신다면 서울을 기준으로 모레 오전 10시면 마칠 수 있습니다. 제가 업무를 마치면 프로젝트가 최종 마무리되겠군요.
갑: 잠깐, 다들 말씀하신 시각의 기준이 다른 것 같은데요? 저는 처음부터 런던을 기준으로 이해하고 말씀드렸습니다.
을: 저는 처음부터 시애틀을 기준으로 이해하고 말씀드렸는데요?
병: 저는 처음부터 서울을 기준으로 이해하고 말씀드렸습니다. 그렇다면 계획대로 진행될 때 서울을 기준으로 (㉠)에 프로젝트를 최종 마무리할 수 있겠네요.
갑, 을: 네, 맞습니다.

① 11월 2일 오후 3시
② 11월 2일 오후 11시
③ 11월 3일 오전 10시
④ 11월 3일 오후 3시
⑤ 11월 3일 오후 7시

38

다음 글을 근거로 판단할 때, 김 씨가 선택하는 기업을 고르면?

○ 취업준비생인 김 씨는 최종 합격한 A~E 5개의 기업 중에서 비용편익분석을 통하여 결괏값(편익－비용)이 최종적으로 가장 큰 곳을 선택하려고 한다.

○ 각 기업별 예상되는 편익은 다음과 같다.

구분	A	B	C	D	E
근속연수	25년	35년	30년	30년	20년
평균연봉	1억 원	7천만 원	5천만 원	1억 원	4천만 원
연금 여부	없음	없음	있음	있음	있음

― 편익＝근속연수×평균연봉
― 연금이 있는 경우 편익에 1.2를 곱한다.

○ 각 기업별 예상되는 비용은 다음과 같다.

구분	A	B	C	D	E
준비연수	3년	1년	4년	5년	3년
연간 준비비용	6천만 원	1천만 원	3천만 원	2천만 원	5천만 원
준비난이도	중	하	상	중	상
연고지 여부	연고지	비연고지	비연고지	연고지	비연고지

― 비용＝준비연수×연간 준비비용×준비난이도 계수
― 준비난이도 계수는 준비난이도 '상'이 2.0, '중'이 1.5, '하'가 1.0이다.
― 연고지가 아닌 경우 비용에 2억 원을 더한다.
― 준비연수가 5년 이상인 경우 비용편익분석 결과와 무관하게 선택하지 않는다.

○ 평판도가 1위인 경우, 비용편익분석 결괏값에 2를 곱한다.

구분	A	B	C	D	E
평판도	5위	3위	1위	4위	2위

① A ② B ③ C ④ D ⑤ E

39

L국은 국가혁신클러스터 지구를 선정하고자 한다. 산업단지를 대상으로 다음 [평가 기준]에 따라 점수를 부여하고 지방자치단체의 육성 의지가 있는 곳 중 합산 점수가 높은 한 곳의 산업단지를 국가혁신클러스터 지구로 선정하려고 할 때, 선정되는 산업단지를 고르면?

[평가 기준]

• 산업단지 내 기업 집적 정도

산업단지 내 기업 수	30개 이상	10~29개	9개 이하
점수	40점	30점	20점

• 산업단지의 산업클러스터 연관성

업종	연관 업종	유사 업종	기타
점수	40점	20점	0점

※ 1) 연관 업종: 자동차, 철강, 운송, 화학, IT
2) 유사 업종: 소재, 전기전자

• 신규투자기업 입주공간 확보 가능 여부

입주공간 확보	가능	불가
점수	20점	0점

• 합산점수가 동일할 경우 우선순위는 다음과 같은 순서로 정한다.
1) 산업클러스터 연관성 점수가 높은 산업단지
2) 기업 집적 정도 점수가 높은 산업단지
3) 신규투자기업의 입주공간 확보 가능 여부 점수가 높은 산업단지

산업단지	산업단지 내 기업 수	업종	입주공간 확보	지자체 육성 의지
A	58개	전기전자	가능	있음
B	9개	자동차	가능	있음
C	14개	철강	불가	있음
D	10개	운송	가능	없음
E	44개	바이오	가능	있음

① A ② B ③ C ④ D ⑤ E

40

다음 글을 근거로 판단할 때, [보기]에서 옳은 것만을 모두 고르면?

○ 갑, 을, 병은 12장의 카드로 게임을 하고 있다.
○ 12장의 카드 중에는 봄, 여름, 가을, 겨울 4가지 종류의 계절 카드가 각각 3장씩 있는데, 카드 뒷면만 보고는 어느 계절 카드인지 알 수 없다.
○ 참가자들은 게임을 시작할 때 무작위로 4장씩 카드를 나누어 갖는다.
○ 참가자들은 자신의 카드를 확인한 후 1대 1로 카드를 각자 2장씩 맞바꿀 수 있다. 맞바꿀 카드는 상대방의 카드 뒷면만 보고 무작위로 동시에 선택한다.
○ 가장 먼저 봄, 여름, 가을, 겨울 카드를 모두 갖게 된 사람이 우승한다.
○ 게임을 시작하여 4장의 카드를 나누어 가진 직후에 참가자들은 자신들이 가진 카드에 대해 아래와 같이 사실을 말했다.

갑: 겨울 카드는 내가 모두 갖고 있다.
을: 나는 봄과 여름 2가지 종류의 계절 카드만 갖고 있다.
병: 나는 여름 카드가 없다.

보기

㉠ 게임 시작 시 3가지 종류의 계절 카드를 받은 사람은 1명이다.
㉡ 게임 시작 시 참가자 모두 봄 카드를 받았다면, 가을 카드는 모두 병이 갖고 있다.
㉢ 첫 번째 맞바꾸기에서 갑과 을이 카드를 맞바꿔서 갑이 바로 우승했다면, 게임 시작 시 병은 봄 카드를 2장 받았다.

① ㉠　　② ㉡　　③ ㉠, ㉡
④ ㉠, ㉢　　⑤ ㉡, ㉢

41

다음 [상황]을 근거로 판단할 때, [대안]의 월 소요 예산 규모를 비교한 것으로 옳은 것을 고르면?

상황

○ 甲사무관은 빈곤과 저출산 문제를 해결하기 위한 대안을 분석 중이다.
○ 전체 1,500가구는 자녀 수에 따라 네 가지 유형으로 구분할 수 있는데, 그 구성은 무자녀 가구 300가구, 한 자녀 가구 600가구, 두 자녀 가구 500가구, 세 자녀 이상 가구 100가구이다.
○ 전체 가구의 월 평균 소득은 200만 원이다.
○ 각 가구 유형의 30%는 맞벌이 가구이다.
○ 각 가구 유형의 20%는 빈곤 가구이다.

대안

A안: 모든 빈곤 가구에게 전체 가구 월 평균 소득의 25%에 해당하는 금액을 가구당 매월 지급한다.
B안: 한 자녀 가구에는 10만 원, 두 자녀 가구에는 20만 원, 세 자녀 이상 가구에는 30만 원을 가구당 매월 지급한다.
C안: 자녀가 있는 모든 맞벌이 가구에 자녀 1명당 30만 원을 매월 지급한다. 다만 세 자녀 이상의 맞벌이 가구에는 일률적으로 가구당 100만 원을 매월 지급한다.

① A < B < C
② A < C < B
③ B < A < C
④ B < C < A
⑤ C < A < B

42

다음 글과 [표]를 근거로 판단할 때, 평가대상기관(A~D) 중 최종순위 최상위기관과 최하위기관을 고르면?

공공시설물 내진보강대책 추진실적 평가기준

○ 평가요소 및 점수부여

– 내진성능평가지수 $= \frac{\text{내진성능평가실적건수}}{\text{내진보강대상건수}} \times 100$

– 내진보강공사지수 $= \frac{\text{내진보강공사실적건수}}{\text{내진보강대상건수}} \times 100$

– 산출된 지수 값에 따른 점수는 아래 표와 같이 부여한다.

구분	지수 값 최상위 1개 기관	지수 값 중위 2개 기관	지수 값 최하위 1개 기관
내진성능평가점수	5점	3점	1점
내진보강공사점수	5점	3점	1점

○ 최종순위 결정

– 내진성능평가점수와 내진보강공사점수의 합이 큰 기관에 높은 순위를 부여한다.

– 합산 점수가 동점인 경우에는 내진보강대상건수가 많은 기관을 높은 순위로 한다.

[표] 평가대상기관의 실적 (단위: 건)

구분	A	B	C	D
내진성능평가실적	82	72	72	83
내진보강공사실적	91	76	81	96
내진보강대상	100	80	90	100

	최상위기관	최하위기관
①	A	B
②	B	C
③	B	D
④	C	D
⑤	D	C

43

K시는 예산의 효율적 사용을 장려하기 위해 예산성과금을 지급하기로 하였다. 다음 자료와 [상황]을 바탕으로 민지와 지민이의 예산성과금이 바르게 짝지어진 것을 고르면?

[K시 예산성과금 공고문]

1. 제도의 취지

예산의 집행 방법과 제도 개선 등으로 예산을 절감하거나 수입을 증대시킨 경우 그 일부를 기여자에게 성과금(포상금)으로 지급함으로써 예산의 효율적 사용 장려

2. 지급요건 및 대상

1) 자발적 노력을 통한 제도 개선 등으로 예산을 절감하거나 세입원을 발굴하는 등 세입을 증대한 경우
2) 예산 절감 및 수입 증대 발생 시기: 2020년 1월 1일~2020년 12월 31일
3) K시 공무원, K시 사무를 위임(위탁)받아 수행하는 기관의 임직원
4) 예산 낭비를 신고하거나, 지출 절약이나 수입 증대에 관한 제안을 제출하여 K시의 예산 절감 및 수입 증대에 기여한 국민

3. 지급기준

1) 1인당 지급액

구분	예산 절감		수입 증대
	주요사업비	경상적 경비	
지급액	절약액의 20%	절약액의 50%	증대액의 10%

2) 타 부서나 타 사업으로 확산 시 지급액의 30%를 가산하여 지급

상황

민지는 K시의 사무관으로 사무 제도 개선안을 제안하였으며, 이를 통해 2020년 7월 경상적 경비 2천만 원을 절약하였고, 이를 타 부서에 확산하여 K시 예산 절감에 기여하였다. 지민이는 국민 참여제도를 통해 K시의 플리마켓 제안서를 제출하였고, 플리마켓은 2020년 5월 5천만 원의 수입 증대에 기여하였다.

	민지	지민
①	1,000만 원	500만 원
②	1,000만 원	1,000만 원
③	1,300만 원	500만 원
④	1,300만 원	1,000만 원
⑤	1,300만 원	2,500만 원

44

다음 글과 [조건]을 근거로 판단할 때, A시가 10월에 B동물보호센터에 지급할 경비 총액을 고르면?

A시는 관할구역 내 동물보호센터에 다음과 같은 기준으로 경비를 지급하고 있다.

• 사료비

구분	무게	1일 사료 급여량	사료 가격
개	10kg 미만	300g/마리	5,000원/kg
	10kg 이상	500g/마리	
고양이	–	250g/마리	6,000원/kg

• 인건비
  – 포획활동비(1일 1인당): 안전관리사 노임액(120,000원)
  – 관리비(1일 1마리당): 안전관리사 노임액(120,000원)의 20%

• 주인이 유실동물을 찾아간 경우, 동물보호센터가 주인에게 보호비를 징수한다. 보호비는 보호일수와 관계없이 1마리당 100,000원이다. 단, 3일 미만 보호 시에는 보호비를 징수하지 않으며, 7일 이상 보호 시에는 50%를 가산하여 징수한다.

• A시는 사료비와 인건비를 합한 금액에서 보호비의 절반을 공제한 금액만큼 다음 달에 동물보호센터에 경비로 지급한다.

조건

• A시 소재 B동물보호센터가 9월 한 달간 관리한 동물의 일평균 마릿수는 다음과 같다.

개	10kg 미만	10마리
	10kg 이상	4마리
고양이	–	6마리

• B동물보호센터는 9월 한 달간 2명을 각각 5일 동안 포획활동에 투입하였다.
• B동물보호센터에서 9월 한 달간 주인에게 반환된 유실동물의 마릿수는 다음과 같다.

보호일수	1일	2일	3일	4일	5일	6일	7일 이상
마릿수	4마리	3마리	3마리	1마리	2마리	0마리	2마리

① 1,572만 원
② 1,617만 원
③ 1,622만 원
④ 1,632만 원
⑤ 1,707만 원

45

다음 글을 근거로 판단할 때, 甲이 구매하게 될 차량을 고르면?

甲은 아내 그리고 자녀 둘과 함께 총 4명이 장거리 이동이 가능하도록 배터리 완전충전 시 주행거리가 200km 이상인 전기자동차 1대를 구매하려고 한다. 구매와 동시에 집 주차장에 배터리 충전기를 설치하려고 하는데, 배터리 충전시간(완속 기준)이 6시간을 초과하지 않으면 완속 충전기를, 6시간을 초과하면 급속 충전기를 설치하려고 한다.

한편 정부는 전기자동차 활성화를 위하여 전기자동차 구매 보조금을 구매와 동시에 지원하고 있는데, 승용차는 2,000만 원, 승합차는 1,000만 원을 지원하고 있다. 승용차 중 경차는 1,000만 원을 추가로 지원한다. 배터리 충전기에 대해서는 완속 충전기에 한하여 구매 및 설치 비용을 구매와 동시에 전액 지원하며, 2,000만 원이 소요되는 급속 충전기의 구매 및 설치 비용은 지원하지 않는다.

이러한 상황을 감안하여 甲은 차량 A~E 중에서 실구매 비용(충전기 구매 및 설치 비용 포함)이 가장 저렴한 차량을 선택하려고 한다. 단, 실구매 비용이 동일할 경우에는 아래의 '점수 계산 방식'에 따라 점수가 가장 높은 차량을 구매하려고 한다.

차량	A	B	C	D	E
최고속도 (km/h)	130	100	120	140	120
완전충전 시 주행거리(km)	250	200	250	300	300
충전시간 (완속 기준)	7시간	5시간	8시간	4시간	5시간
승차 정원	6명	8명	2명	4명	5명
차종	승용	승합	승용(경차)	승용	승용
가격(만 원)	5,000	6,000	4,000	8,000	8,000

○ 점수 계산 방식

– 최고속도가 120km/h 미만일 경우에는 120km/h를 기준으로 10km/h가 줄어들 때마다 2점씩 감점

– 승차 정원이 4명을 초과할 경우에는 초과인원 1명당 1점씩 가점

① A　② B　③ C

④ D　⑤ E

46

다음 [표1]은 산재보험 의료기관으로 지정하는 기준에 대한 내용이다. 인력 점수, 경력 점수, 행정처분 점수, 지역별 분포 점수의 총합이 27점 이상인 병원을 산재보험 의료기관으로 지정한다고 할 때, [표2]의 신청 병원 중 지정되는 병원과 지정되지 않는 병원이 바르게 짝지어진 것을 고르면?

[표1] 산재보험 의료기관 지정 기준

항목	배점 기준
인력 점수	전문의 수 7명 이상은 10점
	전문의 수 4명 이상 6명 이하는 8점
	전문의 수 3명 이하는 3점
경력 점수	전문의 평균 임상경력 1년당 2점(단, 평균 임상경력이 10년 이상이면 20점)
행정처분 점수	2명 이하의 의사가 행정처분을 받은 적이 있는 경우 10점
	3명 이상의 의사가 행정처분을 받은 적이 있는 경우 2점
지역별 분포 점수	가장 가까이 있는 기존 산재보험 의료기관이 8km 이상 떨어져 있을 경우, 인력 점수와 경력 점수 합의 20%에 해당하는 점수
	가장 가까이 있는 기존 산재보험 의료기관이 3km 이상 8km 미만 떨어져 있을 경우, 인력 점수와 경력 점수 합의 10%에 해당하는 점수
	가장 가까이 있는 기존 산재보험 의료기관이 3km 미만 떨어져 있을 경우, 인력 점수와 경력 점수 합의 20%에 해당하는 점수 감점

[표2] 신청 현황

신청 병원	전문의 수	전문의 평균 임상경력	행정처분을 받은 적이 있는 의사 수	가장 가까이 있는 기존 산재보험 의료기관까지의 거리
A	6명	7년	4명	10km
B	2명	17년	1명	7km
C	8명	5년	0명	1km
D	4명	11년	3명	2km
E	3명	12년	2명	500m

	지정되는 병원	지정되지 않는 병원
①	A, B, C	D, E
②	A, B, E	C, D
③	A, C, D	B, E
④	B, C, D	A, E
⑤	B, C, E	A, D

47

다음 글을 근거로 판단할 때, [보기]의 자영업자 A가 받는 지원금을 고르면?

- 정부는 자영업자를 지원하기 위하여 2021년 대비 2022년 이익이 감소한 경우, 이익 감소액의 10%를 지원금으로 자영업자에게 지급하기로 하였다.
- 이익은 매출액에서 변동원가와 고정원가를 뺀 금액으로, 자영업자 A의 2021년 이익은 다음과 같다.

구분	금액	비고
매출액	8억 원	판매량(400,000단위)×판매가격(2,000원)
변동원가	6.4억 원	판매량(400,000단위)×단위당 변동원가(1,600원)
고정원가	1억 원	판매량과 관계없이 일정함
이익	0.6억 원	8억 원−6.4억 원−1억 원

보기

2022년 원자재 비용 상승으로 인해 자영업자 A의 단위당 변동원가는 전년보다 400원 증가하였다. 이에 A는 단위당 변동원가의 전년 대비 상승률만큼 판매가격도 동일한 비율로 상승시켜 대응하였다. 그러자 가격을 높인 만큼 물건이 덜 팔려 2022년 판매량은 전년 대비 20% 감소하였으며, 고정원가도 인플레이션으로 인해 전년보다 20% 상승하였다.

① 0원
② 100만 원
③ 200만 원
④ 300만 원
⑤ 400만 원

48

청사 소재지 이전에 따라 거주지를 이전하거나, 현 근무지 외의 지역으로 부임의 명을 받아 거주지를 이전하는 공무원은 다음 조건을 만족할 때 국내 이전비를 지급받는다. 주어진 자료를 바탕으로 판단할 때, A~E 중 국내 이전비를 지급받을 수 있는 공무원을 고르면?

[국내 이전비 지급 조건]

1. 거주지 이전
   - 전임지에서 신임지로 거주지를 이전하여야 한다. 거주지 이전 시 이사화물도 옮겨야 한다.
   - 동일 시(특별시, 광역시 및 특별자치시 포함), 군 및 섬(제주특별자치도 제외) 안에서 이전하는 경우는 해당되지 않는다.
2. 발령 일자 및 이전 일자
   - 발령을 받은 1주일 안에 거주지 및 이사화물을 이전하여야 한다.

[표] 국내 이전비 신청현황

공무원	전임지	신임지	발령 일자	이전 일자	이전여부	
					거주지	이사화물
A	울산광역시 중구	울산광역시 북구	2021. 2. 12.	2021. 2. 18.	○	○
B	경기도 고양시	세종특별자치시	2020. 12. 3.	2020. 12. 4.	○	×
C	광주광역시	대구광역시	2021. 6. 1.	2021. 6. 15.	×	○
D	제주특별자치도 서귀포시	제주특별자치도 제주시	2021. 1. 2.	2021. 1. 12.	○	○
E	서울특별시	충청북도 청주시	2020. 9. 3.	2020. 9. 8.	○	○

① A　② B　③ C　④ D　⑤ E

49

A공사가 중금속과 염분이 포함된 5급수의 해수 4톤을 정수 처리하여 공업용수 4톤을 확보하려고 할 때, 수질 개선 설비 설치에 필요한 최소 비용을 고르면?

- 용도에 따른 필요 수질은 다음과 같다.
  - 농업용수: 중금속과 염분이 제거되고 3급 이상인 담수
  - 공업용수: 중금속과 염분이 제거되고 2급 이상인 담수
  - 생활용수: 중금속과 염분이 제거되고 음용이 가능하며 1급인 담수
- 수질 개선에 사용하는 설비의 용량과 설치 비용은 다음과 같다.

수질 개선 설비	기능	처리 용량(대당)	설치 비용(대당)
1차 정수기	5~4급수를 3급수로 정수	5톤	5천만 원
2차 정수기	3~2급수를 1급수로 정수	1톤	1억 5천만 원
3차 정수기	음용 가능 처리	1톤	5억 원
응집 침전기	중금속 성분 제거	3톤	5천만 원
해수담수화기	염분 제거	10톤	1억 원

※ 1) 3차 정수기에는 2차 정수기의 기능이 포함되어 있다.
2) 모든 수질 개선 설비는 필요 용량 이상으로 설치되어야 한다. 예를 들어 18톤의 해수를 담수로 개선하기 위해 해수담수화기가 최소 2대 설치되어야 한다.
3) 수질 개선 전후 수량 변화는 없는 것으로 간주한다.

① 7억 ② 7억 5천만 원 ③ 8억 원
④ 8억 5천만 원 ⑤ 9억 원

50

다음 글과 [표]를 근거로 판단할 때, 작년 대비 올해 성과급의 변동 폭이 가장 큰 직원과 가장 작은 직원을 고르면?

S사는 부서 성과 및 개인 성과에 따라 등급을 매겨 다음과 같이 직원들에게 성과급을 지급하고 있다.

- 부서 등급과 개인 등급은 각각 S, A, B, C로 나뉘고, 등급별 성과급 산정비율은 다음과 같다.

성과 등급	S	A	B	C
성과급 산정비율(%)	40	20	10	0

- 작년까지는 부서 등급과 개인 등급에 따른 성과급 산정비율의 산술평균을 연봉에 곱해 직원의 성과급을 산정해왔다.

성과급=연봉×{(부서 산정비율+개인 산정비율)/2}

- 올해부터는 부서 등급과 개인 등급에 따른 성과급 산정비율 중 더 큰 값을 연봉에 곱해 성과급을 산정하도록 개편하였다.

성과급=연봉×max{부서 산정비율, 개인 산정비율}

※ max{a, b}=a와 b 중 더 큰 값

[표] 작년과 올해 S사 소속 직원 X, Y, Z의 연봉 및 성과 등급

구분	작년			올해		
	연봉 (만 원)	성과 등급		연봉 (만 원)	성과 등급	
		부서	개인		부서	개인
X	3,500	S	S	4,000	A	S
Y	4,000	B	S	4,000	S	A
Z	3,000	B	A	3,500	C	C

	변동 폭이 가장 큰 직원	변동 폭이 가장 작은 직원
①	X	Y
②	X	Z
③	Y	X
④	Y	Z
⑤	Z	X

최신판

에듀윌 공기업 휴노형·PSAT형 NCS 봉투모의고사

정답과 해설

eduwill

최신판

에듀윌 공기업 휴노형·PSAT형 NCS 봉투모의고사

정답과 해설

실전모의고사 1회

01	02	03	04	05	06	07	08	09	10
②	②	④	③	③	⑤	④	④	③	⑤
11	**12**	**13**	**14**	**15**	**16**	**17**	**18**	**19**	**20**
①	①	④	⑤	①	①	③	④	②	③
21	**22**	**23**	**24**	**25**					
③	①	②	④	②					

01 ②

Quick해설 ㉠ 형용사 '높다'에 사동접사 '-이-'를 붙여 '높이다'로 사용하는 것이 적절한 표현이다. '높히다'는 '높이다'의 잘못된 표현이다.

㉢ 한글 맞춤법 제18항 [붙임]에 따라 어간 끝의 받침 'ㄹ'은 'ㄷ, ㅈ' 앞에서 줄지 않는 게 원칙인데, 관용상 'ㄹ'이 줄어진 형태가 굳어져 쓰이는 것은 준 대로 적는다. 따라서 '멀지 않아'가 아니라 '머지않아'가 적절한 표현이다.

[오답풀이] ㉡ 한글 맞춤법 제51항에 부사의 끝음절이 분명히 [이]로만 나는 것은 '-이'로 적고 [히]로만 나거나 [이]또는 [히]로 나는 것은 '-히'로 적는다고 되어 있다. 따라서 '꼼꼼히'가 맞는 표현이다.

㉣ '내로라하다'는 '어떤 분야를 대표할 만하다', '어떤 부류에서 두드러지거나 대표로 꼽힐 만하다'라는 뜻으로 쓰인다. '내노라하다'는 '내로라하다'의 잘못된 표현이다.

㉤ '으로서'는 '자격'이나 '신분'을 나타낼 때 쓰는 말이고 '으로써'는 '수단'이나 '방법'을 나타낼 때 쓰는 말이다. '산출함으로써'는 방법을 나타내는 뜻이므로 '으로써'가 적절한 표현이다.

02 ②

Quick해설 '뽑아내다'는 '여럿 가운데서 어떤 것을 가려서 뽑다'라는 의미이므로 '어떤 목적을 달성하고자 사람을 모으거나 물건, 수단, 방법 따위를 집중하다'라는 의미인 '동원하다'와 바꾸어 쓰기에 적절하지 않다.

[오답풀이] ① ㉠의 '기인하다'는 '어떠한 것에 원인을 두다'라는 의미이므로 '어떤 사물이 처음 생기거나 시작하다'라는 의미의 '비롯하다'와 바꾸어 쓸 수 있다.

③ ㉢의 '유발하다'는 '어떤 것이 다른 일을 일어나게 하다'라는 의미이다. '일으키다'는 '생리적이거나 심리적인 현상을 생겨나게 하다'라는 의미이므로 바꾸어 쓰기에 적절하다.

④ ㉣의 '집중하다'는 '한 가지 일에 모든 힘을 쏟아붓다'라는 의미이다. 따라서 '정성이나 노력 따위를 한곳으로 모으다'라는 의미의 '기울이다'로 바꾸어 쓸 수 있다.

⑤ ㉤의 '집착하다'는 '어떤 것에 늘 마음이 쏠려 잊지 못하고 매달리다'라는 의미이다. 따라서 '어떤 일에 관계하여 거기에만 몸과 마음이 쏠려 있다'라는 의미인 '매달리다'로 바꾸어 쓸 수 있다.

03 ④

Quick해설 네 번째 문단에 따르면 우리나라는 환경기술 및 환경산업 지원법에 따라 친환경 제품으로 오인할 부당한 표시를 금지할 수 있게 되었지만 아직까지 정부 차원의 구체적인 그린워싱 가이드라인이 필요하다는 주장이 나오는 등 검증을 위한 기준이 부재한 사황이다.

[오답풀이] ① 세 번째 문단에서 프랑스에서는 2021년 4월 그린워싱에 대한 벌금을 부과할 수 있는 법안이 통과되어 위반 시 홍보 캠페인 비용의 80%까지 벌금을 납부해야 한다고 하였다.

② 네 번째 문단에서 친환경 인증 마크와 같은 인증 형식은 소비자가 제품 구매 시 기업 자체 인증 마크인지 일일이 구분해야 한다고 하였으므로 인증 마크는 기업에서 자체적으로도 부여함을 알 수 있다.

③ 첫 번째 문단에서 그린워싱은 소비자들을 속임으로써 경제적 이득을 쉽게 취하려는 기업의 행태라고 하였다.

⑤ 세 번째 문단에 따르면 영국 공정거래위원회는 소비자법에 근거한 6가지 원칙이 담긴 그린 클레임코드를 발표하였다.

04 ③

Quick해설 주어진 글은 피벗전략에 대해 설명한 글로,

빈칸이 포함된 문단에서는 피벗전략을 효과적으로 이끌기 위해 기업들이 갖춰야 할 조건에 대해 제시하고 있다. 빈칸 앞부분에서 피벗전략을 추구하고자 하는 기업의 영역은 소비자와 아주 밀접한 관련이 있으며, 소비자들은 자신들의 필요성을 가장 먼저 체감하고 새로운 소비자 행동을 만들어 내며, 진화하는 욕구와 니즈를 충족시킬 수 있는 기업을 원한다고 하였다. 이어 PC산업에 대한 예시를 든 후, 다시 한번 기존 산업을 파괴한 주범으로 고객을 제시하고 있으므로 빈칸에는 '고객의 요구는 시간의 흐름에 따라 변화하고 이러한 요구에 발맞추어 전략을 설정해야 한다'는 내용이 들어가는 것이 적절하다.

05 ③

Quick해설 [가]~[라] 문단을 문맥의 흐름에 맞게 배열하면 [나]−[가]−[라]−[다]이다.

[상세해설] 각 문단의 중심내용을 연결해 보면 다음과 같다.

[가] 구독경제의 장단점
[나] 구독경제의 정의와 국내도입 및 현황
[다] 지원의 방향성 제언
[라] 중소벤처기업부의 소상공인 구독경제 지원

이를 연결해 보면 글의 소재인 구독경제의 정의가 나오는 [나]가 가장 앞에 나와야 하며 이후 구독경제의 장단점을 설명한 [가]가 배치되어 한다. 그리고 단점의 마지막 부분인 대기업이 유리하기에 중기부가 소상공인을 지원한다는 [라]가 배치되어야 하고 마지막으로 중기부가 지원해야 하는 방향성을 제언하는 [다]가 배치되어야 한다.

[문제해결 Tip]

문단배열 문항의 경우 고정될 문단을 찾는 것이 중요하다. 주로 가장 앞이나 가장 뒤에 올 문단을 찾는데, 특히 글의 소재를 소개하거나 정의하는 내용이 나올 경우 문두에 놓고 선택지를 줄여나가면서 빠르게 풀이할 수 있다.

정의를 소개한 [나] 문단이 가장 앞에 오면 정답의 후보는 ③, ④로 좁혀지고, 이때 정의 바로 다음 문단으로 방향성 제언보다는 소재(구독경제)의 장단점이 나온 ③이 적절함을 알 수 있다.

06 ⑤

Quick해설 세 번째 문단에서 대사증후군 환자에게서 나타나는 주요 특징 중 하나인 인슐린 저항성은 당뇨병 발생 확률을 10배 이상 높인다고 하였고, 여섯 번째 문단에서 비타민D는 인슐린 저항성에 도움이 되며 골다공증 예방뿐만 아니라 고혈압, 당뇨병, 심혈관질환 및 대사증후군 예방에도 도움을 준다고 하였다. 따라서 비타민D의 꾸준한 섭취는 당뇨병 발생 확률을 낮출 것이라고 추론할 수 있다.

[오답풀이] ① 네 번째 문단에서 국내 19세 이상 성인을 대상으로 한 대사증후군 진단 기준 항목별 유병 현황 조사에 따르면 저HDL콜레스테롤 혈증이 고혈압보다 높게 나타났다고 하였을 뿐, 고혈당과 고혈압의 수치는 주어진 글을 통해 비교할 수 없다.

② 다섯 번째 문단에서 대사증후군의 진행 과정의 2단계는 고혈압, 고혈당, 고중성지방성, 저HDL콜레스테롤, 복부비만 등 대사증후군을 유발하는 5가지 위험요소 중 3가지 이상이 기준치를 넘겨 대사증후군 증상이 나타나는 단계라고 하였다.

③ 세 번째 문단에서 우리 몸에서 혈중 포도당 농도가 높아지면 췌장의 베타세포가 자극을 받아 인슐린을 더 많이 분비해 이를 조절해 준다고 하였으므로 베타세포에서 인슐린을 분비할수록 혈중 포도당 농도는 낮아질 것임을 알 수 있다.

④ 여섯 번째 문단에서 대사증후군 관리 방법 중 식이요법으로 골고루, 제때에, 알맞게, 천천히 그리고 싱겁게 먹는 식습관을 길들이는 것이 중요하다고 하였을 뿐 섭취 음식의 종류와 섭취 시기 중 어떤 것이 중요한지에 대해서는 주어진 글을 통해 비교할 수 없다.

07 ④

Quick해설 [라] 문단은 그동안 다소 정체되어 있었던 C−ITS의 개발 및 구축이 최근 속도를 내면서 현재 대전−세종 지역을 시작으로 여러 지역에서 실증사업이 진행되고 있다는 내용으로, 실증사업을 통한 발전 내용도 제시하고 있다. 따라서 [라] 문단은 '우리나라의 C−ITS의 수준과 발전 방향' 정도로 요약하는 것이 적절하다.

08 ④

Quick해설 제시된 글에서 C−ITS의 핵심적인 기술로는 V2X기술을 제시하고 있으며, 하이패스는 현재의 교통 체계에 해당하는 기술이다.

[오답풀이] ① [라] 문단에서 최근 관련 기관의 의견수렴을 거쳐 C−ITS 시범사업 주파수 배치안이 확정되어 연구개발이 속도를 낼 수 있을 전망이라고 하였으므로 C−ITS 구축을 위해 일정 주파수가 확보되어야 함을 알 수 있다.

② [다] 문단에서 V2X기술은 차량의 각종 정보를 센터로 보내거나 센터와 도로 인프라가 보내는 정보를 수신하는 역할을 한다고 하였다.

③ [마] 문단의 C−ITS를 활용한 도로 위험 구간 정보 제공 서비스에 관한 내용이다.

⑤ [나] 문단에서 현재 자율주행차는 기상 악화에 따라 센서의 성능이 떨어지는 한계가 있지만 C−ITS를 도입하면 객체 간 정보 교환으로 빠르게 정보 전달이 가능해진다고 하였으므로 C−ITS 구축을 전제로 구현되는 레벨4 이상의 자율주행하는 기상상황의 영향을 덜 받을 것이다.

09 ③

Quick해설 유추란 같은 종류의 것 또는 비슷한 것에 기초하여 다른 사물을 미루어 추측하는 일을 말한다. 예를 들어 '인생'을 '마라톤'에 빗대어 표현하는 것이다. 주어진 글에서는 유추가 사용되지 않았다.

[오답풀이] ① 두 번째 문단에서 두 전자 회사의 인수합병, 세 번째 문단에서 자동차의 원자재를 공급하는 기업과 자동차를 생산하는 기업의 인수합병, 네 번째 문단에서 한 회사가 전자 회사, 건설 회사, 자동차 회사를 결합하여 하나의 회사를 만드는 경우를 예로 들고 있다.

② 두 번째~네 번째 문단에서 세 가지 종류의 인수합병이 어떤 것인지 각각 정의하고 있다.

④ 두 번째~네 번째 문단에서 세 가지 종류의 인수합병이 지닌 장단점을 설명하고 다섯 번째 문단에서 인수합병 과정에서 생길 수 있는 장단점을 밝히고 있다.

⑤ 글 전체에서 기업의 인수합병을 그 형태에 따라 수평적, 수직적, 다각적 인수합병으로 분류하고 있다.

10 ⑤

Quick해설 A가 가진 돈을 a, B가 가진 돈을 b, C가 가진 돈을 c라 하자.

A가 B와 C에게 돈을 투자하면 A는 $a-b-c$, B는 $2b$, C는 $2c$의 돈을 보유하게 된다. 다시 B가 A와 C에게 각자 현재 가진 돈만큼 투자하면 A는 $2a-2b-2c$, B는 $2b-(a-b-c)-2c=3b-a-c$, C는 $4c$의 돈을 보유하게 된다. 마지막으로 C가 A와 B에게 각자가 현재 가진 돈만큼 투자하면, A는 $4a-4b-4c$, B는 $6b-2a-2c$, C는 $4c-(2a-2b-2c)-(3b-a-c)=7c-a-b$의 돈을 보유하게 되고, 세 회사가 보유한 돈의 비율은 4 : 3 : 2가 된다.

$4a-4b-4c : 6b-2a-2c : 7c-a-b=4 : 3 : 2$

식을 변환하면 다음과 같다.

$3(4a-4b-4c)=4(6b-2a-2c)=6(7c-a-b)$

$3(4a-4b-4c)=4(6b-2a-2c)$를 정리하면

$5a-c=9b$

$3(4a-4b-4c)=6(7c-a-b)$를 정리하면

$3a-9c=b$

$5a-c=9b$와 $3a-9c=b$를 정리하면,

$b=\frac{21}{40}a$, $c=\frac{11}{40}a$가 된다.

그러므로 투자하기 전 A, B, C의 돈의 비율은

$a:\frac{21}{40}a:\frac{11}{40}a=40:21:11$이다.

11 ①

Quick해설 팀장과 대리가 서로 마주보고 앉는 경우의 수는 $(5-1)!=4\times3\times2\times1=24$(가지)이다.

[상세해설] 팀장의 자리가 결정되면 대리의 자리는 마주보는 자리로 고정된다. 팀장과 대리를 묶어서 하나의 자리로 보고 대리를 제외한 나머지 5명에 대해서 원형 테이블에 둘러앉는 경우의 수를 구하면 $(5-1)!=4\times3\times2\times1=24$(가지)이다.

12 ①

Quick해설 U는 같은 문자가 2개이므로 같은 문자끼리 자리를 바꾼 경우의 수를 제외해야 한다. 이에 따라

BEUTIFUL 8개의 문자를 일렬로 나열하는 경우의 수는 $\frac{8!}{2!}$이다.

U와 I를 모두 같은 문자로 생각하고, 앞의 두 개의 문자가 U, 마지막 문자가 I가 된다고 생각한다. 이에 따라 U가 I보다 앞에 올 경우의 수는 $\frac{8!}{3!}$이다.

따라서 U가 I보다 앞에 올 확률은 $\frac{\frac{8!}{3!}}{\frac{8!}{2!}}=\frac{2!}{3!}=\frac{1}{3}$이다.

[문제해결 Tip]

일렬로 배열할 때 서로 같은 것이 있는 경우 중복되는 것을 제외해야 한다.

13 ④

Quick해설 터널의 길이는 일정하므로 4로 두고, KTX 1호기의 속력을 $x$km/h라고 하면, KTX 2호기의 속력은 $(x+2)$km/h가 된다.

먼저, KTX 2호기는 터널의 3/4 지점까지는 $(x+2)$km/h의 속력으로 가고, 남은 1/4 구간은 $(x+2-6)$km/h로 운행하였으므로 이동 시간은 $\frac{3}{x+2}+\frac{1}{x-4}$이다.

KTX 1호기는 속력 x km/h로 일정하게 이동하였으므로, 이동 시간은 $\frac{4}{x}$이다.

이때, KTX 2호기가 KTX 1호기보다 먼저 터널을 통과하였으므로 이동 시간은 KTX 2호기가 KTX 1호기보다 더 적게 걸린다. 그러면 $\frac{3}{x+2}+\frac{1}{x-4}<\frac{4}{x}$ 식을 풀어낼 수 있다.

부등식을 풀면 $x>16$이므로 KTX 1호기의 속력은 시속 16km보다는 크고, KTX 2호기의 속력은 적어도 시속 18km(KTX 1호기의 속력+2km)보다 크다.

14 ⑤

Quick해설 수송실적=수송인원×수송거리이므로 수송거리$=\frac{\text{수송실적}}{\text{수송인원}}$이다. 수송인원당 수송실적을 어림 계산하면 다음과 같다.

- A철도공사: $\frac{16,469}{1,979}\fallingdotseq 8.3$(인−km/명)
- B교통공사: $\frac{1,629}{126}\fallingdotseq 12.9$(인−km/명)
- C교통공사: $\frac{2,140}{246}\fallingdotseq 8.7$(인−km/명)
- D철도공사: $\frac{882}{110}\fallingdotseq 8.0$(인−km/명)
- E교통공사: $\frac{1,748}{122}\fallingdotseq 14.3$(인−km/명)
- F철도공사: $\frac{99}{13}\fallingdotseq 7.6$(인−km/명)
- G철도공사: $\frac{174}{26}\fallingdotseq 6.7$(인−km/명)

따라서 수송거리가 가장 긴 도시철도는 E교통공사이므로 옳다.

[오답풀이] ① G철도공사의 철도거리가 F철도공사보다 길지만 영업거리는 동일하므로 철도거리가 길수록 영업거리가 긴 것은 아니다.

② 노선당 평균 역 수는 A철도공사가 $\frac{293}{9}\fallingdotseq 32.6$(개)로 가장 많으므로 옳지 않다.

③ 노선당 평균 차량 수는 G철도공사가 $\frac{84}{1}=84$(개)로 가장 적고, F철도공사가 $\frac{92}{1}=92$(개)로 두 번째, D철도공사가 $\frac{468}{3}=156$(개)로 세 번째로 적으므로 옳지 않다.

④ 수송인원은 C교통공사가 G철도공사보다 많다. 그러나 차량 1칸당 수송인원은 C교통공사가 $\frac{246,945}{926}\fallingdotseq 267$(천 명), G철도공사가 $\frac{26,229}{84}\fallingdotseq 312$(천 명)으로 C교통공사가 더 적으므로 옳지 않다.

[문제해결 Tip]

선택지에 제시된 항목과 비교 대상으로 적절한 항목을 찾아 어림셈으로 계산하여 빠르게 문제를 해결할 수 있도록 한다.

15 ①

Quick해설 2년 미만 여가 활동을 하는 20대는 $710\times(0.062+0.199)\fallingdotseq 185$(명)이고, 30대는 $785\times(0.036+0.161)\fallingdotseq 155$(명)으로 20대가 더 많다.

[오답풀이] ② 지속적 여가 활동 기간이 5년 이상인 70대 이상의 인구수는 516×0.65≒335(명)이고, 30대 인구수는 785×0.463≒363(명)으로 30대가 70대 이상보다 많다.

③ 지속적 여가 활동 기간이 길수록 여가 활동을 하는 인원 수도 증가하는 연령대는 15~19세와 40대 두 개이다.

④ 지속적 여가 활동 기간이 1~2년 미만인 전체 비율은 14.5%, 1년 미만인 전체 비율은 3.6%이므로 14.5÷3.6≒4.0(배)로 4배 이상이다.

⑤ 가구소득별 구분에서 표본 수가 네 번째로 높은 가구소득은 200만 원 이상 300만 원 미만이다. 이곳에 속하는 인구 중 지속적 여가 활동 기간이 2~3년 미만인 인구는 729×0.116≒85(명)이므로 90명 미만이다.

16 ①

Quick해설 제시된 자료에 맞게 도표를 나타내면 다음과 같다.

㉠ 지속적 여가 활동 기간에 따른 성별 인구수 분포

(단위: 명)

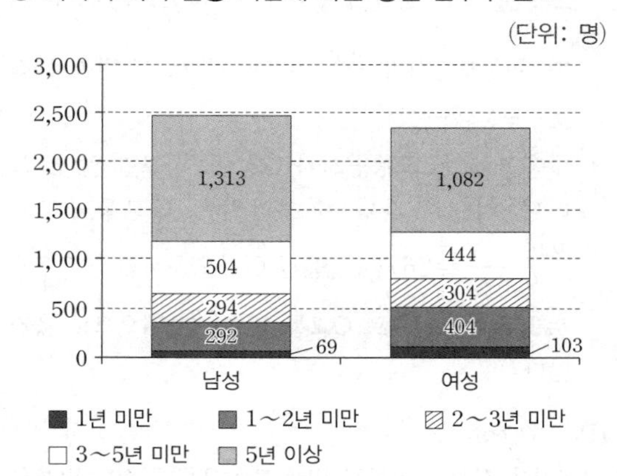

㉡ 20~40대 지속적 여가 활동 기간 표본 수 비율

(단위: %)

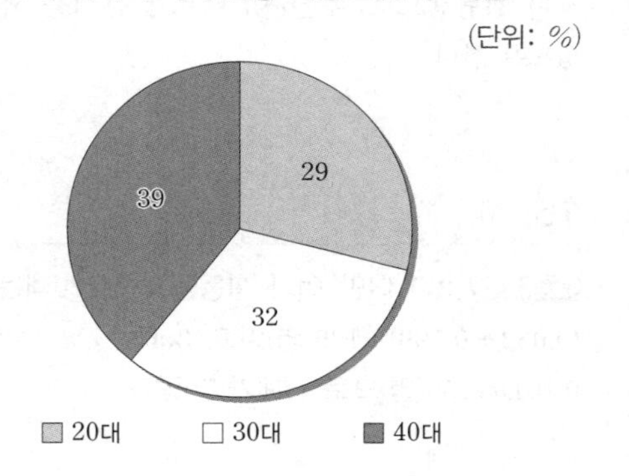

17 ③

Quick해설 [그래프2], [표]의 수치를 백만 명으로 환산하면 항공과 해상의 국내 수송실적 합은 2016년이 30+15=45(백만 명), 2017년이 32+16=48(백만 명), 2018년이 31+14=45(백만 명), 2019년이 32+14=46(백만 명)으로 연도별로 수치가 비슷하다. 따라서 육상의 국내 수송실적이 가장 큰 2016년에 총국내 수송실적이 가장 높다.

[상세해설] 연도별 총국내 수송실적은 다음과 같다.

(단위: 천 명)

구분	2016년	2017년	2018년	2019년
육상	5,975,000	5,894,000	5,716,000	5,969,000
항공	30,912	32,406	31,600	32,980
해상	15,423	16,910	14,625	14,585
합계	6,021,335	5,943,316	5,762,225	6,016,565

따라서 2016년의 총국내 수송실적이 가장 높다.

[오답풀이] ① 국외 항공여객 수송실적은 약 73백만 명 → 76백만 명 → 85백만 명 → 90백만 명으로 증가하고 있다.

② 고속·시내·시외·전세버스 모두 2016년부터 2018년까지 전년 대비 감소하고 2019년에 전년 대비 증가하므로 증감 추이가 동일하다.

④ 국내 실적이 가장 좋은 해는 각각 육상 2016년, 항공 2019년, 해상 2017년으로 각각 다르다.

⑤ 연도별 국내 해상여객 수송실적 증가율은 다음과 같다.

2017년: $\frac{16,910-15,423}{15,423}\times 100 ≒ 9.6(\%)$

2018년: $\frac{14,625-16,910}{16,910}\times 100 ≒ -13.5(\%)$

2019년: $\frac{14,585-14,625}{14,625}\times 100 ≒ -0.3(\%)$

따라서 2018년이 가장 낮다.

18 ④

Quick해설 왕복운임이 3만 원이고, 휴일 이틀을 포함하여 12일간 최대한 저렴하게 이용하는 경우, 휴일 이용이 불가한 10일용 일반형을 이용하면 30,000×10×

0.55+2×30,000=225,000(원)이고, 휴일 일수가 포함되는 10~20일 기간자유형을 이용하면 30,000×12×0.55=198,000(원)이므로 기간자유형을 이용하는 것이 일반형을 이용하는 것보다 225,000−198,000=27,000(원) 더 저렴하다.

[오답풀이] ① 무궁화호는 새마을호의 하위열차이고, 승차구간이 동일하므로 탑승할 수 있다.

② 모든 종류의 청소년 승차권은 할인율이 60%이다.

③ 정기승차권을 소지한 경우에는 발급확인서 없이 탑승할 수 있다.

⑤ 기준운임이 왕복 16,000원인 승차구간을 어른이 25일 기간자유형 정기승차권을 발급받은 뒤 5일째 이용한 날 환불을 받는 경우, 정기승차권 금액 16,000×25×0.5=200,000(원)에서 16,000×5=80,000(원)과 최저위약금 400원을 공제한 119,600원을 환불받는다.

19 ②

Quick해설 '3. 지원내용'에서 기준금리는 공공자금관리기금의 신규대출금리에서 2.0%p를 차감하여 산정하고, 중견기업의 대출금리는 '기준금리+0.10%p'라고 하였다. 따라서 공공자금관리기금의 신규대출금리가 5.2%인 경우 중견기업의 대출금리는 5.2−2.0+0.1=3.3(%)이다.

[오답풀이] ① '3. 지원내용'에서 지원한도는 시설자금(500억 원 이내) 및 기술개발자금(100억 원 이내)을 합산하여 사업장당 최대 500억 원이므로 한 사업장에서 시설자금 300억 원 및 R&D 자금 100억 원을 한 번에 지원받을 수 있다.

③ '3. 지원내용'에서 대기업은 50%, 중견기업은 90% 지원되므로 대기업이 500×0.5=250(억 원), 중견기업이 300×0.9=270(억 원) 지원된다. 따라서 대기업보다 중견기업에 지원되는 금액이 많다.

④ '4. 지원절차'에서 선도프로젝트 평가 기관은 한국산업단지공단, 대출심사 기관은 금융기관으로 상이하다.

⑤ '3. 지원내용'에서 대출기간은 3년 거치, 7년 분할상환이므로 최대 10년이다.

20 ③

Quick해설 5만 원권을 지불한 사람에 대한 정보를 을과 무가 말하고 있고, 5만 원권으로 지불한 사람은 1명이므로 을과 무 각각의 진술이 거짓일 때의 경우를 확인한다.
만약 을의 발언이 거짓이라면 무의 발언이 진실이므로 을이 5만 원권으로 결제하였다. 이에 따라 갑, 병, 정의 말이 진실이므로 갑은 1만 원권 결제, 병은 5천 원권으로 결제하였고, 정은 1만 원권으로 결제하지 않았다. 5천 원권과 5만 원권으로 결제한 사람은 각각 한 명인데 을이 5만 원권, 병이 5천 원권으로 결제하였으므로 정은 반드시 1만 원권으로 결제해야 한다. 따라서 모순이므로 을의 발언은 거짓이 아니다.
만약 무의 발언이 거짓이라면 을의 발언이 진실이므로 정이 5만 원권으로 결제하였다. 갑, 병, 정의 말이 참이므로 갑은 1만 원권, 병은 5천 원권, 정은 5만 원권으로 결제하였다. 남은 을, 무는 1만 원권으로 결제하게 되는데 이때 모순이 생기지 않는다.
따라서 1만 원권으로만 지불한 사람은 갑, 을, 무이다.

[문제해결 Tip]

거짓말을 하는 사람은 한 사람이고, 5만 원 권을 지불한 사람에 대해 을, 무가 서로 다른 사람을 지목하고 있으므로 거짓말을 하는 사람은 을 또는 무가 된다. 을이 거짓말을 하는 사람일 때와 무가 거짓말을 하는 사람일 때로 나누어 문제를 해결한다.

21 ③

Quick해설 제시된 내용을 정리하면 다음과 같다.

월	화	수	목	금
보리밥			현미밥	
감잣국		미역국		
	제육볶음	소시지 야채볶음		
				배추김치

콩밥이 나온 다음 날에는 수수밥이 나온다. 월요일과 목요일에는 보리밥, 현미밥이 나오므로 콩밥과 수수밥은 화요일, 수요일에 나와야 한다. 또한 계란국이 나온 다음 날에는 콩나물국이 나오는데, 월요일과 수요일에는

감잣국, 미역국이 나오므로 계란국과 콩나물국은 목요일, 금요일에 나와야 한다. 이에 따라 금요일에는 쌀밥, 화요일에는 된장국이 나온다. 그리고 불고기는 제육볶음, 소시지야채볶음과 연달아서 나오지 않으므로 불고기는 금요일에 나온다. 이를 정리하면 다음과 같다.

월	화	수	목	금
보리밥	콩밥	수수밥	현미밥	쌀밥
감잣국	된장국	미역국	계란국	콩나물국
	제육볶음	소시지 야채볶음		불고기
				배추김치

돈가스가 나오는 날에는 열무김치가 나오고, 열무김치가 나온 다음 날에는 갓김치가 나온다. 만약 열무김치가 목요일에 나온다면 금요일에는 배추김치가 나오므로 돈가스와 열무김치는 월요일에 나온다. 따라서 치킨너겟은 목요일에 나온다.

월	화	수	목	금
보리밥	콩밥	수수밥	현미밥	쌀밥
감잣국	된장국	미역국	계란국	콩나물국
돈가스	제육볶음	소시지 야채볶음	치킨너겟	불고기
열무김치	갓김치			배추김치

[문제해결 Tip]

문제에서 치킨너겟에 대한 배식 조건이 없으므로 나머지 메뉴들을 배치한 후 남는 자리에 치킨너겟을 배치해야 한다는 것을 유추할 수 있다.

22 ①

Quick해설 7월 1일부터 7월 6일까지 당일 생산하여 당일 판매한 딸기 마카롱의 수는 278개, 초코 마카롱의 수는 194개이므로 합은 278＋194＝472(개)이다.

[상세해설] 딸기 마카롱의 제작 개수 및 재고는 다음과 같다.

구분		1일	2일	3일	4일	5일	6일
만든 마카롱		48개	45개	52개	58개	55개	60개
판매한 마카롱	재고	12개	15개	8개	2개	5개	0개
	당일 생산	33개	37개	50개	53개	55개	50개
	계	45개	52개	58개	55개	60개	50개
재고 마카롱		15개	8개	2개	5개	0개	10개
폐기한 마카롱		0개	0개	0개	0개	0개	0개

따라서 7월 1일부터 7월 6일까지 당일 생산하여 당일 판매한 딸기 마카롱의 수는 33＋37＋50＋53＋55＋50＝278(개)이다.

초코 마카롱의 제작 개수 및 재고는 다음과 같다.

구분		1일	2일	3일	4일	5일	6일
만든 마카롱		70개	80개	92개	60개	50개	50개
판매한 마카롱	재고	30개	20개	8개	40개	45개	50개
	당일 생산	50개	72개	52개	10개	0개	10개
	계	80개	92개	60개	50개	45개	60개
재고 마카롱		20개	8개	40개	50개	50개	40개
폐기한 마카롱		0개	0개	0개	0개	5개	0개

7월 4일에 판매하고 남은 재고 마카롱의 수는 50개이고, 7월 5일에 판매한 마카롱의 수는 45개이므로 7월 4일에 만든 마카롱 중 5개는 폐기해야 한다. 즉, 7월 5일에 판매하고 남은 마카롱 55개 중 5개가 폐기이므로 재고 마카롱의 수는 50개이고, 7월 6일에 만들어야 하는 마카롱의 수는 50개이다. 따라서 당일 생산하여 당일 판매한 초코 마카롱의 수는 50＋72＋52＋10＋0＋10＝194(개)이다.

따라서 딸기 마카롱과 초코 마카롱의 총합은 278＋194＝472(개)이다.

[문제해결 Tip]

아침에 딸기 마카롱의 수는 60개, 초코 마카롱의 수는 100개가 되어야 하므로 (당일 아침에 만든 마카롱의 수)는 60(또는 100)－(전일 재고 마카롱)－(전일 폐기 마카롱)과 같고, (당일 판매한 마카롱)과 (당일 재고 마카롱)의 합은 60개(또는 100개)가 되어야 한다.

23 ②

Quick해설 강당사용료와 식당, 숙박 비용을 합친 시설물 이용 요금 총액은 407,000+700,000+1,360,000=2,467,000(원)으로 계약금은 총 이용요금의 10%인 246,700원이다.

[상세해설] C사의 강당 사용 예정시간은 5시간으로 강당의 5시간 이용금액은 250,000원이다. C사의 임직원 수는 110명으로 강당 수용인원인 100명에서 10명이 추가되므로 시간당 10,000원씩 5시간 기준 총 50,000원을 추가 지불해야 한다. 따라서 강당 사용에 따른 기본금액은 300,000원이며 냉난방 비용 50,000원과 조명·음향과 빔 프로젝터 대여 금액 20,000원을 합쳐 사용료로 370,000원을 지불해야 한다. 하지만 강당의 최대 사용시간은 4시간으로 5시간을 이용한다고 하였을 때의 가산금은 10%로 370,000원의 10%인 37,000원을 가산금으로 추가 지불하여야 한다. 따라서 강당 이용요금 총액은 407,000원이다.

식당의 경우 기본금액은 20,000원으로 C사의 경우 2시간을 사용하여야 하므로 40,000원의 기본금액에 110명의 식대 110×6,000=660,000(원)을 합친 700,000원을 식당 이용요금으로 지불하여야 한다.

숙박의 경우 사장을 위한 1인실 1개와 본부장급 이상 8명을 위한 2인실 4개를 빌려야 하며, 나머지 직원 101명을 위해 5인실을 21개 빌려야 한다. 따라서 숙박 총 비용은 70,000+60,000×4+50,000×21=1,360,000(원)이다.

따라서 강당과 식당, 숙박 비용을 합친 시설물 이용요금 총액은 407,000+700,000+1,360,000=2,467,000(원)으로 계약금은 총 이용요금의 10%인 246,700원이다.

[오답풀이] ① 강당 이용 가산금은 37,000원이다.

③ C사는 100인 이상 숙박하므로 현수막과 팸플렛 제작 비용을 10% 할인받을 수 있다.따라서 현수막 1개의 제작 비용 50,000원과 팸플렛 제작 비용 2,000×110=220,000(원)을 합친 270,000원의 10%인 27,000원을 할인받는다.

④ 식당 이용요금은 40,000+110×6,000=700,000(원)으로 70만 원이다.

⑤ C사의 임직원 수는 110명으로 6인용 책상을 110명이 사용하려면 19개를 대여하여야 하며, 6인용 책상 19개의 대여비용은 19×10,000=190,000(원)이다. 반면 4인용 책상 20개를 모두 대여(4×20=80명)하고 나머지 30명이 이용할 수 있도록 6인용 책상 5개를 빌리면 20×5,000+5×10,000=150,000(원)의 이용요금이 발생한다. 따라서 6인용 책상을 인원수에 맞게 빌리는 것보다는 4인용과 6인용을 섞어서 빌리는 것이 40,000원 더 저렴하다

24 ④

Quick해설 강당과 식당, 숙박 비용을 합친 시설물 이용 요금 총액은 2,467,000원이다.

장비 사용료를 계산하면 C사의 임직원 수는 110명으로 4인용 책상 20개를 모두 대여하고(100,000원) 6인용 책상 5개를 빌리면(50,000원) 150,000원의 이용요금이 발생한다. 의자는 100개 300,000원에 10개를 추가 사용하므로 30,000원에 10%가 가산된 33,000원을 합쳐 333,000원을 지불하여야 한다. 현수막 1개의 제작 비용 50,000원과 팸플렛 제작 비용 220,000원(2,000×110)을 합친 270,000원에서 10% 할인된 금액인 243,000원과 스크린 사용료 10,000원을 합친 장비 사용료 총액은 150,000+333,000+243,000+10,000=736,000(원)이다.

따라서 시설 이용료와 장비 사용료를 모두 합산한 세미나 총 비용은 2,467,000+736,000=3,203,000(원)이다.

25 ②

Quick해설 검역감염병의 발생이 의심되는 사람은 격리 외에 감시 조치도 취할 수 있다. 황열의 격리 또는 감시 기간은 6일이며, 격리되었을 때에는 그 사실을 알려야 하지만 격리가 아닌 감시인 경우 가족에게 따로 연락을 취하지 않아도 무방하다.

[오답풀이] ① 에이즈는 검역감염병이 아니다.

③ 페스트에 감염된 것으로 의심되는 승객은 6일까지 격리할 수 있다.

④ 콜레라에 감염된 것으로 의심되는 승객은 5일까지 격리할 수 있다.

⑤ 가까운 보건소는 격리 시설에 해당하지 않는다.

실전모의고사 2회

01	02	03	04	05	06	07	08	09	10
②	④	③	⑤	⑤	②	③	④	③	⑤
11	**12**	**13**	**14**	**15**	**16**	**17**	**18**	**19**	**20**
②	④	①	②	②	④	③	②	④	③
21	**22**	**23**	**24**	**25**	**26**	**27**	**28**	**29**	**30**
③	③	③	③	③	④	②	④	④	④
31	**32**	**33**	**34**	**35**	**36**	**37**	**38**	**39**	**40**
①	②	⑤	⑤	②	②	④	②	⑤	②

01 ②

Quick해설 ㉡이 쓰인 문장이 근로 기준법에 관한 내용을 다루고 있음을 고려할 때, '규정'은 '법률적으로 양이나 범위 따위를 제한하여 정한다'는 의미로 쓰였다고 볼 수 있다. '조건을 붙여 내용을 제한한다'는 의미를 지닌 단어는 '제약'이다.

[오답풀이] ① '승인'은 '어떤 사실을 마땅하다고 받아들임'을 뜻하는 말이다.
③ '약정'은 '어떤 일을 약속하여 정함'을 뜻하는 말이다.
④ '판시'는 '어떤 사항에 관하여 판결하여 보임'을 뜻하는 말이다.
⑤ '관철'은 '어려움을 뚫고 나아가 목적을 기어이 이룸'을 뜻하는 말이다.

02 ④

Quick해설 '범주(範疇)'는 동일한 성질을 가진 부류나 범위를, '범위(範圍)'는 일정하게 한정된 영역을 뜻한다. 일정하게 한정된 영역으로 사건 수사의 영역이 좁혀지므로 '범위'가 적절하고, 동일한 성질을 가진 부류로 범죄의 수법을 묶으므로 '범주'가 적절하다.

[오답풀이] ① 그냥 놔두면 훼손될 우려가 있는 대상을 지켜야 한다는 의미로는 '잘 보호하고 간수하여 남김.'을 뜻하는 '보존(保存)'을 쓰며, 현재의 상태를 지켜서 앞으로도 같은 상태에 있게 한다는 의미로는 '온전하게 보호하여 유지함.'을 뜻하는 '보전(保全)'을 쓴다.
② 입자나 전자기파의 형태로 에너지가 내보내지는 것을 '방출(放出)'이라 하며, 안에서 밖으로 밀어내는 것을 '배출(排出)'이라 한다.
③ 조직이나 기구, 사업체 따위를 운용하고 경영하는 것을 '운영(運營)'이라 하며, 무엇을 움직이게 하거나 부리어 쓸 때 '운용(運用)'이라 한다.
⑤ 아주, 전혀, 절대로의 뜻으로 어떤 일을 하지 않을 때 쓰는 말을 '일절(一切)'이라 하며, 전부, 완전히, 모든 것의 의미를 쓸 때는 '일체(一切)'라 한다.

03 ③

Quick해설 ㉢ '은폐'는 '덮어 감추거나 가리어 숨김'이라는 뜻의 단어이다. 혼동하는 단어로 '은패'라는 단어가 있는데 '은패'는 '은으로 만든 상패'라는 뜻의 단어이다. 여기에서는 '가리어 숨기다'라는 의미로 쓰였으므로 '은폐'가 맞는 표현이다.
㉤ '늦깎이'는 '나이가 많이 들어 어떤 일을 시작한 사람' 또는 '남보다 늦게 사리를 깨치는 일'을 뜻하는 단어이다. '늦깍이'는 '늦깎이'의 잘못된 표현이다.

[오답풀이] ㉠ 한글 맞춤법 제30항에 따르면 순우리말로 된 합성어로서 앞말이 모음으로 끝난 경우 뒷말의 첫소리가 된소리로 되거나 뒷말의 첫소리 'ㅁ' 앞에서 'ㄴ' 소리가 덧나는 경우 사이시옷을 사용한다고 되어 있다. '머리말'은 [머리말]로 발음되어 뒷말의 첫소리 'ㅁ' 앞에서 'ㄴ' 소리가 덧나지 않으므로 사이시옷을 받치어 적지 않는다. 따라서 '머리말'이 맞는 표현이다.
㉡ '거꾸로'는 '차례, 방향, 형편 등이 반대로 되게'라는 뜻의 단어이다. '꺼꾸로'는 '거꾸로'의 잘못된 표현이다.
㉣ '넋두리'는 '불만을 길게 늘어놓으며 하소연하는 말'이라는 뜻의 단어이다. '넉두리'는 '넋두리'의 잘못된 표현이다.

04 ⑤

Quick해설 두 번째 문단에서 T세포를 생산하는 흉선의 노화로 암에 걸릴 위험이 커진다고 하였다. 또한 세 번째 문단에 따르면 PLA2G7 단백질의 수치가 낮아지면 흉선은 젊어지고 노화 염증이 감소한다. 따라서 PLA2G7 단백질의 수치가 증가하는 것이 아닌 감소할수록 흉선이 젊어지고 T세포의 기능이 강화될 것임을 알 수 있다.

[오답풀이] ① 두 번째 문단에서 흉선은 다른 신체 기관보다 노화가 빨리 진행되어 40대에 접어들면 본연의 기능을 제대로 수행하지 못한다고 하였다.
② 세 번째 문단에서 칼로리 섭취를 줄이자 PLA2G7 단백질의 수치가 낮아져 노화를 억제하는 효과가 있었다고 하였으므로 반대로 칼로리 섭취를 늘릴 경우 PLA2G7 단백질의 수치가 증가하는 경향을 보일 것임을 추론할 수 있다.
③ 첫 번째 문단에서 제시하고 있는 연구는 소식과 수명의 상관관계를 처음으로 인간을 대상으로 하여 진행한 연구로, 그동안 파리, 벌레, 쥐 등을 통해 소식과 수명의 상관관계에 대한 연구가 진행되어 왔음을 알 수 있다.
④ 두 번째 문단에서 몸속 T세포 농도가 낮아지면 암세포를 상대하는 T세포의 부재로 인해 암에 걸릴 위험이 커진다고 하였다.

05 ⑤

Quick해설 세 번째 문단에서 사후적 규제체계에서는 기업의 행위가 반경쟁적인지의 여부를 판단하는 것이 매우 어렵고, 처벌에 이르기까지 상당한 시간이 소요됨을 알 수 있다. 따라서 시장에 대한 지배력이 형성된 경우에는 공정한 거래가 이루어지도록 회복하는 것이 어려울 가능성이 높음을 알 수 있으므로 적절하다.

[오답풀이] ① 첫 번째 문단에서 플랫폼 참여자 간 상호작용의 결과로 생산되는 빅테크는 특성상 기존의 공정경쟁 규제가 효과적이지 않음을 알 수 있으므로 적절하지 않다.
② 두 번째 문단에서 불공정행위로 인한 소비자의 피해가 발생한다는 것은 알 수 있지만 적법한 제재가 불가능하기 때문이 아니므로 적절하지 않다.
③ 첫 번째 문단에서 빅테크는 기존의 공정경쟁 규제가 효과적이지 않다는 비판이 제기되고 있으므로 필요성이 약화된다고 보기 어렵다.
④ 두 번째 문단에서 플랫폼 사업자 간 또는 플랫폼 사업자와 타 기업 간 경쟁에서 불공정한 거래가 이루어질 가능성이 높음은 알 수 있지만 이에 대한 직접적인 제재를 확대할 가능성이 높아진다고 보기 어려우므로 적절하지 않다.

06 ②

Quick해설 마지막 문단에서 독일이 탄소중립의 선두에 서게 된 것은 정부와 독일 철도, 마을 공동체까지 정책에 뜻을 모으고 비용을 분담하는 등 프로젝트에 적극 동참했기 때문이라고 하였다.

[오답풀이] ① 두 번째 문단에서 한국철도는 중장기적으로 철도시설을 친환경 발전소화하는 방안으로 선로와 방음벽에 태양광 전지판을 설치하는 것을 구상하고 있다고 하였다. 따라서 현재 시행하고 있지 않으므로 적절하지 않다.
③ 첫 번째 문단에서 케르펜－호렘역은 태양광과 지열만으로 운영된다는 내용이 있으므로 천연가스를 사용한다고 볼 수 없다.
④ 세 번째 문단에서 독일은 일사량이 적고 한반도보다 위도가 높아서 태양광 자연 자원이 부족하다고 하였다.
⑤ 두 번째 문단에서 한국철도는 2030년까지 최소 25만 톤의 이산화탄소 감축을 목표로 한다고 하였으나 이것이 현재의 몇 %인지는 나와 있지 않다. 42%라는 수치는 독일의 1990년 대비 2020년 탄소 배출 감축 비율이다.

[문제해결 Tip]
공사별로 주요 사업에 대한 내용을 알고 있으면 지문에 대한 이해도를 높일 수 있다. 실제로 실제 업무와 관련된 주제를 출제하는 비중이 높은 편이다. 주어진 글은 한국철도공사의 저탄소 사업과 관련된 글이므로, 공사별로 발행하는 간행물이나 보도자료 등을 통해서 공사에서 진행하는 사업에 대한 이해도를 높이는 것도 좋다.

07 ③

Quick해설 세 번째 문단의 내용을 통해 한비자와 순자의 사상은 모두 인간의 본성이 동물과 다를 바가 없다는 것을 전제로 하고 있음을 알 수 있다. 그러나 순자가 인간이 생각할 수 있는 '려'를 가지고 있다고 본 것과 달리 한비자는 인간의 본성은 변할 리가 없다며 교화 가능성을 부정했다. 따라서 ㉡과 달리 ㉠은 인간의 본성이 절대 변하지 않는다고 판단했다는 말은 옳다.

[오답풀이] ① 인간의 본성 안에 들어있는 사사로움을 찾아내어 법으로 엄히 다스려야 한다고 주장한 것은 순자가 아니라 한비자이다. 따라서 ㉠과 달리 ㉡은 인간의 본성 안에 사사로움이 있다고 생각했다는 말은 옳지 않다.

② 순자는 '예'를 통한 인간의 교화 가능성을 인정하였다. 인간의 교화 가능성을 부정한 것은 한비자이다. 따라서 ㉠과 달리 ㉡은 예를 통한 인간의 교화 가능성을 인정하지 않았다는 말은 옳지 않다.

④ 순자와 한비자의 사상은 모두 성악설을 바탕으로 하고 있으며 '예치'를 통치 철학으로 내세운 사람은 순자이다. 따라서 ㉡과 달리 ㉠은 성악설을 바탕으로 한 예치를 통치 철학으로 설정했다는 말은 옳지 않다.

⑤ 법을 엄격히 적용해야 한다고 주장한 것은 한비자이다. 순자는 인간에게 '예'를 주입하면 선한 행동을 할 수 있다며 '예치'를 주장했다. 따라서 ㉠과 ㉡ 모두 엄격한 법 적용의 필요성을 주장했다는 말은 옳지 않다.

08 ④

Quick해설 자료를 통해 발전업계가 온실가스 배출이 가장 많은 부문임을 알 수 있으므로 적절하지 않다.

[오답풀이] ① 첫 번째와 두 번째 문단을 통해 경제단체들은 정부의 탄소중립 계획 발표에 대한 불만을 갖고 있고, 이는 현장의 상황이 제대로 반영되지 않았다며 반발했음을 알 수 있으므로 적절하다.

② 첫 번째 문단과 자료를 통해 반도체 등의 업종은 온실가스 배출 비중이 낮은 산업 부분이지만 2050년까지 배출량 대부분을 줄여야 함을 알 수 있으므로 적절하다.

③ 세 번째 문단에서 석유화학업계는 온실가스를 줄이기 위한 기술 개발 계획의 상용화가 불투명하기 때문에 정부가 수립한 목표치 달성이 쉽지 않은 상황임을 알 수 있으므로 적절하다.

⑤ 네 번째 문단에서 수소환원제철의 경우 설비 비용에 대한 추계가 공개되지 않아 경제적 부담을 얼마나 지게 될지 알 수 없고, 결국 기업 경쟁력 약화로 이어질 것이라고 전망했음을 알 수 있으므로 적절하다.

09 ③

Quick해설 첫 번째 문단에서 사회적 가치들에 반하는 상태를 일탈이라고 하며, 일탈에는 선구자나 혁신자의 경우처럼 긍정적인 방향으로의 일탈도 포함된다는 것 등에서 선구자나 혁신자의 일탈 행위는 사회에 긍정적인 방향으로 작용할 수 있다고 볼 수 있다. 따라서 '사회적 규범을 어기는 행위라도 사회에 긍정적인 방향으로 작용할 수 있다'라는 말은 적절하다.

[오답풀이] ① 네 번째 문단에서 낙인찍힌 사람은 자신을 대하는 일반적인 태도와 기대에 맞추어 나름대로 자신의 역할을 학습해서 행동한다고 하였다. 따라서 일탈자는 자신에 대한 타인의 기대를 의식하여 일탈 행위를 자제한다는 말은 옳지 않다.

② 세 번째 문단에서 일탈적인 행동과 문화에서 자주 접촉하게 됨으로써 개인은 일탈 행동의 동기와 그 행동을 정당화하는 태도, 일탈 행동의 기법 등을 배운다고 하였으므로 일탈자는 일탈 행동의 기법을 배우기 위해 일탈 문화에 자주 접촉하는 것이 아니라 일탈 문화에 접촉하게 됨으로써 일탈 행동의 기법을 배움을 알 수 있다. 따라서 일탈자는 일탈 행동의 기법을 배우기 위해 일탈 문화에서 자주 접촉한다는 말은 옳지 않다.

④ 선구자나 혁신자의 행동이 일탈에 해당하기는 하지만 이들이 기성 규범과 그에 기초한 사회 통제를 부정적으로 평가하는지는 지문에 나와 있지 않다. 따라서 선구자나 혁신자는 기성 규범과 그에 기초한 사회 통제를 부정적으로 평가한다는 말은 옳지 않다.

⑤ 학자들은 인간의 비정상적인 행위를 포용하면 일탈 행위가 감소할 것이라는 것은 지문에 나와 있지 않다. 따라서 학자들은 인간의 비정상적인 행위를 포용하면 일탈 행위가 감소할 것이라고 본다는 말은

옳지 않다.

10 ⑤

Quick해설 세 번째 문단을 참고할 때 ㉠(사회적 학습 이론)은 차별 교제 이론의 바탕이 되는 이론으로 인간에 대해 자신이 속한 집단의 가치를 내면화하여 행동의 동기를 형성하고 그 행동을 정당화하며 자신에게 필요한 지식과 기법을 배우는 존재로 이해하고 있다. 따라서 인간은 자신이 속한 집단의 가치를 내면화하여 행동의 동기를 형성하고 그 행동을 정당화한다는 말은 옳다.

[오답풀이] ① 타인과의 의사소통이나 교섭과 관련지어 인간의 행동을 이해하는 것은 낙인이론이다. 따라서 인간은 타인과 의사소통하고 교섭하는 데에서 자신의 본질적인 행동을 드러낸다는 말은 옳지 않다.

② 차별 교제 이론에서는 일탈자가 일탈 행동의 기법을 배우는 것도 사회화의 하나로 파악한다는 것일 뿐 일탈자가 성공적인 사회화를 이루기 위해 의도적으로 일탈 행동의 지식과 기법을 배운다는 내용은 사회적 학습 이론과 무관하다. 따라서 일탈자는 성공적인 사회화를 이루기 위해 의도적으로 일탈 행동의 지식과 기법을 배운다는 말은 옳지 않다.

③ 세 번째 문단에서 개인이 일상적인 삶의 중심이 되는 집단의 지배적 가치가 일탈적일 때 일탈자가 됨을 알 수 있다. 따라서 일탈자는 성공적인 사회화를 이루기 위해 의도적으로 도덕적 규범 및 사회적 가치를 배운다는 말은 옳지 않다.

④ 두 번째 문단에서 개인이 범죄 행동 유형이 두드러진 하위문화와 강하게 접촉하면 일탈자가 되기 쉬움을 알 수 있으나 이런 문화와 접촉함으로써 당연히 사회적으로 소외된다는 관점을 드러내지는 않았다. 따라서 개인이 범죄 행동 유형이 두드러진 하위문화와 강하게 접촉하면 사회적으로 소외되게 마련이라는 말은 옳지 않다.

11 ②

Quick해설 큰 삼각형의 가운데 수는 가장자리에 이웃해 있는 두 수의 차의 합이다.

$6-1=5$
$9-6=3$
$9-1=8$
$5+3+8=16$

$11-3=8$
$11-5=6$
$5-3=2$
$8+6+2=16$

$(A-4)+(A-4)+(4-4)=16$
$2A=24$
$\therefore A=12$

12 ④

Quick해설 A와 B가 만난 시간에서 A가 우편을 보내는 데 소요된 시간을 제외하면 A가 이동한 시간이 된다. 1시간 25분에서 5분을 제외한 1시간 20분 동안 A가 이동한 거리는 $12\times\frac{4}{3}=16$(km)이다. 이에 따라 B가 마중 나간 거리는 $18-16=2$(km)이고, 소요된 시간은 $\frac{2}{4}=0.5$(시간)으로 30분이다. 따라서 B가 집에서 출발한 시각은 10시 25분의 30분 전인 9시 55분이다.

13 ①

Quick해설 소금물 A 100g에 들어있는 소금의 양$=x$
소금물 B 100g에 들어있는 소금의 양$=y$
두 소금물을 100g씩 섞었을 때 7%의 소금물을 식으로 나타내면 다음과 같다.

$\frac{x+y}{100+100}\times100=7 \rightarrow x+y=14$ … ㉠

소금물 A 100g과 소금물 B 300g을 섞었을 때 5.5%의 소금물을 식으로 나타내면 다음과 같다.

$\frac{x+3y}{100+300}\times100=5.5 \rightarrow x+3y=22$ … ㉡

㉠, ㉡ 두 식을 정리하면 $x=10$, $y=4$
따라서 소금물 B의 농도는 4%이다.

14 ②

Quick해설 월요일 날짜의 합이 85일이라면 월요일은 3, 10, 17, 24, 31일이다. 이때, 이 사원이 일한 날짜는 1~3, 5~7, 9~11, 13~15, 17~19, 21~23, 25~27, 29~31일이고 최 사원이 일한 날짜는 1~4, 7~10, 13~16, 19~22, 25~28, 31일이다. 따라서 두 사원이 함께 일한 날은 1~3, 7, 9~10, 13~15, 19, 21~22, 25~27, 31일로 총 16일이다.

[상세해설] 월요일 날짜의 합이 85일이기 때문에 첫 번째 월요일을 x로 두면 $x+(x+7)+(x+14)+(x+21)+(x+28)=85$이다. 이를 풀면 $x=3$이 나오므로 첫 번째 월요일은 3일이고 이 달은 31일까지 있다. 두 사원이 모두 첫날부터 일하기 시작하였으므로 일한 날을 달력에 표시해 보면 아래와 같다.

일	월	화	수	목	금	토
						1 이, 최
2 이, 최	3 이, 최	4 최	5 이	6 이	7 이, 최	8 최
9 이, 최	10 이, 최	11 이	12	13 이, 최	14 이, 최	15 이, 최
16 최	17 이	18 이	19 이, 최	20 최	21 이, 최	22 이, 최
23 이	24	25 이, 최	26 이, 최	27 이, 최	28 최	29 이
30 이	31 이, 최					

그러므로 두 사원이 함께 일한 날은 1~3, 7, 9~10, 13~15, 19, 21~22, 25~27, 31일로 총 16일이다.

15 ②

Quick해설 상자의 개수를 x라고 하면 간식의 개수는 $(6x+42)$이다. 한 상자에 7개씩 넣어도 간식이 남는다고 했으므로

$6x+42>7x \rightarrow x<42$

상자 4개를 빼고 남은 상자에 간식을 9개씩 넣었더니 간식이 모자랐다고 했으므로

$6x+42<9(x-4) \rightarrow x>26$

따라서 $26<x<42$이므로 상자의 개수가 될 수 있는 수 중 가장 적은 수는 27이다.

16 ④

Quick해설 ㉡ 평년 태풍 발생 수는 월평균 $\frac{25.4}{12}$ ≒2.1(개)이고, 2020년 월평균 태풍 발생 수는 $\frac{23}{12}$ ≒1.9(개)이므로 옳지 않다.

㉤ 평년 여름철 한반도에 영향을 준 태풍 발생 수는 $0.3+0.9+1.1=2.3$(개)이고, 평년 여름철 태풍 발생 수는 $1.7+3.6+5.8=11.1$(개)이다. 따라서 차지하는 비중은 $\frac{2.3}{11.1}\times100≒20.7(\%)$로 20% 이상이므로 옳지 않다.

[오답풀이] ㉠ [그래프]에서 2020년 $1+1+7+4+7+2+1=23$(개)의 태풍이 발생하였고, 평년의 태풍 발생 수는 $0.3+0.1+0.3+0.6+1+1.7+3.6+5.8+4.9+3.6+2.3+1.2=25.4$(개)로 $25.4-23=2.4$(개) 적으므로 옳다.

㉢ [그래프]에서 2020년 태풍 발생 수는 봄철(3~5월)에 1개, 여름철(6~8월)에 $1+7=8$(개), 가을철(9~11월)에 $4+7+2=13$(개)이므로 옳다.

㉣ 평년 태풍 발생 수는 2월을 기점으로 계속 증가하다가 8월을 기점으로 매월 하락하였고, 8월 대비 12월 평년 태풍 발생 수의 감소율은 $\frac{5.8-1.2}{5.8}\times100≒79.3(\%)$이므로 옳다.

17 ③

Quick해설 5월 15일에 판매한 당일 생산한 빵의 개수는 85−{12+(5월 10일~14일 당일 생산량)−(5월 10일~14일 당일 판매량)}=$85-(12+405-375)=43$(개)이다. 따라서 '당일 생산한 빵−전날 생산한 빵'의 개수는 $43-(85-43)=1$(개)이다.

[상세해설] 5월 10일부터 5월 14일까지 생산한 빵의 개수는 $80+78+84+88+75=405$(개)이고, 판매한 빵의 개수는 $72+75+90+70+68=375$(개)이다. 5월 9일에 빵이 12개 남았으므로 총 $405+12=417$(개)

중 375개를 판매한 것이다. 따라서 5월 14일 판매가 끝난 후 재고는 417－375＝42(개)이다. 5월 15일 판매량이 85개이므로 이 중 42개가 전날 생산한 빵의 개수이고, 85－42＝43(개)가 오늘 생산한 빵의 개수이다. 따라서 '당일 생산한 빵－전날 생산한 빵'의 개수는 43－42＝1(개)이다.

18 ②

Quick해설 ㉠ 2015~2019년 민간의 핵심기술과제 채택 건수는 23, 12, 17, 15, 9건이고, 제안 건수는 153, 67, 107, 185, 164건이므로 옳다.

㉣ 정부 핵심기술과제 채택률은 2015년이 $\frac{91}{151}\times100$ ≒60(%), 2016년이 $\frac{40}{93}\times100$≒43(%), 2017년이 $\frac{55}{94}\times100$≒59(%), 2018년이 $\frac{48}{98}\times100$≒49(%), 2019년이 $\frac{67}{146}\times100$≒46(%)이므로 옳다.

[오답풀이] ㉡ 민간 제안은 153＋67＋107＋185＋164＝676(건), 민간 채택은 23＋12＋17＋15＋9＝76(건)이고, 정부 제안은 151＋93＋94＋98＋146＝582(건), 정부 채택은 91＋40＋55＋48＋67＝301(건)이다. 그래프의 수치가 서로 반대되어 있으므로 옳지 않다.

㉢ 정부 채택 평균은 $\frac{301}{5}$＝60.2(건),민간 채택 평균은 $\frac{76}{5}$＝15.2(건)이고, 정부 제안 평균은 $\frac{582}{5}$＝116.4(건), 민간 제안 평균은 $\frac{676}{5}$＝135.2(건)이므로 옳지 않다.

19 ④

Quick해설 연도별로 남성 경제활동 인구를 구하면 다음과 같다.

• 2016년: 24,748－10,256＝14,492(천 명)
• 2017년: 25,099－10,416＝14,683(천 명)
• 2018년: 25,501－10,609＝14,892(천 명)
• 2019년: 25,873－10,802＝15,071(천 명)
• 2020년: 26,536－11,149＝15,387(천 명)

따라서 남성 경제활동 인구는 2020년을 포함하여 해마다 증가하였다.

[오답풀이] ① A의 값은 $\frac{11,149}{21,718}\times100$≒51.3(%)이다.

② 2016년 15세 이상 인구는 $\frac{24,748}{0.61}$≒40,570(천 명)으로 4천만 명을 넘는다.

③ 2020년 15세 이상 인구는 $\frac{26,536}{0.624}$≒42,526(천 명)으로 4천 2백만 명을 넘는다.

⑤ 남성 경제활동 인구가 처음으로 1,500만 명을 넘은 2019년에 여성 경제활동 참가율은 50.2%이다.

20 ③

Quick해설 2018년 우리나라 15세 이상 인구는 $\frac{25,501}{0.613}$≒41,600(천 명)이다. 2018년에 15세 이상 남성 인구는 41,600－21,254＝20,346(천 명)이고, 남성 경제활동 인구는 25,501－10,609＝14,892(천 명)이므로 2018년 남성 경제활동 참가율은 $\frac{14,892}{20,346}\times100$≒73(%)이다.

21 ③

Quick해설 ㉢과 ㉠을 보면 악기를 좋아하는 사람은 책을 좋아하고, 책을 좋아하는 사람은 음악을 좋아함을 알 수 있다.

[오답풀이] ① ㉠에서 책을 좋아하는 사람이 음악을 좋아하는 것은 알 수 있지만, 문학을 좋아하는지 알 수 없다.

② ㉢과 ㉠에서 악기를 좋아하는 사람은 책을 좋아하고, 책을 좋아하는 사람은 음악을 좋아함을 알 수 있다. 하지만 악기를 좋아하는 사람이 문학을 좋아하는지는 알 수 없다.

④ ㉡에서 문학을 좋아하는 사람이 음악을 좋아하는 것은 알 수 있지만, 문학을 좋아하는 사람이 책을 좋아하는지는 알 수 없다.

⑤ ㉢과 ㉠에서 악기를 좋아하는 사람은 책을 좋아하고, 책을 좋아하는 사람은 음악을 좋아함을 알 수 있지만, 그 역이 참인지는 알 수 없다.

[문제해결 Tip]
제시된 명제들의 대우 관계를 살피면서 관계들을 찾아가는 것이 중요하다.

22 ③

Quick해설 전제1에 따르면 A기업 직원 중에는 영어를 못하는 사람이 존재하므로 A기업 직원과 영어를 못하는 사람 사이에 교집합이 존재하고, 결론에 따르면 업무 능력이 뛰어나지 않은 사람 중에 A기업 직원이 있으므로 업무 능력이 뛰어나지 않은 사람과 A기업 직원 사이에 교집합이 존재한다. 업무 능력이 뛰어난 사람이 모두 영어를 잘하는 사람이면 영어를 못하는 사람은 모두 업무 능력이 뛰어나지 않은 사람이므로 영어를 못하는 사람과 업무 능력이 뛰어나지 않은 사람의 교집합이 존재하여 업무 능력이 뛰어나지 않은 사람과 A기업 직원 사이에 교집합이 존재하게 되므로 전제2에는 '업무 능력이 뛰어난 사람은 모두 영어를 잘한다'가 들어가야 한다.

[오답풀이] ①, ⑤ 다음과 같은 경우에 결론이 성립하지 않는다.

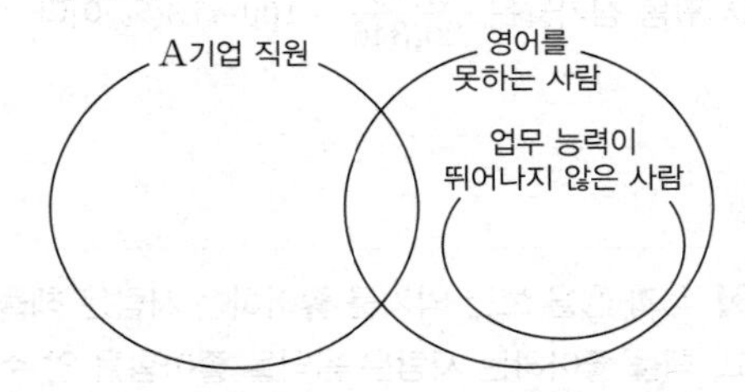

② 다음과 같은 경우에 결론이 성립하지 않는다.

④ 전제1에 의해 A기업 직원 중에 영어를 못하는 사람이 존재하지만 영어를 못하는 사람이 모두 A기업 직원이면 A기업 직원인 사람 중에 업무 능력이 뛰어나지 않은 사람이 존재하는지 알 수 없으므로 결론이 성립하지 않는다.

[문제해결 Tip]
선택지에 제시된 각 경우들을 넣었을 때 조건이 성립이 되는지를 비교하며 소거하며 문항을 해결하는 것이 가장 빠르고 정확하게 풀어내는 방법이다.

23 ③

Quick해설 거짓을 말한 사람과 지각한 사람 모두 C이다.

[오답풀이] B와 C의 진술은 동시에 참일 수 없다. 따라서 둘 중 하나가 거짓이므로, 나머지 A, D, E의 진술은 모두 참이다. 이에 따라 A와 D는 지각하지 않았고, A 아니면 C가 지각을 하였는데, A는 지각하지 않았으므로 지각한 사람은 C이다. 따라서 B의 진술이 참이 되고, C의 진술이 거짓이 된다.

24 ③

Quick해설 을과 병이 서로 대립되는 진술을 하고 있으므로, 을이 진실을 말한 경우와 병이 진실을 말한 경우로 나누어 살펴보면 다음과 같다.

i) 을이 진실을 말한 경우
기밀을 유출한 사람은 정이고, 무는 기밀을 유출하는 사람을 봤다. 병이 거짓을 말했으므로 무도 거짓을 말했다. 따라서 갑 또는 무가 기밀을 유출한 사람이어야 하므로 모순이다.

ii) 병이 진실을 말한 경우
정은 기밀을 유출하지 않았고, 무는 진실을 말했다. 을은 거짓을 말했으므로 갑의 진술도 거짓이다. 따라서 정은 진실을 말했다. 갑의 진술에 따라 갑과 무는 기밀을 유출하는 사람을 보지 못했고, 정의 진술에 따라 기밀을 유출하는 것을 본 사람은 2명이다. 병, 정, 무의 진술에 따라 갑, 을, 정, 무는 기밀을 유출하지 않았으므로 기밀을 유출한 사람은 병이다. 이 경우 모순이 없다.

따라서 기밀을 유출한 사람은 병이다.

[문제해결 Tip]
참과 거짓을 분별하는 문항은 각 진술 중에서 대립되는 진술을 바탕으로 참과 거짓의 경우에 따라 나머지 진술들을 조건에 맞추어 판단하는 것이 가장 빠르고 정확하게 풀어내는 방법이다.

25 ③

Quick해설 세 번째와 네 번째 [조건]을 정리하면 'E>A>B>F', 'E>C'이다. D는 아무 곳이나 위치시킬 수 있다. 만약 D를 제일 앞에만 위치시키지 않는다면 C 또는 D를 얼마든지 제일 마지막에 위치시킬 수 있다. 따라서 Q는 마지막에 기계를 점검할 가능성이 있다. 반대로 D를 제일 앞에 위치시킨다면 C를 F 앞쪽에 위치시켜 F를 제일 마지막으로 보낼 수 있다. 따라서 P도 마지막에 기계를 점검할 가능성이 있다.
반면 A와 B는 항상 F보다 앞에 있으므로, R은 마지막에 기계를 점검할 가능성이 없다.
따라서 마지막에 기계를 점검할 가능성이 있는 직원은 P, Q다.

26 ④

Quick해설 B가 F에게 용건을 전달할 때는 F에서부터 거꾸로 생각하는 것이 편하다. F에게 연락할 수 있는 사람은 C와 H이다. B가 연락할 수 있는 직원 중 D는 H와 연락할 수 있다. 이에 따라 최소 경로는 B−D−H−F가 되고, 연락횟수는 3회이다.
I에게 연락할 수 있는 사람은 D와 H이다. F가 연락할 수 있는 직원 C, E는 D, H와 연락할 수 없다. D에게 연락할 수 있는 사람은 B, J이고, H에게 연락할 수 있는 사람은 D, G, J이다. F는 B, D, G, J와 바로 연결할 수 없지만 F가 연락할 수 있는 사람 중 C는 B에게, E는 J에게 연락할 수 있다. 이에 따라 최소 경로는 F−C−B−D−I 또는 F−E−J−D(or H)−I가 되고, 연락횟수는 4회이다.
따라서 총 연락횟수는 3+4=7(회)이다.

27 ②

Quick해설 ㉡ 병과 정의 직전 학기 성적이 C 이상 B 미만으로 동일하고, 병의 소득분위가 3분위 또는 4분위, 정의 소득분위가 2분위 이하라면 장학금이 600×0.5=300(만 원), 500×0.6=300(만 원)으로 동일하므로 옳다.

[오답풀이] ㉠ 갑의 소득분위가 3분위 또는 4분위이고, 직전 학기 성적이 B 이상 A 미만이거나, 소득분위가 5분위 또는 6분위이고, 직전 학기 성적이 A 이상이라면 장학금이 등록금의 80%인 300×0.8=240(만 원)이다. 을의 소득분위가 2분위 이하이고, 직전 학기 성적이 C 이상 B 미만인 경우 장학금이 등록금의 60%인 400×0.6=240(만 원)이다. 따라서 A와 B가 수석 또는 차석이 아니라도 장학금이 동일한 경우가 존재하므로 옳지 않다.

㉢ 갑이 수석이고, 소득분위가 4분위 이하라면 장학금이 500만 원이다. 만약 을이 소득분위가 4분위 이하이고, 차석이라면 장학금이 500만 원으로 동일하다. 또한 정이 전액 장학금을 받는다면 장학금이 동일할 수 있다. 병은 소득분위가 7분위 또는 8분위이고, 수석인 경우 장학금이 600×0.5+200=500(만 원)이다. 따라서 갑, 을, 병, 정 모두 장학금이 동일한 경우가 있으므로 옳지 않다.

28 ④

Quick해설 해당 연도에 6개월 이상 실제 업무에 종사하지 아니한 자는 연수교육이 면제된다.

[오답풀이] ① A협회는 연수교육계획서를 다음 연도 시작 20일 전까지 ○○부장관에게 제출하여 승인을 받아야 한다.

② A협회는 매년 1월 31일까지 전년도의 연수교육 실적을 ○○부장관에게 보고해야 한다.

③ 2019년에 신규로 면허를 받은 사람은 당해 연도인 2019년과 다음 연도인 2020년에 연수교육이 면제된다.

⑤ 신규 면허를 취득한 첫 해와 둘째 해인 2018~2019년은 연수교육이 면제되고, 세 번째와 네 번째 해인 2020~2021년에 연수교육을 받지 않은 것이므로 마지막 연도인 2021년은 2차 위반이다. 따라서 행정처분은 자격정지 3일이다.

29 ④

Quick해설 D와 E는 근속연수가 4년 미만이므로 선정하지 않는다. G는 어학성적이 850점 미만이고, 근무실적이 C이므로 선정하지 않는다. 따라서 나머지 직원들에 대하여 총점을 계산해 보면 다음과 같다.

지원자	근속 연수	어학 성적	근무 실적	면접 점수	결혼 유무	총점
A	10	8	10	9.2	3	40.2
B	6	10	10	9.1	1	36.1
C	9	8	9.5	8.6	1	36.1
F	8	8	8.5	9.3	0	33.8
H	7	9	9.5	9.6	1	36.1
I	4	10	9.5	9.6	3	36.1

A는 총점이 가장 높으므로 선정된다. B, C, H, I의 총점이 동일하므로 이 중 기혼이면서 가족을 동반하는 I가 선정되고, 미혼인 B, C, H 중 면접 점수가 가장 높은 H가 선정된다. 따라서 A, H, I가 선정된다.

[문제해결 Tip]

선택지에 A, B, C, H, I만 나와 있으므로 A, B, C, H, I만 계산하면 문제를 빠르게 풀 수 있다.

30 ④

Quick해설 F의 근속연수가 3년 더 길다 하더라도 근속연수 점수는 최대 10점이므로 현재보다 2점을 더 얻어 35.8점이 된다. 36.1점 미만인 경우 F는 해외파견 직원으로 선정될 수 없다.

[오답풀이] ① A가 가족을 동반하지 않으면 총점이 지금보다 3점이 낮아진다. 이 경우 총점이 37.2점으로 나머지 직원들보다 높기 때문에 선정될 수 있다.

② B가 기혼이면서 가족을 동반하지 않는다면 총점이 지금보다 1점 낮아진다. B는 원래 선정되지 않았으므로 점수가 더 낮아지더라도 결과가 변하지 않는다.

③ E의 근속연수가 3년 더 길다면 E의 총점은 6+8+9.5+9.4+3=35.9(점)이다. 36.1점 미만이므로 결과가 변하지 않는다.

⑤ G가 어학성적을 180점 더 얻더라도 근무실적은 C등급이므로 해외파견 직원으로 선정될 수 없다.

[문제해결 Tip]

선정이 가능한 최저 점수는 36.1점이다. 각 직원들의 점수가 바뀌었을 때 36.1점을 기준으로 더 높아지거나 더 낮아지는지 확인하면 문제를 빠르게 풀 수 있다.

31 ①

Quick해설 일반화물 운임 계산 시 수송거리는 1km 미만 단위에서 반올림, 화물중량은 1톤 미만 단위에서 반올림, 운임은 100원 미만 단위에서 반올림한다.

- A: 65.1×129×6×2=100,774.8(원)≒100,800(원)
- B: 65.1×178×1×3=34,763.4(원)≒34,800(원)
- C: 57×215×3=36,765(원)≒36,800(원)
- D: 49.7×368×4=73,158.4(원)≒73,200(원)
- E: 52.5×134×2×5=70,350(원)≒70,400(원)

따라서 일반화물 A의 운임이 옳지 않다.

32 ②

Quick해설 빈 컨테이너가 아닌 경우 화물중량은 운임 계산에 필요하지 않다.

- F: 컨테이너 화물의 최소 운임은 컨테이너 규격별로 100km에 해당하는 운임이므로 F의 운임은 57×100×3=17,100(원)이다.
- G: 빈 컨테이너의 경우 운임단가의 74%를 적용해서 계산하므로 G의 운임은 0.74×57.8×136≒5,817.0(원)≒5,800(원)이다.
- H: 49.7×258×2=25,645.2(원)≒25,600(원)이다.

따라서 F, G, H의 화물운임의 합은 17,100+5,800+25,600=48,500(원)이다.

33 ⑤

Quick해설 총 1억 원을 투입하였고, A기계와 C기계에 투입한 예산의 합이 B기계와 D기계에 투입한 예산의 합과 동일하므로 각각 5,000만 원이다. 또한 각 기계별로 투입한 예산이 1,000만 원씩 차이가 나므로 1,000만 원, 2,000만 원, 3,000만 원, 4,000만 원 중 하나이다. B기계와 D기계는 1,000만 원, 4,000만 원을 투입하거나 2,000만 원, 3,000만 원을 투입해야 한다. 그런데 B기계에 D기계보다 1,000만 원 더 투입했으므로 D기계에 2,000만 원, B기계에 3,000만 원을 투입해야 한다. D기계에 A기계보다 1,000만 원 더 투입했으므로 A기계에 1,000만 원, C기계에 4,000만 원 투입하였다.

따라서 예산 투입 후 각 기계의 불량률과 생산량, 불량품을 제외한 생산량은 다음과 같다.

구분	A	B	C	D
투입 예산	1,000만 원	3,000만 원	4,000만 원	2,000만 원
불량률(%)	15−2=13	18−3×2=12	23−4×2=15	22−2×2=18
생산량(개)	900+100 =1,000	1,000+3× 100=1,300	1,200+4× 100=1,600	1,100+2× 100=1,300
불량품을 제외한 생산량(개)	1,000×0.87 =870	1,300×0.88 =1,144	1,600×0.85 =1,360	1,300×0.82 =1,066

따라서 A~D의 불량품을 제외한 총생산량의 합은 870+1,144+1,360+1,066=4,440(개)이다.

[문제해결 Tip]
기계별로 투입한 예산을 먼저 계산한다. 또한 기계별 불량품을 제외한 생산량은 생산량×(100−불량률)÷100으로 계산한다.

34 ⑤

Quick해설 최근 10년간 최대 신규 가입자 대비 현재 신규 가입자 비율이 20% 이상 감소한 지역은 C지역, D지역, E지역이고, 최근 5년간 신규 가입자 수의 연속 감소 기간이 3년 이상인 지역은 A지역, C지역이다. 따라서 신규 가입자가 감소하는 지역 기준을 만족하는 지역은 A지역, C지역, D지역, E지역이다.

최근 5년간 최대 점유율 대비 현재 점유율의 비율이 10% 이상 감소한 지역은 B지역, C지역, E지역이고, 최근 5년간 점유율의 연속 감소 기간이 3년 이상인 지역은 A지역, B지역, D지역, E지역이다. 따라서 점유율이 감소하는 지역 기준을 만족하는 지역은 B지역, E지역이다.

신규 가입자 수 대비 탈퇴자 수 비율이 80% 이상인 지역은 A지역, D지역이다.

따라서 세 가지 중 두 가지 이상을 만족하는 지역은 A지역, D지역, E지역이다. 이 중 최근 5년간 최대 점유율 대비 현재 점유율의 비율이 가장 낮은 지역은 E지역이므로 E지역부터 진행하고, A지역과 D지역 중 최근 10년간 최대 신규 가입자 대비 현재 신규 가입자 비율이 더 낮은 지역은 D지역이므로 D지역부터 진행한다. 따라서 E지역−D지역−A지역 순으로 진행한다.

35 ②

Quick해설 4개의 소방안전센터끼리 1대를 공유하는 형태로 축소 배치할 수 있다. 따라서 4개의 소방안전센터에 1대, 나머지 1개의 소방안전센터에 1대를 배치하는 형태로 최소 2대의 물탱크차를 배치할 수 있다.

[상세해설] 물탱크차는 소방안전센터마다 1대를 배치한다. 다만, K시는 인구 10만 명당 공설소화전 설치 개수가 $\frac{75+3+12+80+2}{4}$=43(개)로 40개 이상이고, 인구는 40만 명이므로 4개의 소방안전센터끼리 1대를 공유하는 형태로 축소 배치할 수 있다. 따라서 4개의 소방안전센터에 1대, 나머지 1개의 소방안전센터에 1대를 배치하는 형태로 최소 2대의 물탱크차를 배치할 수 있다.

36 ②

Quick해설 지방정부 K시 전체에 배치해야 하는 소방안전센터 근무요원 수는 12+30+12+21+30+21=126(명)이다.

[상세해설] 물탱크차는 최소 2대를 배치해야 하므로, 물탱크차에 배치되는 근무요원의 수는 6×2=12(명)이다. 한편 각 소방안전센터에 배치해야 하는 소방펌프자동차의 수와 근무요원의 수는 다음과 같다.

소방안전센터	소방펌프자동차	근무요원
A	2+1=3(대)	(3+9)+(3+6)×2=30(명)
B	2−1=1(대)	3+9=12(명)
C	2대	(3+9)+(3+6)=21(명)
D	2+1+1−1=3(대)	(3+9)+(3+6)×2=30(명)
E	2대	(3+9)+(3+6)=21(명)

따라서 배치해야 하는 소방안전센터 근무요원의 수는 12+30+12+21+30+21=126(명)이다.

37 ④

Quick해설 신입사원을 2명 선발하고, 필기시험에서는 2

배수를 선발하므로 4명을 선발한다.

과목별로 25개의 문항이 있으므로 40%인 10개 이상을 맞혀야 한다. C, F는 직무수행능력평가, D, I는 직업기초능력평가에서 10개 미만으로 맞혔으므로 불합격이다. 나머지 A, B, E, G, H, J의 점수는 다음과 같다. 최종 선발 예정인원이 3명 이하이므로 취업지원대상자 가점은 적용하지 않는다.

지원자	필기 점수	우대사항 가점				총점
		취업지원 대상자	장애인	자격증 개수	체험형 인턴 수료자	
A	30점			3점		33점
B	35점				2점	37점
E	36점					36점
G	47점				2점	49점
H	40점					40점
J	30점		5점	1점		36점

따라서 G가 1등, H가 2등, B가 3등으로 합격하고, E, J 중 한 명이 합격한다. 동점자 처리기준에 따라 E, J 중 장애인 가점이 있는 J가 합격한다. 따라서 필기시험 합격자 중 가장 낮은 순위로 합격하는 지원자는 J이다.

38 ②

Quick해설 1위는 G, 2위는 H, 3위는 B, 4위는 J이다. 최종선발 예정인원이 2명이므로 취업지원대상자 가점은 미적용하고, 면접에서는 장애인 가점만 적용하므로 4위인 J가 5점을 얻는다. 이에 따라 G는 28+16+42=86(점), H는 22+20+44=86(점), B는 23+18+45=86(점), J는 25+19+40+5=89(점)이고, 면접시험 고득점자인 J가 합격한다. B, G, H 중 장애인과 자격증 가점이 있는 사람은 없고, 직무능력 점수가 가장 높은 사람은 3위인 B이므로 B가 합격한다.

따라서 면접시험 합격자의 조합은 B, J이다.

39 ⑤

Quick해설 적용받는 금리는 A가 4.1%, B가 3.15%, C가 4.85%, D가 3.3%이다. 따라서 적용받는 금리는 C－A－D－B 순으로 높다.

[상세해설] • A: 3년 만기 희망적금이므로 기본이율은 2.1%이며, 기본이율의 변동은 적용받지 않는다. 또한 근로소득이 연 1,800만 원 이하 근로자이므로 우대이율 2.0%p가 더해져 적용받는 금리는 2.1+2=4.1(%)이다.

- B: 2년 만기 스타트적금이므로 기본이율은 2.6%이며, 기본이율의 인상이 한 차례 적용된다. 따라서 기본이율은 2.6+0.25=2.85(%)이고, 입사 6개월 미만 신입사원이므로 우대이율 0.3%p가 더해져 적용받는 금리는 2.85+0.3=3.15(%)이다.
- C: 1년 만기 희망적금이므로 기본이율은 1.6%이며, 기본이율의 인상이 한 차례 적용된다. 따라서 기본이율은 1.6+0.25=1.85(%)이고, 기초생활수급자이자 한부모가족이므로 우대이율 2.0%p와 1.0%p가 더해져 적용받는 금리는 1.85+2+1=4.85(%)이다.
- D: 4년 만기 VIP적금이므로 기본이율은 2.3%이며, 두 차례 기본이율의 인상이 적용된다. 따라서 기본이율은 2.3+0.25+0.25=2.8(%)이며, 첫 거래 고객이자 인터넷뱅킹 가입고객이므로 우대이율 0.3%p와 0.2%p가 더해져 적용받는 금리는 2.8+0.3+0.2=3.3(%)이다.

따라서 적용받는 금리는 C－A－D－B 순으로 높다.

40 ②

Quick해설 희망적금에 가입했을 때 적용받는 금리가 3.1%로 최대가 되며, 10,000,000원을 예치했을 경우 1년 후 만기에 받는 이자는 10,000,000×0.031=310,000(원)이다.

[상세해설] K씨가 각 적금 상품을 가입했을 때 받을 수 있는 최대 이율을 정리하면 다음과 같다.

- 희망적금: 1년 만기이므로 기본이율은 1.6%이고, 근로장려금수급자이므로 적용받는 최대 금리는 1.6+1.5=3.1(%)이다.
- VIP적금: 기본이율은 1.6%이고, 아직 은행과 거래를 해 본 적이 없고 우대이율을 최대한 받으려고 하므로 최고 우대이율을 받으면 적용받는 최대 금리는 1.6+0.6=2.2(%)이다.

- 스타트적금: 기본이율은 2.3%이고, 입사 6개월 미만 신입사원에 만 34세 이하에 해당하여 최고 우대이율 0.5%p를 충족하므로 적용받는 최대 금리는 2.3+0.5=2.8(%)이다.

따라서 희망적금에 가입하는 것이 가장 유리하고, 이때 만기에 받을 수 있는 이자의 최댓값은 10,000,000×0.031=310,000(원)이다.

실전모의고사 3회

01	02	03	04	05	06	07	08	09	10
②	③	③	①	③	④	③	④	④	④
11	**12**	**13**	**14**	**15**	**16**	**17**	**18**	**19**	**20**
②	②	①	④	⑤	④	①	②	③	②
21	**22**	**23**	**24**	**25**	**26**	**27**	**28**	**29**	**30**
⑤	③	④	②	④	④	②	③	④	⑤
31	**32**	**33**	**34**	**35**	**36**	**37**	**38**	**39**	**40**
④	③	①	③	③	③	②	④	⑤	②
41	**42**	**43**	**44**	**45**	**46**	**47**	**48**	**49**	**50**
③	③	⑤	②	⑤	③	①	②	②	④

01 ②

Quick해설 제시된 글의 첫 번째 문장에서 힐링 문화 체험장은 지난 하반기에 기초 공사를 시작했다고 하였으므로 올 연말에 '완공'(공사를 완성함)을 목표로 하고 있다는 내용이 들어가야 문맥상 자연스럽다. '기공'은 '공사를 착수함'을 의미한다.

[오답풀이] ① '기여하다'는 '도움이 되도록 이바지하다.'를 뜻하는 말로, 문맥상 적절하게 쓰였다.

③ '조성되다'는 '무엇이 만들어져서 이루어지다. 분위기나 정세 따위가 만들어지다.'를 뜻하는 말로, 문맥상 적절하게 쓰였다.

④ '연계하다'는 '어떤 일이나 사람과 관련하여 관계를 맺다.'를 뜻하는 말로, 문맥상 적절하게 쓰였다.

⑤ '거듭나다'는 '지금까지의 방식이나 태도를 버리고 새롭게 시작하다.'를 뜻하는 말로, 문맥상 적절하게 쓰였다.

02 ③

Quick해설 ㉠ 한글 맞춤법 제53항에 따르면 '-ㄹ게' 등의 어미는 예사소리로 적도록 규정하고 있다. 다만 의문을 나타내는 어미인 '-ㄹ까', '-ㅂ니까', '-리까' 등은 된소리로 적는다. 조사 '께'는 '에게'의 높임말로 쓰여 주로 체언 뒤에 붙어 쓰인다.

㉣ '두루뭉술'은 '모나거나 튀지 않고 둥그스름하다' 또

는 '말이나 행동 따위가 철저하거나 분명하지 아니하다'를 뜻하는 형용사인 '두루뭉술하다'의 어근이다. '두루뭉실'은 '두루뭉술'의 잘못된 표현이고 유사한 표현으로는 '두리뭉실'이 있다.

ⓜ '올바르게'는 '말이나 생각, 행동 따위가 이치나 규범에 벗어남이 없이 옳고 바르다'를 뜻하는 형용사인 '올바르다'의 활용형이다.

[오답풀이] ⓛ '으례'는 '으레'의 잘못된 표현이다. '으레'는 '두 말 할 것 없이 당연히' 또는 '틀림없이 언제나'를 뜻하는 부사이다.

ⓒ '빈털털이'는 '빈털터리'의 잘못된 표현이다. '빈털터리'는 '재산을 다 없애고 아무것도 가진 것이 없는 가난뱅이가 된 사람' 또는 '실속없이 떠벌리는 사람'을 낮잡아 이르는 명사이다.

03 ③

Quick해설 '징수(徵收)'는 '나라, 공공 단체, 지주 등이 돈, 곡식, 물품 따위를 거두어들임'을 의미하고, '납세(納稅)'는 '세금을 냄'을 의미하므로 두 단어는 반의어 관계에 있다. 따라서 '앞날을 헤아려 내다봄 또는 내다보이는 장래의 상황'의 의미를 갖는 '전망(展望)'과 '지나간 일을 돌이켜 생각함'의 의미를 갖는 '회고(回顧)'의 관계와 같다.

[오답풀이] ① 비호(庇護), 두둔(斗頓): 편들어서 감싸 주고 보호함 → 유의어 관계

② 협잡(挾雜), 사기(詐欺): 옳지 아니한 방법으로 남을 속임 → 유의어 관계

④ 노년(老年), 만년(晩年): 나이가 들어 늙은 때, 늙은 나이 → 유의어 관계

⑤ 열중(熱中), 골몰(汨沒): 한 가지 일에 정신을 쏟음 → 유의어 관계

04 ①

Quick해설 2009년 리먼 사태 이후 '금융위기 극복'과 '경기회복'이라는 미명 아래 돈이 풀리고 사용하는 것이 미덕이라는 내용과 경제주체는 '저리의 빚'이라는 수단을 거리낌 없이 사용해 왔다는 내용을 통해 소비 주체들은 낮은 금리를 이용하여 자산을 구입할 수 있다는 내용은 옳은 추론임을 알 수 있다.

[오답풀이] ② 미국 중앙은행이 6개월도 안 되는 기간에 금리를 많이 올리고 빅스텝 금리인상도 보편화됐다는 내용이 있지만 매번 빅스텝 금리인상을 하였는지는 내용상 알 수 없다.

③ 현재 세계 국내총생산 대비 240%일 때 빚이 25경 원이었으므로 위험수준 기준인 200%가 되려면 $240:25=200:x \rightarrow x=20.83$(경 원)이다. 따라서 22경 원인 경우, 위험수준에 해당한다.

④ 상환 능력이 된다면 빚을 잘 활용하는 것이 재테크 차원에도 좋을 수도 있다는 내용이 제시되어 있긴 하나, 제시된 글만으로는 알 수 없는 내용이다.

⑤ 은행의 이기주의, 한은이 젊은 층과 소상공인을 거리로 내몬다는 내용을 통해서 20, 30대에게 여건이 안 좋아짐을 알 수 있으나, 이를 위해 다양한 재테크 수단을 마련하고 있는지에 대해서는 알 수 없다.

[문제해결 Tip]

지문에서 숫자가 포함되어 있는 경우, 정확한 값을 요구하는 경우는 많지 않다. 문제에서 200과 240은 20% 차이므로 대략적으로 20경 원일 것이라고 생각하고 넘어갈 수 있도록 한다.

05 ③

Quick해설 고유어인 '달걀'과 한자어인 '계란(鷄卵)'은 둘 다 '닭이 낳은 알'을 의미한다. 이 두 단어는 [보기]에서처럼 교체 검증의 방법을 사용할 경우 다른 일반적인 고유어 계통과 한자어 계통의 유의어 쌍과 달리 서로 간 대치가 자유로운 동의어 관계이다. ㉠-㉡, ㉢-㉣의 관계에서 볼 수 있는 문맥에 따른 의미상의 차이가 나타나지 않는다.

[오답풀이] ③을 제외한 다른 선택지의 고유어인 '춤, 몸, 노래, 생각'은 각각 쌍을 이루는 한자어인 '무용(舞踊), 체격(體格), 가요(歌謠), 사고(思考)'에 비해 좀 더 친숙한 느낌을 줄 뿐만 아니라 뜻의 폭이 각각의 한자어보다 넓다. 따라서 이들의 고유어 계통과 한자어 계통의 유의서 쌍은 [보기]에서처럼 교체검증의 방법을 사용할 경우, 한정된 문맥에서만 개념적 의미가 동일하다.

06 ④

Quick해설 [가]~[라] 문단을 문맥의 흐름에 맞게 배열하면 [라]－[다]－[가]－[나]이다.

[상세해설] 주어진 글은 인간과 인간이 아닌 것을 구분짓는 '고유의 인간성'에 대한 개념의 변화 과정을 인간과 동물을 구분지었던 17세기부터 인공 지능이 등장한 현대까지 살펴보고 있다. 따라서 가장 먼저 나와야 하는 문단은 고유의 인간성이 존재하는가에 대한 질문을 바탕으로 주요 화제에 대한 흥미를 유발하고 있는 [라] 문단이다. 그리고 시기별로 17세기의 데카르트의 철학을 밝히는 [다] 문단, 과학적 발전으로 인해 고유의 인간성이 문제에 직면하게 된 20세기의 상황을 설명하는 [가] 문단이 순서대로 나와야 한다. 마지막으로 이제 우리가 인간의 배타적 우월성을 당연하게 받아들이기 어려워졌다고 주장하는 결론 문단인 [나] 문단이 와야 한다.

07 ③

Quick해설 제시된 글의 필자는 재택근무에 관한 설문조사 결과를 바탕으로 재택근무제의 장점과 우려를 제시하며 재택근무제와 같은 근무방식이 제대로 정착하여 근로자들의 성과를 내기 위해서는 사업체에서 일을 '통제'하는 것이 아닌 '지원'하는 방향으로 사고를 전환해야 한다고 강조하고 있다. 즉, '사업체에서 비대면 근무방식의 효율적인 활용을 위해서는 일을 관리하는 방식의 변화가 요구된다'는 것이 글의 중심 내용임을 알 수 있다.

08 ④

Quick해설 첫 번째 문단에서 관세의 개념을 설명하고 두 번째~네 번째 문단에서 관세로 인해 발생하는 경제 현상을 설명하고 있으므로 적절하다.

[오답풀이] ① 두 번째, 세 번째 문단에서 관세와 관련한 경제 현상에 대해 소개하고 있지만 장점들을 열거한 것이 아니므로 적절하지 않다.

② 두 번째, 세 번째 문단에서 경제 현상에 대한 설명을 소개하고 네 번째 문단에서 다른 관점을 제시하고 있지만 이러한 관점들을 절충하고 있지 않으므로 적절하지 않다.

③ 첫 번째 문단에서 관세의 개념을 밝히고 있지만 다른 상황에 빗대어 설명하고 있지 않으므로 적절하지 않다.

⑤ 두 번째, 세 번째 문단에서 관세와 관련한 경제 현상이 일어나는 과정을 설명하고 있지만 시간의 흐름에 따라 달라진 양상을 소개한 것이 아니므로 적절하지 않다.

[문제해결 Tip]

서술 방식을 파악할 때는 해당 글의 전반적인 흐름과 서술 방식과 관련한 용어들을 미리 익혀두는 것이 필요하다.

09 ④

Quick해설 첫 번째 문단에 따르면 증여세는 각각의 수증자가 증여받은 증여재산을 기준으로 세액을 계산하므로 동일한 금액을 증여받은 경우 각 자녀의 증여세는 원칙적으로 동일할 것이라고 추론할 수 있다.

[오답풀이] ① 상속세는 피상속인의 전체 상속재산가액을 기준으로 상속세액을 계산하므로 상속인의 수와는 관련이 없다.

② 두 번째 문단에서 과세 방식만 고려할 경우 세 부담 관점에서 상속보다 증여가 더 유리하다고 하였다. 그러나 이는 자녀수에 따른 것으로 자녀수가 제시되지 않은 상태에서 어떤 쪽이 유리할지는 판단하기 어렵다.

③ 배우자상속공제에 대한 내용을 제시하고는 있으나 주어진 글만으로 판단할 수 없다.

⑤ 금융재산상속공제는 순금융재산가액의 20%를 2억 원 한도로 공제하므로, 순금융재산가액이 20억 원일 경우 최대 한도 금액인 2억 원을 공제 받을 수 있다.

10 ④

Quick해설 원금균등 분할상환 방식은 매월 상환부담이 줄어드는 방식이며, 체증식 분할상환은 점차 상환부담을 높여 가는 방식이므로 첫 상환 원리금이 동일하다면 대출 금액 및 금리와 관계없이 두 번째 원리금부터는 원금균등 분할상환보다 체증식 분할상환 방식의 원리금이 더 많을 것임을 알 수 있다.

[오답풀이] ① 첫 번째 문단에서 점증식 분할상환은 아직 국내에 도입된 사례가 없다고 하였으나, 체증식 분할상환은 우리나라에서 통용되는 주택담보대출의 상환방식이라고 소개하고 있다.

② 첫 번째 문단에서 만기 일시상환의 경우 과거에는 주택담보대출에도 많이 선택하는 방법이었으나, 정부에서 갚아 나아가는 대출을 권고함에 따라 중도금대출 등 일부를 제외하고는 현재 주택대출에서는 이용할 수 없다고 하였다.

③ 세 번째 문단에서 원금균등 분할상환 방식은 매월 갚아 나가는 원금을 같게 설계한 방식으로, 매월 상환부담, 즉 원리금이 줄어드는 형태라고 하였다. 따라서 매월 원리금은 줄어들지만 원금은 같으므로 원리금에서 원금이 차지하는 비중은 높아짐을 알 수 있다.

⑤ 세 번째, 네 번째 문단에서 원금균등 분할상환 방식은 다른 두 방식에 비해 만기까지 부담해야 할 총이자가 가장 적다고 하였으며, 체증식 분할상환 방식은 다른 두 방식에 비해 부담해야 하는 총이자가 가장 많다고 하였다. 따라서 같은 금액을 동일한 기간 및 금리로 대출할 경우 만기 시까지의 총이자는 원금균등 분할상환 방식보다 원리금균등 분할상환 방식에서 더 많을 것임을 알 수 있다.

11 ②

Quick해설 1970년대 석유파동에 의해 생산비용이 올라가 생산이 줄고 실업이 늘어나면서 동시에 물가가 올라가는 스태그플레이션이 발생하게 되었다. 이는 케인즈학파가 주장하던 인플레이션과 실업 사이의 음의 관계가 사라지는 위기 상황이 발생하였고 이때 프리드먼을 중심으로 한 '통화론자'들의 이론이 주목을 받게 된다는 내용을 통해 케인즈학파가 이론의 적절성을 인정받았다는 내용은 본문과 일치하지 않음을 알 수 있다.

[오답풀이] ① 두 번째 문단의 '물가상승인플레이션을 희생하면 얼마든지 경기적 실업을 줄일 수 있고 실업을 희생하면 인플레이션을 줄일 수 있다는 것', '케인즈학파가 주장하던 인플레이션과 실업 사이의 음의 관계'라는 내용을 통해 물가상승률과 실업률은 반비례 관계임을 알 수 있다.

③ 세 번째 문단에서 프리드먼은 격심한 인플레나 대공황과 같은 심각한 경제교란은 대부분 통화교란 때문에 발생한다고 했으므로 일치하는 내용임을 알 수 있다.

④ 네 번째 문단에서 '프리드먼은 정부의 팽창정책을 통해 통화량을 늘리거나 정부지출을 늘리는 정책이 장기적으로는 전혀 효과가 없다고 주장했으므로 일치하는 내용임을 알 수 있다.

⑤ 마지막 문단의 '빈부격차가 심해지고 민간 경제가 너무 활성화되었을 경우에는 정부의 역할이 중요시되고 다시 저성장이 지속되고 기업이 불황일 때는 시장의 역할이 중요시되어 왔다'라는 내용과 첫 번째 문단의 '정부의 경기조절정책과 관련하여 케인즈학파는 적극적인 시장개입을 주장하는 반면, 시카고학파는 정부의 시장개입을 최소화시켜야 한다고 주장한다.'는 내용을 통해 일치하는 내용임을 알 수 있다.

[문제해결 Tip]

일치/불일치 유형의 문제에서 빈출되는 출제 포인트는 본문에 나오는 단어나 문구를 선택지에서는 같은 뜻의 단어나 문구로 변형하는 것이다. 예를 들어, 본문의 '통화교란'이라는 단어를 통화량의 팽창이나 수축으로 바꾸어 표시하는 것이다.

12 ②

Quick해설 최근 5만 원권 환수율이 작년보다 낮아진 것은 확인할 수 있지만 5만 원권 발행 이래로 가장 낮은지는 주어진 글만으로는 추론하기 어렵다.

[오답풀이] ① 세 번째 문단을 보면, 예금이자가 낮은 경우 사람들이 은행에 예금하지 않고 지폐를 그냥 집에 보관하는 경우가 많다고 했다. 5만 원권의 수요가 늘었으나 환수율이 낮아졌다고 하였는데, 이는 최근의 예금이자가 낮아 사람들이 5만 원권을 예금하기보다 집에 보관하는 경우가 늘었기 때문이라고 추론할 수 있다.

③, ④ 두 번째 문단을 보면, 5만 원권의 환수율이 낮

은 것은 시장의 수요가 늘어나 잘 사용되고 있다는 의미일 수 있고 5만 원권이 지하경제에서 잠자고 있다는 것을 의미할 수도 있다고 했다. 즉 5만 원권의 환수율 통계로는 5만 원권 지폐가 시중에서 잘 돌고 있는지 알 수 없다.

⑤ 첫 번째 문단에서 환수율은 한국은행에서 시중으로 흘러나간 5만 원권의 양을 분모로 하고 같은 기간 동안 시중 은행에서 한국은행으로 되돌아온 5만 원권의 양을 분자로 하여 계산한 비율이라고 했다. 시중에 5만 원권을 더 많이 내보내는 달에는 분모가 커지므로 늘 일정한 수준의 5만 원권이 회수되더라도 환수율이 낮아진다.

13 ①

Quick해설 [보기]는 잊혀질 권리에 대한 정의에 가까운 내용이다. 정의라는 점에서 글의 앞부분에 위치하는 것이 옳으며 정의가 나오고 이 단어가 언제 등장하였는지 나오는 부분이 가장 매끄럽기에 (가) 부분에 위치하는 것이 가장 적절하다.

[문제해결 Tip]

복합문제에서 빈칸 삽입 문제가 출제될 경우 가장 먼저 풀 수 있도록 한다. 해당 문제를 먼저 풀어야 정확한 글이 완성되기에 먼저 풀고 다음 문제로 넘어가는 것이 좋다.

14 ④

Quick해설 법 권력을 소유한 집단은 잊혀질 권리를 이용하여 불편한 진실에 대한 접근성을 제한할 가능성이 높아진다고 하였으므로 잊혀질 권리를 통해 법 권력을 소유한 사람들을 견제할 수 있다는 것은 잘못된 내용이다.

[오답풀이] ① 잊혀질 권리라는 개념은 2012년 유럽 일반정보보호규정에서 처음 나왔다는 내용을 통해 옳은 내용임을 알 수 있다.

② EU는 1995년 정보보호법을 제정해 검색 사업자를 데이터 수집업체로 규정하고 규제대상으로 삼아 왔다는 내용을 통해 옳은 내용임을 알 수 있다.

③ 검색엔진은 문서뿐 아니라 이미지, 영상까지 검색결과로 내놓고 있으며 이런 정보가 인터넷에 계속 남아있다는 내용을 통해 옳은 내용임을 알 수 있다.

⑤ 미국은 수정헌법 제1조에 의거해 표현의 자유를, 유럽은 유럽인권협약 제8조를 토대로 잊혀질 권리를 강조하고 있으므로 옳은 내용임을 알 수 있다.

15 ⑤

Quick해설 지자체에서 인구감소지역대응기본계획 및 시행계획을 수립하거나 변경하려면 그 주요 내용을 14일 이상 관할 지역의 주민이 열람할 수 있도록 인터넷 누리집 등에 공고해야 한다고 하였다.

[오답풀이] ① 지방교육재정교부금 교부 시 인구감소지역의 재정수요는 교육감이 아닌 교육부장관이 반영한다.

② 관광을 목적으로 거주지가 아닌 지역에 머물고 있는 사람은 체류하는 자로서 생활인구에 포함된다.

③ 인구감소지역대응센터는 한국지방행정연구원에서 설치할 수 있다고 하였다.

④ 지자체장은 수도권에서 인구감소지역으로 이전하는 사람에게 공유지를 우선 매각할 수 있다고 하였다.

16 ④

Quick해설 D씨는 연구성과 발표를 듣고자 하는 참가자로, 참가신청 일정인 12월 20일~1월 11일 내에 사업단 홈페이지에 접속하여 참가신청서를 온라인으로 등록했는데, 이는 모두 주어진 조건에 맞게 신청한 것이다.

[오답풀이] ① 연구성과를 발표하고자 한 A씨는 발표신청서를 1월 10일에 제출하고, 1월 12일에 발표 일정을 통보받은 후 발표자료를 제출해야 한다.

② 연구성과를 발표하고자 한 B씨가 발표시간을 배정받은 후, 발표자료를 제출하는 것은 적절한 행동이다. 하지만 발표자료를 PDF가 아니라 PPT로 제출해야 한다.

③ 연구성과 발표를 듣고자 한 C씨가 [기술교류회_참가신청서]를 홈페이지에서 다운받은 것은 적절한 행동이다. 그러나 사업단에 직접 이메일로 보내는 것이 아니라 온라인으로 [신청하기]를 클릭해야 한다.

⑤ 연구성과를 발표하고자 한 E씨가 가점을 받기 위해서는 타 기관에서 주최한 세미나에서 발표한 연구결과가 아니라 기술교류회에서 발표한 연구결과로 20○○년도 나노 융합 사업 신규과제 공모에 지원해야 한다.

17 ①

Quick해설 흰색 꽃은 장미, 수국, 노란색 꽃은 해바라기, 튤립이 있고, 이를 제외한 색의 꽃은 빨간색 장미, 파란색 수국, 빨간색 튤립이 있다. 이에 따라 김 사원이 만들 수 있는 꽃다발의 경우는 다음과 같다.

구분	흰색	노란색	그 외
경우1	장미2	해바라기1 or 튤립1	빨간색 장미1 or 파란색 수국1 or 빨간색 튤립1
경우2	장미1, 수국1		
경우3	수국2		

이에 따라 만들 수 있는 꽃다발의 경우의 수는 $3 \times 2 \times 3 = 18$(가지)이다.

18 ②

Quick해설 4명을 나란히 앉히는 경우의 수는 $4! = 24$(가지)이다. 만약 키가 큰 순서가 A, B, C, D라고 한다면 다음과 같이 앉힐 수 있다.

- _ A _ _ : 키가 가장 큰 A가 왼쪽에서 두 번째에 오는 경우, 나머지 자리에 세 명의 사람을 앉히므로 경우의 수는 $3 \times 2 \times 1 = 6$(가지)이다.
- _ B _ A : 키가 두 번째로 큰 B가 왼쪽에서 두 번째에 오는 경우, 키가 가장 큰 A는 B와 이웃할 수 없기 때문에 가장 마지막에 앉고, 나머지 두 사람을 앉히므로 경우의 수는 $2 \times 1 = 2$(가지)이다.

따라서 왼쪽에서 두 번째에 앉는 사람이 이웃한 사람보다 키가 클 확률은 $\frac{6+2}{24} = \frac{1}{3}$이다.

19 ③

Quick해설 최종 면접에 통과한 지원자 수를 x명, 공개채용에서 떨어진 지원자 수를 y명이라 두면 최종 면접에 통과한 남자 지원자 수는 $\frac{3}{5}x$명, 여자 지원자 수는 $\frac{2}{5}x$명, 공개 채용에서 떨어진 남자 지원자 수는 $\frac{1}{3}y$명, 여자 지원자 수는 $\frac{2}{3}y$명이다.

공개채용에 지원한 남자와 여자의 비율이 5 : 4이므로 $\frac{3}{5}x + \frac{1}{3}y : \frac{2}{5}x + \frac{2}{3}y = 5 : 4$이다.

이 식을 풀면, $x = 5y$이므로 공개채용에 지원한 총 지원자 수는 $x + y = 6y$(명)이다. 총 지원자 수는 6의 배수여야 하고, 공개채용에 지원한 남자와 여자의 비율이 5 : 4이므로 총 지원자 수는 9의 배수도 되어야 한다. 따라서 공개채용에 지원한 총 지원자 수는 6의 배수와 9의 배수를 동시에 만족하는 18의 배수인 126명이 가능하다.

20 ②

Quick해설 ㉠ 소득·소비과세액의 전년 대비 증가율은 2017년이 $\frac{362,597-338,703}{338,703} \times 100 \fallingdotseq 7.1(\%)$, 2018년이 $\frac{387,968-362,597}{362,597} \times 100 \fallingdotseq 7.0(\%)$로 6.5% 이상씩 증가하였으므로 옳다.

㉣ 2019년 지방세 총액이 전년 대비 10% 증가하고, 세원별 비중이 2017년과 동일하다면 2019년 지방세 총액은 $843,183 \times 1.1 = 927,501.3$(억 원)이고, 기타과세는 $927,501.3 \times 0.089 \fallingdotseq 82,547.6$(억 원)이다. 따라서 2019년 기타과세의 전년 대비 증가액은 $82,547.6 - 70,843 = 11,704.6$(억 원)≒1.17조 원으로 1.1조 원 이상이므로 옳다.

[오답풀이] ㉡ 재산과세액은 2016년 345,276억 원, 2017년 370,114억 원, 2018년 384,372억 원으로 매년 증가하였다. 지방세에서 재산과세가 차지하는 비중은 2016년 45.7%, 2017년 46.0%, 2018년 45.6%로 매년 감소한 것은 아니므로 옳지 않다.

㉢ 지방세 총액의 전년 대비 증가율은 2017년이 $\frac{804,091-755,317}{755,317} \times 100 \fallingdotseq 6.5(\%)$, 2018년이 $\frac{843,183-804,091}{804,091} \times 100 \fallingdotseq 4.9(\%)$이므로 옳지 않다.

21 ⑤

Quick해설 ㉠ 2022년 3월 실업률은 $\frac{873}{28,627}\times100≒$ 3.0(%)이므로 전년 동월 대비 4.3−3.0=1.3(%p) 감소하였다. 단위는 '%'가 아닌 '%p'이므로 옳지 않다.

㉡ 2020년 3월 고용률은 59.5%이고, 2020년 2월 고용률은 $\frac{26,838}{44,698}\times100≒60.0$(%)이므로 옳지 않다.

㉣ 2022년 2월 전년 동월 대비 15세 이상 인구 증가율은 $\frac{45,213-44,987}{44,987}\times100=\frac{226}{44,987}\times100$이고, 2021년 2월 전년 동월 대비 15세 이상 인구 증가율은 $\frac{44,987-44,698}{44,698}\times100=\frac{289}{44,698}\times100$이다. 분자의 값이 더 크고 분모의 값이 더 작은 2021년 2월 전년 동월 대비 증가율이 더 크므로 옳지 않다.

[오답풀이] ㉢ 조사기간 동안 비경제활동인구가 가장 많은 시기는 2021년 1월이고, 해당 시기에 경제활동인구가 가장 적다. 2021년 4월 경제활동참가율은 $\frac{28,361}{45,027}\times100≒63.0$(%)이므로 조사기간 동안 경제활동참가율도 2021년 1월에 가장 낮다.

[문제해결 Tip]

㉡ 취업자 수는 2020년 3월이 2월보다 적고, 15세 이상 인구는 2020년 3월이 2월보다 많다. 따라서 2020년 3월 고용률은 전월 대비 감소하였으므로 옳지 않다.

22 ③

Quick해설 [표]에서 2021년 각 정부기관별 신뢰도는 전년 대비 모두 상승했다. 신뢰도가 전년 대비 10%p 이상 상승한 정부기관은 국회 34.4−21.1=13.3(%p), 법원 51.3−41.1=10.2(%p), 검찰 50.1−36.3=13.8(%p)로 총 3곳이므로 옳지 않다.

[오답풀이] ① [표]에서 2013년 신뢰도가 가장 높은 정부기관은 군대(59.6%)이고, 가장 낮은 정부기관은 국회(16.7%)이다. 두 정부기관의 신뢰도 차이는 59.6−16.7=42.9(%p)이므로 옳다.

② [표]에서 2021년 신뢰도가 높은 정부기관 순서대로 나열하면 지방자치단체(58.5%), 군대(56.1%), 중앙정부(56.0%), 경찰(55.3%), 법원(51.3%), 검찰(50.1%), 국회(34.4%) 순이므로 옳다.

④ [그래프]에서 2021년 정부기관별로 국민의 신뢰도가 가장 높은 교육수준은 초졸 이하가 법원, 검찰, 경찰로 총 3개, 중졸이 지방자치단체, 군대로 총 2개, 대졸 이상이 중앙정부, 국회로 2개이다. 따라서 초졸 이하는 3개, 중졸과 대졸 이상의 합은 4개이므로 옳다.

⑤ [표]에서 2019년 신뢰도가 가장 높은 정부기관은 군대(48.0%)이고, [그래프]에서 2021년 군대의 교육수준별 정부기관 신뢰도는 대졸 이상이 54.4%로 가장 낮으므로 옳다.

23 ④

Quick해설 지급가구 수가 전년 대비 가장 많이 증가한 해는 2018년이고, 2018년 지급가구 수는 4,733천 가구, 신청가구 수는 5,787천 가구이므로

$a=\frac{4,733}{5,787}\times100≒81.7≒82$

2019년 근로·자녀장려금 지급액은 4,391+638=5,029(십억 원)이고, 지급가구 수는 4,946천 가구이므로

$b=\frac{5,029}{4,946}≒1.0≒1$

따라서 $\frac{a}{b}=\frac{82}{1}=82$이다.

24 ②

Quick해설 ㉠ 2011~2015년에 대한 자료이므로 옳지 않다.

㉡ 2020년 전국 연령별 생애 첫 부동산 매수인 현황은 19~29세가 48,914+56,248=105,162(명), 30~39세가 122,252+142,894=265,146(명), 40~49세가 88,496+71,554=160,050(명), 50~59세가 71,855+34,050=105,905(명)이다. 그래프에서 30~39세와 40~49세의 수치가 서로 바뀌었으므로 옳지 않다.

따라서 옳지 않은 것은 ㉠, ㉡으로 2개이다.

[오답풀이] ㉢ 2018년 전국 연령별 남자와 여자의 생애

첫 부동산 매수인 수의 차이는 19~29세가 48,645－40,332＝8,313(명), 30~39세가 140,767－115,452＝25,315(명), 40~49세가 85,124－63,661＝21,463(명), 50~59세가 69,571－28,826＝40,745(명)이므로 옳다.

㉣ 2020년 전국 대비 서울시 연령별 생애 첫 부동산 매수인 비율은 19~29세가 $\frac{14,518}{105,162}\times100≒13.8$(%), 30~39세가 $\frac{44,672}{265,146}\times100≒16.8$(%), 40~49세가 $\frac{19,849}{160,050}\times100≒12.4$(%), 50~59세가 $\frac{10,934}{105,905}\times100≒10.3$(%)이므로 옳다.

[문제해결 Tip]

계산을 하지 않아도 되거나 간단한 계산으로 구할 수 있는 [보기]를 먼저 해결하고, 복잡한 계산이 필요한 경우는 어림산으로 구하여 문제 해결 시간을 단축한다.

25 ④

Quick해설 2017년 '중학교 이하' 집단의 최종 학력별 취업률 차이는 7%p이다. 하지만 2015년 '중학교 이하' 집단의 최종 학력별 취업률 차이는 66－56＝10(%p)로 차이가 더 크다.

[오답풀이] ① 2015~2019년 OECD의 '중학교 이하' 최종 학력의 평균 취업률은 $\frac{(56+57+59+59+59)}{5}$ ＝58(%)이다.

② 한국의 '대학교 이상' 최종 학력을 가진 비율은 45% → 47% → 48% → 49% → 50%로 매년 증가하였다.

③ 한국의 최종 학력이 '고등학교'인 집단의 취업률은 72% → 72% → 73% → 72% → 72%로 2017년에 가장 높다.

⑤ 한국의 최종 학력별 인구 비율은 매년 '대학교 이상, 고등학교, 중학교 이하' 순으로 높다.

[문제해결 Tip]

① 평균을 구하여 이상, 이하를 판단하는 경우 기준점을 가지고 위아래로 비교하면 쉽게 구할 수 있다. 기준점을 57로 봤을 때 －1, 0, 2, 2, 2이므로 더할 경우 5가 나온다. 따라서 정확히 계산하지 않아도 평균은 57 이상인 것을 알 수 있다.

26 ④

Quick해설 (당월 판매량－당월 목표량)의 합은 (300－332)＋(380－380)＋(210－200)＋(240－224)＋(430－400)＝24(개)이다.

[상세해설] [조건] 순서대로 계산을 해보면 다음과 같다.

1단계: B와 E는 전월 판매량을 300개로 둔다.

2단계: 전월 판매량에 1.3을 곱하면

A: 240×1.3＝312(개),
B: 300×1.3＝390(개),
C: 160×1.3＝208(개),
D: 180×1.3＝234(개),
E: 300×1.3＝390(개)

3단계: [표]의 전월 목표량보다 전월 판매량이 많은 직원은 A, E이고, 적은 직원은 B, C, D이다.

A: 312＋20＝332(개),
B: 390－10＝380(개),
C: 208－10＝198(개),
D: 234－10＝224(개),
E: 390＋20＝410(개)

4단계: C는 당월 목표량이 200개, E는 400개가 되어야 한다.

따라서 (당월 판매량－당월 목표량)의 합은 (300－332)＋(380－380)＋(210－200)＋(240－224)＋(430－400)＝24(개)이다.

27 ②

Quick해설 ㉠ [그래프1]에서 총인구는 2017년 5,136만 명에서 2028년 5,194만 명까지 증가한 후 감소하여 2067년 3,929만 명에 이를 전망이므로 옳지 않다.

㉡ [그래프1]과 [그래프2]에 따라 2017년 현재 총인구에서 15~64세(생산연령인구)가 차지하는 비중은 73.2%이고, 65세 이상(고령인구)은 13.8%로 5,136×0.138≒709(만 명), 0~14세(유소년인구)는 13%로 5,136×0.13≒668(만 명)이므로 옳지 않다.

㉤ [그래프3]에서 노년 부양비는 2017년 19명에서

2067년 102명이고, 2017년 대비 $\frac{102}{19}$≒5.4(배)로 5.5배 미만 증가할 전망이므로 옳지 않다.

[오답풀이] ㉢ [그래프3]에서 총부양비는 2017년 18+19=37(명)에서 2067년 18+102=120(명)이므로 옳다.

㉣ [그래프2]에서 유소년인구는 2017년 668만 명, 2067년 3,929×0.081≒318(만 명)이고, 생산연령인구는 2017년 5,136×0.732≒3,760(만 명), 2067년 3,929×0.454≒1,784(만 명)이므로 옳다.

28 ③

Quick해설 2012년 말 전체 기금운용액이 3,919,677억 원이므로 2013년 말 전체 기금운용액은 3,919,677+486,278−136,410=4,269,545(억 원)이고 2014년 말 전체 기금운용액은 4,269,545+571,987−143,304=4,698,228(억 원)이다.

[오답풀이] ① 장애연금수급자는 2013년, 2016년, 2017년에 전년 대비 감소하였다.

② 2016년 연금수급자는 3,412,350+647,445+75,497=4,135,292(명), 2015년 연금수급자는 3,151,349+605,151+75,688=3,832,188(명)으로 400만 명을 처음 넘긴 것은 2016년이다.

④ 2012년 연금수급자는 2,748,455+485,822+75,934=3,310,211(명), 2013년 연금수급자는 2,840,660+524,992+75,041=3,440,693(명)으로 2013년 전년 대비 증가율은 $\frac{3,440,693-3,310,211}{3,310,211}$ ×100≒3.9(%)이다.

2018년 연금수급자는 3,778,824+742,132+75,734=4,596,690(명), 2019년 연금수급자는 4,090,497+792,774+77,872=4,961,143(명)으로 2019년 전년 대비 증가율은 $\frac{4,961,143-4,596,690}{4,596,690}$ ×100≒7.9(%)이다.

⑤ 기금운용 증감액은 조성액−지출액이다. 2018년 기금운용 증감액은 385,347−213,958=171,389(억 원), 2019년 기금운용 증감액은 1,213,056−234,329=978,727(억 원)이므로 2019년만 보더라도 2018년의 전년 대비 증감액이 가장 많다고 볼 수 없다.

29 ④

Quick해설 ㉠ 2분위의 가구당 소득 증가량이 318−299=19(만 원)으로 1분위 178−162=16(만 원)보다 크므로 옳지 않다.

㉢ 2020년 1분기 분위별 소득과 가계지출의 차이는 1분위 162−150=12(만 원), 2분위 299−239=60(만 원), 3분위 438−338=100(만 원), 4분위 625−460=165(만 원), 5분위 1,114−695=419(만 원)이고, 2021년 1분기 분위별 소득과 가계지출의 차이는 1분위 178−160=18(만 원), 2분위 318−245=73(만 원), 3분위 451−330=121(만 원), 4분위 633−473=160(만 원), 5분위 1,065−700=365(만 원)이다. 따라서 4분위와 5분위는 소득과 가계지출의 차이가 전년 동분기 대비 감소하였으므로 옳지 않다.

㉣ 3분위는 가계지출과 소비지출이 각각 전년 동분기 대비 감소하였으므로 옳지 않다.

[오답풀이] ㉡ 2020년 1분기 대비 2021년 1분기 처분가능소득의 증가량은 1분위가 150−138=12(만 원), 2분위가 263−247=16(만 원), 3분위가 367−348=19(만 원), 502−490=12(만 원)이고, 5분위는 감소했으므로 제외한다. 따라서 12만 원 미만으로 증가한 분위는 없다.

30 ⑤

Quick해설 흑자율은 $\left(1-\frac{\text{소비지출}}{\text{처분가능소득}}\right)$×100이므로 $\frac{\text{처분가능소득}-\text{소비지출}}{\text{처분가능소득}}$×100으로 계산할 수 있다.

1분위: (150−133)÷150×100≒11.3(%),

2분위: (263−191)÷263×100≒27.4(%),

3분위: (367−246)÷367×100≒33.0(%),

4분위: (502−342)÷502×100≒31.9(%),

5분위: (802−437)÷802×100≒45.5(%)

두 번째로 높은 분위는 3분위로 33.0%, 두 번째로 낮은 분위는 2분위로 27.4%이므로 33.0+27.4=60.4(%)이다.

[문제해결 Tip]

(처분가능소득)−(소비지출)을 계산하였을 때 1분위는 처분가능소득의 약 10%, 5분위는 약 40%이고, 나머지는 약 30%이므로 흑자율이 두 번째로 높은 분위와 두 번째로 낮은 분위는 2분위, 3분위, 4분위 중 하나일 것이다. 따라서 세 분위만 계산하면 문제를 빠르게 풀 수 있다.

31 ④

Quick해설 ㉣ 2020년 부주의로 인한 발화요인 중 155명의 인명피해를 낸 '음식물 조리 중'이 인명피해가 가장 큰 항목이고, 건당 $\frac{155}{3,040}$≒0.05(명)의 인명피해를 냈으므로 옳지 않다.

[오답풀이] ㉠, ㉡ 2011~2020년 전체 화재건수 중 부주의로 인해 발생한 화재의 비중은 $\frac{210,254}{398,383}$×100≒52.8(%)로 가장 높고, 방화의심으로 인해 발생한 화재의 비중은 $\frac{8,250}{398,383}$×100≒2.1(%)로 가장 낮다.

㉢ 2011~2020년 부주의로 인한 화재 중 담배꽁초로 인한 화재 건수는 210,254×0.321≒67,492(건)으로 가장 많았고, 음식물 조리 중으로 인한 화재 건수가 210,254×0.171≒35,953(건)으로 두 번째, 쓰레기 소각으로 인한 화재 건수가 210,254×0.138≒29,015(건)으로 세 번째로 많았다.

㉤ 2020년 부주의로 인한 발화요인 중 건당 재산피해액은 '기기 사용·설치 부주의'가 $\frac{39,965,264}{774}$≒51,635(천 원)=51.635(백만 원)으로 가장 크므로 옳다.

[문제해결 Tip]

㉣ [표]에서 건당 인명피해 인원은 $\frac{인명피해\ 인원}{건수}$의 식으로 구하고, (건수)>(인명피해 인원)이므로 0보다 크고 1보다 작은 수가 나온다. 따라서 계산하지 않아도 옳지 않은 내용임을 알 수 있다.

㉤ [표]에서 건수 대비 재산피해액이 압도적으로 큰 항목을 눈으로 추린 뒤 어림산하여 시간을 단축한다.

32 ③

Quick해설 서해, 남해, 동해 중 2020년 8월 하순 최고유의파고는 남해서부먼바다가 7.4m로 가장 높고, 남해서부먼바다의 최근 5년간 8월 하순 평균유의파고와 2020년 8월 하순 평균유의파고의 차이는 2.3−2.0=0.3(m)이므로 옳다.

[오답풀이] ① 삽시도는 서해중부앞바다이다. 최근 5년간과 2020년 8월 중순 평균유의파고는 0.4m로 같고, 2020년 8월 하순 최고유의파고는 2.1m로 최근 5년간 8월 하순 최고유의파고 2.9m보다 2.9−2.1=0.8(m) 낮으므로 옳지 않다.

② 맹골수도는 서해남부앞바다이다. 최근 5년간 8월 상순의 평균유의파고는 0.3m로 2020년 8월 상순 평균유의파고 0.5m보다 낮고, 2020년 8월 하순 최고유의파고는 1.4m로 최근 5년간 8월의 최고유의파고 1.7m보다 낮으므로 옳지 않다.

④ 울진은 동해남부먼바다이고, 구암은 동해중부앞바다이다. 동해남부먼바다의 최근 5년간 8월 중순 평균유의파고는 1.6m이고, 동해중부앞바다의 최근 5년간 8월 상순 최고유의파고는 1.5m이므로 옳지 않다.

⑤ 협재는 제주도해상앞바다이고, 마라도는 제주도해상먼바다이다. 제주도해상앞바다의 2020년 8월 하순 최고유의파고는 4.1m로 매우 높음이고, 제주도해상먼바다의 2020년 8월 하순 평균유의파고는 2.8m로 높음이므로 옳지 않다.

[문제해결 Tip]

제시된 자료의 항목이 많고, 비교 및 확인해야 할 사항이 많은 편이므로 각 선택지에서 묻고 있는 항목을 자료에서 찾아 표시하면서 옳고 그름을 판별해나가는 것이 좋다.

33 ①

Quick해설 연령대별 1인당 평균 전체 봉사시간은 (1인당 평균 봉사활동 횟수)×(1인당 1회 평균 봉사시간)으로 구할 수 있으므로 2021년 연령대별 1인당 평균 전체 봉사시간 및 순위는 다음과 같다.

10대 미만	10대	20대	30대	40대	50대	60대 이상
2.4×5.9 =14.16 (시간)	4.3× 11.3 =48.59 (시간)	6.9× 21.4 =147.66 (시간)	4.9× 15.7 =76.93 (시간)	5.8× 17.2 =99.76 (시간)	7.8× 23.6 =184.08 (시간)	12.8× 35.4 =453.12 (시간)
7위	6위	3위	5위	4위	2위	1위

2021년 1인당 평균 전체 봉사시간이 세 번째로 많은 연령대는 20대이다. 20대의 2020년 1인당 평균 전체 봉사시간은 5.0×17.3=86.5(시간)이므로 2020년 대비 2021년 증감률은 $\frac{147.66-86.5}{86.5}\times 100 \fallingdotseq 70.7(\%)$이다.

34 ③

Quick해설 [보기]의 명제를 대우명제로 표현하면 다음과 같다.

㉠ 무게가 무겁지 않은 노트북은 두께가 두껍지 않다.
㉡ 화질이 좋은 노트북은 사람들에게 인기가 많다.
㉢ 사람들에게 인기가 많은 노트북은 무게가 무겁지 않다.

따라서 주어진 대우명제를 연결하면, 화질이 좋은 노트북은 사람들에게 인기가 많고, 사람들에게 인기가 많은 노트북은 무게가 무겁지 않음을 알 수 있다. 즉, 화질이 좋은 노트북은 무게가 무겁지 않다는 결론이 도출된다.

[오답풀이] ① 사람들에게 인기가 많지 않은 노트북은 화질이 좋지 않다는 것만 판단할 수 있다.
② ㉠의 역은 옳고 그름을 판단할 수 없는 명제이다.
④ 사람들에게 인기가 많은 노트북은 무게가 무겁지 않고, 무게가 무겁지 않은 노트북은 두께가 두껍지 않다.
⑤ 무게가 무겁지 않으면 노트북 두께가 두껍지 않다는 것만 판단할 수 있다.

35 ③

Quick해설 B는 우수사원을 모두 잘못 지목하였고, 우수사원으로 선정된 직원은 B, E이다.

[상세해설] A가 우수사원을 모두 잘못 지목했다면 나머지 B~E는 우수사원 1명씩은 옳게 지목했을 것이다. 이에 따라 D, E는 우수사원이 아니고, E와 함께 우수사원으로 언급된 A와 F가 우수사원일 것이다. 따라서 나머지 B, C, D, E는 우수사원이 아니어야 하는데 이 경우 E의 지목이 모두 잘못됐으므로 모순이다.
B가 우수사원을 모두 잘못 지목했다면 나머지 A, C, D, E는 우수사원 1명씩은 옳게 지목했을 것이다. 이에 따라 C, F는 우수사원이 아니고, C 또는 F와 함께 우수사원으로 언급된 B와 E가 우수사원일 것이다. 따라서 나머지 A, C, D, F는 우수사원이 아니어야 하는데 이때 A, C, D, E가 언급한 1명씩은 모두 우수사원이므로 모순이 발생하지 않는다.
C가 우수사원을 모두 잘못 지목했다면 나머지 A, B, D, E는 우수사원 1명씩은 옳게 지목했을 것이다. 이에 따라 E, F는 우수사원이 아니고, E 또는 F와 함께 우수사원으로 언급된 A, C, D가 우수사원인데, 우수사원은 2명이 선정되었으므로 모순이다.
D가 우수사원을 모두 잘못 지목했다면 나머지 A, B, C, E는 우수사원 1명씩은 옳게 지목했을 것이다. 이에 따라 A, E는 우수사원이 아니고, E와 함께 우수사원으로 언급된 D와 F가 우수사원일 것이다. 따라서 나머지 A, B, C, E는 우수사원이 아니어야 하는데 이 경우 E도 우수사원을 모두 잘못 지목하게 되므로 모순이다.
E가 우수사원을 모두 잘못 지목했다면 나머지 A~D는 우수사원 1명씩은 옳게 지목했을 것이다. 이에 따라 B, C는 우수사원이 아니고, C와 함께 우수사원으로 언급된 F가 우수사원일 것이다. 따라서 F와 함께 우수사원으로 언급된 E는 우수사원이 아니고, E와 함께 우수사원으로 언급된 A와 D가 우수사원이 되는데, 이 경우 우수사원이 A, D, F 3명이 되므로 모순이다.
따라서 우수사원을 모두 잘못 지목한 사람은 B이고, 우수사원으로 선정된 직원은 B, E이다.

36 ③

Quick해설 빨간색 옷을 입은 사람이 거짓말을 하고, 빨간색 옷을 입은 사람은 2명이므로 2명이 거짓말을 한다. 범인은 빨간색 옷을 입었으므로 거짓말을 하는 사람 중 한 명이 범인이다. 만약 A가 범인이라면 B는 파란색 옷을 입었고, D는 빨간색 옷을 입었으므로 C, E는 파란색 옷을 입어야 한다. 그러나 C의 대답이 모순이 된다.

만약 C가 범인이라면 E는 파란색 옷을 입었고, C와 D가 모두 범인인 것이 되므로 모순이다.
만약 B가 범인이라면 E가 거짓이므로 E가 빨간색 옷을 입는다. B는 범인이므로 빨간색 옷을 입고 거짓말을 한다. A, C, D는 파란색 옷을 입고, 진실을 말한다. 이때 A, C, D의 발언에 따라 B가 범인이고, B, E가 빨간색 옷을 입는다. 따라서 모순이 생기지 않는다.
만약 D가 범인이라면 D는 빨간색 옷을 입는다. E는 진실을 말하고 있으므로 파란색 옷을 입는데 C가 E는 빨간색 옷을 입었다고 하였으므로 이는 거짓이다. 따라서 C가 빨간색 옷을 입고, A, B가 파란색 옷을 입는다. 그런데 A가 B는 빨간색 옷을 입었다고 하였으므로 거짓이다. 즉, 거짓말을 하는 사람이 A, C, D 세 명이 되므로 모순이다.
따라서 B가 범인이고, B와 E가 빨간색 옷을 입는다.

37 ②

Quick해설 최종적인 결과는 다음과 같다.

부장	차장	과장	대리	사원
A	B	C	D	E
재무팀	기획팀	홍보팀	영업팀	개발팀
A	B	C	D	E

남자	여자
A, C, E	B, D

따라서 성별, 직급, 팀에 대한 정보가 모두 옳게 짝지어진 것은 B이다.

[상세해설] 남자 3명, 여자 2명인데 D를 제외한 모두가 자신이 남자라고 말하므로, A, B, C, E 중에 거짓을 말하는 사람이 있다. 즉, D는 반드시 참이므로, D는 영업팀 여자 대리다.

부장	차장	과장	대리	사원
			D	
재무팀	기획팀	홍보팀	영업팀	개발팀
			D	

남자	여자
	D

만약 A가 거짓이라면 A는 개발팀이고, 나머지 B~E는 모두 참이므로 E도 개발팀이다. 이때 개발팀이 2명이 되는 모순이 발생하므로 A는 거짓이 아니다. 이에 따라 A는 남자이고, 차장이나 과장이 아니고 개발팀이 아니다. 여기서 E가 거짓이라면 E는 개발팀이 아니고, 나머지 A~D는 모두 참이 되어 A~D 모두 개발팀이 아니게 되는 모순이 발생하므로 E도 거짓이 아니다. 따라서 E는 개발팀 남자 사원이다.

부장	차장	과장	대리	사원
			D	E
재무팀	기획팀	홍보팀	영업팀	개발팀
			D	E

남자	여자
A, E	D

한편 A는 차장이나 과장이 아니므로 부장이다. 그런데 B가 자신이 부장이라고 말하고 있으므로 B는 거짓이고, C는 참이 된다. 이에 따라 C는 홍보팀 남자 과장이고, B는 재무팀 남자 부장이 아니므로 기획팀 여자 차장이 된다. 마지막으로 남은 A는 재무팀이 된다. 따라서 B는 기획팀 여자 차장이다.

[오답풀이] ① A는 재무팀 남자 부장이다.
③ D는 영업팀 여자 대리이다.
④ E는 개발팀 남자 사원이다.
⑤ C는 홍보팀 남자 과장이다.

38 ④

Quick해설 여자가 한 명인데 병, 정이 자신이 여자라고 하였으므로 병, 정 중 한 명이 거짓을 말한다.
만약 병의 말이 거짓이라면 갑, 을, 정, 무의 말은 참이다. 따라서 갑이 B대, 정이 D대, 무가 E대이다. 병의 말은 거짓이므로 병은 C대이다. 따라서 을은 A대가 되는데 을이 A대 또는 D대가 아니라고 하였으므로 모순이다.
만약 정의 말이 거짓이라면 갑, 을, 병, 무의 말은 참이다. 따라서 갑이 B대, 무가 E대이고, 정의 말은 거짓이므로 정은 D대가 아니다. 즉, 을, 병, 정이 A대 또는 C대 또는 D대인데 을이 A대 또는 D대가 아니므로 C대이고, 정이 D대가 아니므로 A대이고, 병이 D대이다. 을은 사회학과, 무는 식품영양학과이고, 무가 식품영양학과이므로 병이 컴퓨터공학과이다. 갑 또는 정이 생명

과학과 또는 인문학과인데 갑은 생명과학과가 아니고, 정은 인문학과가 아니므로 갑이 인문학과, 정이 생명과학과이다. 이때 모순이 생기지 않는다.
따라서 갑은 B대, 인문학과, 남자이고, 을은 C대, 사회학과, 남자이고, 병은 D대, 컴퓨터공학과, 여자이고, 정은 A대, 생명과학과, 남자이고, 무는 E대, 식품영양학과, 남자이다. 즉, 가능한 조합은 D대, 컴퓨터공학과, 여자이다.

[오답풀이] ① 정이 A대, 생명과학과, 남자이므로 불가능한 조합이다.
② 갑이 B대, 인문학과, 남자이므로 불가능한 조합이다.
③ 을이 C대, 사회학과, 남자이므로 불가능한 조합이다.
⑤ 무가 E대, 식품영양학과, 남자이므로 불가능한 조합이다.

39 ⑤

Quick해설 준호는 가영이가 상품권을 받았다고 하였다. 만약 준호의 말이 참이라면 가영이는 1등이고, 자신이 유정이보다 등수가 낮다고 한 가영이와, 자신이 가영이보다 등수가 높다고 한 성민이의 발언이 거짓이다. 그러나 거짓말을 하는 사람은 한 명이어야 하므로 모순이고, 이에 따라 준호의 말이 거짓이다. 준호의 말이 거짓이므로 나머지 발언은 모두 진실이다.
준호의 말에 따르면 가영이는 1등이 아니고, 준호는 성민이보다 등수가 높다. 유정이는 2등이고, 가영이는 유정이보다 등수가 낮다. 성민이는 가영이보다 등수가 높고 민호는 성민이보다 등수가 낮다. 즉, 준호>성민>가영, 민호의 관계가 성립하므로 준호는 적어도 2등이어야 하는데 유정이가 2등이므로 준호가 1등이다.

40 ②

Quick해설 [조건]에 따라 각 팀별로 교육 진행이 가능한 요일과 시간대를 표시하면 다음과 같다.

팀	가능한 요일	가능한 시간대
연구팀	월, 화	
영업팀	월, 화	오전
공정팀	목, 금	
홍보팀	목, 금	오후
인사팀		오전

OJT교육은 매일 진행한다고 했으므로 인사팀은 수요일 오전에 교육을 진행한다. 또한 연구팀이 교육을 진행하고 3일 후 공정팀이 교육을 진행한다고 했으므로 가능한 (연구팀, 공정팀) 조합은 (월, 목), (화, 금)이다. 이에 따라 각 팀별 교육 진행일로 가능한 조합은 다음과 같다.

연구팀	영업팀	공정팀	홍보팀	인사팀
월 오전 /오후	화 오전	목 오전 /오후	금 오후	수 오전
화 오전 /오후	월 오전	금 오전 /오후	목 오후	수 오전

만약 화요일 오전에 영업팀이 교육을 진행하면 목요일 오전 또는 오후에는 공정팀이 교육을 진행하므로 옳지 않다.

[문제해결 Tip]
모든 경우의 수를 고려하기보다는 선택지를 먼저 보고 가능한지 여부를 따졌을 때 빠르게 문제를 해결할 수 있다.

41 ③

Quick해설 주어진 [조건]에서 팀장의 차량, 대리의 차량, 과장의 차량은 검은색 차량이고, 세 번째와 다섯 번째, 아홉 번째 [조건]에 의해 차량의 종류를 우선적으로 고려하면 팀장, 과장, 대리의 차량은 종류가 같으므로 붙여 놓아야 하고, 대리의 차량이 가운데 위치해야 한다. 따라서 다음과 같은 두 가지 경우로 배치된다.

팀장	대리	과장
과장	대리	팀장

이때 부장의 차량은 팀장, 과장의 차량과 다른 종류이므로 팀장, 과장의 차량 옆에 배치할 수 없고, 사원의 차량은 가장 왼쪽에 배치할 수 없으므로 가능한 경우는 다음과 같다.

첫 번째	두 번째	세 번째	네 번째	다섯 번째
부장	사원	팀장	대리	과장

부장	사원	과장	대리	팀장
팀장	대리	과장	사원	부장
과장	대리	팀장	사원	부장

따라서 부장의 차량은 첫 번째, 다섯 번째 위치에만 배치할 수 있다.

[문제해결 Tip]
정해진 공간에 대상 또는 물건을 조건에 맞게 배열하는 유형은 조건을 쉽게 알아볼 수 있도록 표나 그림을 그려서 시각화하는 것이 가장 빠르고 정확하게 풀어내는 방법이다.

42 ③

Quick해설 자료를 통해 거주자는 자동차등록증, 주민등록초본을 제출해야 하고, 상근자는 자동차등록증, 재직증명서를 제출해야 함을 알 수 있다. 상근자는 주민등록초본을 제출하지 않으므로 적절하지 않다.

[오답풀이] ① 접수방법에는 방문, 인터넷, FAX 등이 있음을 알 수 있다.
② 2020년 하반기 사용자분들 중에 차량변경 등의 사유가 있을 경우에는 별도 신청해야 함을 알 수 있다.
④ 16인 이상의 승합차량은 신청제외대상자임을 알 수 있다.
⑤ 배정방법에서 차량용도가 법인명의인 경우에는 10점이 감점되므로 본인명의의 차량을 신청한 경우보다 배정점수가 불리할 수 있음을 알 수 있다.

43 ⑤

Quick해설 ㉡ 갑이 던진 주사위의 눈이 1 또는 6만 나왔고, 갑이 승리했다면 가능한 경우는 1이 두 번, 6이 두 번 나온 경우이고, (1, 1, 6, 6)=(B2, B3, C1, D3)이다. 따라서 갑은 주사위를 총 네 번 던졌으므로 옳다.
㉢ 을이 처음으로 던진 주사위의 눈이 1이 나왔다면 을의 말은 C1에 위치한다. 두 번째로 던진 주사위의 눈이 1이라면 C2에 위치하고, 세 번째로 던진 주사위의 눈이 5라면 A2에 위치하므로 가능한 경우는 주사위의 눈이 (1, 1, 5) 또는 (1, 5, 1)일 때이다.
만약 두 번째로 던진 주사위의 눈이 2라면 C3에 위치하고, 세 번째로 던진 주사위의 눈이 4라면 A2에 위치하므로 가능한 경우는 주사위의 눈이 (1, 2, 4) 또는 (1, 4, 2)일 때이다.
만약 두 번째로 던진 주사위의 눈이 3이라면 B2에 위치하고, 위쪽으로 한 칸 이동하는 경우는 없으므로 불가능하고, 두 번째로 던진 주사위의 눈이 6이라면 D3에 위치하고, 아래쪽으로 한 칸, 왼쪽으로 한 칸 이동하는 경우는 없으므로 불가능하다.
따라서 을이 주사위를 총 세 번 던져 A2에 도달할 수 있는 경우의 수는 (1, 1, 5), (1, 5, 1), (1, 2, 4), (1, 4, 2) 네 가지이다.

[오답풀이] ㉠ 갑과 을이 각각 최소한으로 주사위를 던져서 승리하려면 (왼쪽 2 or 오른쪽 2, 아래쪽 2 or 위쪽 2)로 이동할 수 있는 숫자가 나와야 한다. 갑 또는 을이 한 번 던져서 승리할 수 있는 경우는 없고, 두 번 던져서 승리할 수 있는 경우는 주사위의 눈이 (2, 5) 또는 (5, 2), 또는 (3, 3)이 나올 때이다. 이때, 주사위는 갑이 먼저 던진다고 했고, 갑과 을이 주사위를 던진 횟수가 5회 미만이라고 했으므로 승리하는 경우는 다음과 같다.

구분	1회(갑)	2회(을)	3회(갑)	4회(을)
경우1	2 또는 5 또는 3	1~6 중 하나의 숫자	5 또는 2 또는 3 (갑 승리, 게임 종료)	
경우2	2, 5, 3을 제외한 숫자	2 또는 5 또는 3	1~6 중 하나의 숫자	5 또는 2 또는 3 (을 승리, 게임 종료)

따라서 갑과 을이 주사위를 던진 횟수의 합이 5회 미만일 때 게임이 종료되었다면, 승리한 사람은 갑일 수도 있고, 을일 수도 있으므로 옳지 않다.

44 ②

Quick해설 B가 0점을 얻었으므로 B는 모든 경기에서 패하거나 비겨야 한다. 따라서 A는 가 규칙, 나 규칙이 적용된 경기에서 반드시 승리해야 한다. A가 가 규칙,

나 규칙이 적용된 경기에서 승리한 경우 최소 $2+1=3$(점)을 획득한다. 만약 A가 다 규칙이 적용된 경기에서 승리한다면 짝수를 뽑은 것이므로 반드시 2점을 획득한다. 따라서 A가 모든 경기에서 승리한다면 적어도 5점을 획득하게 된다. 그런데 A가 4점을 획득하였으므로 다 규칙이 적용된 경기에서 이기지 않았다. 즉, 비겼으므로 A 또한 홀수를 뽑고, 0점을 얻는다. A는 가 규칙에서는 2점 또는 3점, 나 규칙에서는 1점 또는 2점을 얻을 수 있다. 따라서 가 규칙, 나 규칙에서 모두 2를 뽑아서 승리하거나 가 규칙에서 3, 나 규칙에서 1을 뽑아서 승리해야 한다.

㉡ A가 최종 4점, B가 최종 0점을 얻기 위해서는 A와 B가 다 규칙이 적용된 경기에서 비겨야 한다. 즉, A와 B가 세 번째 경기에서 홀수 카드를 뒤집었기 때문에 옳다.

[오답풀이] ㉠ A는 다 규칙이 적용된 경기에서 홀수가 적힌 카드를 뒤집었으므로 짝수가 적혀 있는 카드는 최대 두 번 뒤집을 수 있다.

㉢ 가 규칙이 적용된 경기에서 A가 2, B가 1이 적혀 있는 카드를 뒤집고, 나 규칙이 적용된 경기에서 A가 2, B가 3이 적혀 있는 카드를 뒤집고, 다 규칙이 적용된 경기에서 A와 B가 1 또는 3이 적혀 있는 카드를 뒤집었다면 B는 짝수가 적혀 있는 카드를 한 번도 뒤집지 않았다.

[문제해결 Tip]

A가 4점을 얻기 위해서는 1점+3점을 얻거나 2점+2점을 얻어야 한다. 따라서 A는 반드시 한 경기에서 비기거나 패해야 한다. B가 0점을 얻기 위해서는 3패 또는 1무 2패를 해야 한다. 이를 활용하여 경우의 수를 나누어 문제를 해결한다.

45 ⑤

Quick해설 • 날짜 번호: 210830

- 생산 공장 번호: JJcb
- 제품 종류 번호: DUDQ
- 생산 기계 번호: M162
- 제품 생산 번호: 52~56

따라서 적절한 것은 210830 – JJcb – DUDQ – M162 – 52이다.

[오답풀이] ① 생산 공장 번호, 제품 종류 번호가 옳지 않다.

② 생산 공장 번호, 제품 종류 번호, 제품 생산 번호가 옳지 않다.

③ 생산 공장 번호가 옳지 않다.

④ 제품 종류 번호가 옳지 않다.

46 ③

Quick해설 10월 1일에 A업체가 의뢰한 작업을 시작하였고, A업체에는 X원료를 16개 납품해야 한다. 따라서 10월 1일, 2일, 5일에 5개씩 총 15개를 생산하고, 10월 6일에 1개를 추가로 생산하여 10월 6일에 A업체에 납품한다.

10월 6일부터 B업체 마감일인 10월 15일까지 공장 휴무일이 2일이고, 10월 6일에는 4개만 생산할 수 있으므로 X원료는 총 $4+7\times5=39$(개) 생산할 수 있다. 따라서 B업체 마감 전까지 B업체 납품 수와 Y업체 납품 수의 합인 49개만큼 생산할 수 없으므로 Y업체보다 B업체의 납품 원료부터 생산해야 한다.

10월 7일, 8일, 9일, 11일에 5개씩 총 20개를 생산하고, 10월 6일에 4개 생산하면 남은 개수가 4개이므로 10월 12일에 나머지 4개를 생산하여 B업체에 납품한다. 10월 12일부터 10월 20일까지 공장 휴무일이 2일이고, 10월 12일에는 1개만 생산할 수 있으므로 X원료는 총 $1+6\times5=31$(개) 생산할 수 있다. 따라서 C업체 마감 전까지 C업체 납품 수와 Y업체 납품 수의 합인 33개만큼 생산할 수 없으므로 Y업체보다 C업체의 납품 원료부터 생산해야 한다.

10월 13일, 15일에 5개씩 총 10개를 생산하고, 10월 12일에 1개 생산하면 남은 개수가 1개이므로 10월 16일에 나머지 1개를 생산하여 C업체에 납품한다. 10월 16일부터 10월 26일까지 공장 휴무일이 2일이고, 10월 16일에는 4개만 생산할 수 있으므로 X원료는 총 $4+8\times5=44$(개) 생산할 수 있다. 따라서 D업체 마감 전까지 D업체 납품 수와 Y업체 납품 수의 합인 39개만큼 생산할 수 있으므로 Y업체 납품 원료를 D업체 납품 원료보다 먼저 생산할 수 있다.

따라서 18일, 19일, 20일에 5개씩 총 15개를 생산하고, 16일에 4개 생산하면 남은 개수가 2개이므로 10월 21일에 나머지 2개를 생산하여 납품한다.

[문제해결 Tip]

Y업체에서 의뢰한 납품 개수와 A~D업체에서 의뢰한 납품 개수의 합만큼 X원료 생산 시작일부터 A~D업체의 마감일까지 생산할 수 있다면 A~D업체보다 Y업체에 먼저 납품할 수 있다. 만약 납품 개수의 합이 생산 가능 개수의 합보다 크다면 Y업체보다 A~D업체에 먼저 납품해야 한다.

47 ①

Quick해설 ㉠ 각국의 공격력과 방어력은 다음과 같다.

구분	공격력	방어력
A	50×4+50×2+100×1+50×3=550(점)	50×1+50×3+100×4+50×2=700(점)
B	100×4+100×2+0×1+200×3=1,200(점)	100×1+100×3+0×4+200×2=800(점)
C	150×4+50×2+50×1+0×3=750(점)	150×1+50×3+50×4+0×2=500(점)
D	100×4+50×2+200×1+100×3=1,000(점)	100×1+50×3+200×4+100×2=1,250(점)
E	50×4+50×2+50×1+100×3=650(점)	50×1+50×3+50×4+100×2=600(점)

따라서 공격력이 가장 높은 국가는 B국이다.

㉡ E국은 조기경보기가 있으므로 공격력이 가장 높은 B국의 공격을 받으면 B국의 공격력은 절반인 600점으로 감소한다. E국의 방어력은 600점으로 동일하므로 B국의 공격을 받더라도 방어에 성공할 수 있다. 따라서 B국보다 공격력이 낮은 나머지 국가의 공격도 모두 방어할 수 있다.

[오답풀이] ㉢ A국의 공격력은 550점이다. 방어력이 500점이고, 조기경보기를 보유하고 있지 않은 C국은 A국의 공격을 방어할 수 없다.

㉣ 공격력이 방어력보다 높은 국가는 B, C, E 3개국으로 방어력이 더 높은 A, D 2개국보다 더 많다.

48 ②

Quick해설 전투기 50대를 조기경보기 1대로 교환하는 거래 1회, 전투기 50대를 전차 50대로 교환하는 거래 1회, 총 2회의 거래만 하면 다른 모든 국가의 공격을 방어할 수 있는 체계를 구축할 수 있다.

[상세해설] 공격력이 가장 높은 B국의 공격력이 1,200점이므로, C국이 모든 국가의 공격을 방어하기 위해서는 조기경보기를 갖추고, 방어력이 600점 이상이 되어야 한다.

무기들 중 전투기의 방어력이 가장 낮으므로 전투기를 거래에 이용해야 거래 횟수를 최소화할 수 있다. 우선 전투기 50대를 조기경보기 1대로 교환하면 C국의 방어력이 450점으로 낮아진다. 목표 방어력인 600점에 도달하기 위해서는 150점을 높여야 하는데, 전투기를 방어력이 가장 높은 전차로 교환하면 1대당 4−1=3(점)의 방어력을 추가적으로 얻을 수 있으므로, 50대만 거래하면 3×50=150(점)을 높일 수 있다.

따라서 전투기 50대를 조기경보기 1대로 교환하는 거래 1회, 전투기 50대를 전차 50대로 교환하는 거래 1회, 총 2회의 거래만 하면 다른 모든 국가의 공격을 방어할 수 있는 체계를 구축할 수 있다.

49 ②

Quick해설 근로소득금액은 2,025만 원, 과세표준은 1,125만 원, 산출세액은 67.5만 원, 결정세액은 30만 3천 7백 5십 원이다.

[상세해설] A씨의 총급여액이 3,000만 원이므로 근로소득 공제금액은 750+(3,000−1,500)×0.15=975(만 원)이다. 따라서 근로소득금액은 3,000−975=2,025(만 원)이다.

소득공제는 150+400+125+2,000×0.15=975(만 원)이며, 소득공제 종합한도는 3,000×0.3=900(만 원)이다. 그러므로 소득공제 종합한도 초과액은 75만 원이며, 과세표준은 2,025−975+75=1,125(만 원)이다.

과세표준이 1,200만 원 이하이므로 산출세액은 1,125×0.06=67.5(만 원)이다. 한편 근로소득 세액공제는 67.5×0.55=37.125(만 원)이다.

따라서 결정세액은 67.5−37.125=30.375(만 원)=30만 3천 7백 5십 원이다.

50 ④

Quick해설 근로소득금액은 3,300만 원, 과세표준은 2,220만 원, 산출세액은 225만 원, 결정세액은 159만 원이다.

[상세해설] B씨의 총급여액이 4,500만 원이므로 근로소득 공제금액은 750+(4,500−1,500)×0.15=1,200(만 원)이다. 이에 따라 근로소득금액은 4,500−1,200=3,300(만 원)이다.
소득공제는 150+480+120+330=1,080(만 원)이며, 소득공제 종합한도는 4,500×0.3=1,350(만 원)이다. 이에 따라 소득공제 종합한도 초과액은 0원이며, 과세표준은 3,300−1,080=2,220(만 원)이다.
과세표준이 1,200만 원 초과 4,600만 원 이하이므로 산출세액은 72+(2,220−1,200)×0.15=225(만 원)이다. 한편 근로소득 세액공제는 71.5+(225−130)×0.3=100(만 원)인데, 근로소득 세액공제 한도가 74−(4,500−3,300)×0.008=64.4(만 원)으로 66만 원 미만이므로 근로소득 세액공제는 66만 원이다. 또한 배우자가 기본공제 대상자가 아니므로 교육비 세액공제는 없다.
따라서 결정세액은 225−66=159(만 원)이다.

실전모의고사 4회

01	02	03	04	05	06	07	08	09	10
④	②	⑤	③	⑤	②	⑤	②	①	④
11	**12**	**13**	**14**	**15**	**16**	**17**	**18**	**19**	**20**
⑤	③	④	②	⑤	④	④	②	②	③
21	**22**	**23**	**24**	**25**	**26**	**27**	**28**	**29**	**30**
⑤	⑤	⑤	①	③	④	③	⑤	④	⑤
31	**32**	**33**	**34**	**35**	**36**	**37**	**38**	**39**	**40**
⑤	②	①	②	⑤	①	⑤	⑤	⑤	②
41	**42**	**43**	**44**	**45**	**46**	**47**	**48**	**49**	**50**
③	④	②	⑤	③	①	④	④	②	⑤

01 ④

Quick해설 [가]~[라] 문단을 문맥의 흐름에 맞게 배열하면 [라]−[가]−[다]−[나]이다.

[상세해설] 주어진 글에서는 비건 패션에 대해 전반적으로 서술하고 있다. 먼저 윤리적 소비에 대한 관심이 증가하면서 비건 패션에 대한 수요가 전 세계적으로 커지고 있다는 내용의 [라] 문단으로 글을 시작하는 것이 자연스럽다. 이어 비건 패션의 개념에 대해 설명하고 있는 [가] 문단과 대표적 비건 패션 소재인 페이크 퍼와 인조 가죽의 특징에 대한 내용의 [다] 문단이 차례로 이어져야 한다. 마지막으로 기존 비건 패션 소재의 한계를 극복하기 위한 노력에 대해 언급하고 있는 [나] 문단으로 글이 마무리되어야 한다. 따라서 [라]−[가]−[다]−[나]로 배열하는 것이 적절하다.

02 ②

Quick해설 EMS는 에너지를 효율적으로 사용하도록 하여 온실가스 감축에 도움을 주는 방법이다.

[상세해설] EMS는 구조적 개선과 효율적인 운용으로 에너지 효율화를 하여 불필요한 에너지 사용을 줄인다. 즉 화석연료를 효율적으로 사용하도록 해 주는 것보다는 에너지를 효율적으로 사용하도록 하여 온실가스 감축에 도움을 주는 방법이라고 할 수 있다.

[오답풀이] ① EMS는 건물을 설계할 때 설계한 건물의 예상 전력 사용량을 확인할 수 있도록 할 수도 있고 냉난방, 조명등의 사용량 정보를 건물 관리자에게 제공하여 관리자가 사용량 추이에 따라 전력 사용량을 줄이도록 할 수도 있다. 따라서 EMS는 건물 설계단계에서부터 관리까지 전방위 적용이 가능하다.

③ EMS는 두 가지 방법으로 에너지 효율화에 도움을 주는데, 첫 번째 방법은 구조적 개선을 이루는 것이며, 두 번째 방법은 기기와 설비를 효율적으로 운용하는 것이다.

④ RE100 운동은 제품 생산에 사용되는 모든 에너지 발전원을 신재생에너지로 대체하는 것으로 에너지 생산을 위해 화석연료를 활용하지 않아도 되므로 탄소배출량을 줄일 수 있다.

⑤ 기후변화 대응에 효과적인 방법은 에너지 사용을 줄이거나 EMS 등을 통해 에너지 사용을 개선하는 것이다.

03 ⑤

Quick해설 [마] 문단은 친환경에너지타운 조성은 부처간 협력과 데이터 축적이 필요하고 이를 통해 국내기업의 해외 진출 기회로 삼도록 해야 한다는 내용이므로 친환경에너지타운의 미래 혹은 추후 방향성 등으로 요약할 수 있다.

[문제해결 Tip]

각 문단 내용의 요약은 한 문단씩 해결하도록 한다. [가]와 ①, [나]와 ② 등 정확히 매치되는 부분이 있으므로 한 문단씩 읽고 확인 후 답이 나오면 넘어가도록 한다. 또한 전체적인 내용의 정독보다 각 문단의 첫 문장과 마지막 문장에 집중하는 것이 좋다.

04 ③

Quick해설 두 번째 문단에 따라 한국이 따릉이를 통한 배출권 시장이 있다는 내용은 옳지만 배출권 시장의 유동성 부족으로 인해 가격이 급등락하는 현상이 심각하다고 했으므로 안정적인 가격의 배출권 시장이 형성되어 있다는 내용은 잘못된 추론이다.

[오답풀이] ① 우리나라의 ETS가 EU보다 10년 늦은 2015년에 출범하였다는 내용을 통해 EU의 ETS는 2005년에 출범하였다는 내용은 옳은 추론이다.

② 첫 번째 문단을 통해서 탄소배출권은 탄소를 배출할 수 있는 권리로 배출 할당량 대비 잉여분 및 부족분을 매매할 수 있다고 되어 있으므로 할당량보다 많이 배출하려는 국가는 탄소배출권을 매입하여야 한다는 것은 옳은 추론이다.

④ 세 번째 문단에서 자발적 탄소시장은 계속 증가하여 2030년 15배가 된다고 했으므로 2035년 최소 75 이상이라는 것은 옳은 추론이다.

⑤ 네 번째 문단의 국내 기업들이 글로벌 투자자들로부터 탄소 저감 압박을 받는다는 내용을 통해 쉽게 추론이 가능하다.

[문제해결 Tip]

추론 유형의 문제는 일치/불일치 유형의 문제와 같은 선상의 문제로 볼 수 있다. 일치/불일치와 마찬가지로 단락 중심으로 읽고 선택지와 비교하는 방식으로 문제를 풀어야 한다.

05 ⑤

Quick해설 주어진 글은 국가에서 만드는 디지털 화폐와 암호 화폐의 차이점을 설명하고 있다. 국가에서 만드는 디지털 화폐의 경우는 화폐의 기능은 하지만 투자의 기능은 못 하고, 암호 화폐는 반대로 화폐의 기능은 못 하지만 투자의 기능은 한다. 따라서 이 둘은 개념이 다른 것이므로 한국은행이 블록체인을 활용해 디지털 화폐를 만들든 말든 암호 화폐의 가격과는 아무 상관없는 일이다.

06 ②

Quick해설 각 문단의 내용을 살펴보면 도입부에서 '도심 항공 교통의 정의와 개발방향'에 대한 내용이 제시되고, 이어서 중심내용으로 'UAM을 선도하는 미국과 중국의 동향', '한국형 도심 항공 교통 로드맵(한국의 UAM 동향'이 제시된다. 따라서 이를 정리해 보면 글의 중심 내용은 '도심 항공 교통의 국내외 동향'이다.

[오답풀이] ①, ③ 지문에 제시되지 않은 내용이다.

④, ⑤ 중국이 세계 소형 드론 시장의 최강자이며 이를 기반으로 도심 항공 교통을 상용화한다는 내용과 한국형 도심 항공 교통 그랜드 챌린지가 운영된다는 내용이 제시되었으나 각 문단의 세부 내용일 뿐 중심내용은 아니다.

07 ⑤

Quick해설 네 번째 문단의 한국형 도심 항공 교통(K–UAM)의 경우 사업을 민간이 주도하게 하여 민간의 역량을 강화한다는 내용을 통해서 민간 중심으로 이루어지는 사업임을 알 수 있다.

[오답풀이] ① 첫 번째 문단에서 UAM은 30~50km의 이동 거리를 20분에 이동할 수 있게 하며, 600m 이하의 저고도 비행과 63dB의 소음수준을 목표로 개발이 이루어지고 있다고 했으므로 옳지 않다.

② 전국 교통혼잡비용이 약 67조 7,631억 원으로 추정되며 이 중 도시의 교통혼잡비용이 절반 이상을 차지한다는 내용을 통해서 도시의 교통혼잡비용은 30억 원 이상임을 알 수 있다.

③ 세 번째 문단에서 미국이 AAM 개념을 제시하였고 중국은 세계 소형 드론 시장의 최강자로 군림하고 있다는 내용을 통해서 반대로 구성된 선택지임을 알 수 있다.

④ 두 번째 문단에서 eVTOL은 기존의 비행기와 달리 활주로가 필요하지 않고, 소음이 작고 가스가 배출되지 않는다고 했으므로 옳지 않다.

08 ②

Quick해설 첫 번째 문단에서 지원 대상인 한전 복지 할인 가구에 기초생활수급자가 포함됨을 알 수 있으나, 두 번째 문단에서 지원 대상자는 구비 서류를 준비하여 지원금 신청 홈페이지에서 신청해야 한다고 하였으므로 기초생활수급자가 별도로 지원금을 신청하지 않아도 구매 비용을 지원받을 수 있다는 내용은 적절하지 않다.

[오답풀이] ① [품목별 최고 등급 및 적용 기준 시행일]에 따르면 고효율 가전제품 구매 비용은 에너지 효율이 1~3등급인 가전제품 구매 시 지원받을 수 있다.

③ 세 번째 문단에서 일부 가전 회사가 지원 대상자에게 더 많은 혜택을 제공하고자 한전의 고효율 가전제품 구매 비용 지원 사업에 동참하여 별도로 할인을 제공할 예정이라고 하였다.

④ 두 번째 문단에서 대상 기간에 온·오프라인 매장을 통해 구매한 대상 제품의 서류를 구비하여 지원금 신청 홈페이지에서 신청하면 된다고 하였다.

⑤ 첫 번째 문단에서 지원 대상인 한전 복지 할인 가구에 장애인이 포함되며, 지원 대상 품목 중 2021년 4월 23일 이후로 구매한 최고 효율 등급 제품에 대해 가구당 30만 원 한도 내에서 구매 비용의 10%를 지원받을 수 있다고 하였으므로 400만 원짜리 냉장고 구매 시 최대 30만 원을 지원받을 수 있다.

09 ①

Quick해설 두 번째 문단에서 지원 대상자는 대상 기간에 온·오프라인 매장을 통해 구매한 대상 제품의 효율 등급 라벨과 제조 번호 명판, 거래 내역서, 영수증을 구비하여 지원금 신청 홈페이지에서 신청하면 된다고 하였으므로 추가 정보를 얻기 위해 제출 서류를 묻는 것은 적절하지 않다.

10 ④

Quick해설 네 번째 문단에서 문체부에서 음저협의 온라인 공연사용료 징수 규정 개정안을 검토하기 위해 음악산업발전위원회를 통해 연구를 수행하고 그 결과를 바탕으로 토론회를 개최하였다고 하였다.

[오답풀이] ① 네 번째 문단에서 온라인 공연사용료 징수 규정이 처음 정해졌다고 하였다.

② 세 번째 문단에 따르면 온라인 공연의 이용자 수는 중복되지 않은 온라인 공연 이용자로 규정한다. 따라서 3명이 온라인 공연을 시청하더라도 동일한 계정이라면 이용자 수는 1명으로 간주될 것임을 알 수 있다.

③ 세 번째 문단에 따르면 온라인 공연은 오프라인 공연과 똑같이 유·무료 공연, 음악의 주·부가적 3가지 유형으로 구분된다.

⑤ 세 번째 문단에 따르면 온라인 공연은 오프라인 공

연과 매출액 정의 및 요율이 동일하게 적용되므로 적절하다.

11 ⑤

Quick해설 마지막 자리의 숫자가 홀수인 세 자리 수를 만들 수 있는 경우의 수는 6×6×3=108(가지)이다.

[상세해설] 주어진 조건에서 카드는 뽑고 난 뒤 다시 뒤집어놓는다고 했으므로 중복을 허용한다.

마지막에 올 수 있는 숫자는 1, 3, 5로 3개이고, 백의 자리와 십의 자리에 올 수 있는 숫자는 1, 2, 3, 4, 5, 6으로 6개이다.

따라서 만들 수 있는 세 자리 수 중 마지막 자리가 홀수인 경우의 수는 6×6×3=108(가지)이다.

12 ③

Quick해설 주머니에 있는 10개의 공에서 임의로 4개의 공을 뽑는 경우의 수는 ${}_{10}C_4=\frac{10\times9\times8\times7}{4\times3\times2\times1}=210$(가지)이다. 흰 공 2개, 검은 공 2개를 뽑는 경우의 수는 ${}_6C_2\times{}_4C_2=\frac{6\times5}{2\times1}\times\frac{4\times3}{2\times1}=90$(가지)이다.

따라서 10개의 공 중 임의로 4개의 공을 동시에 뽑을 때, 흰 공 2개, 검은 공 2개가 나올 확률은 $\frac{90}{210}=\frac{3}{7}$이다.

13 ④

Quick해설 A제품의 2016년 대비 2020년 판매량의 증가량은 422−308=114(천 개), D제품의 증가량은 286−218=68(천 개)로 그 차이는 114−68=46(천 개), 즉 4.6만 개로 5만 개 이하이다.

[오답풀이] ① C제품의 경우 2017년에 판매량이 전년 대비 감소하였다.

② 2021년 전체 판매량은 440+392+296+168=1,296(개)이고, 1,296×0.3=388.8<392이므로 옳지 않다.

③ 2016~2021년 A제품의 연평균 판매량이 C제품 연평균 판매량의 3배 이상이라면 2016~2021년 A제품의 판매량의 합이 C제품 판매량 합의 3배 이상이 될 것이다. A제품의 판매량의 합은 308+328+356+382+422+440=2,236(천 개)이고, C제품의 판매량의 합은 128+126+134+140+152+168=848(천 개)로 848×3=2,544>2,236이기 때문에 옳지 않다.

⑤ B제품의 판매량의 전년 대비 증가율은 2018년에 $\frac{366-344}{344}\times100≒6.4(\%)$로 가장 크다. D제품 또한 2019~2021년은 2017년, 2018년보다 증가량이 더 작고, 전년도 값이 더 크므로 증가율이 더 크지 않다. D제품 판매량의 전년 대비 증가율은 2017년에 $\frac{243-218}{218}\times100≒11.5(\%)$로 가장 크다.

14 ②

Quick해설 2020년 2월 24일이 월요일이고, 2월은 29일까지이므로 2~12월 임시휴관 기간 중 정기휴관일인 월요일과 공휴일은 다음과 같다.

구분	월요일	공휴일
2월	총 1일(24일)	0일
3월	총 5일(2, 9, 16, 23, 30일)	0일
4월	총 4일(6, 13, 20, 27일)	1일
5월	총 4일(4, 11, 18, 25일)	1일
6월	총 5일(1, 8, 15, 22, 29일)	1일
7월	총 3일(6, 13, 20일)	0일
8월	총 3일(17, 24, 31일)	1일
9월	총 3일(7, 14, 21일)	0일
12월	총 3일(14, 21, 28일)	1일

이때 정기휴관일인 월요일 중 8월 17일은 국립중앙도서관만, 12월 14, 21, 28일은 국립중앙도서관과 국립어린이청소년도서관만 해당되며, 공휴일 중 8월 15일은 국립중앙도서관만, 12월 25일은 국립중앙도서관과 국립어린이청소년도서관만 해당된다.

코로나19로 인한 임시휴관 기간 동안의 정기휴관일과 공휴일 수의 합만큼 추가로 정상개관 했을 때의 총 개관일수는 다음과 같다.

구분	일평균 이용자수(명)	총 개관일수(일)
국립중앙도서관	1,004	122+31+5=158
국립어린이청소년도서관	106	122+30+4=156
국립세종도서관	1,080	148+27+3=178

따라서 $A=1,004\times158+106\times156=175,168$이고, $B=1,080\times148\div178≒897.9≒898$이므로 A와 B의 값의 합은 $175,168+898=176,066$이다.

[문제해결 Tip]

각 도서관의 임시휴관 기간이 조금씩 다르므로 추가되는 개관일수도 차이가 있음에 유의해야 한다.

15 ⑤

Quick해설 2021년 4월 비제조업 수주액은 $\frac{98,501}{(1+0.05)}$ ≒93,810(억 원), 건설업 수주액은 $\frac{4,921}{(1-0.1)}$≒5,468(억 원)이다. 2020년 4월 비제조업 수주액은 $\frac{93,810}{(1+0.95)}$≒48,108(억 원), 건설업 수주액은 $\frac{5,468}{(1+3.7)}$≒1,163(억 원)이다. 따라서 2020년 4월 비제조업 수주액에서 건설업 수주액이 차지하는 비중은 $\frac{1,163}{48,108}\times100$≒2.4(%)로 5% 미만이다.

[오답풀이] ① 2021년 5월 총수주액은 139,539억 원이고, 민간 수주액은 107,925억 원이므로 민간 수주액은 총 수주액의 $\frac{107,925}{139,539}\times100$≒77.3(%)로 75% 이상 80% 미만이다.

② 2021년 5월 민간 제조업 수주액은 9,424억 원이고, 전년 동월 대비 18.1% 감소하였으므로 2020년 5월 민간 제조업 수주액은 $\frac{9,424}{(1-0.181)}$≒11,506.7(억 원)≒1.15조 원으로 1.1조 원 이상이다.

③ 2021년 5월 비제조업 수주액에서 건축 수주액이 차지하는 비중은 $\frac{92,009}{98,501}\times100$≒93.4(%)로 95% 미만이다.

④ 석유·화학 수주액은 2020년 5월이 $\frac{1,722}{(1-0.525)}$≒3,625(억 원)이고, 2019년 5월이 $\frac{3,625}{(1+0.076)}$≒3,369(억 원)이다. 기계·장치 수주액은 2020년 5월이 $\frac{6,005}{(1+0.071)}$≒5,607(억 원)이고, 2019년 5월이 $\frac{5,607}{(1-0.15)}$≒6,596(억 원)이다. 따라서 2019년 기계·장치 수주액은 석유·화학 수주액의 3배 미만이다.

16 ④

Quick해설 운항편당 화물은 포항이 $\frac{98.5}{670}$≒0.15(톤), 여수가 $\frac{858.7}{2,943}$≒0.29(톤)으로 여수가 포항보다 많으므로 옳지 않다.

[오답풀이] ① 운항편당 여객인원은 일본이 $\frac{16,734}{154}$≒109(명), 중국이 $\frac{9,018}{92}$≒98(명)이므로 옳다.

② 운항편당 여객인원은 아시아가 $\frac{99,961}{746}$≒134(명)이고, 국내선에서 제주가 $\frac{10,055,259}{55,673}$≒181(명), 광주가 $\frac{276,610}{2,012}$≒137(명), 김해가 $\frac{3,306,393}{21,047}$≒157(명), 여수가 $\frac{423,050}{2,943}$≒144(명)으로 총 4개의 국내선 노선이 아시아보다 많으므로 옳다.

③ 국제선 전체 운항편에서 대양주가 차지하는 비중은 $\frac{262}{154+746+92+262+96}\times100$≒19.4(%)로 20% 이하이므로 옳다.

⑤ 여객 수가 30만 명 이상인 국내선은 제주, 김해, 여수, 울산이고, 이 중 화물 수가 두 번째로 많은 김해와 가장 적은 울산의 화물 수 차이는 8,544.8−720.5=7,824.3(톤)으로 7,800톤 이상이므로 옳다.

17 ④

Quick해설 전체 국내선 운항편은 55,673+670+2,012+21,047+2,943+48+3,128+32=85,553(대)이고, 각 노선별로 차지하는 비중은 다음과 같다.

노선	운항편 비중
제주	$\frac{55,673}{85,553}\times100≒65.1(\%)$
광주	$\frac{2,012}{85,553}\times100≒2.4(\%)$
김해	$\frac{21,047}{85,553}\times100≒24.6(\%)$
여수	$\frac{2,943}{85,553}\times100≒3.4(\%)$
울산	$\frac{3,128}{85,553}\times100≒3.7(\%)$

18 ②

Quick해설 디스플레이 수출액의 전년 대비 증가율이 가장 높은 해는 2017년으로 이때 생산액의 전년 대비 증가율은 (79.2−68.2)÷68.2×100≒16.1(%)로 20% 미만이다.

[오답풀이] ① 반도체 생산액과 수출액이 가장 높은 해는 2018년으로 동일하다.

③ 연도별 반도체와 디스플레이 수출액의 전년 대비 증가율 차이는 다음과 같다.
2016년: −1.1−(−15.5)=14.4(%p)
2017년: 57.4−9.1=48.3(%p)
2018년: 29.4−(−9.9)=39.3(%p)
2019년: −17−(−25.9)=8.9(%p)
2020년: 5.6−(−12.2)=17.8(%p)
따라서 2017년이 가장 크다.

④ ㉠은 2020년 반도체 수출액이다. 2020년의 반도체 수출액 전년 대비 증가율이 5.6%이므로 2020년 반도체 수출액은 939×1.056=991.584(억 불)로 990억 불 이상이다.

⑤ 2016~2018년 반도체 생산액 합은 66.3+102.7+143.3=312.3(조 원), 디스플레이 생산액 합은 68.2+79.2+72.6=220(조 원)이다. 따라서 디스플레이 생산액의 합은 반도체 생산액 합의 220÷312.3×100≒70.4(%)로 75% 미만이다.

19 ②

Quick해설 2016년 반도체 수출액은 622.3(억 불), 반도체 수출액 전년 대비 증가율은 −1.1%이므로 2015년 반도체 수출액은 622.3÷(1−0.011)≒629(억 불)이다. 2016년 디스플레이 수출액은 251.1(억 불), 디스플레이 수출액 전년 대비 증가율은 −15.5%이므로 2015년 디스플레이 수출액은 251.1÷(1−0.155)≒297(억 불)이다.

20 ③

Quick해설 강원영서 지방의 2021년 11월 평균기온이 5.1℃이면 평년기온의 범위에 있고 그 확률은 30%이고, 3.8℃이면 평년기온보다 낮고 그 확률은 50%이므로 옳지 않다.

[오답풀이] ① 강원영서 지방의 2021년 9월 평균기온이 18.5℃이면 평년기온의 범위에 있고 그 확률은 50%이고, 19.2℃이면 평년기온보다 높고 그 확률은 20%이므로 옳다.

② 강원영서 지방의 2021년 10월 평균기온이 11.8℃이면 평년기온의 범위에 있고 그 확률은 40%이고, 10℃이면 평년기온보다 낮고 그 확률은 20%이므로 옳다.

④ 강원영동 지방의 2021년 9월 평균기온이 18.2℃이면 평년기온보다 낮고 그 확률은 30%이고, 19.4℃이면 평년기온보다 높고 그 확률은 20%이므로 옳다.

⑤ 강원영동 지방의 2021년 11월 평균기온이 6.8℃이면 평년기온보다 낮고 그 확률은 50%이고, 8.2℃이면 평년기온보다 높고 그 확률은 20%이므로 옳다.

21 ⑤

Quick해설 ㉢의 대우에서 그림 그리기를 더 좋아하지 않는 사람은 뉴스를 좋아하지 않음을 알 수 있고, ㉤에서 철수는 음악 듣기를 더 좋아함을 알 수 있다. 이에 따라 철수는 뉴스를 좋아하지 않음을 알 수 있다.

㉣의 대우에서 음악 듣기보다 그림 그리기를 더 좋아하는 사람은 드라마를 좋아하지 않음을 알 수 있고, ㉤에서 영희는 그림 그리기를 더 좋아함을 알 수 있다. 이에 따라 영희는 드라마를 좋아하지 않음을 알 수 있다.

따라서 철수는 뉴스를 좋아하지 않고, 영희는 드라마를 좋아하지 않는다.

[오답풀이] ①, ② ㉤을 통해 영희가 그림 그리기를 더 좋아함을 알 수 있고, ㉣의 대우에서 그림 그리기를 더 좋아하는 사람은 드라마를 좋아하지 않음은 알 수 있지만, 영화와 뉴스를 모두 좋아하는지 또는 뉴스를 좋아하는지는 알 수 없다.

③, ④ ㉤을 통해 철수가 음악 듣기를 더 좋아함을 알 수 있고, ㉢의 대우에서 그림 그리기를 더 좋아하지 않는 사람은 뉴스를 좋아하지 않음을 알 수 있다. 그러나 철수가 드라마 또는 영화를 좋아하는지는 알 수 없다.

[문제해결 Tip]

제시된 명제들을 통해 가능한 상황들을 살피며 선택지에 적용해야 한다.

22 ⑤

Quick해설 A와 C가 거짓을 말하고, E가 범인이다.

[상세해설] A와 D의 진술은 동시에 참일 수 없다. 따라서 D의 진술이 참이라면 A의 진술은 거짓, D의 진술이 거짓이라면 A의 진술은 참을 말한다.

• D의 진술이 참인 경우

A의 진술은 거짓이므로 D는 범인이 아니다. 한편 B의 진술이 거짓이라면 E의 진술도 거짓이고, E의 진술이 거짓이라면 B의 진술도 거짓인데, 거짓을 말하는 사람은 2명이므로 B와 E의 진술이 모두 거짓일 수는 없다. 이에 따라 B와 E의 진술은 모두 참이고 C의 진술이 거짓이다. 따라서 E가 범인이다.

• D의 진술이 거짓인 경우

A의 진술은 참이므로 D가 범인이다. 이에 따라 B, C, E의 진술이 모두 참이 되는데, 거짓을 말하는 사람은 2명이므로 모순이다.

23 ⑤

Quick해설 10명이 4개의 부서로 나누어 배정되고, 인원수가 동일한 부서가 2개 있기 위한 경우의 수는 다음 세 가지 밖에 없다.

1) 1명, 1명, 2명, 6명
2) 1명, 1명, 3명, 5명
3) 1명, 2명, 2명, 5명

이때 3)의 경우는 세 번째 [조건]에 의하여 불가능하므로 전력수급처의 신입사원 수는 1)의 2명 또는 2)의 3명이어야 한다. 또한 계통계획처의 신입사원 수가 상생협력처보다 더 많다고 하였으므로 1)의 6명 또는 2)의 5명이어야 하며, 전력시장처와 상생협력처의 신입사원 수는 각각 1명이 된다. 이를 표로 정리하면 다음과 같다.

구분	전력수급처	계통계획처	전력시장처	상생협력처
경우1	2명	6명	1명	1명
경우2	3명	5명		

따라서 계통계획처로 배정된 신입사원 수와 상생협력처로 배정된 신입사원 수의 차이는 경우1에 따라 6−1=5(명)으로 5명 이상일 수 있으므로 옳다.

[오답풀이] ① 배정된 신입사원의 수가 2명인 부서는 경우1의 전력수급처 1개이다.

② 전력시장처로 배정된 신입사원 수는 1명이다.

③ 배정된 신입사원의 수를 알 수 있는 부서는 1명씩 배정된 전력시장처와 상생협력처로 총 2개이다.

④ 계통계획처로 배정된 신입사원 수가 5명이라면, 전력수급처로 배정된 신입사원 수는 3명이다.

24 ①

Quick해설 8개의 자리에 기호를 부여해 자리의 배치도를 그려보면 다음과 같다.

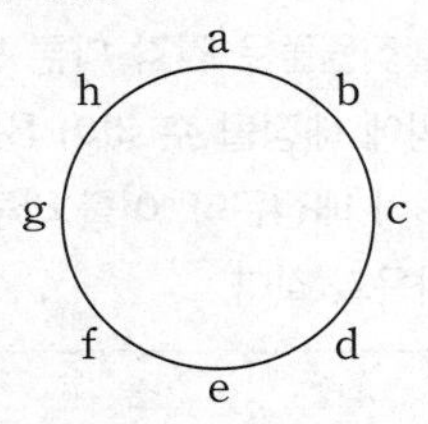

갑이 a에 앉는다고 하면 e는 비어 있는 자리이고, c와 g에 병 또는 기가 앉는다. 갑과 을은 연이어 앉지 않으므로 을은 b와 h에 앉지 않는다. 이를 바탕으로 c에 병, g에 기가 앉는 경우와 c에 기, g에 병이 앉는 경우로 나누어 생각해본다.

• c에 병, g에 기가 앉는 경우: 병의 좌우측 자리에는 모두 참석자들이 앉아야 하므로 마주보는 자리가 비어 있어야 하는 을은 f에 앉을 수 없다. 따라서 을은 d에 앉게 되며 h는 비어 있는 자리가 된다. 또한 무의

좌우측 자리에 모두 참석자들이 앉아야 하므로 무는 b에, 정은 f에 앉게 된다.

• c에 기, g에 병이 앉는 경우: 을은 f에 앉고, b는 비어 있는 자리이다. 이에 따라 h에는 무, d에는 정이 앉게 된다.

두 경우 모두 정과 무는 마주보고 앉으므로 옳다.

[오답풀이] ② 두 경우 모두 정의 옆자리는 기이다.

③ 기의 좌우측 중 한 자리만 비어 있는 자리이다.

④ 두 자리간의 거리가 가장 먼 것은 병과 기 또는 무와 정의 자리이다.

⑤ 갑과 을 사이에는 무와 병 2명이 앉아 있다.

25 ③

Quick해설 A와 B와 C는 각각 다른 부서이고, C는 F와 다른 부서임을 알 수 있다. 그리고 F와 H는 같은 부서이므로 F와 H는 A와 같은 부서이거나 B와 같은 부서이다. 제시된 부서에서 3명 이상의 직원이 워크숍에 참석한 부서는 전략사업본부이므로 F와 H는 전략사업본부 소속이다. 그런데 B는 H와 다른 소속이므로 A는 전략사업본부 소속임을 알 수 있다. 한편 E와 B가 같은 부서이므로, 두 사람은 모두 안전관리본부 혹은 인력개발팀 소속이다. 그리고 D는 F와 다른 부서 소속이므로 남아 있는 G는 전략사업본부 소속이 되고, D와 C는 같은 부서가 된다. E는 D가 배정된 바로 옆 방에 배정되므로 2호이고, 짝수 방이므로 E는 인력개발팀이다. 이때 전략사업본부 직원들은 각각 다른 방에 배정하므로 B는 E와 같은 방에 배정될 수 없어 B는 4호로 배정되고, 3호로 A와 C가 배정된다. 이를 바탕으로 방 배정을 표로 나타내면 다음과 같다.

구분	1호	2호	3호	4호
전략사업본부	F	H or G	A	G or H
안전관리본부	D		C	
인력개발팀		E		B

㉠ 인력개발팀 직원은 B, E이다.

㉢ A는 3호에 배정된다.

[오답풀이] ㉡ 4호실에 G, B가 배정될 수도 있다.

[문제해결 Tip]

조건을 바탕으로 배열을 추리하는 문항은 각각의 배치를 표로 작성하고 경우의 수를 비교하면서 대입하는 방식으로 문항을 해결하는 것이 가장 빠르고 정확하게 풀어내는 방법이다.

26 ④

Quick해설 주어진 보도자료는 개인정보보호위원회에서 생체정보를 활용하는 공공기관 추진 사업에 대해 개인정보 침해 여부를 사전 검토하는 '공공기관 민감 개인정보 활용사업 사전진단'을 시작함을 알리는 내용이다. 따라서 보도자료의 제목으로는 '공공기관의 생체정보 활용사업 개인정보 침해 사전 예방한다'가 가장 적절하다.

27 ③

Quick해설 세 번째 항목에서 사전진단 결과는 공공기관의 합법적이고 안정적인 사업추진을 지원하기 위한 자문 성격을 가지며, 추후 개인정보위의 행정 조사·처분 등의 대상에서 제외되는 것은 아니라고 하였다.

[오답풀이] ① 두 번째 항목에서 PbD는 제품·서비스 개발 시 기획 단계부터 개인정보 처리의 전체 생애주기에 걸쳐 이용자의 프라이버시를 고려한 정책을 설계에 반영하는 것을 의미한다고 하였다.

② 첫 번째 항목에서 공공기관은 법령에 따라 정보주체의 별도 동의 없이 수집된 개인의 민감한 생체정보를 활용한 사업을 추진하고 있다고 하였다.

④ 네 번째 항목에서 개인정보위는 공공기관과 생체정보 활용 사업으로 한정된 사전진단 대상 기관과 사업 범위를 민간 등으로 단계적으로 확대할 예정이라고 하였다.

⑤ 첫 번째 항목에서 생체정보는 얼굴, 지문, 홍채, 정맥, 음성, 필적 등 개인의 신체적, 생리적, 행동적 특징에 관한 정보라고 하였다.

28 ⑤

Quick해설 매달 출근일수가 10일이고, 출퇴근 시 대중교통을 이용한다면 월 15회 이상 대중교통을 이용하는 것이다. 대전광역시는 사업 대상지역이므로 알뜰교통카드 마일리지를 적립받을 수 있다.

[오답풀이] ① 청주시는 알뜰교통카드 대상지역이고, 알뜰교통카드 사용은 전국에서 가능하다. 따라서 청주시에 거주하는 시민은 충주시에서 알뜰교통 마일리지를 적립받을 수 있기 때문에 옳지 않다.

② 충주시는 알뜰교통카드 대상지역이 아니고, 주민등록상 주소지가 대상지역이 아닌 경우에는 마일리지가 지급되지 않기 때문에 옳지 않다.

③ 알뜰교통카드 앱과 알뜰교통카드를 모두 이용하는 경우에만 마일리지를 적립받을 수 있기 때문에 옳지 않다.

④ 대중교통을 이용하는 경우에 한해 알뜰교통 마일리지를 적립받을 수 있기 때문에 옳지 않다.

29 ④

Quick해설 ⓑ 일반 가정의 경우 최근 2년 대비 5% 이상을 절약하면 되는 것이 맞으나 단체의 경우에는 10% 이상을 절약해야 마일리지를 적립할 수 있다.

ⓓ 에코마일리지의 유효기간은 확정된 후 5년이고, 마일리지로 친환경 제품을 구매할 수 있으나, 현금으로 인출할 수 있다는 내용은 제시되지 않았다.

[오답풀이] ⓐ 에코마일리지 홈페이지에 회원가입 후 고객정보(이름, 연락처, 주소 등)를 입력하면 매달 전기, 수도, 도시가스(지역난방 포함) 사용량을 한 번에 확인할 수 있고, 6개월 주기로 평가하여 그 절감률에 따라 마일리지를 적립해 준다고 했으므로 옳은 설명이다.

ⓒ 계절관리제 포인트의 정의를 살펴보면 개인회원이 미세먼지 계절관리제 기간(1월~3월) 동안 직전 2년 대비 에너지 사용량을 20% 이상 절감했을 때 추가 지급하는 특별포인트이며, 추가 지급 포인트가 1만 마일리지라고 하였으므로 옳은 설명이다.

30 ⑤

Quick해설 E지역은 X축의 1칸 미만 정도의 경제적 보상액만 사용하여도 주민의 불만 정도가 절반으로 줄어든다.

[상세해설] C를 제외한 A, B, D, E의 초기 주민의 불만 정도는 Y축 6칸이다. 이를 절반인 3칸까지 감소시키는 데 필요한 경제적 보상액은 A가 X축 3칸, B가 X축 6칸, D가 X축 약 5칸, E가 X축 1칸 미만이다. 따라서 경제적 보상액이 가장 적은 E가 선정된다.

[문제해결 Tip]

C의 경우 초기 주민의 불만 정도가 Y축 3칸으로 낮은 편이지만, 경제적 보상액을 아무리 늘려도 불만 정도를 절반으로 줄일 수 없으므로 부지로 선정될 수 없다.

31 ⑤

Quick해설 E구단의 최종점수가 12점으로 가장 높다.

[상세해설] 구단별 점수는 다음과 같다.

구분	승점	득실차	파울	점수 합계	최종점수
A	3점	5점	−20점	3+5−20= −12(점)	−12점
B	15점	15점	−25점	15+15−25 =5(점)	5×2 =10(점)
C	10점	10점	−15점	10+10−15 =5(점)	5점
D	1점	3점	0점	1+3+0=4(점)	4(점)
E	5점	1점	0점	5+1+0=6(점)	6×2 =12(점)

따라서 최종점수가 가장 높은 구간은 E구단이다.

32 ②

Quick해설 갑, 을, 병은 5월에 총 30,000+9,000+3,000=42,000(포인트) 적립받는다.

[상세해설] 갑은 가 제휴사를 한 번 방문할 때마다 30,000×0.2=6,000(포인트)를 적립받고, 나 제휴사를 한 번 방문할 때마다 50,000×0.1=5,000(포인트)를 적립받고, 다 제휴사를 한 번 방문할 때마다 10,000×0.1=1,000(포인트)를 적립받는다. 최대 10번 적립 가능하므로 10번의 포인트를 합해 보면 6,000+6,000+5,000+1,000+1,000+1,000+5,000+

6,000+6,000+5,000=42,000(포인트)이다. 그런데 포인트는 최대 30,000포인트 지급받으므로 갑이 받는 포인트는 30,000포인트이다.
을은 가 제휴사를 한 번 방문할 때마다 20,000×0.1=2,000(포인트)를 적립받고, 나 제휴사를 한 번 방문할 때마다 10,000×0.05=500(포인트)를 적립받고, 다 제휴사를 한 번 방문할 때마다 10,000×0.1=1,000(포인트)를 적립받는다. 최대 8번 적립 가능하므로 8번의 포인트를 합해 보면 2,000+500+500+1,000+2,000+2,000+500+500=9,000(포인트)이다. 최대 10,000포인트 지급받으므로 을이 받는 포인트는 9,000포인트이다.
병은 가 제휴사를 한 번 방문할 때마다 10,000×0.05=500(포인트)를 적립받고, 나 제휴사에서는 적립 불가하고, 다 제휴사를 한 번 방문할 때마다 20,000×0.05=1,000(포인트)를 적립받는다. 최대 5번 적립 가능한데 나 제휴사는 제외되므로 나머지 4번의 포인트를 합해 보면 500+1,000+500+1,000=3,000(포인트)이다. 최대 5,000포인트 지급받으므로 병이 받는 포인트는 3,000포인트이다.
따라서 갑, 을, 병이 5월에 적립받은 포인트의 합은 30,000+9,000+3,000=42,000(포인트)이다.

33 ①

Quick해설 D(0.00054)>F(0.0005)>E(0.00038)>B(0.00033)>C(0.0003)>A(0.00015) 순이다.

[상세해설] 각 약물조합은 1회만 투여한다. 투여농도의 단위는 mg/ml, 1회 투여량의 단위는 ml, 단가의 단위는 원/mg이므로, (1회 가격)=(투여농도)×(1회 투여량)×(단가)이다. 따라서 약물조합 A~F의 1회 가격 및 항암효과, 가격 대비 항암효과는 다음과 같다.

구분	1회 가격	항암효과	가격 대비 항암효과
A	10×2×5,000 =100,000(원)	15%	$\frac{15}{100,000}=0.00015$
B	10×1×6,000 =60,000(원)	20%	$\frac{20}{60,000}≒0.00033$
C	10×2×5,000 =100,000(원)	30%	$\frac{30}{100,000}=0.00030$
D	20×1×6,500 =130,000(원)	(15+20)×2=70(%)	$\frac{70}{130,000}≒0.00054$
E	10×2×6,000 =120,000(원)	15+30=45(%)	$\frac{45}{120,000}≒0.00038$
F	20×1×5,000 =100,000(원)	20+30=50(%)	$\frac{50}{100,000}=0.00050$

따라서 D>F>E>B>C>A 순이다.

[문제해결 Tip]
선택지를 보면 가격 대비 항암효과가 가장 큰 것이 D 또는 F이므로 $\frac{70}{130,000}$과 $\frac{50}{100,000}$의 대소만 우선 비교해 본다. $\frac{7}{13}$과 $\frac{5}{10}$로 숫자를 간단히 정리하면 $\frac{7}{13}>\frac{5}{10}\left(=\frac{1}{2}\right)$이므로 정답은 ① 또는 ②이고, B와 C의 대소만 비교하면 된다. 마찬가지로 $\frac{20}{60,000}$과 $\frac{30}{100,000}$도 숫자를 간단히 정리하면 $\frac{2}{6}\left(=\frac{1}{3}\right)>\frac{3}{10}$임을 쉽게 알 수 있으므로 정답은 ①이다.

34 ②

Quick해설 교통사고발생시점의 혈중알코올농도는 C−(T×B)=0.16−(2×0.03)=0.1(%)이다. 따라서 처벌기준은 '6개월 이하 징역 또는 300만 원 이하 벌금'이다.

[상세해설] 교통사고발생시점의 혈중알코올농도 C−(T×B)에서 각 변수는 다음과 같다.

- $C=\frac{A}{P\times R\times 10}=\frac{1,000\times 0.2\times 0.8\times 0.7}{70\times 1\times 10}$ $=0.16(\%)$
- T: 음주종료시점(전날 저녁 10시)에서 90분 후인 저녁 11시 30분에 혈중알코올농도가 최고치에 이르고, 교통사고발생시점은 새벽 1시 30분이므로 경과 시간은 2시간
- B: 대법원 판례에 따라 피고인에게 가장 유리한 수치를 적용하는데, 많이 분해될수록 유리하므로 0.03% 적용

따라서 교통사고발생시점의 혈중알코올농도는 0.16−(2×0.03)=0.1(%)이다. 따라서 처벌기준은 '6개월 이하 징역 또는 300만 원 이하 벌금'이다.

35 ⑤

Quick해설 G제품 1개를 생산하기 위해서는 P부품이 4개, Q부품이 3개 필요하다. 따라서 원료A는 $4\times2=8$(개), 원료B는 $4\times3+3\times2=18$(개), 원료C는 $3\times5=15$(개), 원료D는 $3\times3=9$(개)가 필요하다. 따라서 G제품 30개를 생산할 때 원료 구입비용은 $30\times(8\times5{,}000+18\times2{,}000+15\times4{,}000+9\times6{,}000)=5{,}700{,}000$(원)이다.

36 ①

Quick해설 원료 구입 후 원료의 개수는 원료A가 320개, 원료B가 530개, 원료C가 418개, 원료D가 288개이다. G제품 1개를 생산하기 위해서는 원료A가 8개, 원료B가 18개, 원료C가 15개, 원료D가 9개 필요하다. 원료A를 최대한 많이 소진하면 G제품을 최대 40개 생산할 수 있고, 원료B를 최대한 많이 소진하면 G제품을 최대 29개 생산할 수 있고, 원료C를 최대한 많이 소진하면 G제품을 최대 27개 생산할 수 있고, 원료D를 최대한 많이 소진하면 G제품을 최대 32개 생산할 수 있다. 따라서 G제품을 28개 이상 생산하면 원료C가 모자라므로 G제품은 최대 27개 생산할 수 있다.

37 ⑤

Quick해설 연구자 E는 안전관리기본을 이수하였고, 안전관리실무1, 2 또는 연구실사고1, 2 중 안전관리실무1, 2를 이수하였다. 그리고 선택교육 중 3과목 이상 이수시간 합이 6시간 이상이 되어야 하는데 화학, 기계, 보건·환경 세 강의의 교육시간 합이 $4+1+1=6$(시간)이므로 바르게 이수하였다.

[오답풀이] ① 신규 연구자 대상교육은 신규 연구활동 종사자를 대상으로 한 강의이므로 옳지 않다.

② 연구자 B는 안전관리실무1, 2 또는 연구실사고1, 2를 이수해야 하는데 각각 1만 이수했으므로 옳지 않다.

③ 소방, 전기, 방사선·레이저 3과목 강의의 이수시간 합은 5시간이므로 옳지 않다.

④ 연구자 D는 안전관리기본 강의를 이수하지 않았으므로 옳지 않다.

38 ⑤

Quick해설 9시부터 15시까지 주차나 설비 대여 없이 103호를 빌리면 대여료는 9만 원이다. 이때 103호는 컴퓨터가 있는 호실이고, 행사 1일 전에 취소하면 취소 수수료가 예약금의 70%이므로, 취소 수수료는 최대 $(90{,}000+30{,}000)\times0.7=84{,}000$(원)이다.

[오답풀이] ① 시설 내에서는 간단한 음료는 허용되나, 기타 취식은 불가능하다. 그러므로 점심식사를 하려면 시설 밖으로 나와야 한다.

② 대관일 전일 20시 이후에 사전 점검 가능하며, 이때 행사에 필요한 시설을 미리 설치 가능하다. 그러므로 20시 이후인 22시에 설치하는 것은 가능하다.

③ 11명의 인원이 행사를 진행할 때 최소 비용으로 진행하려면 202호를 대여해야 한다. 202호는 대여료가 15만 원이다. 행사를 20시까지 진행하게 되면 2시간에 해당하는 6만 원이 추가된다. 그러므로 최소 $15+6=21$(만 원)이 필요하다.

④ 301호에서 행사를 할 경우, 6대 무료 주차가 가능하다. 6대를 초과할 경우, 1대당 1만 원이 추가된다. 그러므로 28명이 행사를 할 때 각각 차를 가지고 온다면, $28-6=22$(대)의 주차 비용인 22만 원이 추가된다.

39 ⑤

Quick해설 14명이 행사에 참여하므로 201호나 301호를 대여해야 한다. 행사에서 컴퓨터와 스피커를 사용하는데, 두 곳 모두 사용이 가능하므로 최소 비용으로 행사를 진행하려면 201호를 대여해야 한다. 201호를 대여하려면 20만 원이 필요하고, 컴퓨터를 이용하므로 사용료 3만 원이 추가되며, 4대의 무료 주차가 가능하다. 이에 따라 2대에 해당하는 2만 원의 주차비가 추가된다.
행사에는 3개의 마이크가 필요하며, 이 중 1개는 무선이어야 하므로 마이크 2개와 무선 마이크 1개를 대여하려면 $1+1+2=4$(만 원)이 추가된다. USB와 CD는 행사 주최 측에서 가져올 예정이나 비디오카메라 1대는 대여해야 하므로, 5만 원이 추가된다.

따라서 행사에 필요한 최소 비용은 20+3+2+4+5=34(만 원)이다.

40 ②

Quick해설 제품 P, 제품 Q, 제품 R을 합해 총 100개를 제작한다. 제품 P+제품 R=제품 Q이므로 제품 Q는 50개를 제작하고, 제품 P는 이의 60%인 30개, 제품 R은 20개를 제작한다.

제품 P를 30개 제작하는 데 필요한 원료의 개수는 X 150개, Y 30개, Z 90개이므로 원료 구입 비용은 150×0.5+30×0.2+90×1=171(만 원), 기계 가동 비용은 2×3=6(만 원)이다. 따라서 소요비용은 171+6=177(만 원)이다. 제품 P의 개당 판매금액이 20만 원이므로 30개를 판매하면 600만 원이다.

제품 Q를 50개 제작하는 데 필요한 원료의 개수는 X 100개, Y 200개, Z 150개이므로 원료 구입 비용은 100×0.5+200×0.2+150×1=240(만 원), 기계 가동 비용은 2×5=10(만 원)이다. 따라서 소요비용은 240+10=250(만 원)이다. 제품 Q의 개당 판매금액이 15만 원이므로 50개를 판매하면 750만 원이다.

제품 R을 20개 제작하는 데 필요한 원료의 개수는 X 60개, Y 40개, Z 80개이므로 원료 구입 비용은 60×0.5+40×0.2+80×1=118(만 원), 기계 가동 비용은 4×2=8(만 원)이다. 따라서 소요비용은 118+8=126(만 원)이다. 제품 R의 개당 판매금액이 25만 원이므로 20개를 판매하면 500만 원이다.

따라서 총 소요비용은 177+250+126=553(만 원)이고, 판매금액은 600+750+500=1,850(만 원)이므로 순이익은 1,850−553=1,297(만 원)이다.

41 ③

Quick해설 첫 번째 문단의 '한국가스공사의 융복합 충전소는 충전소 내 초저온탱크에 탱크로리로 이송한 LNG를 보관한다. 이렇게 보관한 LNG는 LNG 화물차에 공급할 수 있고 LNG를 기체 상태로 만드는 기화 및 압축 작업을 거치면 CNG(압축천연가스)를 CNG 버스에 공급할 수 있다.'를 통해 LNG를 기화 및 압축하여 CNG 버스의 연료인 CNG를 만드는 것임을 알 수 있다.

[오답풀이] ① [LNG 기반 융복합 수소 충전소의 주요 특징] 중 '수소승용차 충전소(하이넷)에 수소 공급'을 통해 출하설비를 설치하여 인근 수소 충전소에 수소 공급이 가능함을 알 수 있다.

② [LNG 기반 융복합 수소 충전소의 주요 특징] 중 '대용량의 수소 충전'을 통해 많은 양의 수소를 경제적으로 공급할 수 있다는 것을 알 수 있다.

④ 첫 번째 문단의 '수소, LNG, CNG(압축천연가스), 전기와 같이 다양한 차량용 연료를 제공할 수 있는 All-in-One 충전소로 구축된다'는 내용을 통해 전기도 가능함을 알 수 있다. 또한 두 번째 문단에서도 수소연료전지로 전기가 생산됨을 알 수 있다.

⑤ 첫 번째 문단의 'LNG 기반 융복합 수소 충전소는 LNG와 수소가 저장방식, 운송방식 등에서 유사하다는 특성을 활용하여, 현지공급 방식으로 수소, LNG, CNG(압축천연가스), 전기와 같이 다양한 차량용 연료를 제공할 수 있는 All-in-One 충전소로 구축된다.'를 통해 LNG와 수소의 저장방식과 운송방식의 유사성을 활용하였다는 것을 알 수 있다.

42 ④

Quick해설 제주도는 1×100×99×24=237,600(명)까지 수험번호를 부여할 수 있다.

[상세해설] 제주도는 시험지구 번호가 1개(92)이며, 시험장 번호는 100개(00~99), 시험실 번호는 99개(01~99), 좌석번호는 24개(01~24)이므로 1×100×99×24=237,600(명)까지 수험번호를 부여할 수 있다.

[오답풀이] ① 24개 좌석 중 측면 좌석은 12좌석이므로 측면에 앉을 확률은 50%이다.

② 좌석번호별로 앉는 자리가 고정되어 있으므로 수험번호의 끝 두 자리를 확인하면 시험을 보는 좌석을 예상할 수 있다.

③ 수험번호 맨 왼쪽을 기준으로 여섯 번째 자리까지 서로 동일하다면 같은 시험지구, 같은 시험장, 같은 시험실이다.

⑤ 울산은 시험지구 번호가 4개(60~63)이므로 4×100×99×24=950,400(명)까지 수험번호를 부여할 수 있다.

43 ②

Quick해설 'H－M－K－J'에서는 A~D 중 어떤 버튼을 누르더라도 'J－K－M－H'가 출력되지 않는다.

[상세해설] A~D 각 버튼을 누른 후의 출력값이 'J－K－M－H'일 때, 버튼을 누르기 전의 출력값은 다음과 같다.

- A: M이 오른쪽으로 두 칸 이동 → 'M－J－K－H'
- B: J가 왼쪽으로 두 칸 이동한 뒤, K가 왼쪽으로 한 칸 이동 → 'K－M－J－H' → 'M－J－H－K'
- C: H가 왼쪽으로 세 칸 이동한 뒤, M이 왼쪽으로 두 칸 이동 → 'H－J－K－M' → 'H－M－J－K'
- D: J가 오른쪽으로 세 칸 이동한 뒤, K가 오른쪽으로 한 칸 이동 → 'K－M－H－J' → 'M－K－H－J'

따라서 불가능한 것은 ②이다.

[오답풀이] ① C버튼을 누르면 'J－K－M－H'가 출력된다.
③ B버튼을 누르면 'J－K－M－H'가 출력된다.
④ A버튼을 누르면 'J－K－M－H'가 출력된다.
⑤ D버튼을 누르면 'J－K－M－H'가 출력된다.

44 ⑤

Quick해설 'b17c10'과 'b16c10' 사이의 'b17c7'이 'b17c6'으로 바뀌어야 한다. 'b17c7'일 경우 'O'도 복사되어 원문과 달라진다.

[오답풀이] ① 'AA'를 쓴 후 1자 뒤로 돌아가 'A'를 복사한 것을 312자까지 채우므로 A가 2＋312＝314(번) 반복된다.
② 'FG－FG－b4c12'는 'FGFG' 4글자를 뒤에 12자까지 채우므로 'FGFG'가 3번 반복하면서 뒤에 붙는다. 결과적으로 'FG－FG－FG－FG－FG－FG－FG－FG'가 된다.
③ '전과 같음 트릭'은 반복을 이용하는 것이므로, 반복을 인지하지 못한다면 사용할 수 없다.
④ '전과 같음 트릭'을 활용하더라도 'LOVE'를 'b4c4'로 대체하는 것이므로 길이가 절약되진 않는다.

45 ③

Quick해설 최대한 압축하면 'ASDFGH－b6c6J－b7c7K－b8c8L－KL－ASDF－b4c12'로 줄일 수 있다. 이때 글자 수는 6＋5＋5＋5＋2＋4＋5＝32(글자)이다.

46 ①

Quick해설 朴志樹는 획수와 방위가 각각 (6, 7, 16), (북, 서, 남)이므로 홀짝이 모두 있고 인접한 한자가 반대 방위도 아니며, 출생월이 짝수월인데 총획수는 홀수이므로 [조건]을 만족하는 설명이다.

[오답풀이] ② 貞과 男의 방위가 각각 (서, 동)이므로 인접한 한자가 반대 방위이다.
③ 李晶桃는 획수가 각각 (7, 12, 10)으로 총획수가 홀수인데 출생월도 홀수월이다.
④ 金沙那는 획수가 각각 (8, 7, 7)로 총획수가 짝수인데 출생월도 짝수월이다.
⑤ 兪正姸은 획수가 각각 (9, 5, 9)로 전부 홀수이다.

47 ④

Quick해설 '깨다'(원형) 'basag'의 피동/현재/진행은 'bumeeasags'로 마지막에 's'까지 붙여야 한다.

[상세해설] '불렸다'(피동/과거)는 'tinawags'로, 원형의 첫 자음 뒤에 'in'을 붙이는 변화와 마지막에 's'가 붙는 변화 두 가지가 나타났다. 두 변화 중 하나는 피동, 하나는 과거일 것이다.
한편 '부르는 중이다'(현재/진행)은 'tumeeawag'으로 원형의 첫 자음 뒤에 'umee'가 붙는 변화임을 알 수 있다. 또한 '불리는 중이다'(피동/현재/진행)은 'tumeeawags'로 현재/진행형의 마지막에 's'가 붙는 변화이다. 따라서 마지막에 's'가 붙는 것은 피동이고, 원형의 첫 자음 뒤에 'in'을 붙이는 것은 과거이다.
따라서 '깨다'(원형) 'basag'의 피동/현재/진행형은 'bumeeasags'로 마지막에 's'까지 붙여야 한다.

[오답풀이] ① '구입하다'(원형) 'bili'의 명령형은 첫 자음 뒤에 'um'을 붙인 'bumili'이다.

② '먹다'(원형) 'kain'의 피동/과거형은 첫 자음 뒤에 'in'을, 마지막에 's'를 붙인 'kinains'이다.
③ '찾다'(원형) 'hanap'의 현재/진행형은 첫 자음 뒤에 'umee'를 붙인 'humeeanap'이다.
⑤ '적어라'(명령)이 'sumulat'이므로 '적다'(원형)은 'sulat'일 것이다. '적다'(원형) 'sulat'의 피동/현재/진행형은 첫 자음 뒤에 'umee'를, 마지막에 's'를 붙인 'sumeeulats'이다.

48 ④

Quick해설 '23−2'는 2023년에 두 번째로 발행된 국고채라는 뜻이다. 또한 현재 국고채는 4.41~4.42%에 호가가 제시되고 있으므로 '415−'는 4.415%에 매도하고 싶다는 뜻이며, '−' 뒤에 숫자가 붙지 않았으므로 기본 거래단위인 100억 원어치를 의미한다.

49 ②

Quick해설 ⓜ 'ㅎㅈ(확정)', 'ㄱㅅ(감사)'이라는 채팅으로 거래가 성사되었음을 알린 후엔 전화상으로 다시 한 번 거래 내용을 확인하고, 통화내용을 녹취하며 계산서를 팩스로 주고받은 후에 실제 거래가 이루어진다.

[오답풀이] ㉠, ㉡, ㉢ 현재 통안채는 4.24~4.25%에 호가가 제시되고 있으므로 '245+ 500'은 4.245%에 500억 원어치를 매수하고 싶다는 뜻이다.
㉣ 통안채를 최근에 발행된 것부터 나열하면 '통당', '구통당', '구구통'이다. 아직 유통되기 전의 통안채 '통딱(=통닭)'이 유통되기 시작하여 '통당'이 되면 기존에 발행된 통안채들은 뒤로 하나씩 밀려 '통당'은 '구통당'이 된다. 따라서 '구통당'은 '구구통'이 될 것이다.

50 ⑤

Quick해설 옥색은 녹색과 청색을 섞어야 나오는 색인데, 적색은 두 RGB 코드가 동일한 상태이므로 녹색과 청색 숫자만 비교한다. 녹색과 청색이 뚜렷할수록 옥색에 가까워지므로, '#2A7EC0'이 '#2A( )E( )2'에 비해 옥색 빛에 더욱 가까워지려면 '7E'와 'C0'가 각각 '( )E'와 '( )2'보다 큰 수가 되어야 한다. 그런데 ( ) 안에 각각 A, F가 차례로 들어가면 반대로 '7E(7×16+14×1=126)'와 'C0(12×16+0×1=192)'는 'AE(10×16+14×1=174)'와 'F2(15×16+2×1=242)'보다 각각 더 작은 수가 되므로 옳지 않다.

[오답풀이] ① 적색이 'DC(13×16+12×1=220)', 녹색이 '1B(16×1+11×1=27)', 청색이 'F1(16×15+1×1=241)'이므로 녹색이 약하고 적색과 청색이 상대적으로 강하다. 따라서 적색과 녹색이 섞인 황색보다는 적색과 청색이 섞인 자색 빛에 가까울 것이다.
② 적색과 청색의 세기는 같지만 녹색의 세기가 'E5', 'DF'로 다르다. 'E5(14×16+5×1=229)'가 'DF(13×16+15×1=223)'보다 큰 수이므로 'E5'가 더 강한 빛이며, 강한 빛이 가산될수록 흰색에 가까워지므로 '#24E56D'는 '#24DF6D'보다 밝은 색을 나타낼 것이다.
③ 'A9(10×16+9×1=169)'는 'B0(11×16+0×1=176)'보다는 작은 수이고 '9A(9×16+10×1=154)'보다는 큰 수이다. 따라서 '#A9A9A9'는 '#B0B0B0'보다는 어둡고 '#9A9A9A'보다는 밝은 색이다.
④ 한 자릿수에 16가지 경우의 수가 있으므로 두 자릿수로는 16×16=256(개)의 색상을 표현할 수 있다. RGB 코드는 여섯 자릿수로 이루어져 있으므로 16,777,216(=256×256×256)개의 색상을 표현할 수 있다.

엄선 PSAT 실전모의고사

01	02	03	04	05	06	07	08	09	10
①	⑤	⑤	①	③	④	⑤	④	①	②
11	**12**	**13**	**14**	**15**	**16**	**17**	**18**	**19**	**20**
④	①	②	③	③	①	②	②	③	⑤
21	**22**	**23**	**24**	**25**	**26**	**27**	**28**	**29**	**30**
①	⑤	③	④	③	⑤	③	④	③	④
31	**32**	**33**	**34**	**35**	**36**	**37**	**38**	**39**	**40**
①	④	⑤	①	④	④	⑤	③	②	⑤
41	**42**	**43**	**44**	**45**	**46**	**47**	**48**	**49**	**50**
②	⑤	③	②	①	②	③	⑤	④	③

01 ①

Quick해설 첫 번째 문단과 두 번째 문단에서 상대주의자들은 자신들의 문화 기준을 바탕으로 해당 사상과 이론을 주장하고 있음을 알 수 있지만, 세 번째 문단에서는 다른 문화나 세계관의 주장이 갖는 기준이 잘 만족된다고 느끼면 이를 받아들인다는 내용이다. 따라서 자신들의 문화나 세계관의 특정 사상이나 이론을 고집하는 것이 아니라는 내용이 적절하다.

[오답풀이] ② 두 번째 문단에서 상대주의자들은 문화마다 다른 기준은 자신의 문화에서 만들어진 이론만 수용하도록 만든다는 것을 알 수 있고, 이를 논리적인 논증으로 수용하지 않는 것은 다른 기준을 받아들이지 않는다는 의미이므로 적절하지 않다.

③ 첫 번째 문단에서 상대주의자들은 다른 문화권의 과학자들과 이론적 합의에 합리적으로 이를 수 없다고 주장함을 알 수 있고, 세 번째 문단에서 이와 다르게 수용할 수 있는 내용을 다루고 있으므로 적절하지 않다.

④ 상대주의자들이 자신들의 문화 기준을 바탕으로 다른 문화 기준을 가진 사람들과 타협하지 않는 것은 알 수 있지만, 특정 문화의 세계관이 달라질 것을 기대하는 마음으로 기준을 세우는지는 알 수 없으므로 적절하지 않다.

⑤ 첫 번째 문단에서 상대주의자들은 한 문화의 기준과 그 문화에서 수용되는 사고방식이 함께 진화하여 분리 불가능한 하나의 덩어리를 형성한다고 믿는다는 것은 알 수 있지만, 이것을 고집하지 않기 때문에 다른 문화의 기준을 받아들이는 것은 아니므로 적절하지 않다.

[문제해결 Tip]
빈칸에 들어갈 문장을 찾는 문항은 문단의 흐름과 문단의 내용을 이해해야 정확하게 풀 수 있다.

02 ⑤

Quick해설 이 글은 베블런의 주장을 통해 전근대적 계급에 기원을 두는 상류층의 사치품 사용 금기를 소개하고, 이와 달리 현대의 상류층은 소득 수준이 높아지고 물자가 넘치는 현대 대중사회에서 뽐냄이 아니라 남의 눈에 띄지 않는 겸손한 태도와 검소함으로 자신을 한층 더 드러낸다고 주장하고 있으므로 이 글의 논지로 가장 적절한 것은 ⑤이다.

[오답풀이] ①, ③ 세 번째 문단에서 현대의 상류층은 차별화해야 할 아래 계층이 없거나 경쟁 상대인 다른 상류층 사이에 있을 때 낭비적 소비를 한다고 하였으므로 적절하지 않다.

② 현대의 서민들이 상류층을 따라 겸손한 태도로 자신을 한층 더 드러내는 소비행태를 보이는지에 대해서는 다루고 있지 않으므로 적절하지 않다.

④ 첫 번째 문단에서 상류층이 사치품을 사회적 지위 및 위계질서를 나타내는 기호로 간주했다고 하였다는 점에서 위계질서를 드러내는 명품을 소비하면서 과시적으로 소비하는 행태가 현대에 들어와 새롭게 나타난 것은 아니므로 적절하지 않다.

03 ⑤

Quick해설 세 번째 문단에서 A효과를 극대화할 수 있는 방법은 얼마나 오랫동안 후발주자가 진입하지 못하도록 할 수 있는가에 달려 있다고 하였으므로 A효과를 극대화하려면 시장의 진입장벽을 낮춰 후발 기업들의 참여를 높여야 하는 것은 아님을 알 수 있다.

[오답풀이] ① 두 번째 문단에서 후발진입기업의 모방 비용은 최초진입기업이 신제품 개발에 투자한 비용

대비 65% 수준이라고 하였으므로 적절하다.

② 첫 번째 문단에서 B효과는 후발진입기업이 최초진입기업과 동등한 수준의 기술 및 제품을 보다 낮은 비용으로 개발할 수 있을 때만 가능하다고 하였으므로 적절하다.

③ 첫 번째 문단에서 A효과란 기업이 시장에 최초로 진입하여 무형 및 유형의 이익을 얻는 것을 의미한다고 하였으며, 세 번째 문단에서 규모의 경제 달성으로 인한 비용상의 이점이 최초진입기업이 누릴 수 있는 강점이라고 하였다는 점에서 최초진입기업이 규모의 경제 달성으로 비용상 이점을 얻는 것은 A효과에 해당함을 추론할 수 있으므로 적절하다.

④ 두 번째 문단에서 후발진입기업의 경우 절감된 비용을 마케팅 등에 효과적으로 투자하여 최초진입기업의 시장 점유율을 단기간에 빼앗아 오는 것이 성공의 핵심 조건이라고 하였으므로 적절하다.

04 ①

Quick해설 세 번째 문단에서 종교, 문화적 자유가 인정된 종교 자치구인 밀레트 중 하나인 정교회 교구는 콘스탄티노플의 대주교를 총대주교로 하며, 총대주교는 정교회의 행동에 대한 모든 책임까지 져야 하는 행정 관리라고 하였으므로 적절하다.

[오답풀이] ② 세 번째 문단에서 오스만 제국의 정복 지역에서 여러 민족들이 서로를 차별하는 현상이 빈번하다고 하였으나, 밀레트가 종교 자치구로 민족끼리의 상호 차별을 예방하기 위한 것인지에 대해서는 제시되지 않았으므로 알 수 없다.

③ 네 번째 문단에서 데브쉬르메 제도는 남자 어린이를 징용하여 중심도시에서 교육시킨 후 다시 그들이 차출된 지역으로 파견하거나 중앙관리로 영입하는 인사 제도라고 하였으나, 데브쉬르메 제도가 징용된 어린이를 볼모로 삼아 정복 지역의 반란을 예방하는 수단이 되었는지는 제시되지 않았으므로 알 수 없다.

④ 두 번째 문단에 따르면 티마르는 술탄이 정복지 토착 귀족이나 토후에게 하사했던 토지로, 이 영지를 분배 받은 이들은 그로부터 세금을 거둘 권리는 갖지만 사법권을 가지지 못했다는 점에서 중세 유럽의 봉건 영지와는 다르다고 하였으므로 적절하지 않다.

⑤ 첫 번째 문단에서 오스만 제국은 정복 지역민의 개종을 통한 통치보다 정복되기 이전의 사회, 경제적 지배 체제를 이용한 통치를 선호하였다. 즉 통치 정책으로서 기존의 종교적, 사회적, 경제적 질서를 이용한 것은 맞지만, 이를 더욱 견고하게 유지하기 위한 것으로 볼 수는 없으므로 적절하지 않다.

05 ③

Quick해설 부정 수령 판정에 대한 이의 제기가 받아들여지면 부정 수령이 아닌 것으로 판단이 되므로 A 보조금과 B 보조금의 수령 자격이 동일하므로 B 보조금을 받을 수 있다. 이의 제기 신청 기간이 만료되는 것은 부정 수령에 대한 이의 제기를 하는 것이 불가능하다는 것을 의미한다.

[오답풀이] ① A 보조금과 B 보조금의 신청 자격이 동일하기 때문에 부정한 방법으로 수령한 것이 아니라면 신청 자격에 해당한다고 볼 수 있다.

② 대상자 및 토지 요건을 모두 충족하더라도 전년도에 A 보조금을 부정한 방법으로 수령했다고 판정된 경우에는 B 보조금을 신청할 수 없음을 알 수 있다.

④ 민원인이 부정한 방법으로 수령했다고 판정받은 것에 대해 이의 제기를 하지 않으면 부정한 방법으로 수령한 것이 되므로 B 보조금을 신청할 수 없다.

⑤ 이의 제기 심의 기간에는 수령인이 부정한 방법으로 수령하지 않은 것으로 봄을 알 수 있다.

[문제해결 Tip]
주어진 지문을 통해 내용을 묻고 있는 문항은 글에서 제시하고 있는 내용을 정확하게 이해해야 풀 수 있다.

06 ④

Quick해설 네 번째 문단에서 친사회적 침묵은 조직이나 다른 구성원의 이익을 보호하려는 목적을 가진 것으로, 본인의 사회적 관계를 위한 경우에는 해당되지 않고 철저하게 '나'를 배제한 판단 아래에서 이뤄지는 행위라고 하였으나, 발언자에 대한 익명성의 보장이 조직의 친사회적 침묵에 어떠한 영향을 주는지는 제시되지 않았으므로 추론할 수 없다.

[오답풀이] ① 두 번째 문단에서 묵종적 침묵은 발언을 해도 소용이 없을 것이라는 조직에 대한 불신으로부터 나오는 행위라고 하였다는 점에서 구성원들의 발언이 조직의 의사결정에 반영되는 정도가 커질수록 묵종적 침묵은 감소할 것임을 추론할 수 있으므로 적절하다.

② 세 번째 문단에서 방어적 침묵은 외부 위협으로부터 자신을 보호하거나 자신을 향한 보복을 당하지 않기 위해 조직과 관련된 부정적인 정보나 의견을 억누르는 적극적인 성격의 행위라고 하였으므로 적절하다.

③ 두 번째 문단에서 묵종적 침묵은 발언을 해도 소용이 없을 것이라는, 즉 실효성이 낮을 것으로 판단하여 침묵하는 경우에 해당한다고 하였으므로 적절하다.

⑤ 첫 번째 문단에 따르면 안전도와 실효성이 낮을 경우 침묵이 발생할 수 있는데, 침묵은 구성원들로 하여금 스스로를 가치 없는 존재로 느끼게 만들고, 관련 상황을 통제하지 못한다는 인식을 갖게 함으로써 구성원들의 정신건강과 신체에 악영향을 미칠 수 있다고 하였으므로 적절하다.

07 ⑤

Quick해설 첫 번째 문단에서 A는 한 사람의 임금으로 가족 전부를 부양할 수 있을 만큼의 급여를 확보한 특권적인 노동자를 정규직으로 보았으며, 두 번째 문단에서 B는 혼자 벌어 가정을 유지할 만큼의 급여를 확보하는 정규직 노동자를 핵심부에 속하는 노동자들이라고 하였으므로 A는 정규직 노동자가, B는 핵심부 노동자가 한 사람의 노동자 급여로 가족을 부양할 수 있다고 보았음을 알 수 있다.

[오답풀이] ① 첫 번째 문단에서 A는 산업화가 지속적으로 진전되면 세상의 모든 사람들은 정규직 임금노동자가 된다고 예측하였다. 이때 A에 따르면 정규직은 가족 전부를 부양할 수 있을 만큼의 급여를 확보한 특권적인 노동자이므로 모든 사람들이 정규직 임금노동자가 되면 실질 급여 수준이 상승할 것임을 알 수 있으므로 적절하지 않다.

② 두 번째 문단에서 B는 산업화가 진점됨에 따라 노동자들이 크게 핵심부, 반주변부, 주변부로 나뉜다고 주장하였을 뿐 새로운 형태의 주변부 노동자가 생성될 것이라고는 언급하지 않았으므로 적절하지 않다.

③ 선임자 특권과 청년 실업률의 관계에 대한 A나 B의 견해는 제시되지 않았으므로 적절하지 않다.

④ 두 번째 문단에서 B는 노동자들의 분류에 따라 급여가 다르다고 하였으나, 첫 번째 문단에서 A는 산업화가 지속적으로 진전되면 세상의 모든 사람은 정규직 임금노동자가 것이라고 예측하여 노동자들의 급여가 다양한 수준에서 결정된다고 주장한 것으로 보기 어려우므로 적절하지 않다.

08 ④

Quick해설 세 번째 문단에서 음식물－침 분비는 자극－반응 관계 중 '무조건자극－반응'에 해당한다고 하였으며, 무조건자극이 새로운 조건자극과 연결되어 반응이 일어나는 과정을 '파블로프의 조건형성'이라고 부른다고 하였으므로 음식물을 보면 침이 분비되는 현상을 파블로프의 조건형성 이론을 통해 설명할 수 있는 것은 아님을 알 수 있다.

[오답풀이] ① 네 번째 문단에서 면역계에서도 학습이 이루어진다는 것은 중추신경계와 면역계가 독립적이지 않으며 어떤 방식으로든 상호 작용한다는 것을 말해준다고 하였으므로 적절하다.

② 두 번째 문단에서 쥐에게 시클로포스파미드를 투여하기 전에 사카린 용액을 먼저 투여하자 그 쥐가 이후 사카린 용액을 회피하는 반응을 일으켰는데, 이를 통해 애더가 쥐에게 시클로포스파미드를 투여하지 않고 사카린 용액만 먹여도 쥐의 혈류 속에서 T세포의 수가 감소된다는 것을 알아내었다고 하였으므로 적절하다.

③ 두 번째 문단에서 시클로포스파미드가 면역세포인 T세포의 수를 감소시켜 쥐의 면역계 기능을 억제한다고 하였으므로 적절하다.

⑤ 첫 번째 문단에서 애더가 1974년에 현대 심신의학의 기초를 수립한 연구를 시행하였는데, 이는 면역계에서 학습이 이루어지지 않는다고 믿었던 당시의

과학적 견해를 뒤엎고 쥐의 면역계에서 학습이 가능하다는 주장의 발표라고 하였으므로 적절하다.

09 ①

Quick해설 **조형미에 대한 서양의 레오나르도 다빈치 등의 구체적 사례와 동양의 불국사 등의 구체적 사례를 제시하여 비교하고 있다.**

[오답풀이] ② 조형미에 대해 동서양의 인식을 비교하고 있지만 발전해 온 양상을 시간의 흐름에 따라 소개하고 있지 않다.

③ 조형미를 보완할 수 있는 새로운 예술적 인식이나 개념을 제안하고 있지 않다.

④ 조형미에 대한 반론이 제시되어 있지 않고 이에 따른 한계도 제시되고 있지 않다.

⑤ 서양에서 조형미가 등장하게 된 배경은 드러나고 있지만 이와 상반된 주장을 비교하고 있지 않다.

[문제해결 Tip]

서술 방식을 파악할 때는 해당 글의 전반적인 흐름과 서술 방식과 관련한 용어들을 미리 익혀두는 것이 필요하다.

10 ②

Quick해설 **두 번째 문단에서 1519년에 코르테스가 단 600명의 스페인 병사를 이끌고 인구 수천만의 아스텍 제국을 침탈하기 위해 멕시코 해안에 상륙하였다고 하였으므로 1519년에 멕시코 해안에 상륙한 코르테스가 수천만의 병력으로 아스텍 제국에 타격을 입힌 것은 아님을 알 수 있다.**

[오답풀이] ① 첫 번째 문단에서 아메리카 전체를 놓고 보았을 때 콜럼버스가 도착한 이후 한두 세기에 걸쳐 원주민 인구가 최대 95% 감소한 것으로 추정된다고 하였으므로 적절하다.

③ 두 번째 문단에서 1520년 스페인령 쿠바에서 감염된 노예와 함께 멕시코에 도착한 천연두가 쿠이틀라우악 아스텍 황제를 포함한 거의 절반에 가까운 아스텍족을 몰살시켰다고 하였으므로 적절하다.

④ 두 번째 문단에서 유럽의 총칼에 의해 전쟁터에서 목숨을 잃은 아메리카 원주민보다 유럽에서 온 전염병에 의해 목숨을 잃은 원주민 수가 훨씬 많았다고 하였으므로 적절하다.

⑤ 첫 번째 문단에서 과거에는 원래 북아메리카에 100만 명가량의 원주민밖에 없었다고 배웠는데, 이렇게 적은 수라면 거의 빈 대륙이라고 할 수 있다는 점에서 백인들의 아메리카 침략이 정당해 보였다고 하였으므로 적절하다.

11 ④

Quick해설 **첫 번째 문단에서 필자는 자본주의의 성립 근거라는 점에서 토지사유제의 정당성을 찾는 학자들이 토지에 대해서도 절대적이고 배타적인 소유권을 인정해야 한다고 주장하는 것에 대해 그들이 토지가 일반 재화나 자본에 비해 지닌 근본적인 차이는 무시한다고 지적하였다. 이를 통해 학자들은 토지 자원의 성격과 일반 재화의 성격이 다르지 않은 것으로 볼 것임을 알 수 있다. 그러나 이 또한 토지사유제를 옹호하는 학자들에 관한 내용으로, 토지사유제에서 토지 자원의 성격과 일반 재화의 성격을 어떻게 보는지에 관한 내용은 제시되지 않았으므로 알 수 없다.**

[오답풀이] ① 두 번째 문단에서 토지공유제를 시행하였거나 토지의 공공성을 인정했음에도, 즉 토지사유제를 시행하지 않았음에도 자본주의의 경제를 모범적으로 발전시킨 사례로 싱가포르, 홍콩, 대만, 핀란드 등을 제시하였으므로 적절하다.

② 네 번째 문단에서 토지사유제 옹호론에 따르면 토지사유제만이 토지의 오용을 막을 수 있으며 나아가 토지 사용의 안정성을 보장할 수 있다고 주장하지만, 필자는 토지 위 시설물에 대한 소유권을 민간이 갖고 토지에 대해서 민간은 배타적 사용권만 가지는 방법으로도 충분히 토지 사용의 안정성을 보장할 수 있다고 하였으므로 적절하다.

③ 세 번째 문단에서 토지사유제는 토지의 사용권, 처분권, 수익권을 모두 민간이 갖는 제도이고, 토지가치공유제는 토지의 사용권과 처분권은 민간이, 수익권은 공공이 갖는 제도라고 하였으므로 적절하다.

⑤ 세 번째 문단에서 토지 제도는 토지 소유권의 사용권, 처분권, 수익권의 세 가지 권리를 누가 갖느냐

에 따라 토지사유제, 토지공유제, 토지가치공유제(토지가치세제, 토지공공임대제) 등으로 분류할 수 있으며, 실제로는 토지 소유권을 구성하는 세 가지 권리를 민간과 공공이 적당히 나누어 갖는 경우가 많아 훨씬 더 분류가 다양하다고 하였으므로 적절하다.

12 ①

Quick해설 ㉠이 있는 문장 앞에서 논리실증주의자들이나 포퍼가 증거와 가설 간의 관계를 논리적으로 정확하게 판단 가능하고 이를 통해 가설을 정확히 검사할 수 있다고 생각했지만, 증거와 가설의 논리적 관계에 대한 판단을 위해서는 증거가 의미하는 것이 무엇인지 파악하는 게 선행되어야 하기 때문에 증거와 가설이 상충하면 가설이 퇴출된다는 생각은 너무 단순한 것이라고 하였다.
따라서 ㉠에는 발룽엔의 존재를 염두에 두면 과학적 가설과 증거의 논리적 관계를 정확하게 판단할 수 있다는 생각은 잘못된 것이라는 내용이 들어가야 한다.

[오답풀이] ②, ③ 첫 번째 문단에서 과학적 이론이나 가설을 검사하는 과정에는 우리의 감각적 경험을 표현하는, 매우 불명료하고 엄밀하게 정의될 수 없는 일상적 언어인 발룽엔이 사용될 수밖에 없다고 하였으므로 적절하지 않다.
④ 첫 번째 문단에서 과학적 이론이나 가설을 검사하는 과정에는 물리학적 언어 외에 일상적 언어도 사용된다고 하였다는 점에서 적절한 내용이지만, 빈칸 ㉠이 있는 문단의 내용과 관련이 없으므로 적절하지 않다.
⑤ 첫 번째 문단에서 발룽엔에 대하여 정의하고 있으며, 빈칸 ㉠이 있는 문단의 내용과 관련이 없으므로 적절하지 않다.

[문제해결 Tip]
빈칸 완성 문제를 풀 때에 가장 중요한 점은 빈칸이 포함된 문단의 내용을 정확히 파악하는 것이다. 해당 문단의 주제와 빈칸 앞뒤 문장의 내용을 바탕으로 논리적 흐름을 파악하면 문제 풀이 시간을 단축할 수 있다.

13 ②

Quick해설 G와 H에서 광고와 할인을 모두 실시하여도 구매율은 b를 받아 구매 전 마케팅 활동만으로는 가장 높은 평가 등급인 a를 받을 수 없으므로 적절하지 않다.

[오답풀이] ① C와 D를 대상으로 광고만 하였을 경우 구매율은 c이고 E와 F를 대상으로 할인 기회만 제공하였을 때 구매율은 b로, 할인이 광고보다 더 높은 구매 효과를 보이므로 적절하다.
③ E와 F의 경우 할인만 제공하였는데 사후 서비스 실시 여부와 상관없이 마케팅 만족도는 b로 같았으므로 적절하다.
④ 할인 기회만을 제공한 E, F와 할인과 광고를 모두 제공한 G, H의 구매율 평가가 b로 동일하였으므로 적절하다.
⑤ 광고를 실시한 경우는 C, D와 G, H로 두 집단 모두 사후 서비스를 실시한 경우가 하지 않은 것보다 마케팅 만족도가 높았으므로 적절하다.

14 ③

Quick해설 $\frac{\text{2017년 중국의 농림어업 생산액}}{12,237}\times100=7.9$이므로 2017년 중국의 농림어업 생산액은 약 967십억 달러이다. 중국의 농림어업 생산액은 전세계의 $\frac{967}{3,351}\times100\fallingdotseq28.9(\%)$로 30% 미만이므로 옳지 않다.

[오답풀이] ① $\frac{\text{2017년 인도의 농림어업 생산액}}{2,600}\times100=15.5$이므로 2017년 인도의 농림어업 생산액은 403십억 달러이다. 2012년 인도의 농림어업 생산액은 307십억 달러이므로 옳다.
② 브라질의 GDP 대비 농림어업 생산액의 비율은 2017년이 $\frac{93}{2,055}\times100\fallingdotseq4.5(\%)$로 2012년 $\frac{102}{2,465}\times100\fallingdotseq4.1(\%)$보다 높으므로 옳다.
④ 2012년 파키스탄의 GDP 대비 농림어업 생산액의 비율은 $\frac{53}{224}\times100\fallingdotseq23.7(\%)$로 수단 다음으로 높으므로 옳다.
⑤ 2017년 미국의 GDP는 $198\times1.0\times100=19,800$(십억 달러)이다. 2012년 대비 2017년 GDP 증가율

은 수단이 $\frac{117-68}{68}\times 100 ≒ 72.1(\%)$로 가장 크고, 농림어업 생산액 증가율도 수단이 $\frac{35-22}{22}\times 100 ≒ 59.1(\%)$로 가장 크므로 옳다.

[문제해결 Tip]

⑤ 2012년 대비 2017년 수단의 GDP 증가율과 농림어업 생산액 증가율을 어림계산하면 각각 50% 이상이다. 따라서 GDP와 농림어업 생산액이 50% 이상 증가한 국가가 있는지 빠르게 확인해나가면서 문제를 풀면 시간을 단축할 수 있다.

15 ③

Quick해설 2018년 가맹점 수는 (해당 연도 신규개점률)$(\%)=\frac{(\text{해당연도 신규개점 수})}{(\text{전년도 가맹점 수})+(\text{해당연도 신규개점 수})}\times$ 100의 식으로 구할 수 있으므로 2018년 A~E기업의 가맹점 수는 다음과 같다.

- A기업: $\frac{390}{\text{2018년 가맹점 수}+390}\times 100=31.1$
  → 2018년 가맹점 수≒864(개)
- B기업: $\frac{89}{\text{2018년 가맹점 수}+89}\times 100=9.5$
  → 2018년 가맹점 수≒848(개)
- C기업: $\frac{110}{\text{2018년 가맹점 수}+110}\times 100=12.6$
  → 2018년 가맹점 수≒763(개)
- D기업: $\frac{233}{\text{2018년 가맹점 수}+233}\times 100=35.7$
  → 2018년 가맹점 수≒420(개)
- E기업: $\frac{149}{\text{2018년 가맹점 수}+149}\times 100=27.3$
  → 2018년 가맹점 수≒397(개)

이에 따라 2019~2020년 A~E기업의 가맹점 수는 (해당 연도 가맹점 수)=(전년도 가맹점 수)+(해당 연도 신규개점 수)−(해당 연도 폐점 수)의 식으로 구할 수 있다.

구분	2018년	2019년	2020년
A	864개	864+390−12=1,242(개)	1,242+357−21=1,578(개)
B	848개	848+89−53=884(개)	884+75−140=819(개)
C	763개	763+110−39=834(개)	834+50−70=814(개)
D	420개	420+233−25=628(개)	628+204−64=768(개)
E	397개	397+149−8=538(개)	538+129−33=634(개)

ⓒ 2019년 폐점 수가 가장 많은 기업은 B, 가장 적은 기업은 E이다. B기업과 E기업의 가맹점 수 차이는 884−538=346(개)로 200개 이상이므로 옳다.

ⓒ 2020년 신규개점률이 가장 높은 기업은 D, 가장 낮은 기업은 C이다. 2020년 D기업의 가맹점 수는 768개로 C기업의 가맹점 수 814개보다 적으므로 옳다.

[오답풀이] ㉠ 2018년 가맹점 수가 800개 이상인 기업은 A와 B로 총 2개이므로 옳지 않다.

㉣ 2020년 B, C기업의 가맹점 수는 전년 대비 각각 감소하였으므로 옳지 않다.

[문제해결 Tip]

㉣ 해당 연도의 가맹점 수가 전년 대비 증가하려면 해당 연도의 (신규개점 수)>(폐점 수)여야 한다. 2020년 신규개점 수가 폐점 수보다 적은 B, C 기업은 전년 대비 가맹점 수가 감소함을 쉽게 알 수 있다.

16 ①

Quick해설 C지역으로 전입한 인구는 145+302+130=577(명), 전출한 인구는 165+185+110=460(명)이므로 2016년 C지역의 인구는 2,931+577−460=3,048(명)이다. D지역으로 전입한 인구는 390+260+110=760(명), 전출한 인구는 310+220+130=660(명)이므로 2016년 D지역의 인구는 3,080+760−660=3,180(명)이다. 따라서 2016년 인구가 가장 많은 지역은 D지역 3,180명이므로 a=3,180이다.

한편, 지역별로 2015년과 2016년의 인구 차이를 구하면 A지역은 3,232−3,105=127(명), B지역은 3,120−3,030=90(명), C지역은 3,048−2,931=117(명), D지역은 3,180−3,080=100(명)이므로 2015년과 2016년의 인구 차이가 가장 작은 지역은 B지역 90명이므로 b=90이다.

따라서 $a+b$=3,180+90=3,270이다.

17 ②

Quick해설 ㉠ AI가 돼지로 식별한 동물은 총 408마리이나, 이 중 실제 돼지는 350마리이다. 따라서 AI가 돼지로 식별한 동물 중 실제 돼지가 아닌 비율은 $(408-350)\div408\times100\fallingdotseq14.2(\%)$로 10% 이상이다.

㉢ 전체 동물은 1,766마리이고, AI가 실제와 동일하게 식별한 비율은 $457+600+350+35+76+87=$ 1,605(마리)이다. 이는 $1,605\div1,766\times100\fallingdotseq90.9$ (%)이다. 따라서 전체 동물 중 AI가 실제와 동일하게 식별한 비율은 85% 이상이다.

[오답풀이] ㉡ 실제 여우는 635마리이고, 이 중 AI가 식별한 수는 600마리이다. 그러므로 실제 여우 중 AI가 여우로 식별한 비율은 $600\div635\times100\fallingdotseq94.5$ (%)이다. 그리고 실제 돼지는 399마리이고, 이 중 AI가 식별한 수는 350마리이다. 그러므로 실제 돼지 중 AI가 돼지로 식별한 비율은 $350\div399\times100$ $\fallingdotseq87.7(\%)$이다. 따라서 실제 여우 중 AI가 여우로 식별한 비율은 실제 돼지 중 AI가 돼지로 식별한 비율보다 높다.

㉣ 실제 염소를 AI가 고양이로 식별한 수는 2마리이고, 양으로 식별한 수는 1마리이다. 따라서 실제 염소를 AI가 고양이로 식별한 수보다 양으로 식별한 수가 적다.

18 ②

Quick해설 2017년 10월, 2017년 9월, 2016년 10월 순위를 정리하면 다음과 같다.

구분	독일	브라질	포르투갈	아르헨티나	벨기에	폴란드	스위스	프랑스	칠레	콜롬비아
2017년 10월	1	2	3	4	5	6	7	8	9	10
2017년 9월	2	1	6	3	9	5	4	10	7	8
2016년 10월	2	3	8	1	4	10△	10△	7	6	5

2017년 9월 순위가 2016년 10월 순위보다 낮은 국가는 아르헨티나, 벨기에, 프랑스, 칠레, 콜롬비아로 5개이다. 2017년 9월 순위가 2016년 10월 순위보다 높은 국가는 브라질, 포르투갈, 폴란드, 스위스로 4개이다. 그러므로 2017년 10월 상위 10개 국가 중, 2017년 9월 순위가 2016년 10월 순위보다 낮은 국가는 높은 국가보다 많다.

[오답풀이] ① 2016년 10월에 순위가 상위 10위 이내인 국가 중 2017년 10월에 순위가 상위 10위 밖으로 밀린 국가는 우루과이와 스페인이다. 따라서 두 번 모두 상위 10위 이내인 국가는 8개이다.

③ 2017년 10월 상위 5개 국가의 점수 평균은 (1,606+ 1,590+1,386+1,325+1,265)=1,434.4(점)이고, 2016년 10월 상위 5개 국가의 점수 평균은 (1,621+ 1,465+1,410+1,382+1,361)=1,447.8(점)이다. 따라서 2017년 10월 상위 5개 국가의 점수 평균이 2016년 10월 상위 5개 국가의 점수 평균보다 낮다.

④ 2017년 10월과 2016년 10월의 점수를 비교하면 다음과 같다. 상위 11개 국가 중 전년 동월 대비 점수가 상승한 국가는 독일, 브라질, 포르투갈, 폴란드, 스위스, 스페인이다. 이 중 독일, 브라질, 포르투갈, 폴란드, 스위스는 순위도 상승하였으나 스페인의 순위는 10위에서 11위로 하락하였다.

구분	독일	브라질	포르투갈	아르헨티나	벨기에	폴란드	스위스	프랑스	칠레	콜롬비아	스페인
2017년 10월	1,606	1,590	1,386	1,325	1,265	1,250	1,210	1,208	1,195	1,191	1,184
2016년 10월	1,465	1,410	1,231	1,621	1,382	1,113 ▽	1,113 ▽	1,271	1,273	1,361	1,168
점수 변화	상승	상승	상승			상승	상승				상승

⑤ 2017년 10월 상위 11개 국가 중 2017년 10월 순위가 전월 대비 상승한 국가는 4개이고, 전년 동월 대비 상승한 국가는 5개이다. 그러므로 2017년 10월 상위 11개 국가 중 2017년 10월 순위가 전월 대비 상승한 국가는 전년 동월 대비 상승한 국가보다 적다.

구분	독일	브라질	포르투갈	아르헨티나	벨기에	폴란드	스위스	프랑스	칠레	콜롬비아	스페인
2017년 10월	1	2	3	4	5	6	7	8	9	10	11
전월 대비	상승		상승		상승			상승			
전년 대비	상승	상승	상승			상승	상승				

19 ③

Quick해설 [조건]을 하나씩 보며 만족하는 시를 찾으면 다음과 같다.

1) 자동차당 도로연장은 A시와 B시 모두 전국보다 짧다.
   - 전국보다 자동차당 도로연장이 짧은 곳은 서울, 부산, 대구, 인천, 광주, 대전, 울산이다.
2) A시 인구는 B시 인구의 2배 이상이다.
   - 세종을 제외하고 인구가 적은 순으로 나열하면 울산, 광주, 대전, 대구, 인천, 부산, 서울 순이다. A시 인구가 B시 인구의 2배 이상이어야 하므로 가능한 경우의 수는 다음과 같다.

A가 서울일 때		A가 부산일 때		A가 인천일 때		A가 대구일 때	
A	B	A	B	A	B	A	B
서울	부산	부산	광주	인천	울산	대구	울산
서울	대구	부산	대전				
서울	인천	부산	울산				
서울	광주						
서울	대전						
서울	울산						

3) A시는 B시에 비해 면적이 더 넓다.
   - 2)를 만족하는 경우에서 A시가 B시에 비해 면적이 더 좁은 경우를 제외하면 다음과 같다.

A가 서울일 때		A가 부산일 때		A가 인천일 때		A가 대구일 때	
A	B	A	B	A	B	A	B
~~서울~~	~~부산~~	부산	광주	~~인천~~	~~울산~~	~~대구~~	~~울산~~
~~서울~~	~~대구~~	부산	대전				
~~서울~~	~~인천~~	~~부산~~	~~울산~~				
서울	광주						
서울	대전						
~~서울~~	~~울산~~						

4) A시는 B시에 비해 도로포장률이 더 높다.
   - 3)을 만족하는 경우에서 A시가 B시에 비해 도로포장률이 높은 경우는 A시는 서울이고 B시는 광주인 경우이다.

따라서 면적당 도로연장은 서울이 13.59km/km^{2}이고 광주가 3.60km/km^{2}으로 서울이 광주보다 높다.

[오답풀이] ① 자동차 대수는 서울이 2,974천 대이고 광주가 568천 대이므로 서울이 광주보다 많다.

② 도로보급률은 서울이 3.31이고 광주가 2.11로 서울이 광주보다 크다.

④ 인구당 도로연장은 서울이 0.81km/천 명이고 광주가 1.23km/천 명으로 서울이 광주보다 작다.

⑤ 자동차당 도로연장은 서울이 2.76km/천 대이고 광주가 3.18km/천 대로 서울이 광주보다 작다.

20 ⑤

Quick해설 2021년 다중이용시설 중 문화시설의 전기차 급속충전기 수의 비율은 $\frac{1,646}{8,858}\times 100 \fallingdotseq 18.6(\%)$, 일반시설 중 주차전용시설의 전기차 급속충전기 수의 비율은 $\frac{1,275}{6,145}\times 100 \fallingdotseq 20.7(\%)$이므로 옳지 않다.

[오답풀이] ① 2019년 전기차 급속충전기 수는 공동주택이 $2,784-(1,595+565+119+476)=29$(대)이고, 병원이 27대이므로 공동주택이 병원보다 많다.

② 휴게소의 전기차 급속충전기 수는 2019년이 $2,606-(807+125+757+272+79+64+27)=475$(대), 2020년이 $5,438-(1,701+496+1,152+498+146+198+98)=1,149$(대)이다. 2020년이 2019년의 2배 이상이므로 전년 대비 증가율은 100% 이상이다.

③ 공공시설의 전기차 급속충전기 수는 2020년이 $4,550-(898+303+102+499)=2,748$(대)이다. 일반시설 중 공공시설의 전기차 급속충전기 점유율은 2020년이 $\frac{2,748}{4,550}\times 100 \fallingdotseq 60.4(\%)$, 2021년이 $\frac{3,752}{6,145}\times 100 \fallingdotseq 61.1(\%)$로 60% 이상이다.

④ 2021년 주유소의 전기차 급속충전기 수는 $8,858-(2,701+2,099+1,646+604+227+378+152)=1,051$(대)이고, 전년 대비 증가율은 $\frac{1,051-496}{496}\times 100 \fallingdotseq 111.9(\%)$로 다중이용시설 중 가장 높다.

[문제해결 Tip]

④ 다중이용시설에서 2020년 대비 2021년 전기차 급속충전기 수가 2배 이상 증가한 항목은 주유소뿐이므로 증가율을 직접 계산하지 않아도 2021년 주유소의 전년 대비 증가율이 가장 높음을 알 수 있다.

21 ①

Quick해설 ㉠ 거세우 1등급의 평균가격은 2015년 9월에 18,922원/kg으로 가장 높다.

㉡ 거세우와 비거세우의 2015년 10월 평균가격이 전년 동월 평균가격보다 높다. 즉, 1년 전 같은 등급의 평균가격보다 모두 높으므로 옳다.

[오답풀이] ㉢ 거세우와 비거세우의 각 등급에서 2015년 10월 평균가격은 전년 동월(2014년 10월) 평균가격보다 높고, 직전 3개년 동월(2014년 10월, 2013년 10월, 2012년 10월) 평균가격보다 높지만 2012년 10월과 2013년 10월 평균가격을 알 수 없다. 즉, 2013년 10월 평균가격이 2014년 10월보다 낮은지 알 수 없어 꾸준히 상승했는지는 알 수 없으므로 옳지 않다.

㉣ 직전 3개년 동월 평균가격 대비 2015년 10월 평균가격 증가폭은 거세우 1등급 17,895−14,199=3,696(원/kg), 거세우 2등급 16,534−12,647=3,887(원/kg), 거세우 3등급 14,166−10,350=3,816(원/kg), 비거세우 1등급 18,022−15,022=3,000(원/kg), 비거세우 2등급 16,957−12,879=4,078(원/kg), 비거세우 3등급 14,560−10,528=4,032(원/kg)으로 증가폭이 가장 큰 품목은 비거세우 2등급이므로 옳지 않다.

22 ⑤

Quick해설 농·임업은 농업과 임업으로만 구성되어 있고, 2008년의 GDP를 a라고 하면 임업의 부가가치는 농·임업 부가가치의 $\frac{0.1a}{2.1a+0.1a}\times100≒4.5(\%)$이고, 2009년, 2011년도 이와 동일하다. 2010년의 GDP를 b라고 하면 임업의 부가가치는 농·임업 부가가치의 $\frac{0.2b}{2.0b+0.2b}\times100≒9.1(\%)$이고, 2012년, 2013년도 이와 동일하다. 따라서 매년 임업 부가가치는 농·임업 부가가치의 10% 미만이므로 옳다.

[오답풀이] ① 2009~2013년 동안 농·임업 생산액의 전년 대비 증감 추이는 증가 → 증가 → 감소 → 증가 → 증가이고, 농·임업 부가가치의 증감 추이는 증가 → 증가 → 증가 → 증가 → 증가이므로 옳지 않다.

② 2012년 곡물 생산액은 46,357×0.175≒8,112.5(십억 원)이고, 2011년 곡물 생산액은 43,214×0.185≒7,994.6(십억 원)으로 전년보다 증가하였으므로 옳지 않다.

③ 2011년 과수 생산 비중은 전년보다 40.2−34.7=5.5(%p) 감소하였으므로 옳지 않다.

④ 2010년 곡물 생산 비중과 화훼 생산 비중의 차는 29.4−15.6=13.8(%p)이고, 화훼 생산 비중과 과수 생산 비중의 차는 40.2−29.4=10.8(%p)로 곡물 생산액과 화훼 생산액의 차가 더 크므로 옳지 않다.

[문제해결 Tip]

② 계산 문제는 어림수 계산으로 시간을 단축하는 것이 중요하다. 2012년 곡물 생산액의 어림 계산은 46×17=782이고, 2011년 곡물 생산액의 어림 계산은 43×18=774이므로 곡물 생산액이 전년보다 증가하였음을 알 수 있다.

⑤ 임업의 부가가치의 비중은

$\frac{\text{임업 부가가치}}{\text{농업 부가가치}+\text{임업 부가가치}}$이고, 이는 곧 $\frac{\text{GDP 대비 임업 비중}}{\text{GDP 대비 농업 비중}+\text{GDP 대비 임업 비중}}$으로 생각해도 된다.

23 ③

Quick해설 A~E의 작업임도 길이를 각각 a~e라고 할 때, 제시된 자료를 바탕으로 계산한 A~E의 임도 길이와 산림경영단지 면적은 다음과 같다.

구분 / 산림경영단지	작업임도 길이(km)	임도 길이(km)	산림경영 단지 면적(ha)
A	a	$30=\frac{a}{a+70}\times100$ 이므로 a=30 임도길이는 30+70=100	$\frac{100}{15}=\frac{20}{3}$
B	b	$20=\frac{b}{b+40}\times100$ 이므로 b=10 임도길이는 10+40=50	$\frac{50}{10}=5$

C	c	$30=\frac{c}{c+35}\times100$ 이므로 c=15 임도길이는 15+35=50	$\frac{50}{20}=\frac{5}{2}$
D	d	$50=\frac{d}{d+20}\times100$ 이므로 d=20 임도길이는 20+20=40	$\frac{40}{10}=4$
E	e	$40=\frac{e}{e+60}\times100$ 이므로 e=40 임도길이는 40+60=100	$\frac{100}{20}=5$

따라서 면적이 가장 넓은 산림경영단지는 A이고 면적이 가장 좁은 산림경영단지는 C이므로 두 면적의 차는 $\frac{20}{3}-\frac{5}{2}=\frac{25}{6}$(ha)이다.

24 ④

Quick해설 ㉠ 2014년 상업용 무인기의 국내 시장 판매량은 202.0천 대이고 수입량은 5.0천 대이다. 따라서 상업용 무인기의 국내 시장 판매량 대비 수입량의 비율은 5.0÷202.0×100≒2.5(%)로 3.0% 이하이다.

㉡ 2011~2014년 동안 상업용 무인기 국내 시장 판매량의 전년 대비 증가율은 다음과 같다.

구분	2010	2011	2012	2013	2014
국내 시장 판매량	53.0	72.0	116.0	154.0	202.0
전년 대비 증가율	-	35.8%	61.1%	32.8%	31.2%

따라서 전년 대비 증가율이 가장 큰 해는 2012년이다.

㉣ ㉢에서 구한 2012년 '갑' 국 상업용 무인기 수출량의 전년 대비 증가율은 620.0%이다. 2012년 '갑' 국 A사의 상업용 무인기 매출액의 전년 대비 증가율은 $\frac{(304.4-43.0)}{43.0}\times100≒607.9$(%)이다. 620.0−607.9=12.1(%p)로 30%p 이하이다.

[오답풀이] ㉢ 2011~2014년 동안 상업용 무인기 수입량과 수출량의 전년 대비 증가율은 다음과 같다.

구분	2010	2011	2012	2013	2014
수입량	1.1	2.0	3.5	4.2	5.0
전년 대비 증가율	-	81.8%	75.0%	20.0%	19.0%
수출량	1.2	2.5	18.0	67.0	240.0
전년 대비 증가율	-	108.3%	620.0%	272.2%	258.2%

수입량의 전년 대비 증가율이 가장 작은 해는 2014년이다. 2014년의 상업용 무인기 수출량의 전년 대비 증가율은 2012년이나 2013년보다 작다.

25 ③

Quick해설 ㉠ 북미와 유럽 관광객이 전체 관광객 중 차지하는 비율은 2015년이 $\frac{974,153+806,438}{13,233,651}\times100≒13.5$(%), 2020년이 $\frac{271,487+214,911}{2,519,118}\times100≒19.3$(%)이므로 2020년이 2015년보다 높다.

㉣ 2015년 대비 2020년 관광객 감소율은

북미가 $\frac{974,153-271,487}{974,153}\times100≒72.1$(%),

유럽이 $\frac{806,438-214,911}{806,438}\times100≒73.4$(%),

아프리카가 $\frac{46,525-14,374}{46,525}\times100≒69.1$(%)

이므로 유럽, 북미, 아프리카 순으로 크다.

[오답풀이] ㉡ 일본과 중국 관광객이 아시아 관광객 중 차지하는 비율은 2015년이 $\frac{1,837,782+5,984,170}{10,799,355}\times100≒72.4$(%), 2020년이 $\frac{430,742+686,430}{1,918,037}\times100≒58.2$(%)로 2015년 대비 2020년 감소하였으므로 옳지 않다.

㉢ 북미 관광객에 대한 미국 관광객의 비중은

2010년이 $\frac{652,889}{813,860}\times100≒80.2$(%),

2015년이 $\frac{767,613}{974,153}\times100≒78.8$(%),

2020년이 $\frac{220,417}{271,487}\times100≒81.2$(%)로 2015년에는 80% 미만이므로 옳지 않다.

26 ⑤

Quick해설 2013년 기업·대학·정부의 기관별 R&D 과제 건수는 31+47+141=219(건)이고, 이에 대한

기업의 비중은 $\frac{31}{219}\times100≒14.16(\%)$,

대학의 비중은 $\frac{47}{219}\times100≒21.46(\%)$,

정부의 비중은 $\frac{141}{219}\times100≒64.38(\%)$이므로 옳다.

[오답풀이] ① 2015년 기타 R&D 과제 건수는 전년 대비 증가량이 −5이므로 옳지 않다.

② 2016년 대학과 정부의 R&D 과제 건수 구성비가 바뀌었으므로 옳지 않다.

③ 정부의 R&D 과제 건수 합은 기업이 141+330+486+419=1,376(건)이므로 옳지 않다.

④ 기업 R&D 과제 건수의 2016년 전년 대비 증가율은 $\frac{91-93}{93}\times100≒-2.2(\%)$이므로 옳지 않다.

27 ③

Quick해설 엥겔계수와 엔젤계수의 분모가 가계지출액으로 동일하므로, 식료품비와 18세 미만 자녀에 대한 보육·교육비를 비교하려면 엥겔계수와 엔젤계수를 비교하면 된다. 2006년 이후 엔젤계수가 엥겔계수보다 항상 높으므로 매년 18세 미만 자녀에 대한 보육·교육비는 식료품비를 초과한다.

[오답풀이] ① 2008~2013년 동안 엔젤계수의 연간 상승폭은 매년 증가하지 않고 2011년과 2013년에는 감소하였다.

구분	2007	2008	2009	2010	2011	2012	2013
엔젤계수	15.1%	15.2%	16.1%	17.7%	18.3%	20.1%	20.5%
연간 상승폭	-	0.1%p	0.9%p	1.6%p	0.6%p	1.8%p	0.4%p

② 2004년 대비 2014년의 엥겔계수 하락폭은 16.6−12.2=4.4(%p)이고, 엔젤계수 상승폭은 20.1−14.4=5.7(%p)이다. 따라서 엥겔계수 하락폭은 엔젤계수 상승폭보다 작다.

④ 2008~2012년 동안 매년 18세 미만 자녀에 대한 보육·교육비 대비 식료품비의 비율은 엔젤계수 대비 엥겔계수로 계산할 수 있다. 이는 2008~2012년에 계속 감소하고 있다.

구분	2008	2009	2010	2011	2012
엔젤계수	15.2%	16.1%	17.7%	18.3%	20.1%
엥겔계수	14.1%	13.7%	13.2%	12.1%	12.5%
엔젤계수 대비 엥겔계수	92.8%	85.1%	74.6%	66.1%	62.2%

⑤ 엔젤계수는 가장 높은 해는 20.5%인 2013년이고 가장 낮은 해는 14.4%인 2004년이다. 둘의 차이는 20.5−14.4=6.1(%p)로 7.0%p 이하이다.

28 ④

Quick해설 [조건]을 하나씩 정리하면 다음과 같다.

1) 2015년 대비 2016년의 상품수입액 증가폭이 동일한 국가는 '을'국과 '정'국이다.

— 상품수입액은 상품수출액에서 상품수지를 빼서 구한다.

— 연도별 각 나라의 상품수입액을 구하면 다음과 같다.

구분	2015			2016			상품 수입액 증가폭
	상품 수출액	상품 수지	상품 수입액	상품 수출액	상품 수지	상품 수입액	
A	50	40	10	50	30	20	+10
B	30	15	15	40	20	20	+5
C	60	50	10	70	50	20	+10
D	70	10	60	62	5	57	−3
E	50	20	30	40	20	20	−10

— 그러므로 '을'국과 '정'국은 A와 C이다.

2) 2015년과 2016년의 서비스수입액이 동일한 국가는 '을'국, '병'국, '무'국이다.

— 서비스수입액은 서비스수출액에서 서비스수지를 빼서 구한다.

— 연도별 각 나라의 서비스수입액을 구하면 다음과 같다.

구분	2015			2016			서비스 수입액 증가폭
	서비스 수출액	서비스 수지	서비스 수입액	서비스 수출액	서비스 수지	서비스 수입액	
A	30	−8	38	26	−4	30	−8
B	28	−4	32	34	2	32	0
C	40	−4	44	46	2	44	0
D	55	10	45	60	8	52	+7
E	27	−3	30	33	3	30	0

— 그러므로 '을'국, '병'국, '무'국은 B, C, E이다.

— 조건 1), 2)에 '을'국은 모두 포함되었으므로 '을'국은 C이다.

— 그렇다면 1)에서 '정'국은 A임을 알 수 있다.

3) 2015년 본원소득수지 대비 상품수지 비율은 '병'국이 '무'국의 3배이다.

구분	2015		
	본원소득수지	상품수지	본원소득수지 대비 상품수지 비율
A	1	40	40
B	1	15	15
C	2	50	25
D	1	10	10
E	4	20	5

— 그러므로 '병'국은 B이고 '무'국은 E이다.

4) 2016년 '갑'국과 '병'국의 이전소득수지는 동일하다.

— 2016년 이전소득수지가 동일한 국가는 B와 D, 또는 C와 E인데 C와 E는 정해졌으므로 제외한다.

— 3)에서 B가 '병'국이므로 D는 '갑'국이다.

따라서 A, B, C, D, E는 순서대로 '정', '병', '을', '갑', '무'이다.

29 ③

Quick해설 제시된 전제에 따라 갑~정이 선호하는 업무를 정리하면 다음과 같다.

- 갑: 기획 업무를 선호한다고 했고, 두 번째 전제의 대우에 따라 기획 업무를 선호하면 홍보 업무를 선호하지 않고, 홍보 업무를 선호하지 않으면 민원 업무를 선호하지 않으므로 갑은 홍보, 민원 업무를 선호하지 않는다.
- 을: 민원 업무를 선호한다고 했으므로 두 번째 전제에 따라 홍보 업무를 선호하고, 기획 업무를 선호하지 않는다. 다섯 번째 전제에 따라 세 가지 이상의 업무를 선호하는 신입사원은 없으므로 인사 업무를 선호하지 않음을 알 수 있다.
- 병: 네 번째 전제에 따라 인사 업무만 선호함을 알 수 있다.
- 정: 하나의 업무만 선호한다고 했고, 세 번째 전제에 따라 홍보 업무를 선호하지 않음을 알 수 있다. 또한 민원 업무를 선호하면 홍보 업무도 선호하므로 민원 업무도 선호하지 않음을 알 수 있다. 따라서 인사 업무 혹은 기획 업무를 선호함을 알 수 있다.

이를 정리하면 다음과 같다.

구분	갑	을	병	정
민원	×	○	×	×
홍보	×	○	×	×
인사		×	○	
기획	○	×	×	

홍보 업무를 선호하는 신입사원은 한 명이므로 항상 참이다.

[오답풀이] ① 정이 선호하는 업무는 인사 업무 혹은 기획 업무이다.

② 갑은 홍보 업무를 선호하지 않는다.

④ 갑은 기획 업무를 포함해 인사 업무를 선호할 수도 있다.

⑤ 기획 업무를 선호하는 사람은 갑 또는 갑과 정이므로 적어도 한 명 이상이다.

[문제해결 Tip]

전제를 보고 결론이 참인지를 확인하는 문항은 전제의 대우 등을 먼저 살펴보아야 한다.

30 ④

Quick해설 제시된 조건에 따르면 다섯 명 중 한 명이 거짓을 말하고 있으며, '윤리학을 수강하지만 법학은 수강하지 않는다.'는 을의 진술과 '법학을 수강하지 않을 경우, 윤리학도 수강하지 않는다.', 즉 '윤리학을 수강할 경우, 법학도 수강한다.'는 무의 진술이 모순되므로 둘 중 한 명이 거짓을 말하고 있다. 이에 따라 갑, 병, 정의 진술은 참임을 알 수 있다.

병의 진술에 따라 A는 법학과 정치학 중 적어도 하나의 과목을 수강하는데, 다음과 같이 3가지 경우로 나눌 수 있다.

구분	법학	정치학	윤리학
경우1	○	×	
경우2	×	○	

경우3	○	○	

갑의 진술에 따라 정치학을 수강하는 경우 법학을 수강해야 하므로 경우2는 성립하지 않는다. 즉, 어떤 경우에도 법학을 수강하므로 을의 진술이 거짓이다. 그리고 경우1에서 정의 진술에 따라 정치학을 수강하지 않는 경우 윤리학을 수강하지 않는다. 마지막으로 경우3에서 윤리학의 수강 여부는 알 수 없다.
따라서 거짓을 말한 사람은 을이며, A가 수강할 수 있는 과목의 조합은 법학뿐이다.

31 ①

Quick해설 ㉠ 카페인의 LD50 값이 200mg/kg이고 커피 1잔에 평균적으로 150mg의 카페인이 들어 있다고 하였으므로 몸무게가 3kg인 실험 대상 동물의 카페인 LD50 값은 600mg/kg이고, 600mg의 카페인은 커피 4잔에 함유되어 있다. 따라서 몸무게가 3kg인 실험 대상 동물은 커피 4잔을 한꺼번에 마셔야 50%가 즉시 죽으므로 옳지 않다.
㉡ 니코틴의 LD50 값은 1mg/kg이고 보톡스의 LD50 값은 1ng/kg이라고 하였으며 $1ng=10^{-6}mg$이기 때문에 니코틴의 치사량 값은 보톡스의 치사량 값보다 100만 배 크므로 옳지 않다.

[오답풀이] ㉢ 카페인의 LD50 값이 200mg/kg이라는 점에서 몸무게가 5kg인 실험 대상 동물의 LD50 값은 1,000mg/kg=1g/kg이다. 따라서 몸무게가 5kg인 실험 대상 동물 20마리에 각각 카페인을 1g씩 투여하면 10마리가 즉시 치사하므로 옳다.
㉣ 보톡스의 LD50 값은 1ng/kg으로 복어 독보다 1만 배 이상 강하다고 하였으며 $1ng=10^{-6}mg$이기 때문에 복어 독의 LD50 값은 10,000ng=0.01mg/kg 이상이므로 옳다.
㉤ 치사량의 단위는 주로 LD50을 사용하며, LD50 값을 표기할 때는 보통 실험 대상 동물의 몸무게 1kg을 기준으로 하는 mg/kg 단위를 사용한다고 하였으므로 옳다.

32 ④

Quick해설 각각의 실험에서 가능한 코돈은 다음과 같다.
실험 1: ...ACACAC...이므로 가능한 코돈은 ACA, CAC이다.
실험 2: ...ACCACCACC...이므로 가능한 코돈은 ACC, CCA, CAC이다.
실험 3: ...CAACAACAA...이므로 가능한 코돈은 CAA, AAC, ACA이다.
히스티딘을 합성한 실험은 실험 1과 실험 2이다. 두 실험에서 공통적으로 가능한 코돈은 CAC이다.
따라서 히스티딘을 합성하게 하는 코돈은 CAC이다.

33 ⑤

Quick해설 ㉠ [상황]에 따르면 김 씨가 주택담보노후연금보증으로 노후생활자금을 대출받고자 한다고 하였으며, 제1항에서 주택담보노후연금보증은 주택소유자가 주택에 저당권을 설정하고 금융기관으로부터 연금 방식으로 주택담보노후연금대출을 받음으로써 부담하는 금전채무를 주택금융공사가 보증하는 행위를 말한다고 하였으므로 옳다.
㉢ 제1항에서 주택담보노후연금보증은 주택소유자 또는 주택소유자의 배우자가 60세 이상이어야 한다고 하였으며, [상황]에 따르면 김 씨가 61세이기 때문에 김 씨의 배우자의 연령이 60세 미만이어도 노후생활자금을 대출받을 수 있으므로 옳다.
㉣ 제2항 제3호 나목에 따르면 해당 주택의 임차인에게 임대차보증금을 반환하는 용도로는 주택담보노후연금대출 한도의 100분의 50 이내의 금액으로 한다고 하였으며, [상황]에 따르면 A주택의 주택담보노후연금대출 한도액은 4억 원이라고 하였으므로 옳다.

[오답풀이] ㉡ 제2항에 따르면 주택소유자가 생존해 있는 동안 노후생활자금을 매월 지급받는 방식에 해당하는 제1호와 주택소유자가 선택하는 일정한 기간 동안 노후생활자금을 매월 지급받는 방식에 해당하는 제2호의 방식은 결합하여 지급받을 수 없으므로 옳지 않다.

34 ①

Quick해설 제시된 글과 [선거 결과]에 따르면 선거구별 의석은 다음과 같이 배분된다.

구분	제1선거구	제2선거구	제3선거구	제4선거구	제5선거구
A정당					
1번 후보	○	○		○	
2번 후보					
B정당					
1번 후보	○	○	○		
2번 후보			○		
C정당					
1번 후보				○	○
2번 후보					○

A정당은 제1, 2, 4선거구에서 각각 1석을 차지하고 어떤 선거구에서도 2석을 차지하지 못하였으므로 옳지 않다.

[오답풀이] ② B정당이 최소 1석을 차지한 제1, 2, 3선거구에서 C정당은 의석을 차지하지 못하였으므로 옳다.

③ C정당은 제4, 5선거구에서 최소 1석을 차지하였으므로 옳다.

④ 당선된 후보 중 득표율이 가장 낮은 후보는 득표율이 14%인 제5선거구의 C정당 2번 후보이므로 옳다.

⑤ 선거구별 득표율의 합은 A정당이 41+50+16+39+26=172(%), B정당이 39+30+57+28+21=175(%), C정당이 20+20+27+33+53=153(%)로 B정당이 가장 높으며, 가장 많은 의석을 차지한 정당도 B정당이므로 옳다.

35 ④

Quick해설 제80조 제3항에 따르면 정직처분을 받은 자는 그 기간 중 공무원의 신분은 보유하나 직무에 종사하지 못한다. 따라서 파산선고를 받고 복권된 후 공무원으로 임용되었으나 정직처분을 받아 다음 달까지 정직 중에 있는 사람은 공무원 신분으로 간주되므로 옳다.

[오답풀이] ① 제33조 제1항 제2호에 따르면 금고 이상의 실형을 선고받고 그 집행이 종료되거나 집행을 받지 아니하기로 확정된 후 5년이 지나지 아니한 자는 공무원으로 임용될 수 없다. 따라서 금고형의 실형을 선고받고 집행을 받지 않기로 확정된 후 4년이 지난 사람은 공무원이 될 수 없으므로 옳지 않다.

② 제74조 제1항에 따르면 공무원의 정년은 60세이며, 제74조 제2항에 따르면 공무원은 그 정년에 이른 날이 1월부터 6월 사이에 있으면 6월 30일에 당연히 퇴직된다. 따라서 공무원 중 결격 사유 없이 2021년 3월 14일 기준 60세가 된 사람은 2021년 6월 30일에 퇴직되어 공무원 신분을 유지할 수 없으므로 옳지 않다.

③ 제33조 제1항 제3호에 따르면 금고 이상의 형을 선고받고 그 집행유예 기간이 끝난 날부터 2년이 지나지 아니한 자는 공무원으로 임용될 수 없다. 따라서 금고형을 선고받고 집행유예 기간이 끝나는 해에 공무원으로 임용될 수 없으므로 옳지 않다.

⑤ 제33조 제1항 제4호에 따르면 금고 이상의 형의 선고유예를 받은 경우에 그 선고유예 기간 중에 있는 자는 공무원으로 임용될 수 없다고 하였다. 따라서 금고형의 선고유예를 받았으나, 선고유예 기간 중에 있는 자는 공무원으로 임용될 수 없어 공무원 신분이 발생하지 않으므로 옳지 않다.

36 ④

Quick해설 C, E는 참여 자격에 해당하지 않으며, A는 참여 제한에 걸린다. 따라서 참여 가능한 기업 B, D 중 고용보험 피보험자 수 대비 청년수당 가입 인원의 비율이 약 66.7%로 가장 높은 D가 최종 선정된다.

[상세해설] 고용보험 피보험자 수가 5인 이상인 A, B는 참여 자격이 있고, 5인 미만이어도 청년기업에 해당하는 D도 참여 자격이 있다. C는 대표자 나이가 40세 이상이고, E는 사업 개시 경과연수가 7년 이상이므로 청년기업에 해당하지 않는다.

A, B, D 중 청년수당 가입유지율은 A가 $\frac{7}{25}\times 100$ $=28(\%)$, B가 $\frac{10}{19}\times 100 \fallingdotseq 52.6(\%)$, D가 0%이다.
청년수당 가입유지율이 30% 미만인 A는 참여 불가하고, D도 30% 미만이지만 청년수당 가입 인원이 2명이므로 참여가 가능하다.
이에 따라 A~E 중 참여 가능한 기업은 B, D이며, 두 중소기업의 고용보험 피보험자 수 대비 청년수당 가입

인원의 비율은 다음과 같다.

- B: $\frac{19}{30} \times 100 \fallingdotseq 63.3(\%)$
- D: $\frac{2}{3} \times 100 \fallingdotseq 66.7(\%)$

따라서 비율이 가장 높은 D가 최종 선정된다.

[문제해결 Tip]

B와 D의 고용보험 피보험자 수 대비 청년수당 가입 인원의 비율을 비교할 때, $\frac{19}{30} < \frac{20}{30}\left(=\frac{2}{3}\right)$이므로 정확히 계산하지 않아도 정답이 D임을 알 수 있다.

37 ⑤

Quick해설 갑은 런던, 을은 시애틀, 병은 서울을 기준으로 시간을 이야기하고 있다. 그러므로 서울을 기준으로 시간을 이야기하면 갑이 프로젝트를 마친 런던 기준 오후 10시는 오전 7시이다. 을은 갑이 말한 시간을 시애틀 기준으로 이해하였다. 을은 오후 10시에 받으면 다음날 오후 3시에 마칠 수 있다고 하였으므로 17시간이 필요하다. 서울 기준으로 이야기하면 오전 7시에 17시간을 더하면, 다음날 오전 0시이다. 병은 을이 말한 시간을 서울 기준으로 이해하였다. 다음날 오후 3시에 받아 모레 오전 10시에 마칠 수 있다고 하였으므로 19시간이 필요하다. 오전 0시에 19시간을 더하면 19시이다.

회의 시각은 11월 1일 런던을 기준으로 오전 9시였고, 이는 서울을 기준으로 18시이다. 즉 갑이 프로젝트를 마친 오전 7시는 11월 2일이다. 을이 1차 수정을 마친 때는 11월 3일 0시이고 병이 최종 수정을 마친 시간은 11월 3일 오후 7시이다.

38 ③

Quick해설 D는 준비연수가 5년 이상이므로 제외되고, 김 씨가 선택하는 기업은 최종 결괏값이 27.2로 가장 큰 C이다.

[상세해설] D는 준비연수가 5년 이상이므로 비용편익 분석 결과와 무관하게 선택하지 않는다. D를 제외한 A~E의 편익, 비용, 최종 결괏값은 다음과 같다.

구분	A	B	C	E
편익	25×1=25	35×0.7 =24.5	30×0.5× 1.2=18	20×0.4× 1.2=9.6
비용	3×0.6× 1.5=2.7	1×0.1× 1+2=2.1	4×0.3× 2+2=4.4	3×0.5× 2+2=5
최종 결괏값	25−2.7 =22.3	24.5−2.1 =22.4	(18−4.4)× 2=27.2	9.6−5=4.6

따라서 김씨는 최종 결괏값이 27.2로 가장 큰 C를 선택한다.

39 ②

Quick해설 제시된 자료를 바탕으로 정리한 산업단지별 평가 내용은 다음과 같다.

산업단지	기업 집적 정도	산업 클러스터 연관성	입주공간 확보	지방자치단체 육성 의지	합산 점수
A	40점	20점	20점	있음	80점
B	20점	40점	20점	있음	80점
C	30점	40점	0점	있음	70점
D	30점	40점	20점	없음	90점
E	40점	0점	20점	있음	60점

D산업단지는 지방자치단체 육성 의지가 없으므로 제외한다. 이때, A와 B산업단지의 합산 점수가 같아 첫 번째 우선순위인 산업클러스터 연관성이 높은 산업단지를 국가혁신클러스터 지구로 선정한다.

따라서 국가혁신클러스터 지구로 선정되는 단지는 B산업단지이다.

[문제해결 Tip]

평가 기준에 따라 산업단지별 점수를 계산하기 전에 D산업단지는 지방자치단체 육성 의지가 없다는 점을 고려하여 후보에서 제외하고 계산하면 문제 풀이 시간을 단축할 수 있다.

40 ⑤

Quick해설 세 사람이 말하지 않은 가을 카드를 기준으로 생각해 보면, '을'은 봄, 여름 카드만 있으므로 '가을' 카드를 가질 수 없다. '갑'은 '겨울' 카드를 3장 가지고 있으므로 '가을' 카드는 최대 1장만 가질 수 있다. 그러므로 '병'은 최소 2장의 '가을' 카드를 갖는다. 이를 통해 세 사람이 가지고 있는 카드를 추리하면 다음과 같다.

갑: 겨울, 겨울, 겨울, X

을: 봄, 여름, X, X

병: 가을, 가을, X, X

㉡ 게임 시작 시 참가자 모두 봄 카드를 받았다면, '갑'이 '가을' 카드를 가질 수 없으므로 '병'이 '가을' 카드 3장을 모두 갖게 된다.

㉢ '을'이 가지고 있는 카드는 '봄'과 '여름'이다. 그러므로 '갑'이 '을'과 2장의 카드를 교환하여 우승하려면 '갑'이 '가을'과 '겨울'을 이미 가지고 있어야 한다. 즉, '갑'이 가진 카드는 '겨울', '겨울', '겨울', '가을'이다. '병'은 '여름' 카드가 없고, '가을', '겨울' 카드를 가진 사람이 모두 정해졌으므로 '병'은 '가을' 카드 두 장 외에 '봄' 카드 두 장을 갖게 된다.

[오답풀이] ㉠ '병'이 '가을' 카드를 세 장 가질 경우, '갑', '을', '병'은 모두 2가지 종류의 계절 카드만 갖게 된다.

41 ②

Quick해설 A안: 모든 빈곤 가구는 각 가구 유형의 20%이므로 1,500 × 20% = 300(가구)이다. A안은 300가구에 월 평균 소득의 25%인 200 × 25% = 50(만 원)을 지급한다. 즉, 소요 예산은 300 × 50 = 15,000(만 원)이다.

B안: 한 자녀 가구인 600가구에는 10만 원, 두 자녀 가구인 500가구에는 20만 원, 세 자녀 이상 가구인 100가구에는 30만 원을 매월 지급한다. 즉, 소요 예산은 (600 × 10) + (500 × 20) + (100 × 30) = 6,000 + 10,000 + 3,000 = 19,000(만 원)이다.

C안: 한 자녀 가구 600가구, 두 자녀 가구 500가구, 세 자녀 이상 가구 100가구인데, 각 가구 유형의 30%는 맞벌이 가구이므로 각각 180가구, 150가구, 30가구가 맞벌이 가구이다. 자녀 1명당 30만 원을 매월 지급하고 세 자녀 이상인 경우 일괄적으로 100만 원을 지급하므로 (30×180) + (60×150) + (100 × 30) = 5,400 + 9,000 + 3,000 = 17,400(만 원)이다.

따라서 월 소요 예산 규모를 비교하면 A < C < B이다.

42 ⑤

Quick해설 각 평가대상기관의 내진성능평가실적과 내진보강공사실적을 계산하면 다음과 같다.

구분	A	B	C	D
내진성능평가실적	82	72	72	83
내진보강공사실적	91	76	81	96
내진보강대상	100	80	90	100
내진성능평가지수	82	90	80	83
내진보강공사지수	91	95	90	96
내진성능평가점수	3점	5점	1점	3점
내진보강공사점수	3점	3점	1점	5점
합산 점수	6점	8점	2점	8점

합산 점수가 가장 높은 기관은 B와 D이다. 합산 점수가 동점인 경우에는 내진보강대상건수가 많은 기관이 높은 순위로 한다. B와 D 중 내진보강대상건수가 많은 기관은 D이므로 D가 최상위기관이고 최하위기관은 합산 점수가 가장 낮은 C이다.

43 ③

Quick해설 민지는 K시의 사무관이고 2020년 7월 예산 절감에 기여하였기 때문에 지급요건 및 대상을 만족한다. 이때, 경상적 경비 2천만 원을 절약하였고 이를 타 부서에 확산하였으므로 지급액은 (2,000 × 0.5) × 1.3 = 1,300(만 원)이다.

지민이는 국민 참여제도를 통해 2020년 5월 수입 증대에 기여한 국민이기 때문에 지급요건 및 대상을 만족한다. 이때, 5천만 원의 수입이 증대되었으므로 지급액은 5,000 × 0.1 = 500(만 원)이다.

따라서 민지와 지민이의 예산성과금은 각각 1,300만 원, 500만 원이다.

44 ②

Quick해설 지급할 경비 총액은 102(사료비) + 1,560(인건비)−90(보호비)×0.5=1,617(만 원)이다.

[상세해설] • 사료비: 9월은 30일이므로 다음과 같이 계산한다.

구분		1일 사료 급여량	한 달 사료비
개	10kg 미만	10×0.3=3(kg)	(3+2)×0.5×30=75(만 원)
	10kg 이상	4×0.5=2(kg)	
고양이		6×0.25=1.5(kg)	1.5×0.6×30=27(만 원)

따라서 사료비의 합은 75+27=102(만 원)이다.

• 인건비: 인건비는 포획활동비와 관리비의 합이므로 다음과 같이 계산한다.

— 포획활동비: 2×5×12=120(만 원)

— 관리비: (10+4+6)×30×12×0.2=1,440(만 원)

따라서 인건비의 합은 120+1,440=1,560(만 원)이다.

• 보호비: (3+1+2)×10+2×10×(1+0.5)=90(만 원)이다.

사료비와 인건비를 합한 금액에서 보호비의 절반을 공제한 금액만큼을 경비로 지급하므로 경비 총액은 102+1,560−90×0.5=1,617(만 원)이다.

45 ①

Quick해설 제시된 지문의 내용을 정리하면 다음과 같다.

1) 4명이 탑승 가능하며 배터리 완전충전 시 주행거리가 200km 이상인 전기자동차

2) 완속 기준 배터리 충전시간이 6시간을 초과하지 않으면 완속 충전기를, 6시간을 초과하면 급속 충전기 설치

3) 승용차는 2,000만 원, 승용차 중 경차는 3,000만 원, 승합차는 1,000만 원의 전기자동차 구매보조금 지원

4) 완속 충전기의 경우 구매 및 설치 비용 전액 지원

위의 내용을 바탕으로 표를 정리하면 다음과 같다.

차량	A	B	C	D	E
최고속도(km/h)	130	100	120	140	120
완전충전 시 주행거리(km)	250	200	250	300	300
완속 기준 충전시간 (시간)	7	5	8	4	5
승차 정원(명)	6	8	2	4	5
차종	승용	승합	승용 (경차)	승용	승용
가격(만 원)	5,000	6,000	4,000	8,000	8,000
전기자동차 지원 (만 원)	2,000	1,000	3,000	2,000	2,000
설치 예정 충전기	급속	완속	급속	완속	완속
충전기 설치 비용 (만 원)	2,000	0	2,000	0	0
실구매 비용(만 원)	5,000	5,000	3,000	6,000	6,000

실구매 비용이 가장 적은 차량은 C이지만 승차 정원이 2명이므로 4명 탑승이 가능하지 않다. 그러므로 다음으로 저렴한 A나 B를 구매해야 한다. A와 B는 가격이 동일하므로 점수 비교가 필요하다.

1) 최고속도가 120km/h 미만일 경우에는 120km/h를 기준으로 10km/h가 줄어들 때마다 2점씩 감점: A는 최고속도가 130km/h이므로 감점 없고 B는 최고속도가 100km/h이므로 4점 감점

2) 승차 정원이 4명을 초과할 경우에는 초과인원 1명당 1점씩 가점: A는 승차 정원이 6명이므로 2점 가점이고 B는 승차 정원이 8명이므로 4점 가점

따라서 A는 2점 가점이고 B는 4점 가점에 4점 감점이므로 점수가 더 높은 A를 구매한다.

46 ②

Quick해설 제시된 [표]를 바탕으로 계산한 A~E 병원의 점수는 다음과 같다.

신청 병원	인력 점수	경력 점수	행정처분 점수	지역별 분포 점수	총합
A	8점	7×2 =14(점)	2점	(8+14)×0.2 =4.4(점)	28.4점
B	3점	20점	10점	(3+20)×0.1 =2.3(점)	35.3점
C	10점	5×2 =10(점)	10점	−(10+10)×0.2 =−4(점)	26점
D	8점	20점	2점	−(8+20)×0.2 =−5.6(점)	24.4점
E	3점	20점	10점	−(3+20)×0.2 =−4.6(점)	28.4점

인력 점수, 경력 점수, 행정처분 점수, 지역별 분포 점수의 총합이 27점 이상인 병원을 산재보험 의료기관으로 지정하므로 A, B, E 병원이 산재보험 의료기관으로 지정되고, C, D 병원은 지정되지 않는다.

47 ③

Quick해설 2022년 이익은 320,000×(2,500−2,000)−120,000,000=40,000,000(원)=0.4(억 원)이므로 자영업자 A가 받는 지원금은 (0.6−0.4)×0.1=0.02(억 원)=200(만 원)이다.

[상세해설] 2022년 단위당 변동원가는 1,600원에서 400원 상승한 2,000원이며, 전년 대비 $\frac{2,000-1,600}{1,600}\times100=25(\%)$ 증가했다. 따라서 2022년 판매가격은 25% 증가한 2,000×1.25=2,500(원)이다. 또한 2022년 판매량은 전년 대비 20% 감소한 400,000×0.8=320,000(단위)이고 고정원가는 20% 상승한 1×1.2=1.2(억 원)이다. 그러므로 2022년 이익은 320,000×(2,500−2,000)−120,000,000=40,000,000(원)=0.4(억 원)이다.
이익 감소액의 10%만큼 지원금을 지급하므로, 자영업자 A가 받는 지원금은 (0.6−0.4)×0.1=0.02(억 원)=200(만 원)이다.

48 ⑤

Quick해설 E는 서울특별시에서 충청북도 청주시로 이전하였으며, 거주지 및 이사화물을 모두 이전하였고 발령을 받은 1주일 안에 이전하였으므로 국내 이전비를 지급받을 수 있다.

[오답풀이] ① A는 동일 시 안에서 이전하였으므로 국내 이전비를 지급받을 수 없다.
② B는 이사화물을 이전하지 않았으므로 국내 이전비를 지급받을 수 없다.
③ C는 거주지를 이전하지 않았으므로 국내 이전비를 지급받을 수 없다.
④ D는 1월 2일 발령을 받고 10일 이후인 1월 12일에 이전하였으므로 국내 이전비를 지급받을 수 없다.

49 ④

Quick해설 중금속과 염분이 포함된 5급수의 해수 4톤을 공업용수로 정수하려면 수질 개선 설비는 해수담수화기, 응집 침전기, 1차 정수기, 2차 정수기가 필요하다. 이때, 해수담수화기는 처리용량이 10톤이므로 1대, 응집 침전기는 처리용량이 3톤이므로 2대, 1차 정수기는 처리용량이 5톤이므로 1대, 2차 정수기는 처리용량이 1톤이므로 4대가 필요하다.
따라서 수질 개선 설비 설치에 필요한 최소 비용은 1×1+0.5×2+0.5×1+1.5×4=1+1+0.5+6=8.5(억 원)이다.

50 ③

Quick해설 변동 폭이 가장 큰 직원은 600만 원 증가한 Y이고, 가장 작은 직원은 200만 원 증가한 X이다.

[상세해설] 직원 X, Y, Z의 작년과 올해 성과급은 다음과 같다.

구분	작년	올해
X	3,500×(0.4+0.4)/2 =1,400(만 원)	4,000×max{0.2, 0.4} =4,000×0.4 =1,600(만 원)
Y	4,000×(0.1+0.4)/2 =1,000(만 원)	4,000×max{0.4, 0.2} =4,000×0.4 =1,600(만 원)
Z	3,000×(0.1+0.2)/2 =450(만 원)	3,500×max{0, 0} =3,500×0=0(만 원)

따라서 변동 폭이 가장 큰 직원은 1,600−1,000=600(만 원) 증가한 Y이고, 가장 작은 직원은 1,600−1,400=200(만 원) 증가한 X이다.

[문제해결 Tip]
변동 폭은 절댓값이므로 450만 원 감소한 Z의 변동 폭이 X의 변동 폭보다 크다는 것에 주의해야 한다.

MEMO

여러분의 작은 소리
에듀윌은 크게 듣겠습니다.

본 교재에 대한 여러분의 목소리를 들려주세요.
공부하시면서 어려웠던 점, 궁금한 점,
칭찬하고 싶은 점, 개선할 점, 어떤 것이라도 좋습니다.

에듀윌은 여러분께서 나누어 주신 의견을
통해 끊임없이 발전하고 있습니다.

에듀윌 도서몰 book.eduwill.net

- 부가학습자료 및 정오표: 에듀윌 도서몰 → 도서자료실
- 교재 문의: 에듀윌 도서몰 → 문의하기 → 교재(내용, 출간) / 주문 및 배송

최신판 휴노형 · PSAT형 NCS 봉투모의고사

발 행 일 2023년 1월 8일 초판 | 2024년 4월 3일 4쇄
편 저 자 에듀윌 취업연구소
펴 낸 이 양형남
펴 낸 곳 (주)에듀윌
등록번호 제25100-2002-000052호
주 소 08378 서울특별시 구로구 디지털로34길 55
코오롱싸이언스밸리 2차 3층

www.eduwill.net

대표전화 1600-6700

휴노형·PSAT형

NCS 봉투모의고사

eduwill